Lernsituationen

WV plus

Informationswirtschaft

Fachhochschulreife NRW
Jahrgangsstufe 11

Autorinnen:
Sabrina Böing
Katrin Friedrich
Dagmar Linzenich
Claudia Neder
Elena Pestel

Beraterin:
Elke Katerndahl

in Zusammenarbeit mit der Verlagsredaktion

Cornelsen

Dieses Buch wurde erstellt unter Verwendung von Materialien von Hans-Peter von den Bergen, Peter Engelhardt, Christian Fritz, Hans-Peter Klein, Antje Kost, Ute Morgenstern, Melanie Müller, Stephan Müller, Klaus Otte, Michael Piek, Roswitha Pütz, Anja Seiler, Claudia Simons-Kövér, Jürgen Spenner

Materialien in der Reihe W plus V:

BWL mit ReWe

Jahrgangsstufe 11
- Schülerbuch ISBN 978-3-06-451267-2
- Lernsituationen ISBN 978-3-06-451269-6
- Handreichungen für den Unterricht ISBN 978-3-06-451270-2

Jahrgangsstufe 12
- Schülerbuch ISBN 978-3-06-451271-9
- Lernsituationen ISBN 978-3-06-451273-3
- Handreichungen für den Unterricht ISBN 978-3-06-451274-0

Informationswirtschaft

Jahrgangsstufe 11
- Lernsituationen ISBN 978-3-06-451275-7
- Handreichungen für den Unterricht ISBN 978-3-06-451763-9

Jahrgangsstufe 12
- Lernsituationen ISBN 978-3-06-451277-1
- Handreichungen für den Unterricht ISBN 978-3-06-451764-6

Verlagsredaktion:	Sascha Heinrich
Außenredaktion:	text.[Marke] Katja Müllenmeister, Hamburg
Bildredaktion:	Gertha Maly
Layout:	sign, Berlin
Umschlaggestaltung:	vitaledesign, Berlin
Technische Umsetzung:	zweiband.media, Berlin
Entwicklung Modellunternehmen:	Hans-Peter von den Bergen, Alfons Steffes-lai

Bildquellenverzeichnis
Cover: stock.adobe.com/nenetus; **S. 5:** stock.adobe.com/Industrieblick; **S. 9.1:** Shutterstock/Vladyslav Starozhylov; **S. 9.2:** Shutterstock/steamroller_blues; **S. 9.3:** Shutterstock/stockphoto-graf; **S. 9.4:** Shutterstock/Gena73; **S. 10:** Shutterstock/Eshma; **S. 21:** Shutterstock/Rawpixel.com; **S. 24.1+2:** stock.adobe.com/Jeanette Dietl; **S. 48:** shutterstock/ Fernando Madeira; **S. 60:** Shutterstock/Maanas; **S. 77:** Shutterstock/aldorado; **S. 78:** Shutterstock/JMiks; **S. 79:** stock.adobe.com/flashmovie; **S. 81:** Shutterstock/mezzotint; **S. 179:** Shutterstock/Monkey Business Images; **S. 190**: Shutterstock/Dragon Images; **S. 200:** Shutterstock/Sarawut Aiemsinsuk

Für sämtliche Screenshots, die sich in diesem Titel befinden und Office-Anwendungen darstellen, wurden die Programme der Microsoft Corporation verwendet. Dabei handelt es sich um die folgenden Anwendungen: Word, Excel und PowerPoint. Zum Einsatz kam das Office-Paket Microsoft Office 365 ProPlus, Version 1803 (Stand: Januar 2019).

www.cornelsen.de/cbb

1. Auflage, 1. Druck 2019

Alle Drucke dieser Auflage sind inhaltlich unverändert und können im Unterricht nebeneinander verwendet werden.

Druck: Firmengruppe APPL, aprinta Druck, Wemding

ISBN 978-3-06-451275-7

PEFC
PEFC/04-32-0928

PEFC zertifiziert
Dieses Produkt stammt aus nachhaltig bewirtschafteten Wäldern und kontrollierten Quellen.

www.pefc.de

Inhaltsverzeichnis

Die Fly Bike Werke GmbH

1 Unternehmensportrait

Jan Ullmann und Björn Ries, die Gesellschafter der Fly Bike Werke GmbH, sind seit frühester Jugend befreundet und hatten immer ein gemeinsames Hobby, das Radrennfahren. Die Väter der beiden Amateur-Rennfahrer waren schon frühzeitig im Fahrradmarkt ambitioniert. Dirk Ries, Vater von Björn Ries, betrieb in Oldenburg einen Fahrradeinzelhandel, wobei Rennräder für den Amateurbereich einen Schwerpunkt in seinem Sortiment darstellten. Klaus Ullmann, Vater von Jan Ullmann, produzierte in Oldenburg Standardfahrradrahmen aus Stahl für die Fahrradindustrie.

1967 übernahm Jan Ullmann von seinem Vater das Unternehmen Fahrrad Ullmann. 1982 gründete Jan Ullmann die Fly Bike Werke GmbH (als so genannte Ein-Mann-GmbH). Die Aufgaben eines Geschäftsführers übertrug er an den ebenfalls radsportbegeisterten Werner Klaussen, der zum Jahresende 2000 aus Altersgründen aus dem Unternehmen ausschied und dem Hans Peters nachfolgte. Hauptziel der Fly Bike Werke GmbH ist und waren immer die Produktion und der Absatz von hochwertigen, langlebigen Fahrrädern mit Gewinn.

Der Zwang zu modernen Fertigungsmethoden und die damit verbundenen Investitionen erhöhten den Kapitalbedarf zum Ende des ausgehenden Jahrhunderts erheblich. Da traf es sich gut, dass Jan Ullmann seinen alten Freund Björn Ries bei einem Radrennen traf und von seinen Sorgen erzählte. Der aufgrund eines erfolgreichen Berufslebens vermögende Björn Ries war spontan bereit, sich an der Fly Bike Werke GmbH zu beteiligen, und trat Anfang 2001 als weiterer Gesellschafter in die GmbH ein. Basis für die Geschäftstätigkeit der Fly Bike Werke GmbH ist der Gesellschaftsvertrag auf Seite 7 und 8.

<table>
<tr><th colspan="3">Modellunternehmen Fly Bike Werke GmbH</th></tr>
<tr><td>Rechtsform und Unternehmensgröße, Handelsregistereintrag</td><td colspan="2">Gesellschaft mit beschränkter Haftung (GmbH)
Kleine Kapitalgesellschaft gem. § 267 HGB
Oldenburg HRB 2134</td></tr>
<tr><td>Gesellschafter und Geschäftsanteile</td><td>Herr Jan Ullmann
200.000,00 €</td><td>Herr Björn Ries
100.000,00 €</td></tr>
<tr><td>Geschäftsführer</td><td colspan="2">Herr Hans Peters</td></tr>
<tr><td>Geschäftsjahr</td><td colspan="2">Kalenderjahr (01.01. bis 31.12.)</td></tr>
<tr><td>Umsatz Berichtsjahr</td><td colspan="2">Ca. 6,9 Mio. €</td></tr>
<tr><td rowspan="2">Bankverbindungen</td><td colspan="2">Bank 3000 Oldenburg
IBAN: DE67 3707 5020 2114 2536 66
BIC: 3000DENIXXX</td></tr>
<tr><td colspan="2">Oldenburg-Bank
IBAN: DE86 2804 0114 0112 3264 44
BIC: OLBADEOL261</td></tr>
<tr><td>Kontakt</td><td colspan="2">Post- und Lieferadresse: Rostocker Str. 334, 26121 Oldenburg
Telefon 0441 885-0 Telefax 0441 885-9211
Internet: www.flybike-werke.de
E-Mail: info@flybike-werke.de</td></tr>
<tr><td rowspan="3">Absatzprogramm</td><td>Produktionsprogramm</td><td>Fahrräder: City-Räder, Mountainbikes, Rennräder, Jugendräder, Trekkingräder</td></tr>
<tr><td>Handelswaren</td><td>Fahrradbekleidung, Fahrradzubehör, Fahrradanhänger</td></tr>
<tr><td>Dienstleistungen</td><td>Vermittlung von Fahrradreisen</td></tr>
<tr><td rowspan="4">Stoffe, Vorprodukte, Fremdbauteile (Beispiele)</td><td>Rohstoffe</td><td>Rohre und Bleche aus Stahl und Aluminium</td></tr>
<tr><td>Hilfsstoffe</td><td>Farben und Grundierungen, Schrauben und Kleinteile</td></tr>
<tr><td>Betriebsstoffe</td><td>Strom, Gas, Wasser, Heizöl, Schmierstoffe</td></tr>
<tr><td>Vorprodukte, Fremdbauteile</td><td>Räder, Beleuchtung, Sättel, Spezialrahmen, Federgabeln</td></tr>
<tr><td>Fertigungstypen und Fertigungsarten</td><td colspan="2">– Fließ- bzw. Gruppenfertigung
– Werkstattfertigung (Rennräder-Profi)
– Serienfertigung
– Einzelfertigung (Rennräder-Profi)</td></tr>
<tr><td>Technische Anlagen und Maschinen (Beispiele)</td><td colspan="2">Universalroboter, Rohrschneideanlage, Rahmenrichtmaschine, Schleifmaschine, Schweißmaschine, Montagebänder, Verpackungsanlage, Lackierautomaten</td></tr>
<tr><td>Mitarbeiter</td><td colspan="2">12 Arbeiter, 26 Angestellte, 2 Auszubildende</td></tr>
<tr><td>Kunden</td><td colspan="2">Großhändler, Filialisten, Cash-and-Carry-Märkte im Inland, Großhändler im Ausland</td></tr>
<tr><td>Lieferanten</td><td colspan="2">Industriebetriebe und Spezialgroßhändler im In- und Ausland</td></tr>
<tr><td>Verbände</td><td colspan="2">Oldenburgische Industrie- und Handelskammer, Oldenburg (Pflichtmitgliedschaft); NORDMETALL e. V., Hamburg, Geschäftsstelle Oldenburg, Bezirksgruppe Nordwest (Arbeitgeberverband)</td></tr>
<tr><td>Betriebsnummer für die Sozialversicherung</td><td colspan="2">26 550 966</td></tr>
<tr><td>Steuer-Nr.
USt-Id.-Nr.</td><td colspan="2">112/8870/0057
DE 236667691</td></tr>
</table>

2 Gesellschaftsvertrag

- Gesellschaftsvertrag -

§ 1 Firma und Sitz der Gesellschaft

(1) Die Firma der Gesellschaft lautet:
Fly Bike Werke Gesellschaft mit beschränkter Haftung

(2) Sitz der Gesellschaft ist Oldenburg.

§ 2 Gegenstand des Unternehmens

Gegenstand des Unternehmens ist die Herstellung von und der Handel mit Fahrrädern, Fahrradteilen, Fahrradzubehör und Dienstleistungen im Fahrradmarkt. Die Gesellschaft darf andere Unternehmen gleicher oder ähnlicher Art übernehmen, vertreten und sich an solchen beteiligen; sie darf auch Zweigniederlassungen errichten.

§ 3 Stammkapital und Stammeinlage

(1) Das Stammkapital der Gesellschaft beträgt 350.000,00 DM (in Worten: dreihundertfünfzigtausend Deutsche Mark).

(2) Der alleinige Gesellschafter, Herr Jan Ullmann, Oldenburg, leistet seine Einlage, indem er alle Vermögenswerte der Einzelunternehmung Fahrrad Ullmann in die Gesellschaft einbringt.

§ 4 Dauer der Gesellschaft, Geschäftsjahr

(1) Die Gesellschaft wird auf unbestimmte Zeit errichtet.

(2) Geschäftsjahr ist das Kalenderjahr.

§ 5 Geschäftsführung und Vertretung

(1) Die Gesellschaft hat einen oder mehrere Geschäftsführer. Sind mehrere Geschäftsführer bestellt, so wird die Gesellschaft durch je zwei Geschäftsführer gemeinschaftlich vertreten.

(2) Zum Geschäftsführer wird bestellt: Herr Werner Klaussen. Er ist von den Beschränkungen des § 181 BGB befreit.

§ 6 Jahresabschluss

Innerhalb der ersten drei Monate nach Abschluss eines Geschäftsjahres hat die Geschäftsführung den Jahresabschluss und den Lagebericht aufzustellen und zusammen mit einem Vorschlag zur Ergebnisverwendung dem Gesellschafter vorzulegen. Der Jahresabschluss ist nach den gesetzlichen Vorschriften zu erstellen.

§ 7 Bekanntmachungen

Bekanntmachungen der Gesellschaft werden im Bundesanzeiger veröffentlicht.

Oldenburg, 15. Februar 1982

Jan Ullmann

Änderungen des Gesellschaftsvertrages § 3 (1) durch Gesellschafterbeschluss am 20.05.2000

Das Stammkapital der Gesellschaft wird auf 200.000,00 € (in Worten zweihunderttausend Euro) erhöht. Die ausstehende Einlage ist zum offiziellen Umrechnungskurs von 1,95583 DM je Euro bis zum 31.12.2000 auf das Konto der Gesellschaft durch den Gesellschafter Jan Ullmann, Oldenburg, einzuzahlen.

Oldenburg, 20. Mai 2000

Jan Ullmann

Änderungen des Gesellschaftsvertrages §3 (1) durch Gesellschafterbeschluss am 15.12.2000:
(1) Zu Beginn des Geschäftsjahres 2001 tritt Herr Björn Ries in die GmbH ein. Der Gesellschafter Ries leistet eine Einlage von 100.000,00 € (in Worten einhunderttausend Euro). Das gezeichnete Kapital erhöht sich auf 300.000,00 € (in Worten dreihunderttausend Euro). Davon übernehmen:
a) Herr Jan Ullmann, Oldenburg, 200.000,00 €,
b) Herr Björn Ries, Oldenburg, 100.000,00 €.
c) Herr Björn Ries leistet eine Kapitalrücklage in Höhe von 100.000,00 € für die erbrachten Vorleistungen von Herrn Jan Ullmann (Know-how, Firmenimage).

Ergänzung des Gesellschaftsvertrages um §3 (3) durch Gesellschafterbeschluss am 15.12.2000:
(3) Der Gesellschafter Björn Ries, Oldenburg, leistet seine Einlage in Geld. Seine Stammeinlage und die vereinbarte Kapitalrücklage sind zu Beginn des Geschäftsjahres 2001 zur freien Verfügung der Gesellschaft auf das Konto der Gesellschaft einzuzahlen.

Ergänzung des Gesellschaftsvertrages um §4 (3) durch Gesellschafterbeschluss am 15.12.2000:
(3) Jedem Gesellschafter steht ein Kündigungsrecht mit einjähriger Frist zum Jahresende zu.

Änderung des Gesellschaftsvertrages §6 Jahresabschluss durch Gesellschafterbeschluss am 15.12.2000:
Innerhalb der ersten drei Monate nach Abschluss eines Geschäftsjahres hat die Geschäftsführung den Jahresabschluss und den Lagebericht aufzustellen und zusammen mit einem Vorschlag zur Ergebnisverwendung der Gesellschafterversammlung vorzulegen. Der Jahresabschluss ist nach den gesetzlichen Vorschriften zu erstellen.

Ergänzung des Gesellschaftsvertrages um §8 durch Gesellschafterbeschluss am 15.12.2000:
§8 Gesellschafterversammlung, Stimmrecht und Erfolgsbeteiligung
(1) Alljährlich findet innerhalb von 6 Monaten nach Schluss des vorangegangenen Rechnungsjahres eine ordentliche Gesellschafterversammlung statt. Diese beschließt über die
- Feststellung des Jahresabschlusses für das vorangegangene Geschäftsjahr,
- Verwendung der Ergebnisse der Unternehmung,
- Entlastung des/der Geschäftsführer/s,
- Wahl eines eventuell zu bestellenden Abschlussprüfers.

(2) Je 500,00 € eines Geschäftsanteils gewähren eine Stimme.
(3) 10 % eines Jahresüberschusses fließen ab 2001 in die Gewinnrücklage. Die Gewinnverteilung erfolgt im Verhältnis des gezeichneten Kapitals.

Änderung des Gesellschaftsvertrages § 5 (2) durch Gesellschafterbeschluss am 15.12.2000:
Herr Werner Klaussen scheidet zum 31.12.2000 aus dem Unternehmen aus. Herr Hans Peters wird zum 01.01.2001 zum Geschäftsführer ernannt.

Oldenburg, 15.Dezember 2000

Jan Ullmann *Björn Ries*

Der Gesellschaftsvertrag samt Änderungen wurde von Rechtsanwalt und Notar Dr. Heinfried Kampen, Oldenburg, notariell beglaubigt.

3 Absatzprogramm, Kunden, Preise

Das **Produktionsprogramm** der Fly Bike Werke GmbH umfasst zurzeit zwölf verschiedene Fahrradmodelle. Das Produktionsprogramm wird durch Handelswaren und Dienstleistungen zum **Absatzprogramm** erweitert.

Produktionsprogramm			
Modell	**Artikel-Nr.**	**Modell-Name**	**unverbindl. Preis**
City-Räder	101 102	City *Glide* City *Surf*	245,00 € 274,40 €
Trekkingräder	201 202 203	Trekking *Light* Trekking *Free* Trekking *Nature*	299,25 € 350,00 € 437,50 €
Mountainbikes	301 302 303	Mountain *Dispo* Mountain *Constitution* Mountain *Unlimited*	393,75 € 598,50 € 997,50 €
Rennräder	401 402	Renn *Fast* Renn *Superfast*	1.260,00 € 2.205,00 €
Kinderräder	501 502	Kinder *Twist* Kinder *Cool*	196,88 € 262,50 €

City-Rad Modell 102 *Surf*

Rennrad Modell 401 *Renn Fast*

Mountainbike Modell 302 *Constitution*

Kinderrad Modell 502 *Cool*

Handelswaren und Dienstleistungsangebote der Fly Bike Werke GmbH		
Handelswaren	Textilien aus Gore Tex (x = Größen S, M, L, XL, XXL)	– 701 x Shirts *STEFF superfast* – 702 x Shorts *STEFF superfast* – 703 x Jacketts *STEFF superfast*
	Fahrradanhänger	– 601 Modell *Kelly* – 602 Modell *Mini* – 603 Modell *Max* – 604 Modell *Kids* – 605 Modell *Sven*
Dienstleistungen	Vermittlung von Radtouren/Reisen (Veranstalter: UIT und Rebbel)	– 901 Brandenburg und Mecklenburg-Vorpommern (Alleestraßen) – 902 Rheinland-Pfalz (Mosel/Saar) – 903 Niedersachsen (Nordsee) – 904 Südtirol (Pässetour, Teilnahme an Dolomiti Open) – 905 Toskana (Kultur, Tour und Mee(h)r) – 906 Schweiz (Pässetour)

Kunden der Fly Bike Werke GmbH	
Einzelhandel	Umsatzstarke Fachhandelsunternehmen mit eigenen Filialen und abgegrenzten Vertriebsgebieten in Deutschland
Großhandel national	Fahrradgroßhandelsunternehmen, die den Fahrradeinzelhandel in Deutschland beliefern
Großhandel Europa	Je ein Großhändler in Belgien, in den Niederlanden, in Österreich und der Schweiz, die dort landesweit den Fahrradeinzelhandel beliefern
Private-Label-Kunden	Eine Kaufhauskette und ein Cash-and-Carry-Konzern, die Fahrräder unter eigenem Markennamen (Private Label) vertreiben

Die Preise der Fahrräder werden von der Fly Bike Werke GmbH in Preislisten als unverbindliche Preisempfehlungen angegeben (zuzüglich Umsatzsteuer). Auf diese Preise erhalten die Wiederverkäufer (Kunden der Fly Bike Werke) Preisnachlässe in Form von **Rabatten**, **Boni** und **Skonto**. Auftragsfertigungen werden kundenindividuell kalkuliert.

Preisnachlässe	
Rabattstaffel	
Stückzahl	Rabatt
1–10	27,5 %
11–50	29,0 %
51–100	30,0 %
101–250	31,0 %
251–500	32,0 %
> 500	33,0 %
Boni (Jahresboni bezogen auf den Zielverkaufspreis der Gesamtmenge)	
Abnahme von mind. 1.000 Fahrrädern	1 %
Abnahme von mind. 5.000 Fahrrädern	2 %
Skonto	
2 % bei Zahlung innerhalb von 8 Tagen	

4 Leistungserstellung

Die Fly Bike Werke GmbH produziert die meisten Fahrradrahmen und Fahrradgabeln selbst.

Der voll gefederte Y-Rahmen des Modells Unlimited wird zurzeit fremdbezogen. Dies gilt auch für die Federgabeln der Modelle Constitution und Unlimited, die von einem amerikanischen Lieferanten bezogen werden. Alle übrigen Teile werden ebenfalls fremdbezogen. Mit den Lieferanten sind hinsichtlich der technischen Spezifikationen der Bauteile und Baugruppen feste Vereinbarungen getroffen worden. Ein Hersteller liefert immer eine komplette Baugruppe (Komponentengruppe), der eine von der Fly Bike Werke GmbH vergebene Set-Nr. (Komponentennummer) zugeordnet wird.

Ein Fahrrad besteht bei Vollausstattung aus bis zu über 1000 Einzelteilen. Der Fly Bike Werke GmbH ist es in Zusammenarbeit mit ihren Lieferanten gelungen, die notwendigen Teile in Baugruppen so zusammenzufassen, dass die Baugruppe (Komponente) komplett von einem Lieferanten zur Verfügung gestellt werden kann. Der Weltmarktführer für Fahrradteile, Tamino Inc., liefert z. B. für das Modell Dispo alle Teile für die Komponenten „Räder und Schaltung“, „Antrieb“ und „Bremsen“. Das positive Image bestimmter Teilehersteller wird bei den Endverbrauchern auf das Fertigprodukt Fahrrad übertragen. Zu diesen Teileherstellern zählen z. B.

- Tamino Inc., Japan: (Ketten-)Schaltungen, Antriebe, Bremsen
- Dax AG, Deutschland: (Naben-)Schaltungen, Antriebe, Bremsen
- Sella SA, Italien: Sättel
- Shokk Ltd., USA: Federgabeln

Eigenfertigung: Rahmen des Mountainbikes *Dispo*

5 Bilanz und GuV

Fly Bike Werke GmbH

Bilanz der Fly Bike Werke GmbH, Oldenburg, zum 31.12.20XX (in €)

Aktiva	Vorjahr	Berichtsjahr	Passiva	Vorjahr	Berichtsjahr
A. Anlagevermögen			**A. Eigenkapital**	700.000,00	850.000,00
1. Grundstücke und Bauten	635.200,00	612.850,00	**B. Verbindlichkeiten**		
2. Technische Anlagen und Maschinen	224.904,00	131.870,00	1. Langfristige Bankverbindlichkeiten	639.000,00	602.000,00
3. Betriebs- und Geschäftsausstattung	138.371,00	97.505,00	2. Verbindlichkeiten aus Lieferungen und Leistungen	697.600,00	926.225,00
B. Umlaufvermögen			3. Sonstige Verbindlichkeiten	13.000,00	24.000,00
1. Roh-, Hilfs- und Betriebsstoffe	224.800,00	288.000,00			
2. Unfertige Erzeugnisse	36.000,00	48.000,00			
3. Fertige Erzeugnisse	72.900,00	140.000,00			
4. Handelswaren	0,00	4.000,00			
5. Forderungen aus Lieferungen und Leistungen	541.520,00	720.000,00			
6. Kasse	3.105,00	2.400,00			
7. Bankguthaben	172.800,00	357.600,00			
	2.049.600,00	2.402.225,00		2.049.600,00	2.402.225,00

Gewinn- und Verlustrechnung

Gesamtkostenverfahren, Beträge in €	Vorjahr	Berichtsjahr
1. Umsatzerlöse	5.800.000,00	6.893.555,85
2. Erhöhung oder Verminderung an Erzeugnissen	18.000,00	105.500,00
3. aktivierte Eigenleistungen	3.000,00	3.600,00
4. sonstige betriebliche Erträge	–	4.000,00
5. Materialaufwand und Wareneinsatz	3.271.300,00	3.565.000,00
Rohergebnis	**2.549.700,00**	**3.441.655,85**
6. Personalaufwand	1.845.990,00	2.250.000,00
7. Abschreibungen	170.000,00	210.000,00
8. sonstige betriebliche Aufwendungen	324.000,00	344.000,00
Betriebsergebnis	**209.710,00**	**637.655,85**
9. Erträge aus Beteiligungen	–	–
10. Erträge aus anderen WP/Finanzanlagen	–	–
11. sonstige Zinsen	–	–
12. Abschreibungen auf WP des UV/Finanzanlagen	–	335.412,35
13. Zinsaufwendungen	60.480,00	47.628,00
9. bis 13. Finanzergebnis	– 60.480,00	– 403.040,35
14. Steuern vom Einkommen und vom Ertrag	47.230,00	82.115,50
15. Ergebnis nach Steuern	102.000,00	152.500,00
16. Sonstige Steuern	2.000,00	2.500,00
17. Jahresüberschuss/Jahresfehlbetrag	100.000,00	150.000,00

WP = Wertpapiere, UV = Umlaufvermögen

6 Organigramm

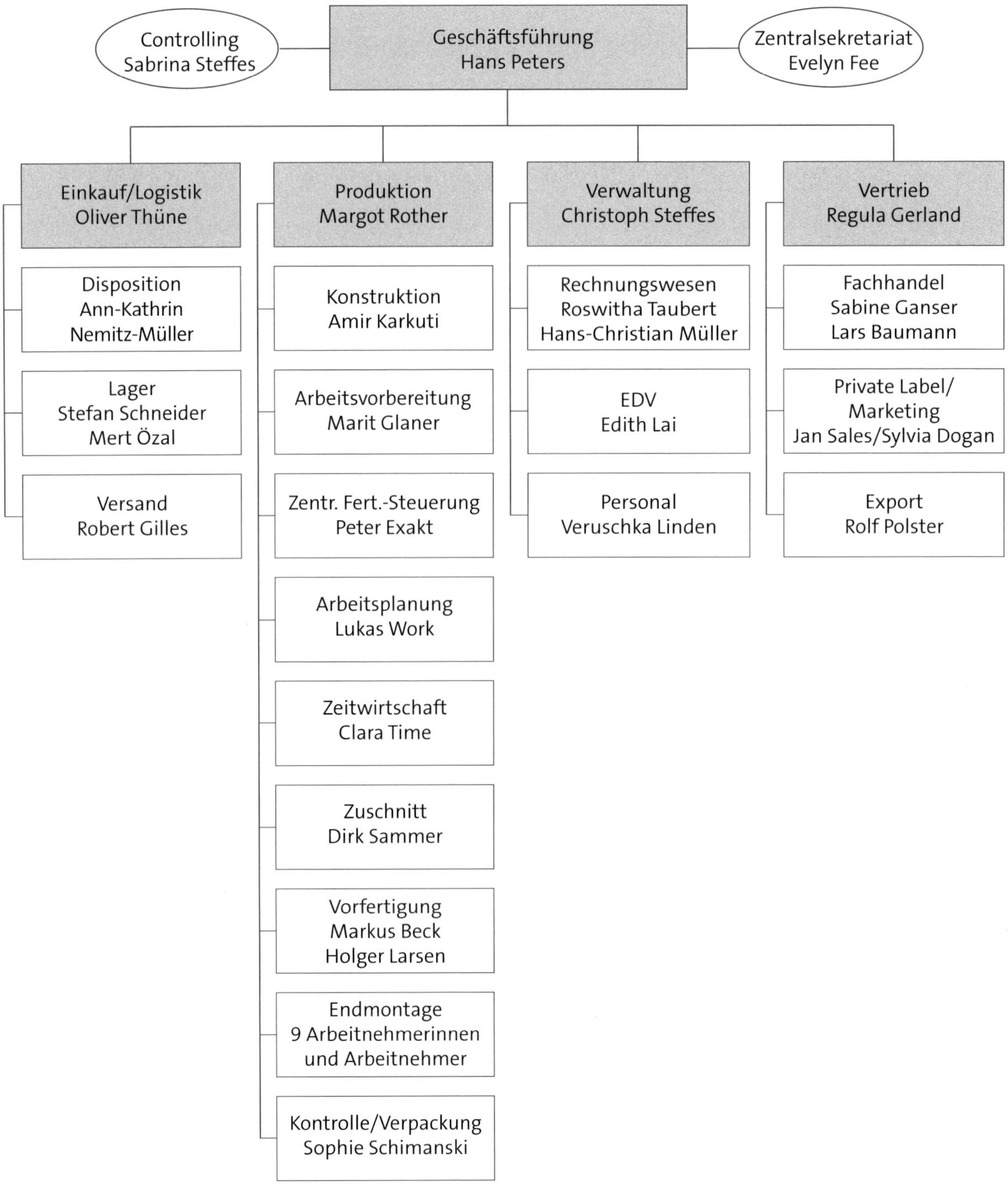

Sicherheitsbeauftragter: Peter Exakt
Umweltbeauftragter: Oliver Thüne
Qualitätsbeauftragte: Sophie Schimanski
Datenschutzbeauftragter: Christoph Steffes
Betriebsratsmitglieder: Sabine Ganser, Dom Tsiu, Saskia Engel
technischer Auszubildender: Ralf Schumacher
kfm. Auszubildende: Bettina Lotto

7 Kundenstammdaten der Fly Bike Werke GmbH

Kundenstammdaten der Fly Bike Werke GmbH

Kunden-Nr. Debitoren-Nr.	Firma Anschrift Telefon/Fax	Ansprechpartner Lieferanschrift Lieferart	Zahlungsbe-dingungen Zahlungsziel	Name der Bank IBAN BIC	Ansprech-partner FBW
10001 24001	Radbauer GmbH Augsburger Str. 21 80335 München Tel. 089 224336(8) Fax 089 224337	Herr Rosenheim Nymphenburgerstr. 42 80335 München Tel. 089 125340 Bahnfracht	2% Skonto innerhalb von 8 Tagen 30 Tage Ziel	Argentum Bank München IBAN: DE44 3478 9067 0043 6224 90 BIC: ARGEDEMUM02	Herr Baumann
10002 24002	Schöller & Co. OHG Fahrradhandel Parlamentsplatz 2 60385 Frankfurt a. M. Tel. 069 49260 Fax 069 49262333	Herr Kleine Mörfelder Landstr. 180 60589 Frankfurt a. M. Tel. 069 6312488 Bahnfracht	2% Skonto innerhalb von 8 Tagen 30 Tage Ziel	CVB IBAN: DE73 5664 7823 0322 4000 21 BIC: CVERDEELXXX	Herr Baumann
10003 24003	Fahrradhandel Uwe Klein e. K. Am Wasserturm 4 66113 Saarbrücken Tel. 0681 685081 Fax 0681 68508222	Frau Geldert Dudweiler Landstr. 157 66123 Saarbrücken Tel. 0681 3908966 Bahnfracht	2% Skonto innerhalb von 8 Tagen 30 Tage Ziel	Saarbrücken-Bank IBAN: DE30 7004 8912 0120 0045 69 BIC: SABADESBXXX	Herr Baumann
10004 24004	Zweirad GmbH Herzogstr. 70 40251 Düsseldorf Tel. 0211 37501 Fax 0211 3750667	Herr Grünert Gladbacher Str. 50 41462 Neuss Tel. 02131 544222 Bahnfracht	2% Skonto innerhalb von 8 Tagen 30 Tage	Bank 3000 IBAN: DE17 3467 8375 2140 0226 79 BIC: 3000DENW891	Frau Ganser
10005 24005	Fahrrad & Motorrad GmbH Alter Hellweg 46 44379 Dortmund Tel. 0231 61701 Fax 0231 6170333	Frau Dunkel Alter Hellweg 46 44379 Dortmund Tel. 0231 617010 Bahnfracht	2% Skonto innerhalb von 8 Tagen 30 Tage Ziel	Bank 3000 IBAN: DE78 2106 7845 0420 0067 99 BIC: 3000DENW672	Frau Ganser
10006 24006	Bike GmbH Leipziger Chaussee 12 39118 Magdeburg Tel. 0391 6212415(6) Fax 0391 6212400	Herr Gründel Am Hansehafen 5 39126 Magdeburg Tel. 0391 509061 Bahnfracht	2% Skonto innerhalb von 8 Tagen 30 Tage Ziel	Camino Bank IBAN: DE49 6734 9003 0122 0033 44 BIC: CMNBDER4XXX	Herr Baumann
10007 24007	Zweiradhandelsgesellschaft GmbH Unter den Linden 42 10178 Berlin Tel. 030 202080 Fax 030 20208100	Herr Wester Rosenthaler Str. 40 10178 Berlin Tel. 030 30880011 Bahnfracht	2% Skonto innerhalb von 8 Tagen 30 Tage Ziel	ProBank Berlin IBAN: DE88 7856 3328 0010 0469 91 BIC: PROBDEB1KL2	Herr Baumann
10008 24008	Nordrad GmbH Alter Markt 28 18055 Rostock Tel. 0381 4904416 Fax 0381 4904411	Frau Adams Alter Hafen Nord 325 18069 Rostock Tel. 0381 8112770 Bahnfracht	2% Skonto innerhalb von 8 Tagen 30 Tage Ziel	Bank 3000 IBAN: DE03 0467 8743 0012 3006 66 BIC: 3000DENW124	Herr Baumann
10009 24009	Sachsenrad GmbH Bayreuther Str. 20 01277 Dresden Tel. 0351 4274750 Fax 0351 4274751	Frau Zeisig Bodenbacher Str. 81 01277 Dresden Tel. 0351 2540371 Bahnfracht	2% Skonto innerhalb von 8 Tagen 30 Tage Ziel	TopBank IBAN: DE93 8842 6790 0669 2005 1 BIC: TOPBDEBW842	Herr Baumann
20010 24010	EGZ Einkaufsgenossenschaft Bonner Landstr. 512 50996 Köln Tel. 0221 934622 Fax 0221 934622300	Herr Kleinheisel Bonner Landstr. 523 50996 Köln Tel. 0221 934622220 Spedition	3% Skonto innerhalb von 10 Tagen 30 Tage Ziel	TEMPUS Bank IBAN: DE26 5543 7920 0240 0066 92 BIC: TEMPDE15XXX	Frau Ganser

Kundenstammdaten der Fly Bike Werke GmbH

Kunden-Nr. Debitoren-Nr.	Firma Anschrift Telefon/Fax	Ansprechpartner Lieferanschrift Lieferart	Zahlungsbe-dingungen Zahlungsziel	Name der Bank IBAN BIC	Ansprech-partner FBW
20011 24011	Radplus GmbH Gütersloher Str. 102 33415 Verl Tel. 05246 45950 Fax 05246 4595111	Herr Reichenbach Gütersloher Str. 122 33415 Verl Tel. 05246 4591200 Spedition	3% Skonto innerhalb von 10 Tagen 30 Tage Ziel	Wiedenbrücker Kreisbank IBAN: DE71 6332 7845 0000 2453 98 BIC: WEKBDED2WDB	Frau Ganser
20012 24012	Südrad e. G. Schleißheimer Str. 20 85221 Dachau Tel. 08131 78071 Fax 08131 7807211	Herr Huber Münchner Str. 70 85221 Dachau Tel. 08131 5155130 Spedition	3% Skonto innerhalb von 10 Tagen 30 Tage Ziel	Stadtbank Dachau IBAN: DE79 4389 8874 0000 6240 99 BIC: SBDAER4DAC	Herr Baumann
20014 24014	Interrad e. G. Großbeerenstr. 30 12107 Berlin Tel. 030 747920 Fax 030 74792311	Herr Brand Westfalenring 75 12207 Berlin Tel. 030 3007886 Spedition	3% Skonto innerhalb von 10 Tagen 30 Tage Ziel	ProBank Berlin IBAN: DE31 7554 3293 0122 0005 67 BIC: PROBDEB1H46	Herr Baumann
30031 24031	Europarad N. V. Zandvoortstraat 16 2800 Mechelen Belgien Tel. +32 15 209481 Fax +32 15 209411	Herr van der Kracht Zandvoortstraat 16 2800 Mechelen Belgien Tel. +32 15 209481 Spedition	1,5% Skonto innerhalb von 14 Tagen 60 Tage Ziel	L. S. T. Bank IBAN: BE98 6443 1226 3600 BIC: LSTBBEK1LST	Herr Polster
30032 24032	Jansen Import B.V. Groot Bollerweg 10 5928 NS Venlo-Blerick Niederlande Tel. +31 77 3822640 Fax +31 77 3824241	Herr van Erp Groot Bollerweg 10 5928 NS Venlo-Blerick Niederlande Tel. +31 77 3822640 Spedition	1,5% Skonto innerhalb von 14 Tagen 60 Tage Ziel	O. C. B. Nemo Bank IBAN: NL27 NEMO 0904 2428 35 BIC: NEMONL3V	Herr Polster
30033 24033	Austria Fahrradhandels- gesellschaft AG Rautenweg 182 1220 Wien Österreich Tel. +43 1 226597 Fax +43 1 2206705	Frau Czech Rautenweg 182–184 1220 Wien Österreich Tel. +43 1 226598 Bahnfracht	1,5% Skonto innerhalb von 14 Tagen 60 Tage Ziel	ZETAG P. S. K. IBAN: AT56 7790 4237 1723 4648 BIC: ZETAATKK	Herr Polster
30034 24034	Velo AG Binzstr. 15 8045 Zürich Schweiz Tel. +41 1 4638596 Fax +41 1 4637070	Frau Alpi Binzstr. 16 8045 Zürich Schweiz Tel. +41 1 4638599 Bahnfracht	1,5% Skonto innerhalb von 14 Tagen 60 Tage Ziel	Zürcher Bank IBAN: CH71 0427 5419 2031 4228 1 BIC: ZRCHCHJFXXX	Herr Polster
40021 24021	Hofkauf AG Emdener Str. 4 50735 Köln Tel. 0221 7122400 Fax 0221 712240399	Herr Thönnes Lagerzentrum Frankfurter Str. 40 51065 Köln Tel. 0221 712240333 Spedition	2% Skonto innerhalb von 10 Tagen 45 Tage Ziel	Rhein-Bank Köln IBAN: DE79 4905 5532 0240 8521 22 BIC: RBNKDEK1XXX	Herr Sales
40022 24022	Matro AG Altenessener Str. 611 45472 Essen, Ruhr Tel. 0201 343170 Fax 0201 34317222	Herr Kunster Zwischenlager Mülheim Kruppstr. 60 45472 Mülheim a. d. Ruhr Tel. 0208 43430 Spedition	2% Skonto innerhalb von 10 Tagen 45 Tage Ziel	Essener Stadtbank IBAN: DE94 7823 9475 0012 0003 99 BIC: SBESDE8E3XXX	Herr Sales

8 Lieferantenstammdaten der Fly Bike Werke GmbH

Lieferantenstammdaten der Fly Bike Werke GmbH

Liefer.-Nr. Kreditoren-Nr.	Firma Anschrift Telefon/Fax	Ansprechpartner Lieferanschrift Lieferart	Name der Bank IBAN BIC	Lieferprogramm
60001 44001	Stahlwerke Tissen AG Karl-Kleppe-Str. 19 40474 Düsseldorf Tel. 0211 45899917 Fax 0211 45899942	Herr Greiner Tor 1 Karl-Kleppe-Str. 20 40474 Düsseldorf Tel. 0221 458990224 Spedition	Bank im Westen IBAN: DE40 7654 002 0000 0240 0337 12 BIC: WESTDEDD452	Stahlrohre, Bleche
60002 44002	Mannes AG Herner Str. 406 44807 Bochum Tel. 0234 904980 Fax 0234 90498711	Herr Özman Herner Str. 405 44807 Bochum Tel. 0234 92468333 Spedition	HypoUnion Bank IBAN: DE70 1254 0809 0079 9143 68 BIC: HYUNDEBOXXX	Stahlrohre
60003 44003	AWB Aluminiumwerke AG St. Augustiner Str. 30 53225 Bonn Tel. 0228 464770 Fax 0228 46477711	Herr Köllen Trier Str. 16 53115 Bonn Tel. 0228 617934 Spedition	CVB IBAN: DE87 5400 7638 0077 9982 46 BIC: CVERDEELXXX	Aluminiumrohre
60004 44004	Shokk Ltd. 401 Charcot Ave. San Jose, CA95131, USA Tel. +1 4 084357466 Fax +1 4 0843457477	Mr. Temp Keine Rücksendungen Schiffsfracht	Diamond Bank N. A. SWIFT-Code (BIC): DIABUS01 Account Number: 77 892 346	Spezialfedergabeln
60005 44005	Hans Köller Spezialrahmenbau e. K. Lorenzstr. 10 18146 Rostock Tel. 03 81 69040 Fax 03 81 6904777	Frau Reiz Lorenzstr. 10 18148 Rostock Tel. 0381 6904341 Bahnfracht	Bank 3000 IBAN: DE32 9045 7844 5 0012 3002 41 BIC: BN30DENWXXX	Spezialfahrradrahmen und Spezialfedergabeln
62007 44007	Farbenfabriken Beyer AG Am Beyerwerk 144 51333 Leverkusen Tel. 0214 301 Fax 02 14 30 211	Herr Gräulich Am Beyerwerk 144 51333 Leverkusen Tel. 0214 30799 Spedition	Leverkusen-Bank IBAN: DE88 4990 6324 0607 0037 12 BIC: LEBADEK9LEV	Lacke, Grundierungen
62008 44008	Color GmbH Hafenstr. 125 67061 Ludwigshafen am Rhein Tel. 0621 582664 Fax 0621 582666	Frau Reineke Hafenstr. 190 67061 Ludwigshafen am Rhein Spedition	TEMPUS Bank IBAN: DE26 7880 9543 0099 7632 98 BIC: TEMPDE12XXX	Lacke, Grundierungen
71009 44009	Tamino Deutschland GmbH Immermannstr. 24 40210 Düsseldorf Tel. 0211 162166 Fax 0211 162199	Herr Freundlich Immermannstr. 24 40210 Düsseldorf Tel. 0211 162150 Spedition	The Okane Bank IBAN: DE93 3501 0245 0042 2996 33 BIC: OKABDEDDXXX	Schaltungen, Laufräder, Bremssysteme, Antriebssysteme (vollständige Systemkomponenten)
71010 44010	Tamino INC 3–77 Oimatsuchu, Sakei 590–77 Osaka, Japan Tel. +81 6 722233280 Fax +81 6 722233282	Mr. Wasabi Tamino Deutschland GmbH Immermannstr. 24 40210 Düsseldorf Tel. 0211 162150 Schiffsfracht	Hakkojo-Ichi-Bank SWIFT-Code (BIC): HAKKJPJZ Account No.: 702-4598321	Schaltungen, Laufräder, Bremssysteme, Antriebssysteme (vollständige Systemkomponenten)
71011 44011	Dax AG Rudolf-Diesel-Str. 25 97424 Düsseldorf Tel. 0211 80170 Fax 0211 8017999	Herr Sachse Rudolf-Diesel-Str. 70 97424 Düsseldorf Tel. 0211 8017326 Spedition	CVB IBAN: DE43 7102 8304 0404 0021 93 BIC: CVERDEELXXX	Schaltungen, Laufräder, Bremssysteme, Antriebssysteme (vollständige Systemkomponenten)
72012 44012	Schwalle KG Märkische Str. 36 44135 Dortmund Tel. 0231 52810 Fax 0231 5281155	Herr Rille Märkische Str. 38 44135 Dortmund Tel. 0231 5281936 Spedition	Stadtbank Dortmund IBAN: DE43 5530 9433 0204 4001 23 BIC: SBDODEK9011	Reifen (Decken), Schläuche mit Ventilen, Felgenbänder
72013 44013	Continent AG Vahrenwalder Str. 99 30165 Hannover Tel. 0511 927411 Fax 0511 927411	Herr Rieger Vahrenwalder Str. 102 30165 Hannover Spedition	Bank 3000 IBAN: DE74 1028 4983 0124 4467 11 BIC: 3000DENWXXX	Reifen (Decken), Schläuche mit Ventilen, Felgenbänder

Lieferantenstammdaten der Fly Bike Werke GmbH

Liefer.-Nr. Kreditoren-Nr.	Firma Anschrift Telefon/Fax	Ansprechpartner Lieferanschrift Lieferart	Name der Bank IBAN BIC	Lieferprogramm
73014 44014	Ruhrwerke GmbH Lohrheidestr. 72 44866 Bochum Tel. 02327 3521 Fax 02327 352998	Frau Rieser Lohrheidestr. 72 44866 Bochum Tel. 02327 352974 Spedition	HypoUnion Bank IBAN: DE49 6332 8535 0079 2003 41 BIC: HYUNDEBO894	Lenker, Vorbauten, Metallausstattungen (Ständer, Gepäckträger usw.)
73015 44015	Frikawerke GmbH & Co. KG Gertenstr. 19 58739 Wickede/Ruhr Tel. 02377 5770 Fax 02377 577319	Herr Stoll Gertenstr. 19 58739 Wickede/Ruhr Tel. 02377 577124 Spedition	Werler Kreisbank IBAN: DE13 6690 3844 0039 7226 11 BIC: KBWRDEH1WRL	Lenker, Vorbauten, Metallausstattungen (Ständer, Gepäckträger usw.)
74016 44016	Sella SA Via San Pietro 22–24 10121 Torino Italien Tel. +39 11 4679121 Fax +39 11 4679127	Sig. Maletti Lieferanschrift Via San Pietro 22–24 10121 Torino Italien Tel. +39 11 4679224 Bahnfracht	HypoUnion Banca di Roma IBAN: IT69 H8B0 5300 4656 4566 1261 74 BIC: HYUNITZ3428	Sättel, Sattelstützen, Satteltaschen
75020 44020	Union Elektro AG Landsberger Str. 66 12623 Berlin Tel. 030 5628333 Fax 030 5628321	Herr Kraprich Landsberger Str. 67 12623 Berlin Tel. 030 5628362 Spedition	IKL-Bank IBAN: DE35 1001 0700 0160 9233 09 BIC: IKLBDE10XXX	Beleuchtungssysteme
76022 44022	Kunststoffwerke AG Hans-Böckler-Str. 49–52 28217 Bremen Tel. 0421 399550 Fax 0421 39955613	Herr Danielesen Hans-Böckler-Str. 49–52 28217 Bremen Tel. 0421 39955666 Spedition	TopBank IBAN: DE24 7856 4439 0714 9002 09 BIC: TOPBDEBW125	Kunststoffausstattungen (Schutzbleche, Kettenschutz, Griffe usw.) und Kunststoffverpackungen
77024 44024	Druckerei & Design Wolfgang Krause Cloppenburger Str. 450 26133 Oldenburg Tel. 0441 47011 Fax 0441 47111	Herr Krause Cloppenburger Str. 450 26133 Oldenburg Tel. 0441 47011 Spedition	Oldenburg-Bank IBAN: DE83 1009 7463 0100 0233 09 BIC: OLBADE98XXX	Abzüge, Drucksachen aller Art
78026 44026	Marwik GmbH Den Haager Str. 1a 28259 Bremen Tel. 0421 576631 Fax 0421 57663222	Herr Kleinreich Den Haager Str. 1b 28259 Bremen Tel. 0421 57663289 Spedition	TopBank IBAN: DE54 6670 9340 0314 9113 11 BIC: TOPBDEBW785	Hochwertige Antriebs- und Bremssysteme
80027 44027	Metallwarenfabrik Köller GmbH Altendorfer Str. 411 45143 Essen (Ruhr) Tel. 0201 627761 Fax 0201 6277666	Herr Wiesel Altendorfer Str. 67 45143 Essen (Ruhr) Tel. 0201 6277512 Spedition	Essener Stadtbank IBAN: DE62 1089 4510 0360 9235 55 BIC: SBESDEU7567	Kleinteile aus Metall (Schrauben, Unterlegscheiben, Muttern, Anlötteile, Ausfallenden usw.)
80030 44030	apv Augsburger Papierveredelungsgesellschaft mbH Gumpelzhaimerstr. 3–5 86154 Augsburg Tel. 0821 546660 Fax 0821 5466610	Frau Obermann Gumpelzhaimerstr. 3–5 86154 Augsburg Tel. 0821 5466622 Bahnfracht	Vereinsbank Südost IBAN: DE28 8210 6501 0013 1956 87 BIC: VBSODEAU467	Verpackungen aus Papier und Karton
90032 44032	Cycle-Tools-Import GmbH Am Sandtorkai 30 20457 Hamburg Tel. 040 378231 Fax 040 37823200	Herr Weeseler Am Sandtorkai 30–32 20457 Hamburg Tel. 040 37823372 Spedition	Bankhaus Schwerzmann IBAN: DE90 0034 8452 0420 0039 89 BIC: BHSMDED1XXX	Fremdbauteile und Handelswaren aller Art für die Fahrradindustrie (Weltmarktproduktionen)
90034 44034	Fahrradteile International GmbH Borgwardstr. 16 28309 Bremen Tel. 0421 83091 Fax 0421 8309344	Herr Itze Borgwardstr. 17 28309 Bremen Tel. 0421 8309567 Spedition	TopBank IBAN: DE96 8945 0014 0700 9822 28 BIC: TOPBDEBW701	Fremdbauteile und Handelswaren aller Art für die Fahrradindustrie (Weltmarktproduktionen)

Lernsituation 1

SB BWR ▸ Handlungsfeld 1, Kap. 1 bis 3

LS BWR ▸ Lernsituation 1

Das Modellunternehmen vorstellen

Situation

Vor wenigen Tagen haben Sie Ihr Praktikum bei der Fly Bike Werke GmbH begonnen. Frau Linden, Ansprechpartnerin für Auszubildende und Praktikanten, hat Ihnen zu Beginn Ihrer Tätigkeit einen Erkundungsauftrag erteilt. Dazu hat sie Ihnen eine Informationsmappe der Fly Bike Werke GmbH (vgl. S. 5 bis 14) zusammengestellt.

Hausmitteilung

Fly Bike Werke GmbH

Absender	Empfänger	mit der Bitte um
☐ Geschäftsführung	☐ Geschäftsführung	☐ Kenntnisnahme
☐ Zentralsekretariat	☐ Zentralsekretariat	☒ Erledigung
☐ Controlling	☐ Controlling	☐ Stellungnahme
☐ Einkauf/Logistik	☐ Einkauf/Logistik	
☐ Produktion	☐ Produktion	
☒ Verwaltung	☐ Verwaltung	
☐ Vertrieb	☐ Vertrieb	
☒ Frau/~~Herr~~ Linden	☒ ~~Frau/Herr~~ An alle Praktikanten	

Um unser Unternehmen besser kennenzulernen und Erfahrungen mit anderen Auszubildenden und Praktikanten zu teilen, bitten wir Sie, eine PowerPoint-Präsentation zu erstellen und diese auf unserer nächsten Teambesprechung zu präsentieren. Die fertige PowerPoint-Präsentation soll anschließend in unserem Intranet veröffentlicht und allen Mitarbeitern zur Verfügung gestellt werden.

Folgende Fragen sollten mithilfe der Präsentation beantwortet werden:

- Wie und wann ist die Fly Bike Werke GmbH gegründet worden? Wer ist Gesellschafter und wer ist Geschäftsführer? Welche Rechtsform hat das Unternehmen und wie heißt die Firma genau?
- Welche Ziele verfolgt die Fly Bike Werke GmbH?
- Welche Produkte stellt die Fly Bike Werke GmbH her?
- Mit welchen Artikeln handelt die Fly Bike Werke GmbH?
- Welche Dienstleistungen werden angeboten?
- Welche Kunden hat das Unternehmen?
- Welche Lieferanten beliefern die Fly Bike Werke GmbH?
- Wie viel Kapital hat die Fly Bike Werke GmbH?
- Wie viele Mitarbeiter arbeiten in welchen Abteilungen? Wie ist die Organisationsstruktur?

Im Intranet finden Sie außerdem einen Zeitungsartikel zum Umgang mit PowerPoint sowie interne Schulungsmaterialien zur Erstellung von gelungenen PowerPoint-Präsentationen (Arbeitsblätter 1.2 bis 1.4 und Informationsblätter 1.1 bis 1.4) und zum Thema Feedback (Informationsblatt 1.5)

Mit freundlichen Grüßen
Linden (Personalabteilung)

Studie beweist:

PowerPoint kann peinlich sein

Die meisten Vorträge verärgern das Publikum – auch durch schlechte Folien

VON RALF R. GERLACH

Washington/Berlin. Gibt es ein größeres Folterinstrument als PowerPoint-Folien? Glaubt man einer neuen amerikanischen Studie, dann nicht. Die Präsentationssoftware aus dem Hause Microsoft hält einige Gemeinheiten für Zuhörer bereit.

Welche Botschaft soll der Vortrag versenden? An welche Zielgruppe? Welche Inhalte werden transportiert? Diese Frage stellen sich offenbar zu wenige, bevor sie auf das Publikum losgelassen werden. Eine Studie fand heraus: PowerPoint-Präsentationen mangelt es an Struktur, der „rote Faden" fehlt. „Es werden Folien erstellt, aber niemand weiß, wo der Vortragende gerade steht und was er sagen will. So wirr wie die Folien ist häufig der Vortrag. Die Zuhörer schalten ab", so Michael Fort, Leiter der Studie.

Der Forscher empfiehlt: ***Weniger ist manchmal mehr.***

Demnach stören sich 45 Prozent der befragten Zuhörer an zu langen Sätzen, 33 Prozent an zu kleiner Schrift, 17 Prozent an völlig überfrachteten Diagrammen und gar 58 Prozent an fatalen Griffen in die Trickkiste von PowerPoint. „Nichtssagende Animationen, fliegende Texte und Grafiken. Das ist kindisch. Eine Grafik darf höchstens fliegen und flimmern, wenn ich damit eine klare Botschaft versende. Ansonsten ist das eher peinlich", so Studienleiter Fort.

„Viele Folien sind mit Bildern und bunten Animationen voll. Nur eines, dafür aber ein gutes Bild, ist manchmal mehr. Dass bei Bildern die Quelle anzugeben ist, versteht sich von selbst", betont Fort. Außerdem kritisieren die Befragten, dass zu viele unterschiedliche Farben verwendet werden und Texte daher häufig nicht lesbar sind. Die Kombination aus blauer und roter Farbe ist besonders schlimm.

„Was außerdem absolut unprofessionell ist, sind seitenweise Fließtexte auf Folien. Der Zuhörer liest die Texte und hört nicht mehr zu. Daher sollten auf Folien nur Schlagworte und auf keinen Fall ganze Texte stehen. Als Regel kann man sich merken: Maximal sieben Gliederungspunkte und maximal neun Zeilen pro Folie", erklärt Fort. „Auch die Schriftgröße spielt eine Rolle. Überschriften sollten mindestens 24 pt und Inhaltstexte mindestens 20 pt groß sein, damit diese vom Zuschauer gut gelesen werden können", so Experte Fort. Zudem sei ein einheitliches Foliendesign Pflicht. „Gerade Unternehmen sollten ein eigenes Layout als Vorlage für Folien haben. Dazu gehört auch, dass das Logo des Unternehmens in der Präsentation verwendet wird und die gewählten Farben zum Logo passen. Alles andere wirkt unprofessionell", rät der Forscher. PowerPoint selbst sei nur ein Hilfsmittel. Es kommt auf den Inhalt an. Der muss logisch und verständlich sein. „Daher macht sich der gute Vortragende vorher einen Plan und bastelt erst dann Folien", empfiehlt Fort.

Quelle: Autorentext

Handlungsaufträge

1 Welche Problemstellung ergibt sich aus der Situation? Nutzen Sie zur Herleitung das Arbeitsblatt 1.1.

2 Formulieren Sie Regeln für die Erstellung einer Präsentation (Arbeitsblatt 1.2).

3 Erstellen Sie Ihre Unternehmenspräsentation der Fly Bike Werke GmbH (Arbeitsblätter 1.3 und 1.4 sowie Informationsblatt 1.1 bis 1.3). Testen Sie dazu unterschiedliche Entwurfsvorlagen und halten Sie fest, welche Sie ansprechend und seriös finden und welche zu verschnörkelt. Nutzen Sie dann die Entwurfsvorlage der Fly Bike Werke GmbH *Vorlage-Fly-Bike-Werke.potx* und fügen Sie in Ihrer Präsentation mindestens eine Tabelle und ein Bild ein.

4 Bereiten Sie Ihren Vortrag für die Teambesprechung vor (Informationsblatt 1.4). Notieren Sie sich dazu zunächst fünf Regeln, auf die Sie bei der Vorbereitung Ihres Vortrages achten wollen.

5 Geben Sie dem Vortragenden nach der Präsentation ein Feedback. Nutzen Sie dazu den Feedbackbogen (Arbeitsblatt 1.5).

Arbeitsblatt 1.1 | Selbstständige Herleitung der Problemstellung

Welche Problemstellung ergibt sich aus der Situation?		
Welche Arbeitsschritte sind zur Lösung der Problemstellung notwendig?	Wie können Sie die einzelnen Arbeitsschritte beschreiben?	Wo finden Sie dazu Material bzw. Informationen?

Arbeitsblatt 1.2 | Kriterien zur Präsentationsgestaltung

Welche Fehler können bei der Erstellung einer PowerPoint-Präsentation gemacht werden?	Formulieren Sie entsprechende Regeln, um die Fehler zu vermeiden.
keine Struktur auf den Folien	• auf „roten Faden“ achten • Folien klar gliedern und mit Überschriften versehen
zu lange Sätze, Fließtexte	• Stichpunkte • Stichwörter verwenden
zu kleine Schrift	• Überschriften mindestens 24pt • Inhaltstexte mindestens 20pt
Überfachtete Diagramme	• klare Botschaften senden
Viele Bilder	• Ein gutes Bild pro Folie genügt
Zu viele Farben rot, blau	• Weniger Farben damit es übersichtlicher wird

Arbeitsblatt 1.3 | Die Benutzeroberfläche von PowerPoint 2016

Um professionelle Präsentationen zu erstellen, wird ein Präsentationsprogramm verwendet. Bei der Fly Bike Werke GmbH wird PowerPoint eingesetzt. Dieses Programm finden Sie auf dem Computer unter **Start** → **PowerPoint**. Starten Sie das Programm mit einem Klick. Das Programm öffnet sich mit der Ansicht einer ersten Folie.

Beschriften Sie die Abbildung mit folgenden Fachbegriffen:
Folie, Notizenfeld, Register Datei, Register (Registerkarten), Gruppe Schriftart, Menüband, Dialogfeld zur Gruppe Absatz (Listenpfeil), Titelleiste, Symbolleiste für den Schnellzugriff, Befehl, Miniaturansicht, Platzhalter

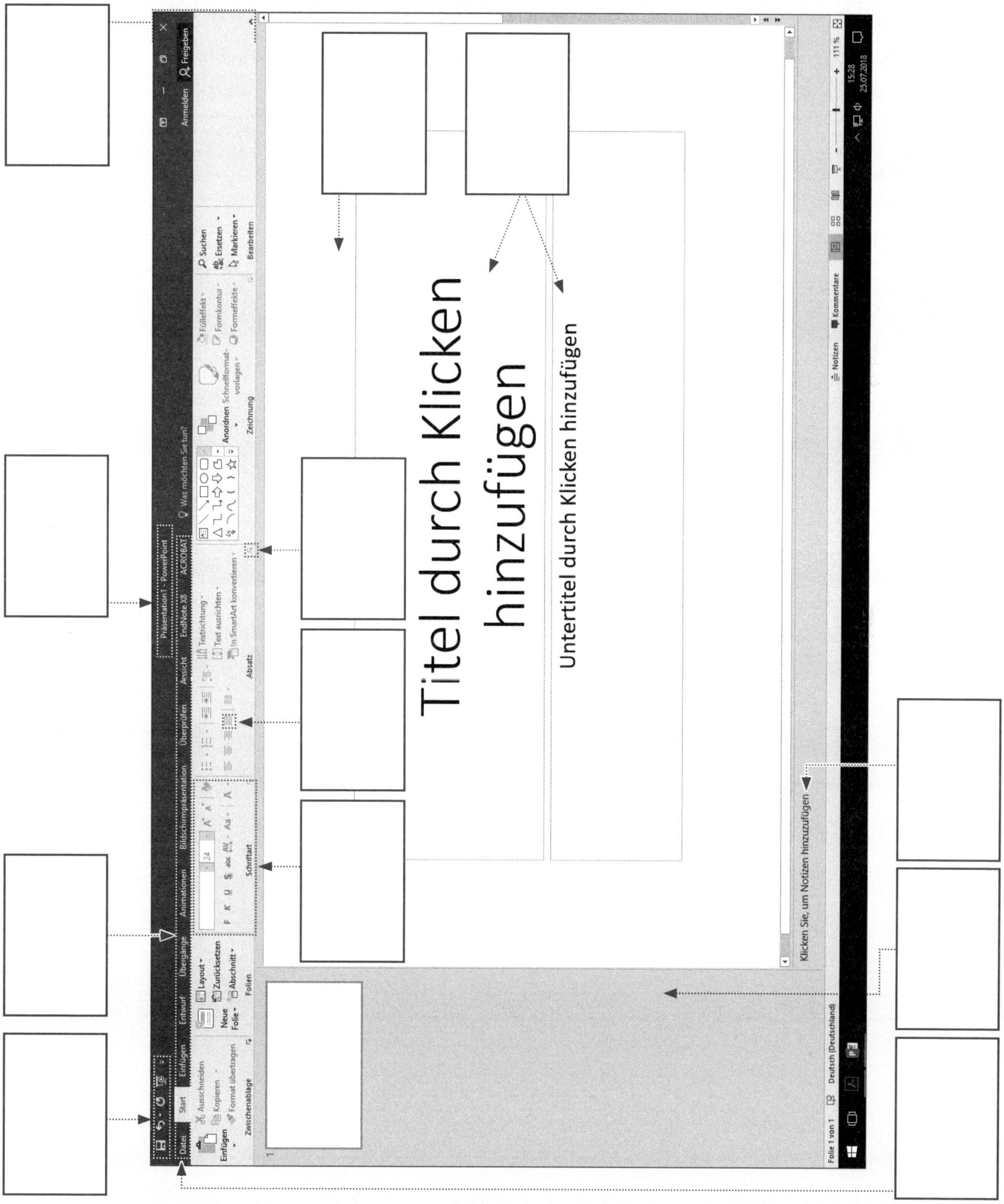

Arbeitsblatt 1.4 | Erste Schritte in PowerPoint

Eine Präsentation besteht aus mehreren Folien (Seiten) mit unterschiedlichen Inhalten. Um eine Präsentation gut zu strukturieren, empfiehlt sich folgende Folienabfolge:

Schematische Folienabfolge	
1. Folie	Titelfolie mit dem Thema des Vortrags
2. Folie	Inhaltsverzeichnis/Gliederung des Vortrags
3. bis vorletzte Folie	Inhalt der Präsentation
letzte Folie	Zusammenfassung der wesentlichen Inhalte

Neue Folie einfügen
Eine neue Folie können Sie über die Registerkarte Start und die Schaltfläche **Neue Folie** in der Gruppe **Folien** oder über die Tastenkombination **Strg + M** einfügen.

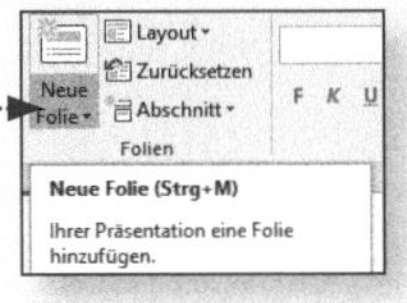

Layout einer Folie festlegen
Jede Folie hat einen anderen Inhalt und damit ein anderes Layout. Das Layout einer Folie wird über die Registerkarte **Start** in der Gruppe **Folien** über die Schaltfläche **Layout** festgelegt.
Es stehen standardmäßig verschiedene Layouts zur Verfügung.

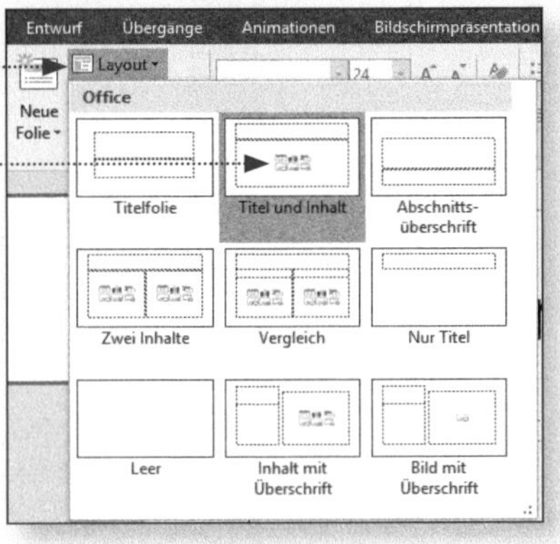

PowerPoint bietet auf einigen Folien bereits die Möglichkeit, unterschiedliche **Objekte** direkt zu platzieren.

Welche Objektplatzhalter werden Ihnen angeboten?

a)		d)	
b)		e)	
c)		f)	

Strukturieren Sie Ihre Folien für Ihre Präsentation. Notieren Sie sich in Stichpunkten die Inhalte der jeweiligen Folie.

Folie	Inhalt
Folie 1	
Folie 2	
Folie 3	
Folie 4	
Folie 5	
Folie 6	
Folie 7	
Folie 8	
Folie 9	
Folie 10	
Folie 11	

Informationsblatt 1.1 | Eine Entwurfsvorlage verwenden

Um Präsentationen einheitlich zu gestalten, werden **Designvorlagen** genutzt. Diese finden Sie im Register **Entwurf** → Gruppe **Designs.**

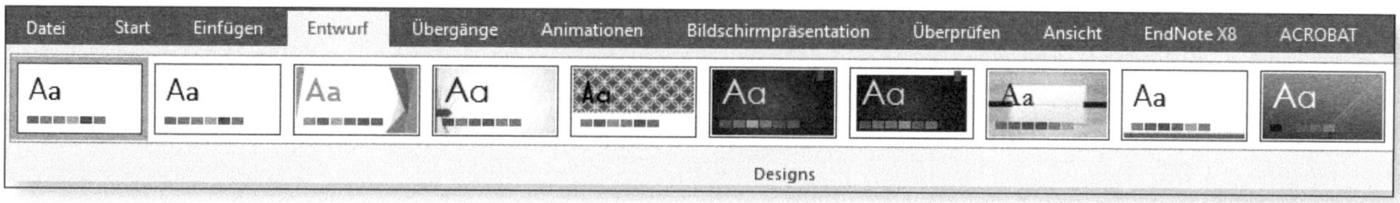

Für das erfolgreiche Bestehen eines Unternehmens am Markt ist es wichtig, dass das gesamte Erscheinungsbild eines Unternehmens zusammenpasst. Durch einheitliche Gestaltung von Logo, Geschäftspapier, Präsentationen und Werbemitteln soll bei jedem Kontakt mit einem potenziellen Kunden oder Geschäftspartner eine höchstmögliche Wiedererkennung erreicht werden.

Fly Bike Werke GmbH

Frau Lai aus der Abteilung EDV hat für die Fly Bike Werke GmbH eine Präsentationsvorlage für PowerPoint erstellt. Sie hat darauf geachtet, dass sowohl die Farben als auch die Schriftarten zum Design der Fly Bike Werke GmbH passen. Eine Designvorlage befindet sich im Intranet und soll von allen Mitarbeitern für Präsentationen der Fly Bike Werke GmbH genutzt werden.

Logo, Briefpapier, Visitenkarte und Werbung der Fly Bike Werke GmbH

Um die **Designvorlage** der Fly Bike Werke GmbH verwenden zu können, müssen Sie diese in PowerPoint importieren. Dazu klicken Sie im Register **Entwurf** auf das **Dialogfeld zur Gruppe Designs.**

Anschließend wählen Sie das gewünschte Design aus, indem Sie **Nach Designs suchen** anwählen. Suchen Sie nach *Vorlage-Fly-Bike-Werke.potx* und speichern Sie diese ab.

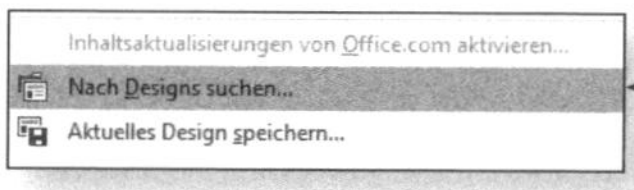

Klicken Sie hierzu im Menüband auf **Datei** und wählen Sie **Speichern unter** aus. Gehen Sie auf **Durchsuchen** und es öffnet sich das Dialogfenster **Speichern unter**. Vergeben Sie im Feld **Dateiname** einen neuen Namen oder akzeptieren Sie den vorgeschlagenen Namen. In der Liste **Dateityp** können Sie ein Dateiformat auswählen. Klicken Sie abschließend auf **Speichern**. Sichern Sie Ihre Präsentation während Ihrer Arbeit regelmäßig, damit nichts verloren geht, indem Sie auf das **Diskettensymbol** der Symbolleiste für den Schnellzugriff klicken.

Informationsblatt 1.2 | Objekte einfügen

Um Präsentationen ansprechend zu gestalten, können Sie Objekte, wie z. B. Tabellen, Diagramme und Grafiken, über die **Objektplatzhalter** der Folie einfügen.

Tabellen einfügen

Um die Tabelle **Produktionsprogramm** der Fly Bike Werke GmbH in die Präsentation einzufügen, wählen Sie im Objektplatzhalter das Symbol . Es öffent sich ein **Dialogfenster**, in dem Sie festlegen, wie viele Spalten und Zeilen Ihre Tabelle haben soll. Bestätigen Sie Ihre Eingabe mit **OK**.

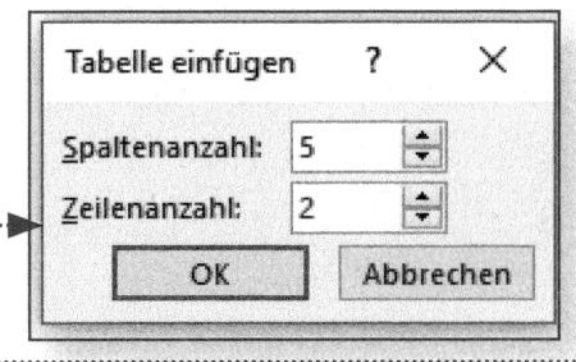

Automatisch öffnet sich das Menüband **Tabellentools**. Es wird wird ausschließlich dann angezeigt, wenn ein entsprechendes Objekt ausgewählt wird. Zu diesem Menüband gehören zwei Register (Entwurf und Layout). Die Gestaltung einer Tabelle lässt sich über das Register **Entwurf** verändern.

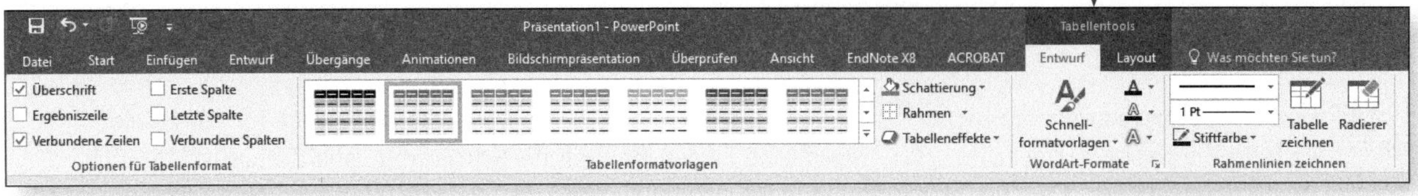

Wenn Sie bereits eine Tabelle erstellt haben, können Sie die Zeilenhöhe und die Spaltenbreite verändern. Um z. B. eine Spalte zu verbreitern, platzieren Sie den Mauszeiger auf der **Begrenzungslinie** und ziehen mit der gedrückten linken Maustaste die Begrenzungslinie nach rechts.

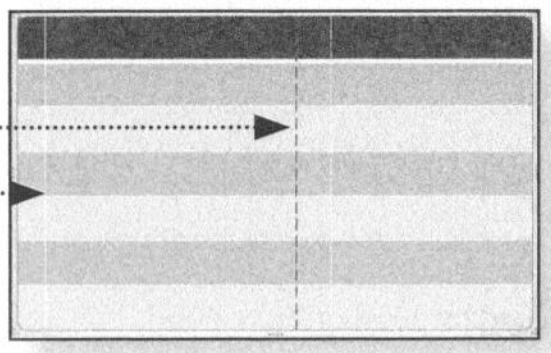

Diagramme einfügen

Um z. B. Zahlen aus Tabellen bildlich darzustellen, können Diagramme über den Objektplatzhalter **Diagramme** erstellt werden. In einem Dialogfenster können Sie verschiedene Diagrammtypen auswählen.

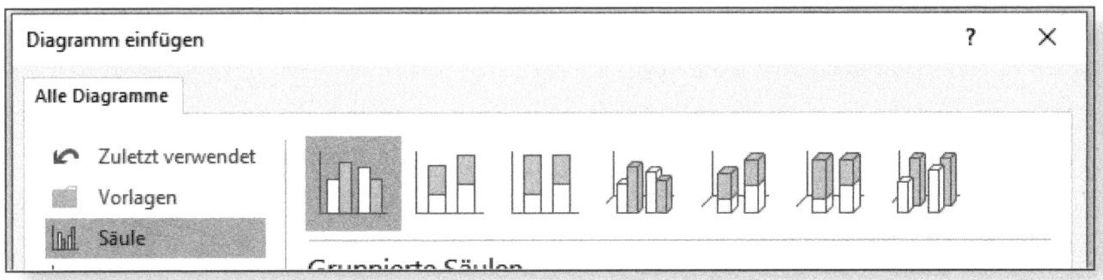

SmartArt-Grafik einfügen

Wenn Sie eine Grafik erstellen möchten, dann wählen Sie den Objektplatzhalter SmartArt-Grafik . Es öffnet sich ebenfalls ein **Dialogfenster** und Ihnen steht eine große Auswahl an unterschiedlichen Vorlagen zur Verfügung.

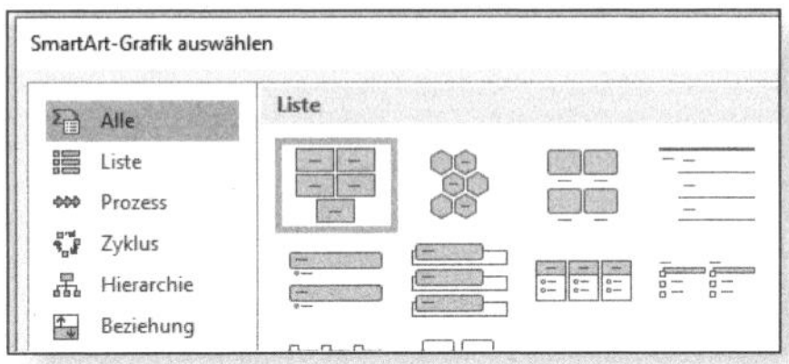

Bilder und Grafiken aus Datei einfügen

Alternativ können Sie auch Bilder und Grafiken aus Ihren Dateien einfügen.
Dazu klicken Sie den Objektplatzhalter **Bilder** an. Es öffnet sich wieder ein Dialogfenster und Sie wählen den Speicherort und den gewünschten Dateinamen aus und klicken auf **Einfügen.**

Onlinebilder einfügen

Möchten Sie passende Grafiken und Bildern aus dem Internet verwenden, können Sie dazu den Objektplatzhalter **Onlinebilder** anklicken und im Eingabebereich für die Suche ein Suchbegriff eingeben.

Video einfügen

Wenn Sie Videos aus Ihren eigenen Dateien einfügen wollen, wählen Sie den Objektplatzhalter **Video einfügen** . Über das Dialogfenster können Sie Ihre Datei auswählen.

Größe und Lage von Objekten verändern

Auf den Rahmen von Grafiken befinden sich verschiedene Anfassungspunkte. Mit diesem Symbol verschieben Sie Objekte [1], mit diesem können Sie die Größe verändern [2] und mit diesem die Grafik drehen [3]. Mithilfe der **Entf-Taste** lassen sich alle Objekte wieder entfernen.

Informationsblatt 1.3 | Starten einer PowerPoint-Präsentation und hilfreiche Tastenkürzel

Auf den Folien Ihrer Präsentation stehen Stichwörter oder kurze Sätze. Um Ihre Arbeitsergebnisse zu präsentieren, zeigen Sie Ihre Folien und halten dazu einen kleinen Vortrag. Dazu müssen Sie eine Bildschirmpräsentation starten. Klicken Sie im Register **Bildschirmpräsentation** in der Gruppe **Bildschirmpräsentation starten** auf **Von Beginn an.**

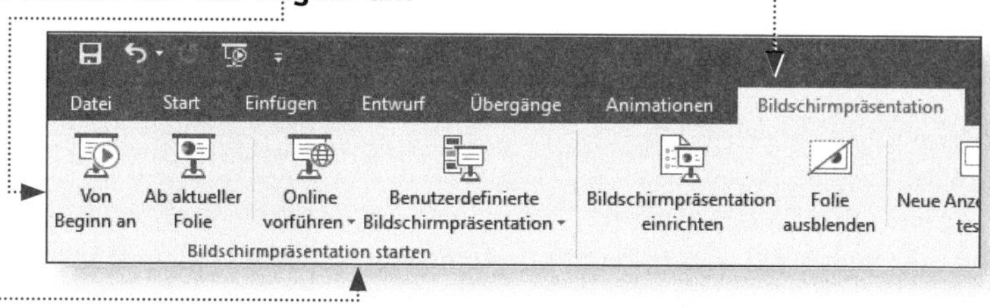

Ihre erste Folie erscheint auf dem Bildschirm. Unten links auf der Folie werden sechs graue Schaltflächen angezeigt. Sie können die Schaltflächen aktivieren, wenn Sie mit dem Mauszeiger darüberfahren und diese mit der linken Maustaste anklicken. Mit den **Pfeilen** können Sie in Ihren Folien vor- und zurückblättern. Während der Präsentation können Sie mit dem **Stift** auf der dargestellten Folie schreiben, malen oder mit dem Laserpointer auf bestimmte Teile der Folie weisen. Über das **Gliederungssymbol** können Sie eine Miniaturansicht für alle Folien öffnen, um eine bestimmte Folie auszuwählen. Die **Lupe** verkleinert oder vergrößert Elemente der Folie. Über das Symbol mit den drei Punkten lassen sich weitere Einstellungen vornehmen, u. a. kann die Präsentation auch vorzeitig beendet werden.

Tastenkürzel

Funktion	**Tastenkombination**
Neue Präsentation	Strg + N
Neue Folie einfügen	Strg + M
Start der Präsentation	F5
Ende der Präsentation	Esc
Onlinepräsentation starten	Strg + F5
Drucken	Strg + P
Öffnet das Dialogfenster **Öffnen**	Strg + S, F12
Während des Präsentationsmodus	
Nächste Folie	Leertaste, Enter, →, ↓, N
Vorherige Folie	←, ↑, P
Stift für Notizen	Strg + P

Informationsblatt 1.4 | Erfolgreich präsentieren und Feedback geben

Erstellen von Notizen zur Vorbereitung des Vortrags

Um während des Vortrages möglichst frei zu sprechen, bereiten Sie Ihren Vortrag gut mit Stichpunkten vor. Diese Stichpunkte können Sie auf kleine Karteikarten notieren oder aber auch als Notizen in PowerPoint erstellen. Dazu nutzen Sie dort den **Notizbereich.**

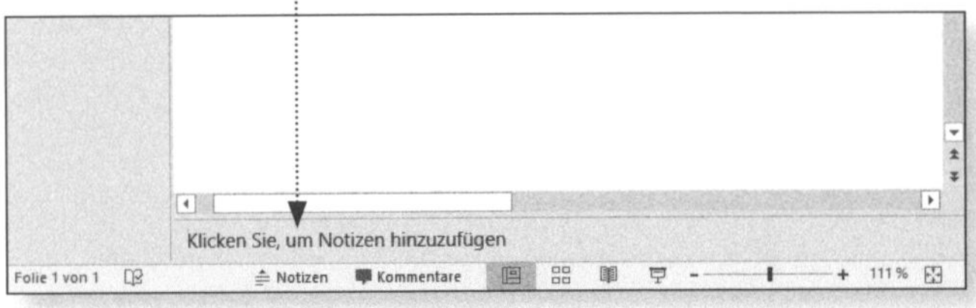

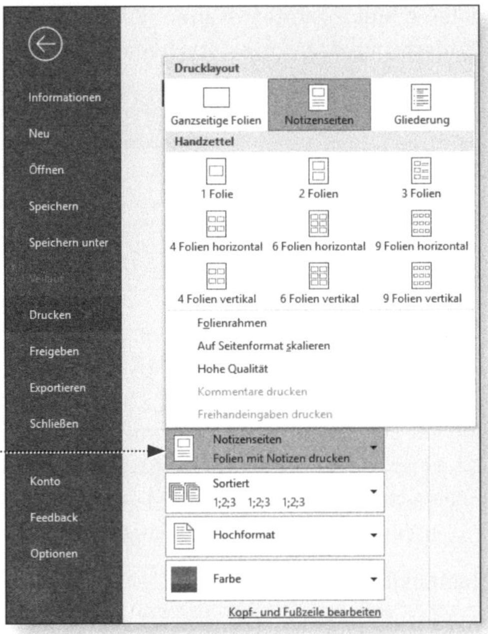

Um die erstellte Präsentation zusammen mit den Notizen auszudrucken, klicken Sie im Menüband über die Registerkarte **Datei** das Menü für **Drucken** an. Wählen Sie im Dialogfenster **Drucken** unter Einstellungen und Drucklayout **Notizenseiten** aus.

Eine Präsentation vortragen

Die Wirkung einer Präsentation wird zu 55 Prozent von der Körpersprache (z. B. Mimik, Gestik, Körperhaltung, Kleidung, Blickkontakt), zu 38 Prozent von Stimme und Sprechtechnik (z. B. Betonung, Stimme, Sprechtempo), aber nur zu sieben Prozent vom Inhalt beeinflusst.

Für die Präsentation gibt es keine Kleiderordnung. Das Outfit sollte dem eigenen Typ gerecht werden. Verkleiden Sie sich nicht. Beachten Sie aber: „Baggy-Pants", „Tops" und „Cappys" sind als Kleidungsstücke bei Präsentationen trotzdem unangemessen.

Körpersprache und Körperhaltung sind bei Vorträgen wesentliche Elemente. Das liegt nicht jedem Menschen, doch auch hier macht Übung sicherer.

Wichtig ist die richtige Position im Raum. Idealerweise stellen Sie sich seitlich zur Projektionsfläche. Versuchen Sie, sich so am Bildschirm des Computers zu platzieren, dass Sie, falls Sie ins Stocken geraten, auf den Bildschirm und nicht auf die Projektionsfläche schauen.

Eine aufrechte, offene und freundliche Körperhaltung sowie Blickkontakt zu den Zuhörern unterscheiden einen guten von einem mittelmäßigen Vortrag.

Um die Inhalte Ihrer Präsentation verständlich zu vermitteln, setzen Sie Ihre **Stimme** ein.
- Achten Sie auf kurze, einfache Sätze.
- Sprechen Sie laut und deutlich.
- Vermeiden Sie Verzögerungslaute, wie z. B. „äh" und „ähm".
- Erklären Sie Fachwörter und Fremdworte.
- Machen Sie Pausen, um eventuelle Verständnisfragen zu ermöglichen.
- Lassen Sie sich bei der Präsentation Zeit, um Ihre Inhalte in Ruhe zu präsentieren.

Feedback geben

Feedback ist wichtig, um beispielsweise die eigenen Präsentationstechniken zu verbessern. Es ist also eine Chance, sein Verhalten bei der Präsentation positiv zu verändern. Wenn Sie ein Feedback geben, sollte es immer fair, ehrlich, verantwortlich, sachlich, positiv verstärkend und aufbauend sein. Wenn Sie ein Feedback erhalten, dann hören Sie aktiv zu, seien Sie offen für Kritik und rechtfertigen Sie sich nicht.

Arbeitsblatt 1.5 | Feedbackbogen zur Präsentation

Beurteilungs-kriterien	Vortrag 1		Vortrag 2	
Angemessene Kleidung	gepflegtes Auftreten ☐	ungepflegt, zu lässig ☐	gepflegtes Auftreten ☐	ungepflegt, zu lässig ☐
Blickkontakt	spricht Zuhörer an ☐	fehlt ☐	spricht Zuhörer an ☐	fehlt ☐
Körperhaltung, Gestik und Mimik	sichere Ausstrahlung ☐	wirkt unsicher, steif, übertrieben ☐	sichere Ausstrahlung ☐	wirkt unsicher, steif, übertrieben ☐
Sprechweise	deutlich, angemessene Lautstärke ☐	undeutlich, zu leise, einschläfernd ☐	deutlich, angemessene Lautstärke ☐	undeutlich, zu leise, einschläfernd ☐
Sprechtempo	angemessenes Tempo, gute Pausentechnik ☐	zu schnell, keine Pausen ☐	angemessenes Tempo, gute Pausentechnik ☐	zu schnell, keine Pausen ☐
Sprache	verständlich, kurze Sätze ☐	unverständlich, umständlich, lange Sätze ☐	verständlich, kurze Sätze ☐	unverständlich, umständlich, lange Sätze ☐
Struktur des Vortrages	klar erkennbar ☐	nicht nachvollziehbar, sprunghaft ☐	klar erkennbar ☐	nicht nachvollziehbar, sprunghaft ☐
Gestaltung der Folien	übersichtlich, klar gegliedert ☐	unübersichtlich, keine Gliederung erkennbar ☐	übersichtlich, klar gegliedert ☐	unübersichtlich, keine Gliederung erkennbar ☐
Verwendung von Bildern, Grafiken und Tabellen	passend zum Inhalt, angemessene Menge ☐	passt nicht zum Inhalt, zu viele ☐	passend zum Inhalt, angemessene Menge ☐	passt nicht zum Inhalt, zu viele ☐
Inhalt	vollständig, sachlich richtig, angemessene Gewichtung von Haupt- und Nebenpunkten ☐	unvollständig, sachliche Fehler, wichtige Punkte zu kurz, nebensächliche Punkte zu ausführlich ☐	vollständig, sachlich richtig, angemessene Gewichtung von Haupt- und Nebenpunkten ☐	unvollständig, sachliche Fehler, wichtige Punkte zu kurz, nebensächliche Punkte zu ausführlich ☐
Verbesserungs-vorschläge und offene Fragen				

Aufgaben

Aufgabe 1

Erstellen Sie ein verlinktes Inhaltsverzeichnis (Gliederung mit Hyperlinks). Öffnen Sie dazu die von Ihnen erstellte Unternehmenspräsentation und navigieren Sie zur Folie, auf der Sie das Inhaltsverzeichnis angelegt haben. Markieren Sie dort anschließend den Bereich, in dem die Hyperlinks eingefügt werden sollen. Danach klicken Sie im Register **Einfügen** auf die Schaltfläche **Link**, um die Verknüpfung zu erstellen.

__Hyperlinks__ sind Verknüpfungen mit denen Sie einen „Sprung" zu einem bestimmten Ziel (z. B. einer anderen Folie oder einer Webseite) erstellen können. Hyperlinks werden hauptsächlich als Verknüpfung im Internet genutzt. Außerdem kann damit aber auch die Benutzerfreundlichkeit einer Präsentation in PowerPoint erhöht werden. Der Benutzer der Präsentation klickt auf den Hyperlink und gelangt direkt zum im Hyperlink angegebenen Ziel.

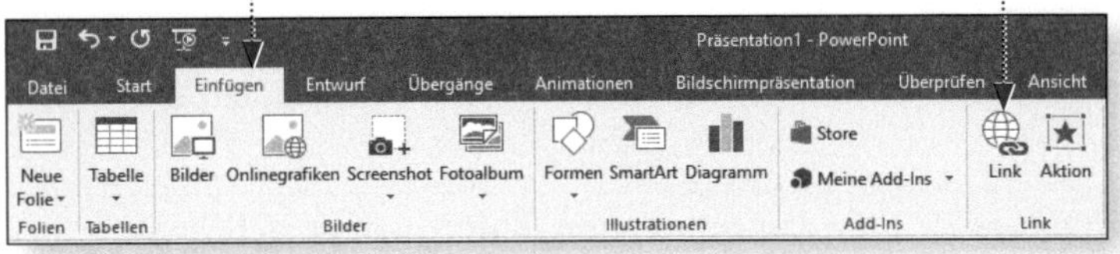

Das Ziel eines Links kann eine Datei, eine Webseite, eine Folie im aktuellen Dokument, ein neues Dokument oder aber eine E-Mail-Adresse sein. An dieser Stelle soll ein Inhaltsverzeichnis für die Unternehmenspräsentation erstellt werden. Wählen Sie dazu im geöffneten Dialogfenster **Aktuelles Dokument** aus, klicken Sie die Folie an, zu der Sie verlinken möchten, und bestätigen Sie diesen Vorgang mit **OK**. Anschließend erstellen Sie für alle Punkte des Inhaltsverzeichnisses einen solchen Hyperlink.

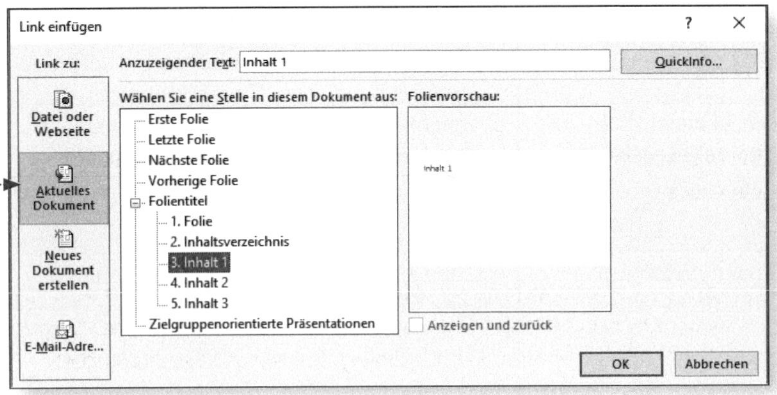

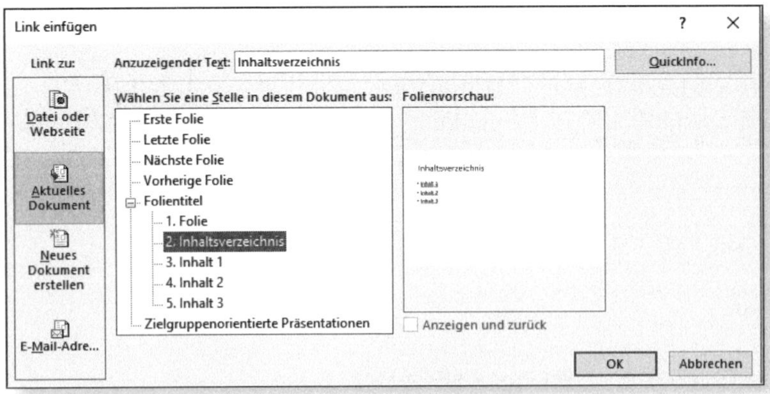

Damit Sie von jeder Folie auch wieder zurück zum Inhaltsverzeichnis gelangen können, müssen Sie auf jeder Folie einen Hyperlink einfügen, der zurück zum Inhaltsverzeichnis führt.

Hinweis

Die Hyperlinks funktionieren nur in der Präsentationsansicht. Daher müssen Sie, um die Hyperlinks zu testen, zunächst die Präsentation z. B. mit F5 starten. Alternativ können Sie zum Testen des Links auch die Taste „Strg" drücken, während Sie gleichzeitig auf den Link klicken.

TIPP Alternativ kann der Hyperlink auch mithilfe der rechten Maustaste über das Kontextmenü eingefügt werden. Der Text, der als Hyperlink erscheinen soll, kann individuell festgelegt werden. Auch können Sie für andere Objekte (z. B. Bilder oder Symbole) einen Hyperlink erstellen, indem Sie wie oben beschrieben zunächst das gewünschte Objekt markieren und anschließend einen Hyperlink einfügen.

Aufgabe 2
Nutzen Sie Übergänge und Animationseinstellungen, um die Präsentation zu optimieren. Mithilfe der Register **Übergänge** und **Animationen** können Sie Ihre Präsentation individuell gestalten. Denken Sie aber dabei immer daran, dass gilt: „Weniger ist manchmal mehr." Testen Sie verschiedene Übergänge und Animationen und wählen Sie anschließend für Ihre Präsentation geeignete Übergänge und Animationen aus.

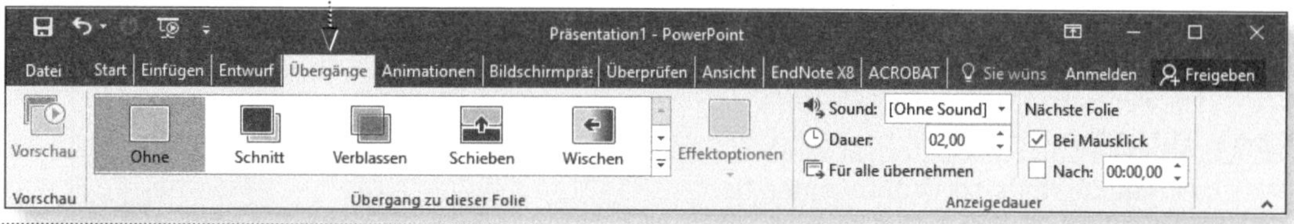

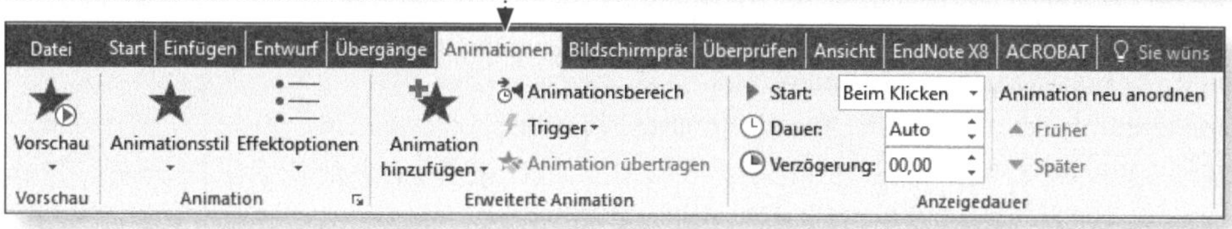

Das Register **Übergange** ermöglicht die Gestaltung des Übergangs von einer Folie zur nächsten. Navigieren Sie zu der Folie, für die Sie einen Übergang erstellen wollen, und wählen Sie einen Übergang aus. Außerdem können Sie festlegen, wie lange ein Übergang dauern und ob er beim Mausklick oder nach einer bestimmten Dauer erfolgen soll. Sie können den ausgewählten Übergang für alle Folien übernehmen oder für jede Folie einen individuellen Übergang festlegen.

Um einzelne Objekte zu animieren, markieren Sie das Objekt und klicken Sie anschließend auf das Register **Animationen**. Wählen Sie zunächst einen Animationsstil aus. Anschließend können Sie je nach Animationsstil weitere Einstellungen, wie z. B. Start-Optionen, Dauer oder Verzögerungen, festlegen.

Aufgabe 3
Erstellen Sie eine Selbstpräsentation. Diese sollte Informationen über Ihre Herkunft (Geburtsort, bisherige Schullaufbahn), Ihre Hobbys und Ihre beruflichen Ziele enthalten.

Aufgabe 4
Erstellen Sie eine Lernkartei als PowerPoint-Präsentation oder auf Karteikarten. Auf der ersten Folie oder der Vorderseite der Karte notieren Sie das zu lernende Wissenselement, z. B. Kriterien zur Präsentationsgestaltung oder einen Fachbegriff wie Objekt, als Frage. Auf einer zweiten Folie oder der Rückseite notieren Sie die Lösung. Sie können diese Lernkartei immer weiter ausbauen und Ihr Wissen erweitern.

Aufgabe 5
Erstellen Sie ein Lerntagebuch. Hier können Sie Ihre persönlichen Lernfortschritte, Ihre Eindrücke im Unterricht, aber auch Probleme und Schwierigkeiten beim Lernen dokumentieren. In einem kleinen Heft oder mit PowerPoint können Sie regelmäßig Eintragungen vornehmen. Sie können z. B. folgende Fragen in Ihr Lerntagebuch aufnehmen:
- Was habe ich gelernt?
- Was möchte ich noch lernen?
- Habe ich einige Sachverhalte nicht richtig verstanden? Welche?
- Was habe ich gerne/nicht gerne gemacht?
- Welche Schwierigkeiten hatte ich mit dem Stoff?
- Welche Probleme gab es mit Mitschülern?
- Wie schätze ich meinen Anteil am Gruppenergebnis bzw. am Ergebnis der Klasse ein?
- Was mache ich das nächste Mal genauso?
- Was mache ich das nächste Mal anders?

Sie können ein Lerntagebuch auch zur Wiederholung von Themen oder zur Vorbereitung auf Klassenarbeiten und Tests nutzen.

Kannliste zu HF 1 | Anforderungssituation 1.1 | Lernsituation 1

Das Modellunternehmen vorstellen

Nr.	Themenbereich: Das Modellunternehmen vorstellen			
	Ich kann ...	**Zu finden ...**	**AP**	**√**
1	... die folgenden Fragen zum Modellunternehmen Fly Bike Werke GmbH beantworten: • Wie und wann ist das Unternehmen gegründet worden? • Wer ist Gesellschafter und wer ist Geschäftsführer? • Welche Rechtsform hat das Unternehmen und wie heißt die Firma genau? • Welche Ziele verfolgt das Unternehmen? • Welche Produkte stellt das Unternehmen her? • Mit welchen Artikeln handelt das Unternehmen? • Welche Dienstleistungen werden angeboten? • Welche Kunden hat das Unternehmen? • Welche Lieferanten beliefert das Unternehmen? • Wie viel Kapital hat das Unternehmen? • Wie viele Mitarbeiter arbeiten in welchen Abteilungen? • Wie ist die Organisationsstruktur?	S. 5–14	x	
Nr.	**Themenbereich: Eine Präsentation mit MS PowerPoint erstellen**			
	Ich kann ...	**Zu finden ...**	**AP**	**√**
2	... Kriterien zur Präsentationsgestaltung nennen und anwenden.	S. 16, 18	xx	
3	... die Folien einer Präsentation strukturieren.	S. 20	xx	
4	... Entwurfsvorlagen zur Erstellung von Präsentationen verwenden.	S. 21	xx	
5	... Objekte in eine Präsentation einfügen.	S. 22	xx	
6	... eine Präsentation starten und kenne hilfreiche Tastenkürzel.	S. 23	x	
7	... ein Inhaltsverzeichnis erstellen und die einzelnen Seiten mit Hyperlinks verknüpfen.	S. 26	xxx	
8	... mit Übergängen und Animationen eine Präsentation zielgruppengerecht gestalten.	S. 27	xx	
9	... eine PowerPoint-Präsentation erstellen, die die oben genannten Fragen zum Modellunternehmen beantwortet.	S. 5–16	xxx	
Nr.	**Themenbereich: Erfolgreich präsentieren und Feedback geben**			
	Ich kann ...	**Zu finden ...**	**AP**	**√**
10	... meine Körpersprache und Körperhaltung einsetzen, um erfolgreich zu präsentieren.	S. 24–25	xx	
11	... meinen Mitschülern zielgerichtet Feedback geben.	S. 24–25	xx	
12	... erkennen und bewerten, welche Kleidung für eine Präsentation angemessen ist.	S. 24–25	x	
13	... erkennen und bewerten, ob deutlich und mit einer angemessenen Lautstärke präsentiert wird.	S. 24–25	x	
14	... erkennen und bewerten, ob mit angemessenem Tempo und guter Pausentechnik präsentiert wird.	S. 24–25	x	
15	... erkennen und bewerten, ob mit verständlicher Sprache und kurzen Sätzen präsentiert wird.	S. 24–25	x	
16	... erkennen und bewerten, ob der Vortrag strukturiert und nachvollziehbar ist.	S. 24–25	x	
17	... erkennen und bewerten, ob die Gestaltung der Folien übersichtlich und klar gegliedert ist.	S. 24–25	x	
18	... erkennen und bewerten, ob die passenden und angemessen viele Bilder, Grafiken und Tabellen verwendet wurden.	S. 24–25	x	
19	... erkennen und bewerten, ob der Inhalt vollständig und sachlich richtig dargestellt wurde.	S. 24–25	x	

Anforderungsprofile (AP): x Reproduktion xx Anwendung xxx Problemlösung

SB BWR ▶ Handlungsfeld 1, Kap. 4

LS BWR ▶ Lernsituation 4

Eine Betriebsorganisation entwickeln und dokumentieren

Situation

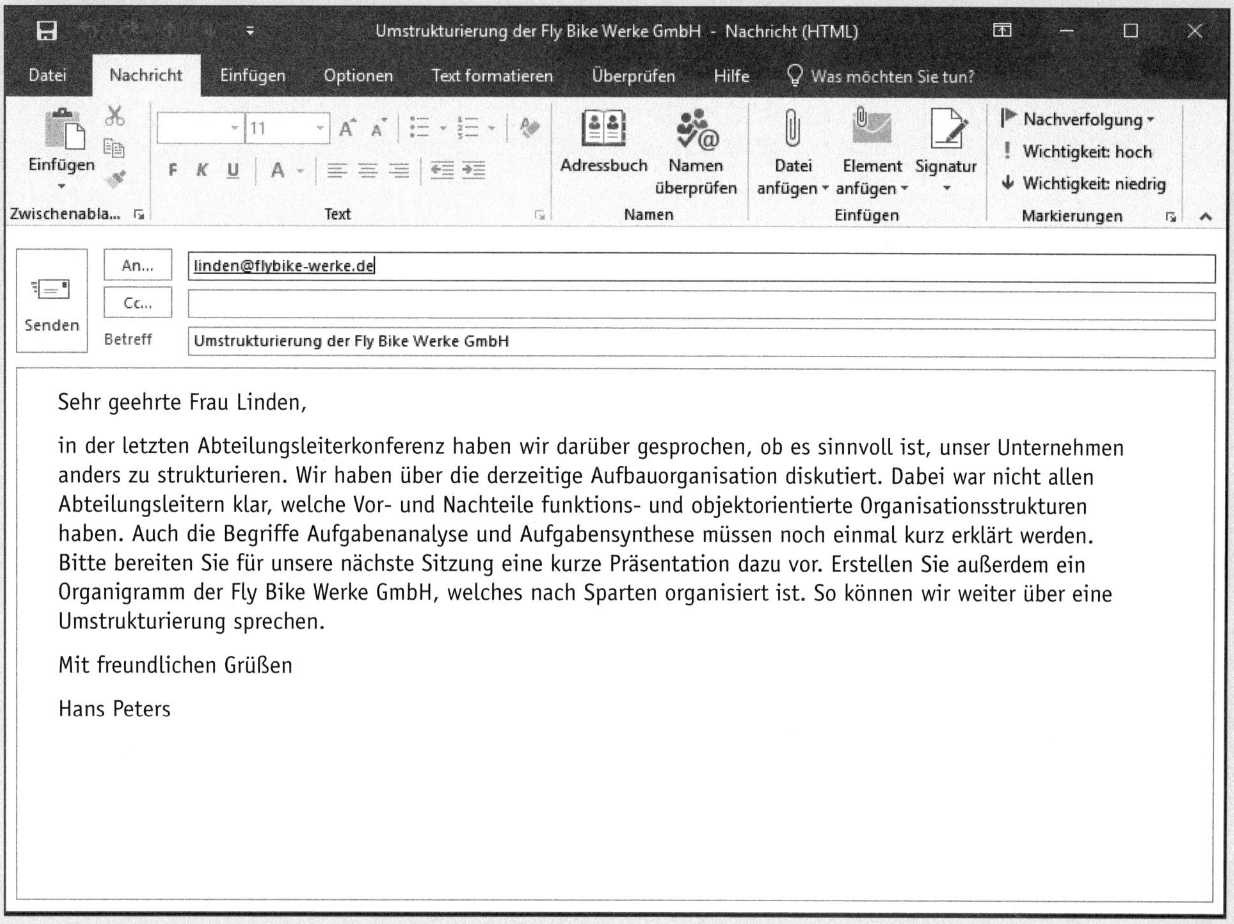

Sehr geehrte Frau Linden,

in der letzten Abteilungsleiterkonferenz haben wir darüber gesprochen, ob es sinnvoll ist, unser Unternehmen anders zu strukturieren. Wir haben über die derzeitige Aufbauorganisation diskutiert. Dabei war nicht allen Abteilungsleitern klar, welche Vor- und Nachteile funktions- und objektorientierte Organisationsstrukturen haben. Auch die Begriffe Aufgabenanalyse und Aufgabensynthese müssen noch einmal kurz erklärt werden. Bitte bereiten Sie für unsere nächste Sitzung eine kurze Präsentation dazu vor. Erstellen Sie außerdem ein Organigramm der Fly Bike Werke GmbH, welches nach Sparten organisiert ist. So können wir weiter über eine Umstrukturierung sprechen.

Mit freundlichen Grüßen

Hans Peters

Frau Linden bittet Sie um Unterstützung und zeigt Ihnen das Organigramm der Fly Bike Werke GmbH (vgl. S. 12).

Handlungsaufträge

1 Welche Problemstellung ergibt sich aus der Situation? Hierzu können Sie eine Übersicht wie im Arbeitsblatt 1.1 erstellen.

2 Wiederholen Sie Ihre Vorkenntnisse zur Ablauf- und Aufbauorganisation (Arbeitsblatt 2.1). Nutzen Sie dazu auch Ihr BWR-Lehrbuch.

3 Informieren Sie sich über die Aufgabenanalyse und die Aufgabensynthese (Informationsblatt 2.1) und nutzen Sie Ihr Wissen für die Arbeitsblätter 2.2 und 2.3.

4 Erarbeiten Sie Vor- und Nachteile von funktions- und objektbezogenen Organisationsstrukturen (Informationsblatt 2.2 und Arbeitsblatt 2.4).

5 Erstellen Sie das Organigramm für die Fly Bike Werke GmbH nach der Spartenorganisation. Nutzen Sie zunächst die Arbeitsblätter 2.5 und 2.6 und erstellen Sie anschließend eine PowerPoint-Präsentation mit dem Organigramm für die nächste Abteilungsleiterkonferenz. Speichern Sie die Datei unter dem Namen *Spartenorganisation.pptx* ab.

6 Bereiten Sie Ihr Ergebnis als Vortrag für eine Teambesprechung vor.

7 Geben Sie nach der Präsentation ein Feedback. Dazu können Sie einen Feedbackbogen (vgl. Arbeitsblatt 1.5) nutzen.

Arbeitsblatt 2.1 | Betriebliche Organisation

Betriebliche Organisation

Aufbauorganisation regelt:

____

____

Zur Darstellung dient ______________________________.

Ablauforganisation regelt:

____

____

Zur Darstellung dienen ______________________________.

Organisationseinheiten:

- Stellen:
- Arten von Stellen:
- Abteilungen:

Weisungssysteme:

- Einliniensystem

  Organisation nach dem Prinzip „Einheit der Auftragserteilung"; jeder Mitarbeiter hat nur einen direkten Vorgesetzten.

- ______________________________
- ______________________________
- ______________________________
- Matrixorganisation

Informationsblatt 2.1 | Aufgabenanalyse und Aufgabensynthese

In einem Unternehmen lassen sich komplexe Gesamtaufgaben besser durch Arbeitsteilung erfüllen. Die Aufbauorganisation schafft dazu eine sinnvolle Ordnung und Struktur. Die Aufbauorganisation ist das Ergebnis der Aufgabenanalyse und der Aufgabensynthese.

Werden Aufgaben in immer kleiner werdende Teilaufgaben zerlegt, wird von einer **Aufgabenanalyse** gesprochen. Die Gliederung von Aufgaben kann sich über mehrere Gliederungsebenen erstrecken, d. h., Gesamtaufgaben werden über Hauptaufgaben, Teilaufgaben und Einzelaufgaben bis hin zu Handlungen und Handlungselementen gegliedert. Durch die Aufgabenanalyse lassen sich Aufgaben vollständig und übersichtlich erfassen. Nach der Aufgabenanalyse erfolgt die **Aufgabensynthese**. Die Einzelaufgaben werden in dieser Phase zu sinnvollen Aufgabenkomplexen gebündelt und den organisatorischen Einheiten, wie Stellen, Instanzen und Abteilungen, zugeordnet. Sowohl die Aufgabenanalyse als auch die Aufgabensynthese können nach der Funktion oder dem Objekt gegliedert werden (vgl. Informationsblatt 2.2).

Fly Bike Werke GmbH

Die Gesamtaufgabe des Unternehmens Fly Bike Werke GmbH ist die Herstellung und der Vertrieb von Fahrrädern. Mögliche Hauptaufgaben sind z. B. der Einkauf, die Fertigung und der Vertrieb. Der Einkauf lässt sich z. B. in die Teilaufgaben *Bezugsquellenermittlung, Angebotsvergleich, Bestellung, Terminüberwachung* und *Rechnungsausgleich* gliedern. Die Bestellung lässt sich weiter in *Lieferant wählen, Bestelldaten eingeben, Bestellung ausdrucken* und *Bestellung versenden* zerlegen. Die Handlung *Bestelldaten eingeben* kann weiter in die Handlungselemente *Adressdaten aufrufen, Artikelnummer und Menge eingeben, Preis eingeben* und *Zahlungsbedingungen auswählen* unterteilt werden.

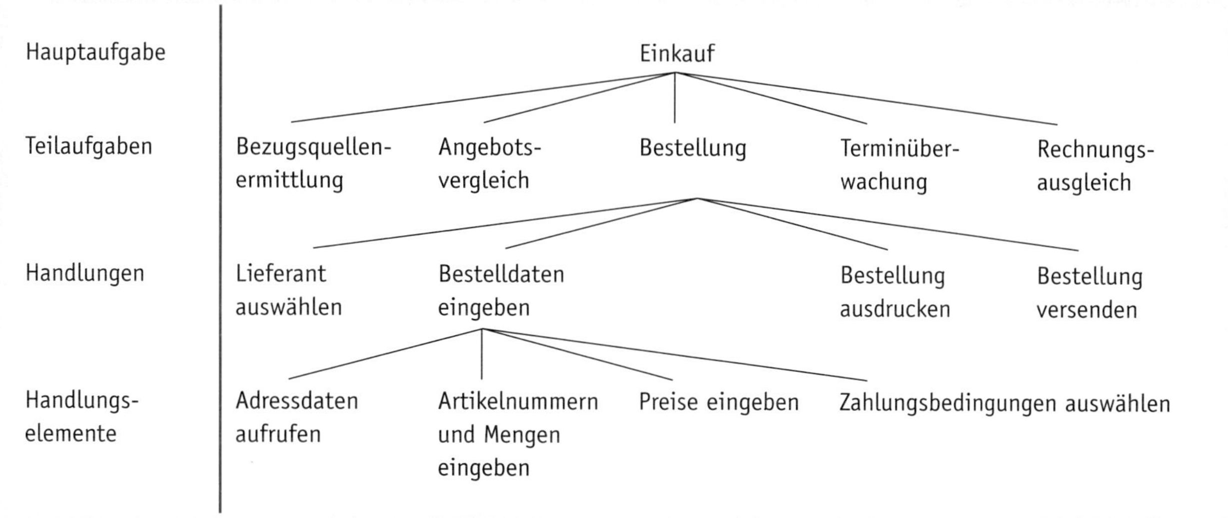

Die ermittelten Handlungselemente werden nun zu Stellen zusammengeführt. Stellen können dabei funktional (also dieselbe Tätigkeit betreffend) oder objektorientiert (also dasselbe Objekt betreffend) gebildet werden. Hier wurde eine funktionale Aufgabensynthese gewählt.

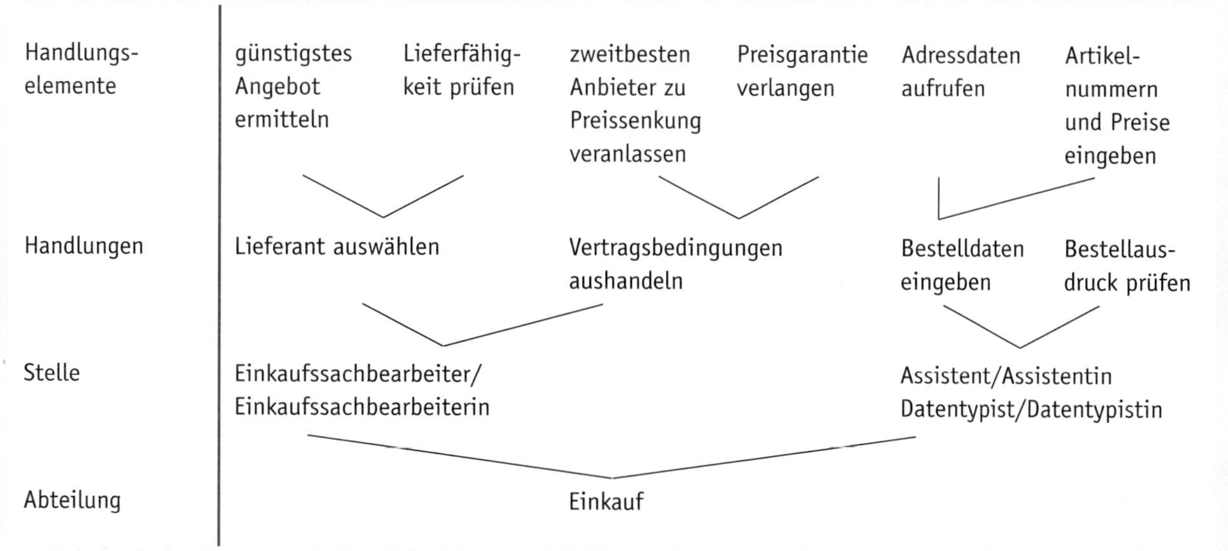

Arbeitsblatt 2.2 | Aufgabenanalyse

Veruschka Linden aus der Personalabteilung geht für ein Jahr in Elternzeit. Es soll befristet eine Vertretung eingestellt werden. Frau Linden berichtet über ihre Tätigkeiten, um die Stellenausschreibung zu erstellen: „Meine Tätigkeit als Personalsachbearbeiterin ist ausgesprochen vielfältig. Grundsätzlich umfasst sie die Bedarfsplanung, die Einstellung, Verwaltung und Entlassung von Personal. Zurzeit liegt mein Arbeitsschwerpunkt im Bereich Einstellung. Hierbei stimme ich mich bei der Formulierung einer Stellenausschreibung mit den Abteilungen ab und lege das Auswahlverfahren für die Bewerbungen fest. Ich sammle die eingehenden Bewerbungen und sortiere sie nach Auswahlkriterien. Dazu gehört, dass ich den Eingang der Bewerbung bestätige, passende Bewerber auswähle, Einladungen zum Vorstellungsgespräch oder eine Absage versende."

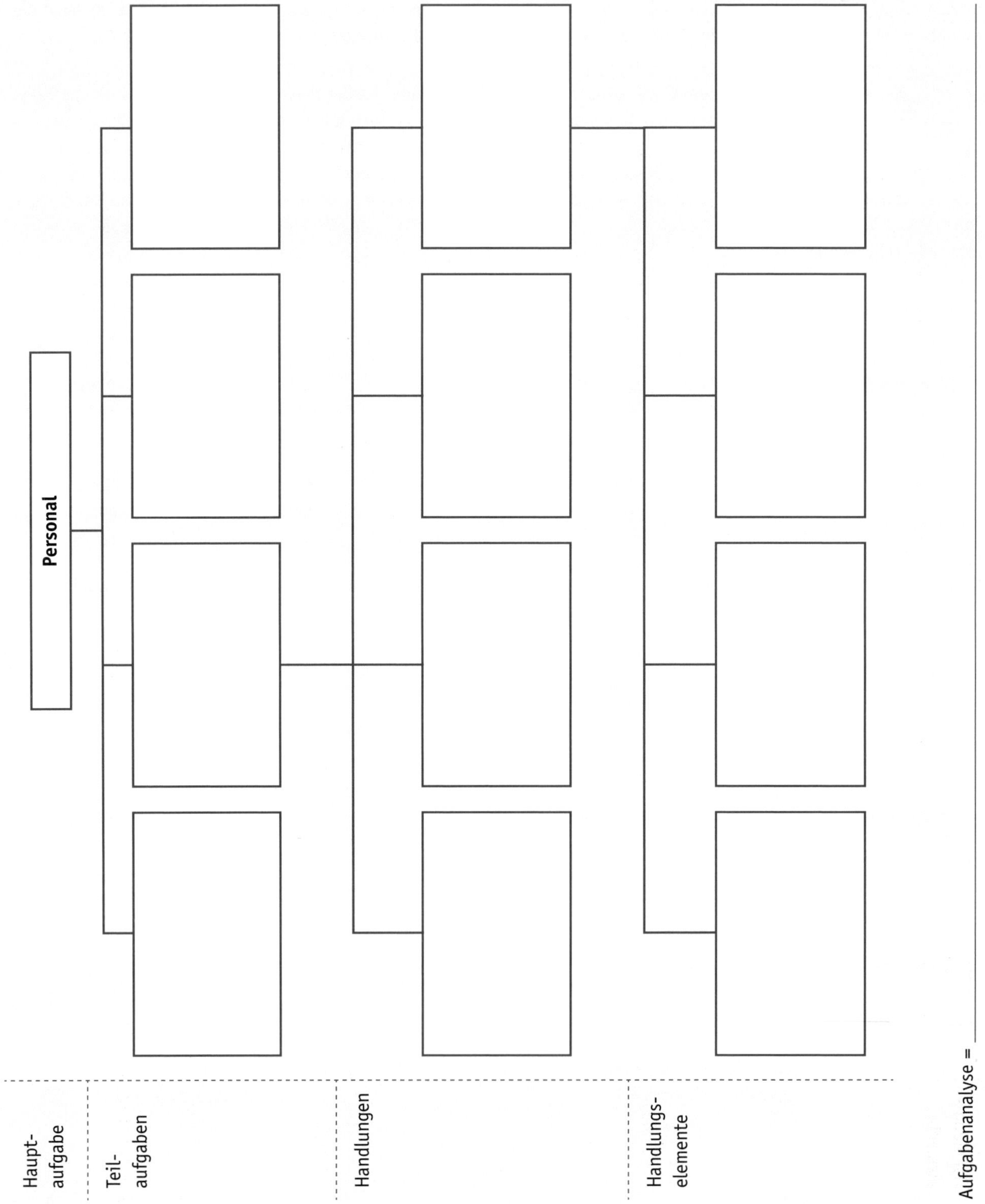

Arbeitsblatt 2.3 | Aufgabensynthese

Die Fly Bike Werke GmbH hat ihre Lagerfläche erweitert. Oliver Thüne sucht einen neuen Mitarbeiter: „Der Mitarbeiter soll eingehende Waren annehmen, Regale bepacken, Waren umräumen, den Warenbestand pflegen und die Lagerbedingungen kontrollieren. Das ist ganz wichtig, denn wir hatten in der Vergangenheit Probleme mit angerosteten Komponenten aufgrund zu hoher Luftfeuchtigkeit. Tätigkeiten wie Waren annehmen, Regale bepacken und Waren umräumen gehören zum Aufgabengebiet *Waren einlagern*. Die Tätigkeiten Warenbestand pflegen und Lagerbedingungen kontrollieren gehören zum Aufgabengebiet *Waren prüfen*. Diese beiden Aufgabengebiete bilden die Stelle ab, die ich besetzen möchte.“

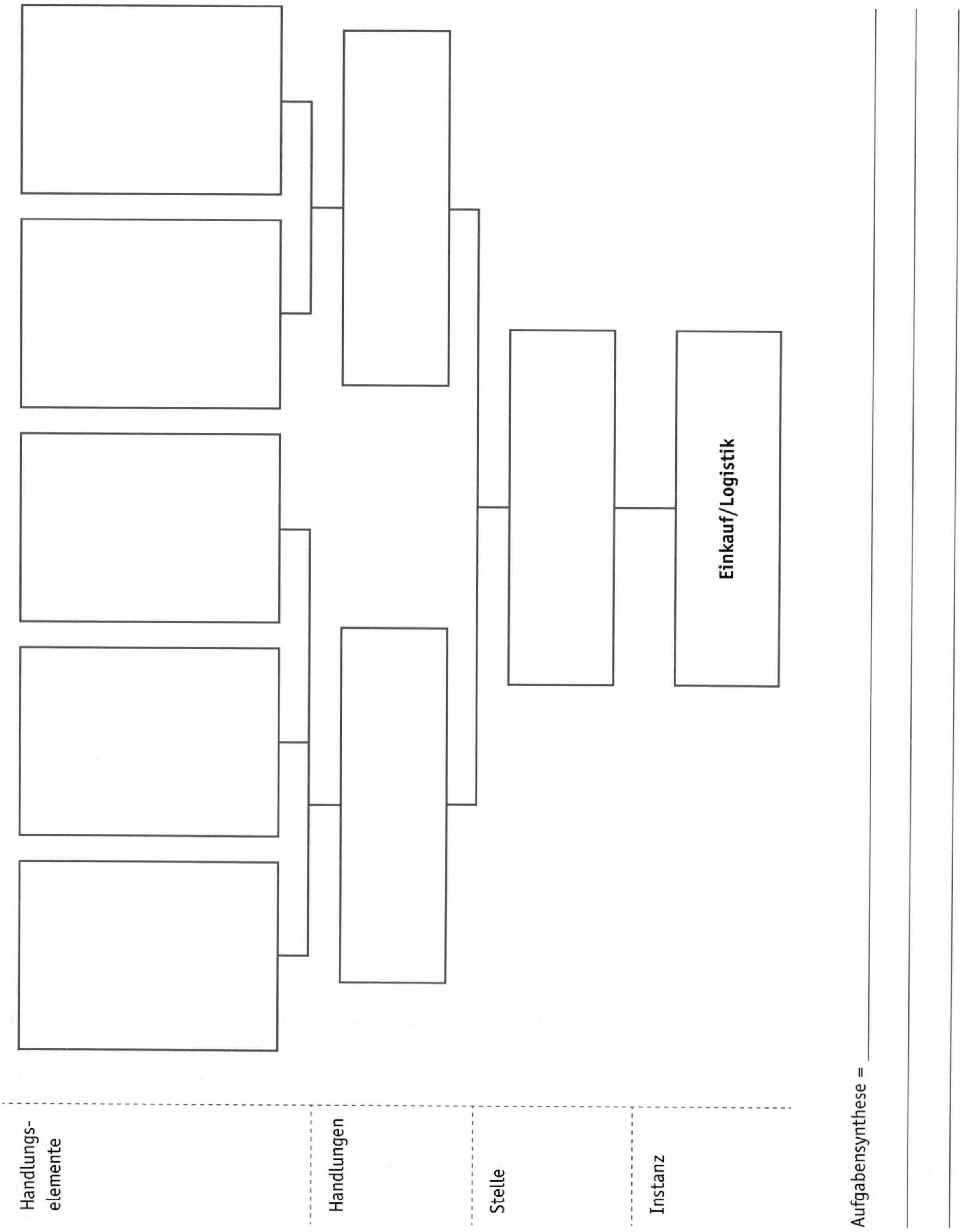

Informationsblatt 2.2 | Funktions- und objektorientierte Organisationsstrukturen

Die Aufteilung einer Gesamtaufgabe auf einzelne Stellen und Abteilungen kann nach den folgenden Prinzipien erfolgen:

Stellen- und Abteilungsbildung	
nach dem Funktionsprinzip	Verschiedene Abteilungen oder Stellen üben unterschiedliche Tätigkeiten aus.
nach dem Objektprinzip	Verschiedene Abteilungen oder Stellen betreuen unterschiedliche Planungs- oder Arbeitsgegenstände.

Je nachdem, welches Prinzip der Aufgabenverteilung bei der **Abteilungsbildung** angewendet wird, ergeben sich die unterschiedlichen Typen der Aufbauorganisation.

Die klassische Form der Aufgabenverteilung ist die **funktionale Organisation**: Hier werden die Abteilungen nach Funktionen gebildet, d. h., verschiedene Abteilungen üben jeweils andersartige Verrichtungen aus (z. B. Beschaffung, Produktion, Absatz und Verwaltung). In einer reinen Funktionsorganisation wurden auch die Stellen innerhalb der Abteilungen funktional gebildet. Diese Organisationsform ist typisch für kleine und mittlere Industriebetriebe mit kleinem Produktsortiment und regionalem Absatz. Die Struktur ist übersichtlich, die Arbeit jedes Mitarbeiters ist eindeutig bestimmt, es gibt klare Anweisungen und Aufgaben. Hierdurch vermeidet ein Unternehmen, Aufgaben doppelt zu erledigen. Das spart Kosten. Funktional gegliederte Unternehmen erinnern aber häufig an Behörden, deren Dienstwege lang und schwerfällig sein können. Dadurch kann es auch zu einer Überlastung der Geschäftsführer (bzw. Abteilungsleiter) kommen, denn alle Informationen laufen dort zusammen. So kann es passieren, dass weniger kunden- und marktorientiert gearbeitet wird.

Ein weiteres Gliederungsprinzip ist die **objektorientierte Organisationsstruktur** (auch **divisionale** oder **Spartenorganisation** genannt). Dabei spezialisieren sich Abteilungen auf bestimmte Produkte, Regionen, Kunden etc. Das nebenstehende Beispiel einer reinen produktorientierten Aufbauorganisation ist aber selten, meist werden die zugeordneten Stellen funktional gebildet. Diese Organisationsform liegt nahe, wenn das Sortiment des Unternehmens aus sehr unterschiedlichen Produkt(grupp)en besteht und deshalb für jeden Produktzweig spezielle Kenntnisse erforderlich sind. Durch die Organisation in Sparten kann eine größere Kunden- und Marktnähe erreicht werden, denn auf veränderte Produktionsanforderungen kann flexibel und schnell reagiert werden.
Es entstehen kürzere Entscheidungs- und Kommunikationswege sowie ein wirksamerer Umgang mit Produktionsmitteln, da die Ergebnisverantwortung beim Spartenleiter liegt. Allerdings kann eine Spartenorganisation auch Gefahren beinhaltet, wie z. B. Unübersichtlichkeit, hoher Koordinierungsbedarf oder Tendenzen, dass sich einzelne Sparten vom Ziel des Gesamtunternehmens entfernen. Zudem besteht ein höherer Bedarf an Führungskräften durch gleichartige Bereiche im Unternehmen. Innerhalb der Sparte kommt es allerdings zu einer besseren Verzahnung der einzelnen Bereiche und damit zu einer höheren Identifikation der Mitarbeiter mit ihren Aufgaben. Auf der Gegenseite können Sparten, die sich nicht ausreichend entwickeln, leichter verkauft oder geschlossen werden.

In Reinform ebenfalls nur selten anzutreffen sind die anderen Formen der objektorientierten Aufbauorganisation, z. B. die **Regionalorganisation** oder die **kundenorientierte Organisation**. Diese sind angebracht, wenn die Abnehmergruppen sehr verschieden sind (z. B. gewerbliche Abnehmer und Privatkunden) oder in den internationalen Absatzgebieten sehr unterschiedliche Gebrauchsgewohnheiten und Rechtsvorschriften zu berücksichtigen sind.

Arbeitsblatt 2.4 | Funktions- und objektorientierte Organisationsstrukturen

Funktionsorientierte Organisationsstruktur	
Vorteile	Nachteile

Objektorientierte Organisationsstruktur	
Vorteile	Nachteile

Klären Sie, welche Abteilungen der Fly Bike Werke GmbH zurzeit nach welcher Organisationsstruktur aufgebaut sind (vgl. Organigramm der Fly Bike Werke GmbH, S. 12):

___

___

___

Arbeitsblatt 2.5 | Organisation der Fly Bike Werke GmbH

Der Aufbau eines Unternehmens wird in einem Organigramm dargestellt. Es bildet die Hierarchie im Unternehmen ab und stellt die Über-, Gleich- und Unterordnungsbeziehungen eines Unternehmens grafisch dar. Zur grafischen Darstellung eines Organigramms gibt es keine allgemeingültigen Regelungen.
In der Praxis werden aber häufig nebenstehende grafische Formen genutzt.

Form	Beschreibung
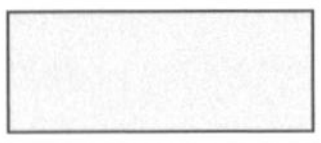	Leitungsstelle (Instanz) und ausführende Stelle
	Stabsstellen (Stellen mit Beratungs- und Assistenzfunktion)
	Verbindungslinie zur Über-, Gleich- und Unterordnung

Aufgaben

1 Fragen zur bisherigen Organisationsstruktur der Fly Bike Werke GmbH:

a Während die Instanzentiefe die Anzahl verschiedener Rangebenen beschreibt, umfasst die Instanzenbreite die Anzahl gleichrangiger Leitungsstellen. Wie sehen die Instanzenbreite und Instanzentiefe zurzeit aus?

– Instanzenbreite: ______________________ – Instanzentiefe: ______________________

b Nennen Sie Stabsstellen bei der Fly Bike Werke GmbH. ______________________

2 Erstellen Sie eine mögliche Spartenorganisation für die Fly Bike Werke GmbH.

Arbeitsblatt 2.6 | Ein Organigramm mit SmartArt-Grafiken erstellen

Mit PowerPoint können Sie Organigramme erstellen, dazu nutzen Sie am besten SmartArt-Grafiken. Diese können Sie über die Registerkarte **Einfügen**, Gruppe **Illustrationen**, Befehl SmartArt-Grafik einfügen.

Im sich öffnenden Dialogfenster **SmartArt-Grafik auswählen** werden viele grafische Elemente angezeigt, mit denen sich logische Strukturen (z. B. das Organigramm eines Unternehmens) abbilden lassen. Alle hinterlegten SmartArt-Grafiken sind hier verschiedenen Bereichen zugeordnet. Wählen Sie im Bereich **Hierarchie** die Vorlage für **Organigramm** aus und bestätigen Sie Ihre Auswahl mit **OK.** In Ihre Folie wird ein Musterorganigramm mit Platzhaltern eingefügt.

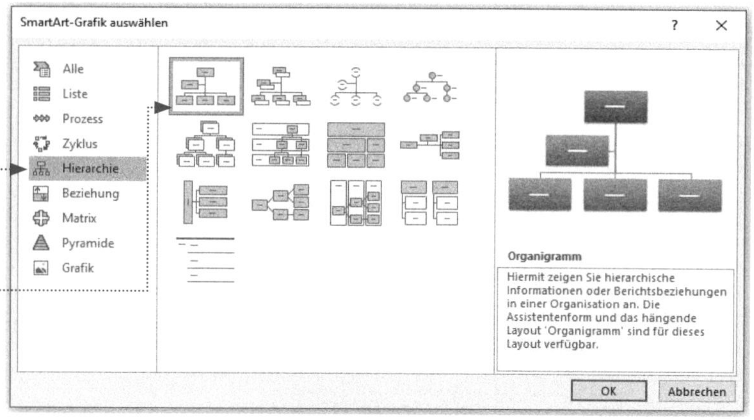

Hinzufügen und Löschen von Formen
Um zusätzliche Formen in Ihr Organigramm einzufügen, klicken Sie mit der rechten Maustaste auf eine vorhandene Form der SmartArt-Grafik, in deren Nähe Sie eine neue Form hinzufügen wollen.
Das **Kontextmenü** öffnet sich und Sie können darüber z. B. die Befehle **Ausschneiden, Form ändern** oder **Form hinzufügen** auswählen. Probieren Sie die verschiedenen Möglichkeiten, die sich hier ergeben, aus und halten Sie fest, was passiert:

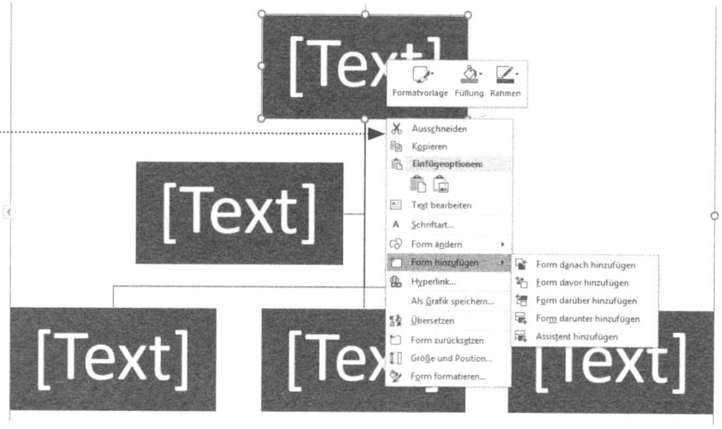

- Form danach hinzufügen: ______________________________
  ____
- Form davor hinzufügen: ______________________________
  ____
- Form darüber hinzufügen: ______________________________
  ____
- Form darunter hinzufügen: ______________________________
  ____
- Assistenten hinzufügen: ______________________________
  ____

TIPP Die Assistentenform kann mit der linken Maustaste verschoben werden, sodass sie z. B. auf der gleichen Höhe der Form, der sie hinzugefügt werden soll, steht. Zur Darstellung einer Stabsstelle können Sie nun diese Form mit der rechten Maustaste anklicken und über das Kontextmenü die Form ändern.

Texte eingeben
Um Texte einzugeben, können Sie über das Kontextmenü gehen oder Sie klicken in eine Form der SmartArt-Grafik und geben Ihren Text (z. B. Geschäftsführer) dort ein. Die Größe des Textes wird automatisch an die Form angepasst.

Hinweis
Sie können SmartArt-Grafiken auch über das **Register, Gruppe Illustrationen** und den Befehl **SmartArt** einfügen. Weitere Gestaltungsmöglichkeiten finden Sie im **Register SmartArt-Tools** mit den Gruppen **Entwurf** und **Format.**

Aufgaben

Aufgabe 1

Untersuchen Sie für eine eventuelle Kooperation der Fly Bike Werke GmbH die Nederland Coastal-Biking b. v. Sie ist der größte Hersteller von Cityrädern und Rennrädern in den Beneluxländern. Geschäftsführer ist Hans van der Wiesen. Ihm unterstehen die Geschäftsfelder Cityrad (Abteilungsleiter: Eljero Enochs) und Rennrad (Abteilungsleiterin: Amanda D'Antale). Einkauf, Verkauf, Produktion und Verwaltung sind den Produktbereichen zugeordnet. Stellen Sie dazu die Organisationstruktur der Nederland Coastal-Biking b. v. dar.

Aufgabe 2

Ordnen Sie die verschiedenen Handlungselemente (a–p) den Abteilungen der Fly Bike Werke GmbH zu.

Abteilungen	
1	Einkauf/Logistik
2	Vertrieb
3	Verwaltung
4	Produktion

Handlungselemente		
a	Lohndaten erfassen	
b	Zahlung an Lieferanten vornehmen	
c	Angebot schreiben	
d	Marketingmaßnahmen ergreifen	
e	Ware einlagern und pflegen	
f	Ware zu Kommissionen zusammenstellen	
g	Lieferantensuche	
h	Budget planen	
i	Angebotsvergleich	
j	Schweißen der Fahrradrahmen	
k	Lieferschein und Rechnung schreiben	
l	Bestellung schreiben	
m	Warenbestand überwachen	
n	Einstellungsverfahren planen und durchführen	
o	Weiterbildungsmaßnahmen organisieren	
p	Arbeitsplanung	

Aufgabe 3

Die Fly Bike Werke GmbH bilden jedes Jahr Auszubildende im technischen und kaufmännischen Bereich aus. Immer häufiger greifen sie dabei auf ehemalige Praktikanten zurück. Bisher wurde im Jour fixe der Abteilungsleiter entschieden, in welchen Abteilungen die Praktikanten abwechselnd eingesetzt werden sollten. Aufgrund der gestiegenen Anzahl der Praktikanten ist das nicht mehr so einfach möglich. Die Betreuung der Praktikanten soll nun organisatorisch verankert werden. Erarbeiten Sie eine Entscheidungsvorlage, wie die Praktikantenbetreuung zukünftig organisatorisch verankert sein soll, und präsentieren Sie Ihre Vorlage in der nächsten Abteilungsleitersitzung.

a Identifizieren Sie hierzu zunächst mögliche Handlungselemente der Praktikantenbetreuung und Praktikantenbeschaffung.

b Führen Sie anschließend auf Grundlage der identifizierten Handlungselemente eine Aufgabensynthese durch.

c Entscheiden Sie begründet, ob die Praktikantenbeschaffung und -betreuung organisatorisch funktional oder divisional (spartenorientiert) zu verankern ist.

Aufgabe 4

Fertigen Sie für jedes der fünf Weisungssysteme (vgl. Arbeitsblatt 2.1) eine Skizze an.

Aufgabe 5

Erweitern Sie Ihre Lernkartei, vgl. Aufgabe 4 in der Lernsituation 1 (S. 27).

Aufgabe 6

Führen Sie Ihr Lerntagebuch, vgl. Aufgabe 5 in der Lernsituation 1 (S. 27).

Kannliste zu HF 1 | Anforderungssituation 1.2 | Lernsituation 2

Eine Betriebsorganisation entwickeln und dokumentieren

Nr.	Themenbereich: Aufgabenanalyse und Aufgabensynthese durchführen			
	Ich kann ...	**Zu finden ...**	**AP**	**√**
1	... den Begriff Aufgabenanalyse erklären.	S. 31	x	
2	... eine Aufgabenanalyse durchführen.	S. 32	xx	
3	... den Begriff Aufgabensynthese erklären.	S. 31	x	
4	... eine Aufgabensynthese begründet durchführen.	S. 33, 38	xxx	
Nr.	**Themenbereich: Organisationsstrukturen analysieren und entwickeln**			
	Ich kann ...	**Zu finden ...**	**AP**	**√**
5	... funktionsorientierte und objektorientierte Organisationsstrukturen erkennen.	S. 34	x	
6	... Vor- und Nachteile von funktionsorientierten und objektorientierten Organisationsstrukturen erläutern.	S. 34–35	x	
7	... geeignete Organisationsstrukturen für neue Situationen entwickeln.	S. 38	xxx	
Nr.	**Themenbereich: Organisationsstrukturen mit MS PowerPoint darstellen**			
	Ich kann ...	**Zu finden ...**	**AP**	**√**
8	... funktionsorientierte und objektorientierte Organisationsstrukturen skizzieren und mit SmartArt darstellen.	S. 36–37	xx	

Anforderungsprofile (AP): x Reproduktion xx Anwendung xxx Problemlösung

SB BWR ▸ Handlungsfeld 1, Kap. 5

LS BWR ▸ Lernsituation 5

Geschäftsprozesse analysieren und gestalten

Situation[1]

Seit einiger Zeit werden in der Fly Bike Werke GmbH auch hochwertige E-Bikes produziert. Zu Verkaufsbeginn gab es zahlreiche Kundenanfragen, ob Reparaturen für diese und andere hochpreisige Fahrräder von der Fly Bike Werke GmbH direkt ausgeführt werden. Seit dem letzten Jahr gibt es eine kleine Fahrradwerkstatt, in der zwei Zweiradmechaniker und seit einer Woche auch ein Auszubildender zum Zweiradmechaniker sowie eine Praktikantin arbeiten. Sie reparieren sowohl E-Bikes von Kunden der Fly Bike Werke GmbH als auch anderer Hersteller, sodass immer genügend Aufträge vorhanden sind.

Organisatorisch ist die Fahrradwerkstatt Herrn Rother (Abteilung Produktion) zugeordnet. Um die Reparaturannahme, die Beschaffung der Ersatzteile und die Abrechnung der Kundenaufträge kümmern sich die beiden Fahrradmonteure Frau Plitsch und Herr Seumer allerdings selbstständig bzw. in Zusammenarbeit mit der Verwaltung und der Disposition. In dieser Woche hat Frau Plitsch Urlaub und Herr Seumer ist plötzlich erkrankt, sodass der Auszubildende und die Praktikantin allein in der Werkstatt sind. Herr Rother bittet sie um Hilfe.

Herr Rother: Florian und Irina, ich weiß, dass ihr nach einer Woche in unserer Werkstatt noch nicht mit allen Arbeitsabläufen vertraut sein könnt, aber Frau Plitsch ist im Urlaub und Herr Seumer leider erkrankt. Meint ihr, ihr könntet euch alleine um die ausstehenden Reparaturen kümmern?

Florian: Ja, gerne. Allerdings kennen wir die Arbeitsabläufe bei der Reparatur von Fahrrädern noch nicht.

Herr Rother: Das ist kein großes Problem. Frau Plitsch hat bereits angefangen, den gesamten Geschäftsprozess der Fahrradreparaturen in einer Prozesskette festzuhalten. Diese findet ihr in dem Ordner dort drüben im Regal. Schaut euch alles an, dann sollte klar sein, was zu tun ist.

Einige Minuten später ... beide betrachten stirnrunzelnd die Prozesskette (siehe nachfolgende Seite).

Irina: Schau mal Florian, so was habe ich noch nie gesehen. Sieht total kompliziert aus. Zum Glück hat Frau Plitsch noch ein paar allgemeine Informationen zu Geschäftprozessen und Prozessketten in den Ordner gelegt. Lass uns erstmal einen Überblick verschaffen, bevor wir mit der Arbeit anfangen.

Florian: Gute Idee, lass uns keine Zeit verlieren. Wir müssen schließlich Fahrräder reparieren.

[1] In Anlehnung an: CULIK, Darstellung von Geschäftsprozessen mit Hilfe Ereignisgesteuerter Prozessketten, http://www.ibw.uni-hamburg.de/culik/ergebnisse/culik2-1-03-st-24.pdf (Stand 15.7.2013)

Handlungsaufträge

1 Erklären Sie Florian und Irina, was Geschäftsprozesse sind, wie sie dargestellt werden und welche Merkmale sie haben. Verwenden Sie hierzu das Informationsblatt 3.1 und tragen Sie Ihre Ergebnisse in das Arbeitsblatt 3.1 ein.

2 Florian hadert noch etwas mit dem Thema erweiterte Ereignisgesteuerte Prozesskette (eEPK). Helfen Sie Florian. Finden Sie sich in 3er-Gruppen zusammen und beantworten Sie die nachfolgenden Fragen:
- Was ist der Unterschied zwischen einer EPK und einer eEPK?
- Welche Unterlagen werden gebraucht, wenn Material zur Reparatur entnommen werden soll?
- Wo wird laut Prozesskette die benötigte Arbeitszeit festgehalten?
- Was ist der Unterschied zwischen der Funktions- und der Ereignissicht?
- Was muss gemacht werden, um den Auftrag abzuschließen?
- Wozu wird die Organisationssicht benötigt?
- Wozu wird die Datensicht benötigt?

3 Erarbeiten Sie in den 3er-Gruppen arbeitsteilig die einzelnen Elemente der eEPK und beschreiben Sie in einer kurzen Arbeitsbeschreibung, wie der Prozess der Reparatur der Fahrräder abläuft. Verwenden Sie hierzu die Informationsblätter 3.2 bis 3.4.

4 Welche Merkmale eines Geschäftsprozesses werden in der Beschreibung von Herrn Rother erfüllt? Welche Merkmale werden nicht erfüllt und müssten ergänzt werden?

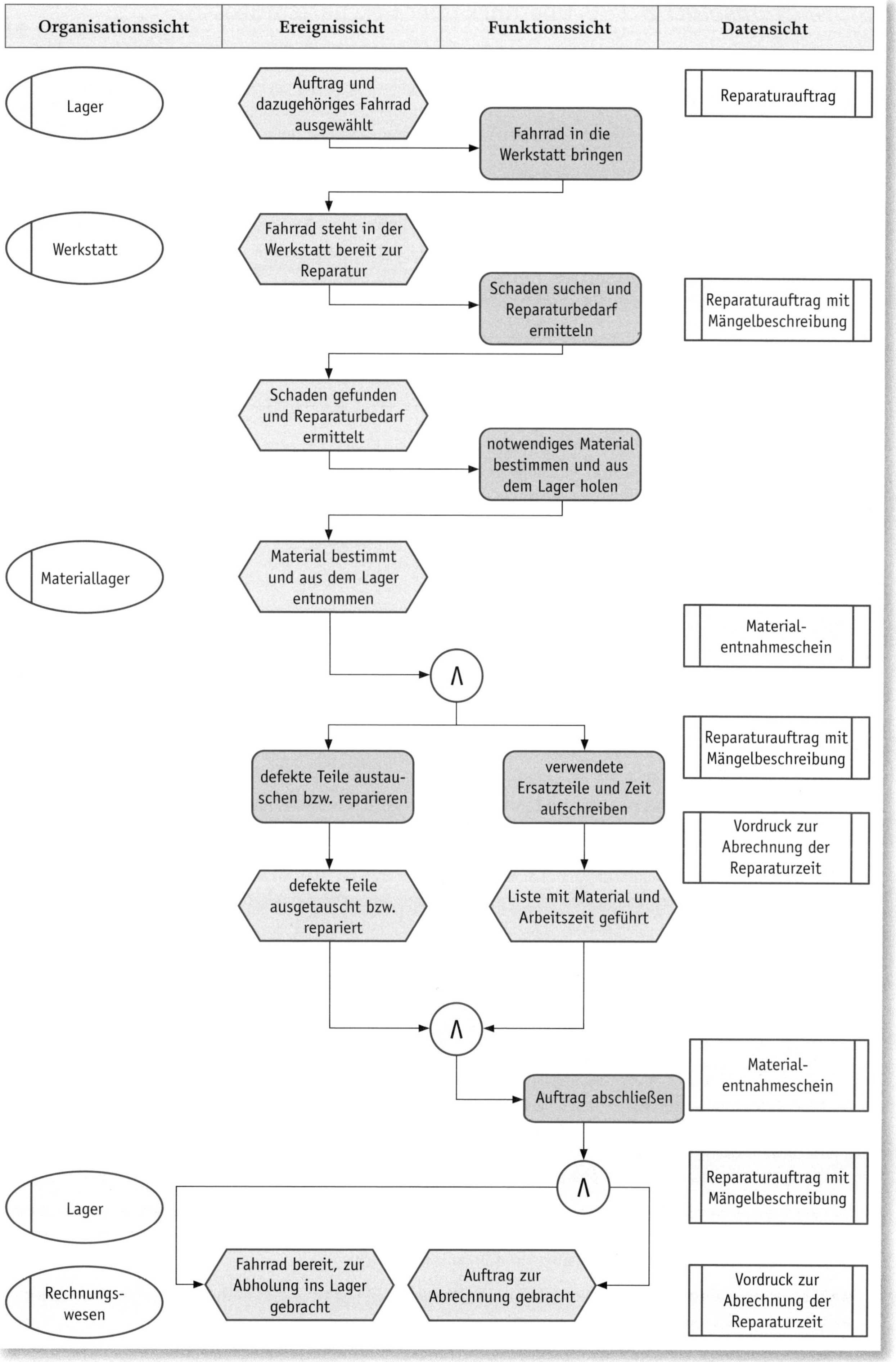
Organisationssicht
Ereignissicht
Funktionssicht
Datensicht
Lager
Auftrag und dazugehöriges Fahrrad ausgewählt
Reparaturauftrag
Fahrrad in die Werkstatt bringen
Werkstatt
Fahrrad steht in der Werkstatt bereit zur Reparatur
Schaden suchen und Reparaturbedarf ermitteln
Reparaturauftrag mit Mängelbeschreibung
Schaden gefunden und Reparaturbedarf ermittelt
notwendiges Material bestimmen und aus dem Lager holen
Materiallager
Material bestimmt und aus dem Lager entnommen
Material-entnahmeschein
∧
Reparaturauftrag mit Mängelbeschreibung
defekte Teile austau-schen bzw. reparieren
verwendete Ersatzteile und Zeit aufschreiben
Vordruck zur Abrechnung der Reparaturzeit
defekte Teile ausgetauscht bzw. repariert
Liste mit Material und Arbeitszeit geführt
∧
Material-entnahmeschein
Auftrag abschließen
∧
Reparaturauftrag mit Mängelbeschreibung
Lager
Rechnungs-wesen
Fahrrad bereit, zur Abholung ins Lager gebracht
Auftrag zur Abrechnung gebracht
Vordruck zur Abrechnung der Reparaturzeit

Informationsblatt 3.1 | Überblick über Geschäftsprozesse

Ein **Geschäftsprozess** ist eine Abfolge zusammenhängender Tätigkeiten, die durchgeführt werden, um ein zuvor bestimmtes geschäftliches Ziel zu erreichen. Die Abfolge wird regelmäßig (zumindest wiederholt) ausgeführt. Sie reicht meist über bestimmte Stellenaufgaben, oft über Abteilungsgrenzen und manchmal auch über das eigene Unternehmen hinaus. Geschäftsprozesse lassen sich unterteilen in Kernprozesse und Unterstützungsprozesse.

Kernprozesse stellen die sogenannte Marktleistung des Unternehmens dar, die vom Kunden über die Produktpreise entlohnt wird. Das sind alle Tätigkeiten, die den Kundennutzen beim Produkterwerb unmittelbar steigern. Dies bewirkt eine Akzeptanz höherer Absatzpreise (und damit eine Wertschöpfung).

Beispiel:

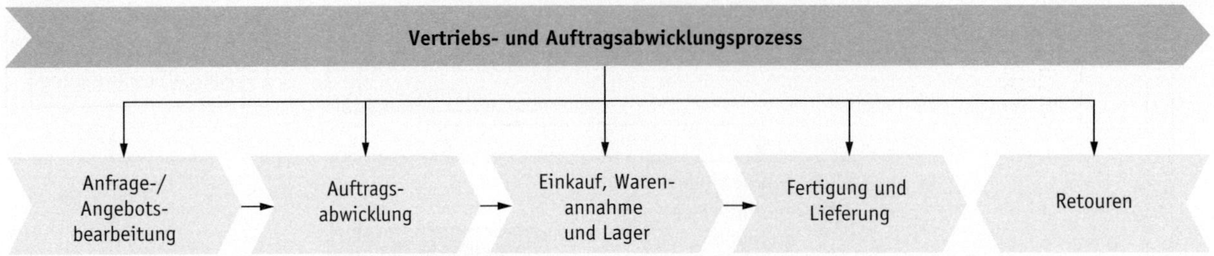

Unterstützungsprozesse stellen Hilfen und Mittel bereit, um Kernprozesse durchführen zu können.

Beispiel:

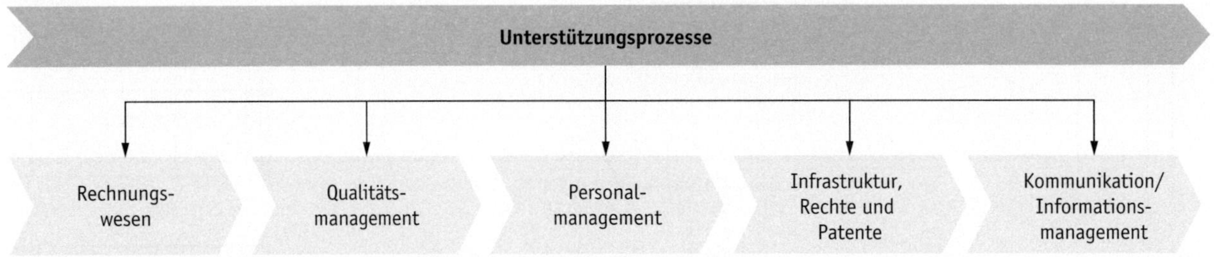

Ein Geschäftsprozess ist durch folgende **Merkmale** gekennzeichnet:
- Er wird durch ein Startereignis (= auslösendes Ereignis) ausgelöst, z. B. Eingang eines Kundenauftrags.
- Er soll ein festgelegtes Ergebnis bzw. einen Nutzen erreichen, z. B. Verkauf eines Produkts mit Gewinn.
- Er endet erst, wenn das Zielereignis bzw. Endereignis erreicht ist, z. B. Bezahlung der Kundenrechnung.
- Die Tätigkeiten werden von Aufgabenträgern ausgeführt, z. B. Bearbeiter, Maschine oder Programm.
- Er verursacht einen Verbrauch von Ressourcen, z. B. Materialien, Arbeitsleistungen, Informationen, Geld- und Betriebsmittel.
- Abnehmer des Prozessergebnisses sind interne und externe Kunden. Interne Kunden sind Empfänger von Teilergebnissen, die sie weiter verarbeiten.
- Er besteht aus einer Kette von betrieblichen Tätigkeiten (Funktionen), d. h. er ist in Teilprozesse zerlegt.
- Er ist messbar: Es können die Durchlaufzeit (Zeitbedarf von Beginn bis Ende des Geschäftsprozesses), die Kosten (z. B. Prozesskosten) und die Qualität (z. B. verschiedene Qualitätsmaße) ermittelt werden.
- Er ist auf Wiederholung angelegt.

Damit Unternehmen die komplexen Verbindungen und Rückkoppelungen eines Geschäftsprozesses so gut wie möglich erfassen können, wurde die **Ereignisgesteuerte Prozesskette (EPK)** entwickelt. Mit EPKs lassen sich Geschäftsprozesse, Ereignisse und Funktionen einer Organisation grafisch darstellen. Sie können allen Mitarbeitern zugänglich gemacht werden, sodass jeder den Ablauf eines Geschäftsprozesses kennt.

Um den Prozess in seiner Gesamtheit darzustellen, inklusive der Stelle, an der eine bestimmte Funktion ausgeführt wird, und der Information, welche Daten verwendet werden, gibt es die sogenannte **erweiterte EPK (eEPK)**. Sie entspricht der ursprünglichen EPK erweitert um die **Daten- und Organisationssicht**.

Arbeitsblatt 3.1 | Geschäftsprozesse

Geschäftsprozess = ____________________

lassen sich unterscheiden in …

- Beispiel:
  Montage eines Fahrrads
- Beispiel:
  Erstellung Stellenanzeige für einen Fahrradmonteur

Grafische Darstellungsweise und ihre Sichten

Merkmale

Startereignis
Beispiel:
ein Fahrradhändler bestellt zehn Fahrräder

Beispiel:
zehn Fahrräder werden verkauft

Beispiel:

Beispiel:

Beispiel:

Beispiel:

Beispiel:

Beispiel:

Informationsblatt 3.2 | EPK und eEPK

Ein als **Ereignisgesteuerte Prozesskette (EPK)** dargestellter Prozess ist die Zusammenfassung und grafische Darstellung mehrerer Funktionen (Tätigkeiten). Er beginnt mit einem Start- und endet mit einem Zielereignis. In einer EPK werden verschiedene **Symbolelemente** verwendet.

Eine **Funktion** beschreibt eine anfallende Tätigkeit (Aktivität). Sie beginnt mit einem Ereignis. Jede Funktion bringt die Prozesse näher an das gewünschte Zielereignis. Sie stellt somit die **Abläufe** eines gängigen Prozesses dar. Grafisch wird eine Funktion durch ein Rechteck mit abgerundeten Ecken dargestellt. Zur Bezeichnung der Funktion wird die Aktivität benannt.

Beispiel „Funktion":

Was soll gemacht werden? (Verrichtung)

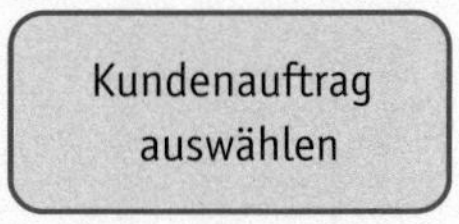

Ein **Ereignis** beschreibt das Eintreten eines konkreten betriebswirtschaftlichen Zustandes. Es löst eine Tätigkeit (Funktion) aus und/oder ist das Ergebnis einer Tätigkeit. Jeder Geschäftsprozess beginnt mit einem **Startereignis** und endet mit einem **Zielereignis**, das keine weitere Tätigkeit auslöst. Grafisch wird ein Ereignis mit einem Sechseck dargestellt. Die Benennung des Ereignisses erfolgt in der Vergangenheitsform.

Beispiel „Ereignis":

Was ist geschehen? (Verrichtung)

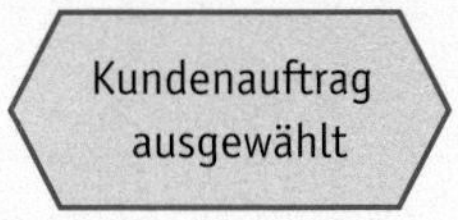

Der **Kontrollfluss**, der auch **Funktionsfluss** genannt wird, zeigt, wie Ereignisse und Funktionen in logischer und zeitlicher Reihenfolge ablaufen. In einer Funktion kann nur ein Kontrollfluss eingehen und nur ein Kontrollfluss ausgehen. Grafisch wird der Kontrollfluss mit einem Pfeil dargestellt. Zur besseren Lesbarkeit sollte eine EPK möglichst von oben nach unten verlaufen. Der Kontrollfluss kann durch Operatoren aufgespalten und wieder verknüpft werden (vgl. Informationsblatt 3.3).

Beispiel:

Kontrollfluss

Beispiel:
Geschäftsprozessmodell für den Arbeitsablauf „Bearbeitung von Eingangsrechnungen (ER)"

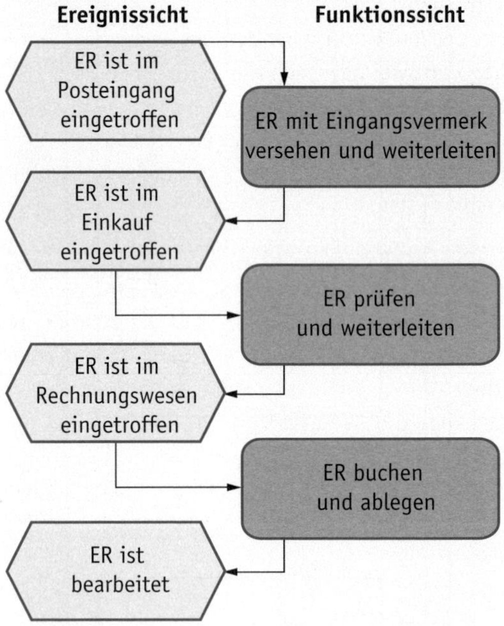

Regeln zum Erstellen einfacher EPKs:
1. Ereignisse und Funktionen wechseln sich ab. Es können also nicht zwei Ereignisse oder Funktionen aufeinanderfolgen.
2. Jede Prozesskette startet und endet mit mindestens einem Ereignis.
3. Jeder Vorgang hat mindestens ein eingehendes und mindestens ein ausgehendes Ereignis.
4. Jede Funktion hat genau einen eingehenden und einen ausgehenden Kontrollfluss.
5. Jedes Ereignis hat maximal einen eingehenden und einen ausgehenden Kontrollfluss.

Werden die Grundelemente (Ereignis, Funktion, Kontrollfluss und Operatoren) der EPK um Organisationseinheiten und Informationsobjekte erweitert, handelt es sich um eine **erweiterte Ereignisgesteuerte Prozesskette** (eEPK).

Die **Organisationseinheit** (Organisationssicht) gibt an, welche Stelle eine bestimmte Funktion ausführt. Die Organisationseinheiten basieren in der Regel auf dem Organigramm des Unternehmens. Grafisch werden Organisationseinheiten durch eine Ellipse mit einem vertikalen Strich an der linken Seite dargestellt. Sie werden über **gestrichelte Linien** Funktionen zugeordnet oder stehen in der gleichen Zeile wie die Funktion.

Beispiel:

Organisationseinheit

Beispiel:

Informationsobjekt

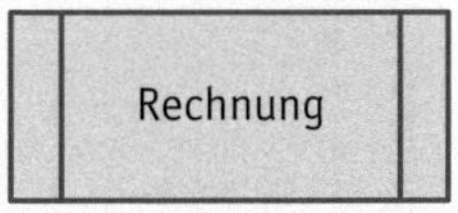

Mit einem **Informationsobjekt** werden die Daten angegeben, die für die Durchführung der Funktion benötigt werden (Datensicht). Es kann nur mit Funktionen verbunden werden. Grafisch wird es durch ein Rechteck mit jeweils einem vertikalen Strick auf der linken und auf der rechten Seite dargestellt. Informationsobjekte werden über **horizontale Pfeile** an Funktionen geknüpft. Sie beschreiben den Datenfluss.

Informationsblatt 3.3 | Operatoren in der Ereignisgesteuerten Prozesskette

Zu den Grundelementen einer Ereignisgesteuerten Prozesskette gehören auch drei **Operatoren**. Mit ihnen werden Kontrollflüsse aufgespalten bzw. mehrere Kontrollflüsse wieder zu einem Kontrollfluss zusammengefügt. Operatoren stehen vor Ereignissen oder vor Funktionen. Dadurch ist es möglich, Gabelungen in Prozessketten darzustellen. Grafisch werden die Operatoren durch einen Kreis dargestellt:

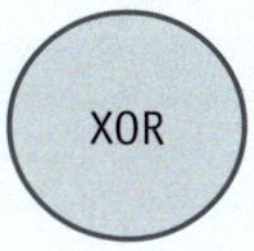

XOR-Operator
(Entweder-oder-Operator)

Beispiel:
Der Kunde kann sich nur für eine Alternative entscheiden. Entweder er wählt das Rennrad oder das Mountainbike.

ODER-Operator

Beispiel:
Entweder nimmt der Kunde das eine Fahrrad oder das andere. Er kann aber auch beide nehmen.

UND-Operator

Beispiel:
Die Rechnung kann erstellt werden, wenn das Fahrrad repariert und die Daten in der Datenbank eingegeben wurden.

Für die Darstellung der Operatoren gelten die folgenden **Regeln**:
- Alleinstehende Operatoren sind nicht erlaubt.
- Operatoren sind zu verwenden, um andere Symbole zu verbinden.
- Bei der Aufspaltung müssen die Operatoren einen eingehenden und zwei oder mehrere ausgehende Pfeile haben.
- Bei der Zusammenführung müssen die Operatoren zwei oder mehr eingehende Pfeile und einen ausgehenden Pfeil haben.
- ODER- oder XOR-Operatoren dürfen nicht nach nur einem Ereignis folgen.

Um Operatoren in PowerPoint einzufügen, wählen Sie über das Register **Einfügen** → Gruppe **Illustrationen** → Befehl **Formen** und in der Formenauswahl im Bereich **Flussdiagramm** einen Kreis aus. Beschriften können Sie die Operatoren mit den Begriffen „AND", „OR" oder „XOR". Sie können aber auch die entsprechenden Symbole wählen, indem Sie im Register **Einfügen** in der Gruppe **Symbol** den Befehl **Symbol** anklicken. Es öffnet sich ein Kontextmenü. Dort können Sie die Symbole ∧ und ∨ suchen oder im Feld Zeichencode 02C4 und 02C5 eingeben.

Hinweis
Es kann vorkommen, dass nach einem Ereignis eine Funktion wiederholt durchgeführt werden muss, sodass ein Rücksprung erforderlich ist. Da es aber nur einen eingehenden Kontrollfluss in eine Funktion geben darf, muss ein Operator gewählt werden.

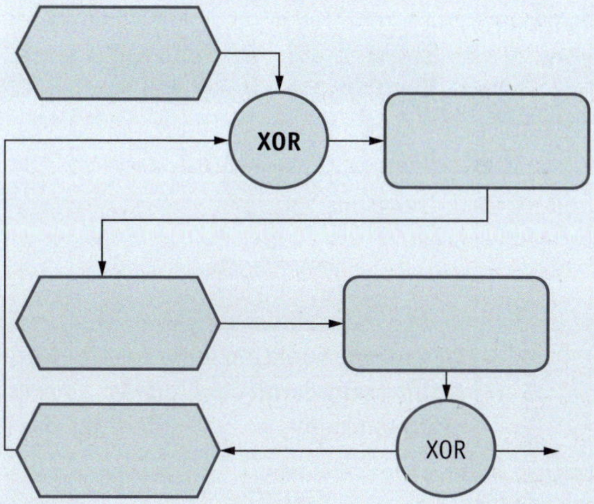

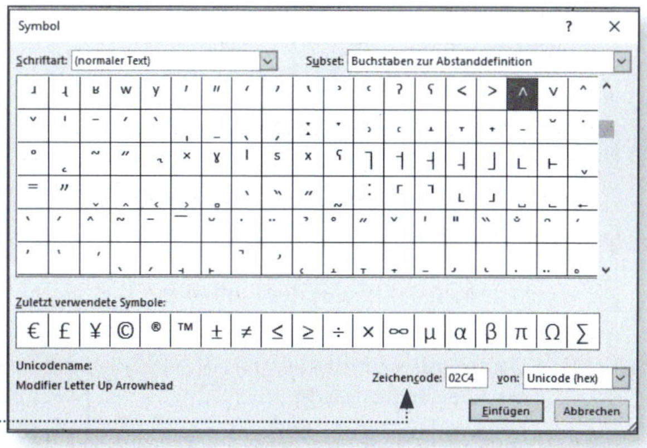

Informationsblatt 3.4 | Übersicht der Verknüpfungsmöglichkeiten

	XOR-Operator	OR-Operator	UND-Operator
Ereignisverknüpfung	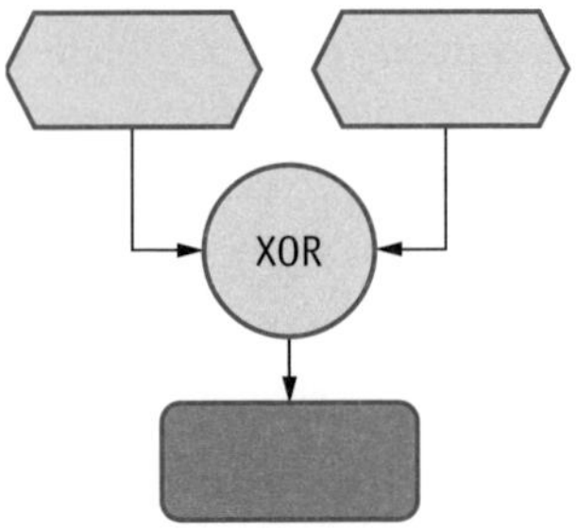 Genau ein Ereignis muss eintreten, damit die Funktion ausgeführt werden kann.	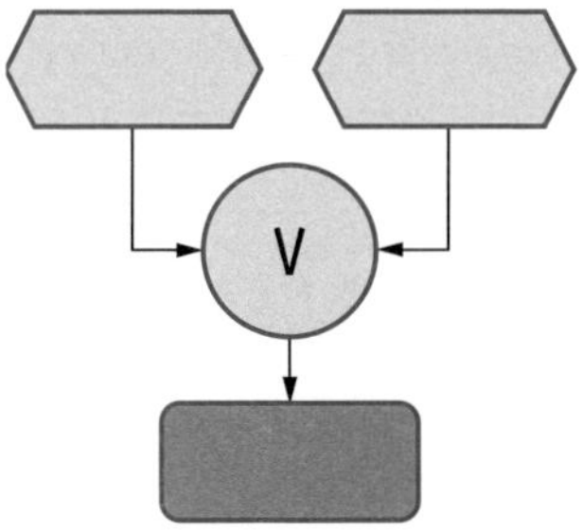 Mindestens eines der Ereignisse muss eintreten, damit die Funktion ausgeführt werden kann.	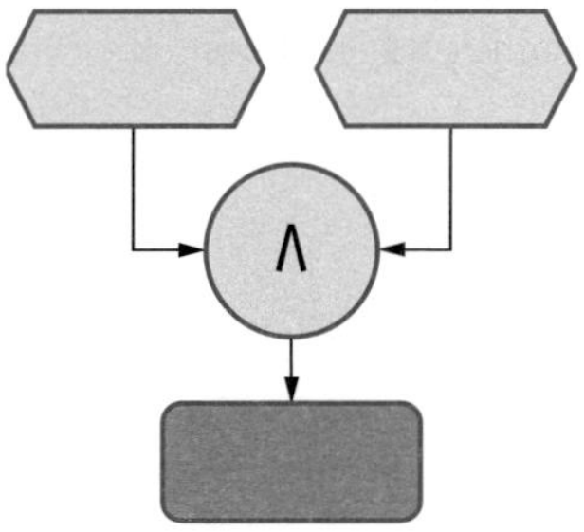 Alle Ereignisse müssen eingetreten sein, damit die Funktion ausgeführt werden kann.
	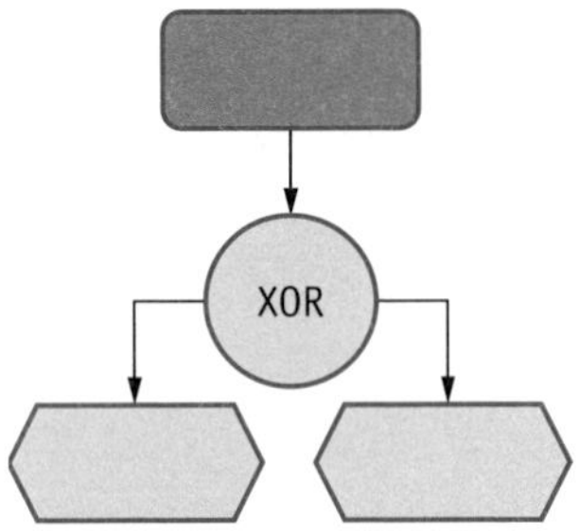 Nach der Durchführung der Funktion tritt genau eines der Ereignisse ein.	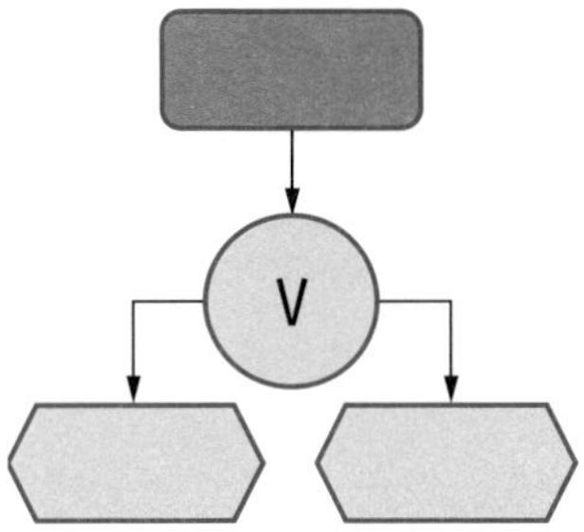 Nach der Durchführung der Funktion tritt mindestens eines der Ereignisse ein.	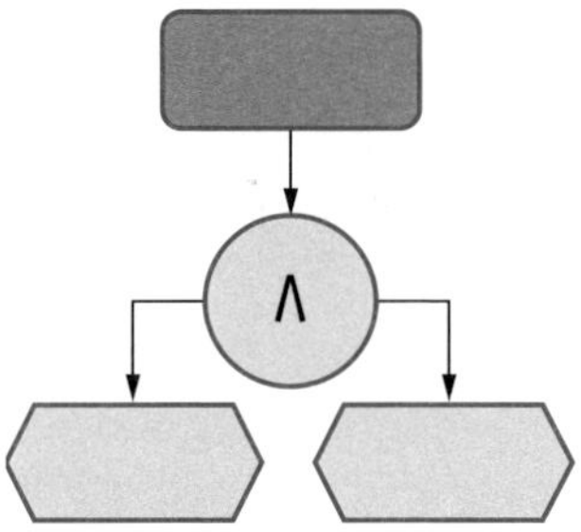 Ist die Funktion durchgeführt, treten beide Ereignisse ein.
Funktionsverknüpfung	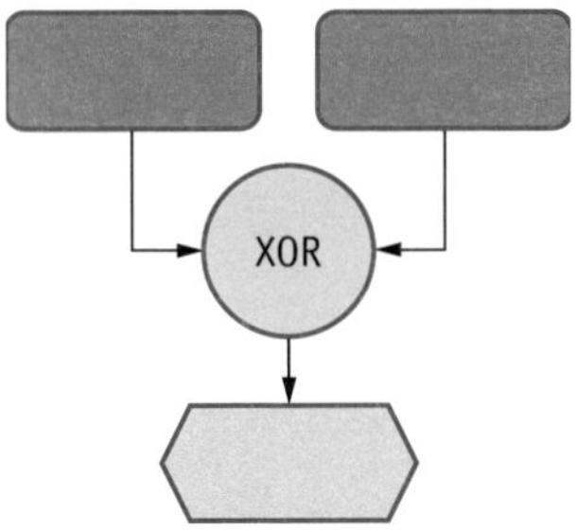 Genau eine Funktion muss ausgeführt sein, damit das Ereignis eintreten kann.	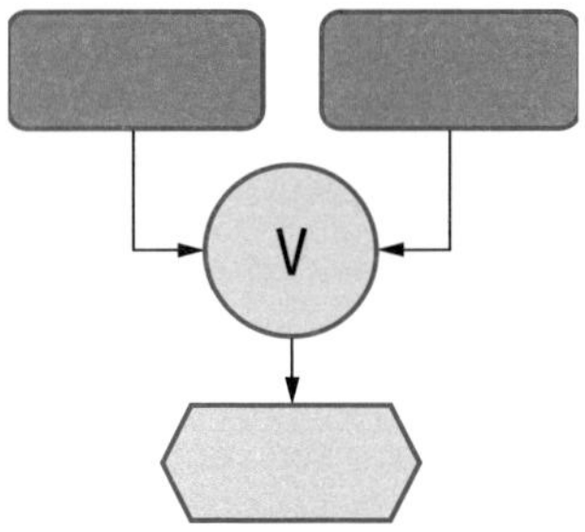 Mindestens eine der Funktionen muss durchgeführt sein, damit das Ereignis eintritt.	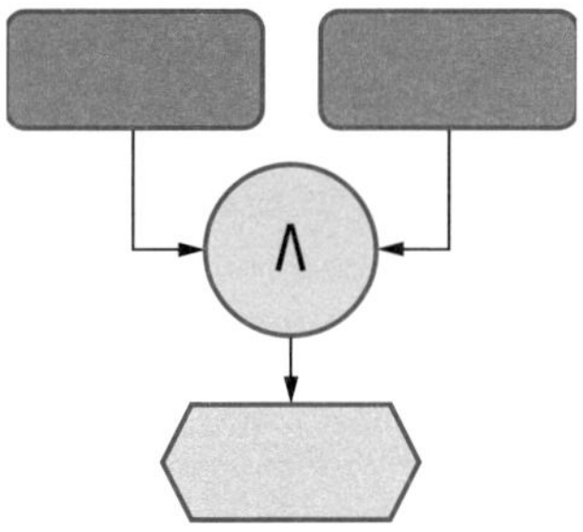 Alle Funktionen müssen durchgeführt sein, damit das Ereignis eintritt.
	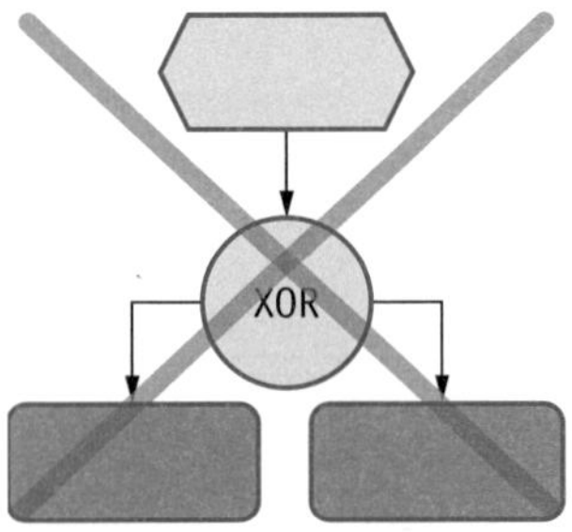 Ein Ereignis kann keine Entscheidung treffen, sodass ein Ereignis nicht auswählen kann, welche Funktion ausgeführt werden kann.	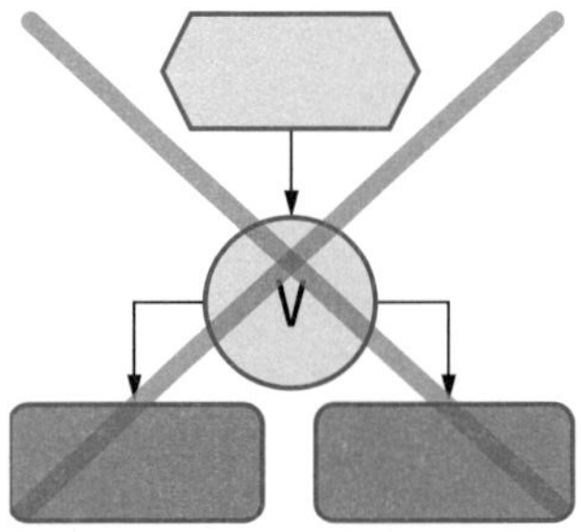 Ein Ereignis kann keine Entscheidung treffen, sodass ein Ereignis nicht auswählen kann, welche Funktion ausgeführt werden kann.	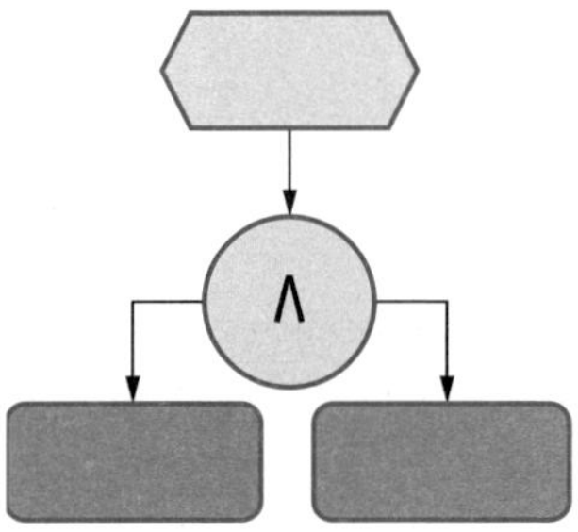 Tritt das Ereignis ein, müssen alle Funktionen ausgeführt werden.

Arbeitsblatt 3.2 | Verknüpfungsoperatoren

1 Ein Kunde der Fly Bike Werke GmbH möchte sich neue Zubehörteile für sein Citybike bestellen. Er hat sich für ein neues Lampenset entschieden. Er wird die Bestellung allerdings nur tätigen, falls beide Zubehörteile (Lampenset vorne und Lampenset hinten) vorrätig sind. Welche Verknüpfungsmöglichkeiten sind möglich? Kreuzen Sie an.

a

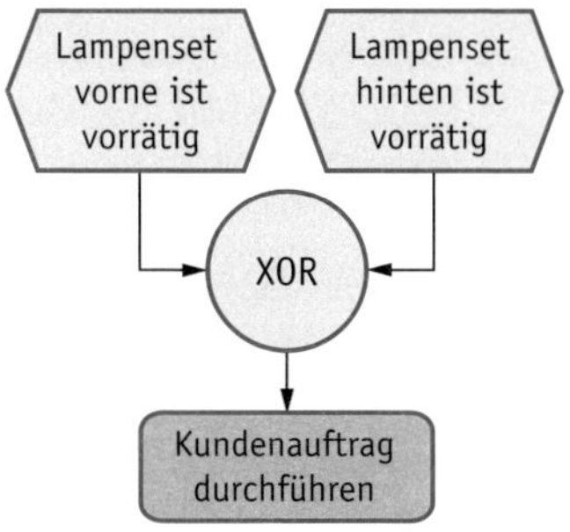

☐

b

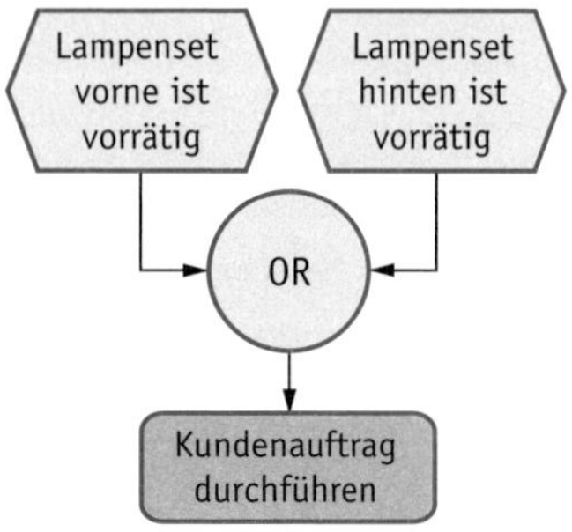

☐

c

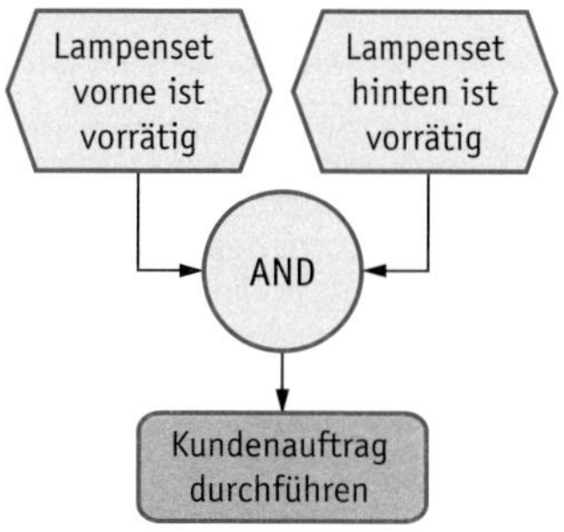

☐

2 Drücken Sie die logische Abfolge der nachfolgenden Ereignisgesteuerten Prozessketten in eigenen Worten aus und formulieren Sie jeweils ein Beispiel.

a

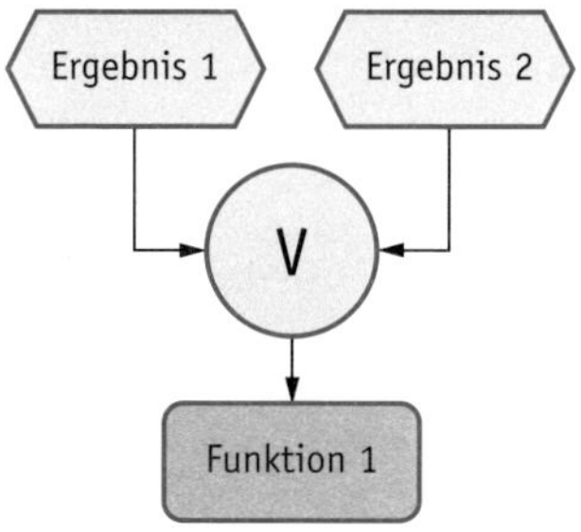

b

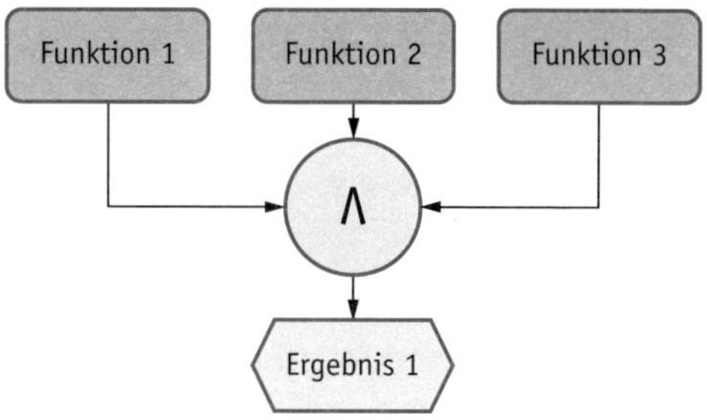

3 Welche Aussagen zu den Operatoren sind richtig?

a ☐ Alleinstehende Operatoren sind erlaubt.

b ☐ Operatoren sind zu verwenden, um andere Symbole zu verbinden.

c ☐ Operatoren sind zu verwenden, um Gabelungen in einer Prozesskette zu erzeugen.

d ☐ Bei einer Aufspaltung in einer Prozesskette müssen die Operatoren einen eingehenden Pfeil und zwei oder mehr ausgehende Pfeile haben.

e ☐ Bei einer Zusammenführung in einer Prozesskette müssen die Operatoren zwei oder mehr eingehende Pfeile und einen ausgehenden Pfeil haben.

f ☐ ODER- oder XOR-Operatoren, die eine Gabelung in der Prozesskette darstellen, dürfen einem Ereignis folgen.

Folgesituation

Nachdem Florian und Irina sich in den Prozess der Fahrradreparatur eingearbeitet haben, konnten sie erfolgreich mehrere Aufträge bearbeiten. Jedoch mussten sie einen Auftrag erst mal unterbrechen, bis Herr Rother wieder dazustößt.

Florian: Hallo, Herr Rother, das ist gut, dass Sie noch einmal da sind. Dank der Prozesskette konnten wir schon einige Aufträge bearbeiten. Jedoch mussten wir einen zurückstellen, denn es fehlte wichtiges Material zur Reparatur. Und wie wir dann vorgehen müssen, konnten wir leider der Prozesskette nicht entnehmen.

Herr Rother: Ja, da hast du recht Florian. Das hat Frau Plitch wohl nicht mit bedacht, als sie die Prozesskette erstellt hat. Aber ich habe mitbekommen, dass ihr euch wirklich gut in das Themenfeld der eEPK eingearbeitet habt. Deswegen möchte ich euch bitten, die vorhandene eEPK noch weiter auszuarbeiten.

Irina: Das ist kein Problem. Das machen wir gerne. Dann müssten Sie uns nur kurz erläutern, was genau gemacht werden muss, falls Material fehlt. Dass es bestellt werden muss, ist klar. Jedoch wussten wir nicht, an wen wir uns wenden müssen und ob es dazu auch eine Vorlage gibt.

Herr Rother: Also, wenn Material fehlt, muss eine Bestellanforderung für den Einkauf ausgefüllt werden und an Frau Nemitz-Müller in der Disposition weitergeleitet werden. Während der Prozess läuft, wird das Fahrrad wieder zurück ins Lager gestellt und der Reparaturauftrag wird so lange auf den Stapel „fehlendes Material" gelegt. Sobald das Material geliefert wird, gibt das Materiallager Bescheid und der Auftrag kann weiterbearbeitet werden.

Florian: Gut, dann wissen wir Bescheid. Dann können wir die Prozesskette schon einmal erweitern und dann auch den von uns zurückgestellten Auftrag abarbeiten.

Herr Rother: Vielen Dank, ihr beiden. Das ist wirklich toll, wie ihr mir helft!

Handlungsauftrag

1 Erstellen Sie die eEPK von Seite 41 und speichern Sie diese unter dem Namen *eEPK_Reparatur_eines_Fahrrads_1.pptx* ab. Markieren Sie den Bereich der eEPK, in dem Operatoren eingefügt werden müssen. Kopieren Sie diesen Bereich in eine neue PowerPoint-Präsentation und speichern Sie sie unter dem Namen e*EPK_Reparatur_eines_Fahrrades_2.pptx* ab. Nun erweitern Sie Ihre eEPK, um den Prozess bei fehlendem Material zu vervollständigen. Nutzen Sie hierfür auch die Informationen aus dem Informationsblatt 3.5 auf der nachfolgenden Seite.

Informationsblatt 3.5 | EPK und eEPK mit Formen in PowerPoint erstellen

Zur Modellierung von Geschäftsprozessen können Sie z. B. vorgefertigte Formen aus PowerPoint nutzen. Die Symbole, die Sie zur Erstellung einer EPK benötigen, finden Sie über das Register **Einfügen** in der Gruppe **Illustrationen** über den Befehl **Formen**.

Um eine EPK mit **Ereignissen** und **Funktionen** zu erstellen, wählen Sie die Symbole aus der Formenauswahl des Bereichs **Flussdiagramm**. Wenn Sie ein Symbol anklicken, können Sie es auf Ihrer Folie positionieren und in der gewünschten Größe zeichnen.

Erstellen Sie zunächst ein Ereignis und dann eine Funktion. Verknüpfen können Sie diese beiden Symbole mit einem Pfeil. Verschiedene Pfeile finden Sie ebenfalls unter dem Befehl **Formen** im geöffneten **Kontextmenü** unter der Formenauswahl **Linien**. Nachdem Sie einen Pfeil ausgewählt haben und Sie Ihren Mauszeiger über das Ereignis schieben, erscheinen kleine rote Punkte (Ankerpunkte: hier blaugrau), sodass Sie Ihren Pfeil gerade zur Funktion platzieren können. Wenn Sie die linke Maustaste loslassen, haben Sie die Elemente Ereignis und Funktion miteinander verknüpft.

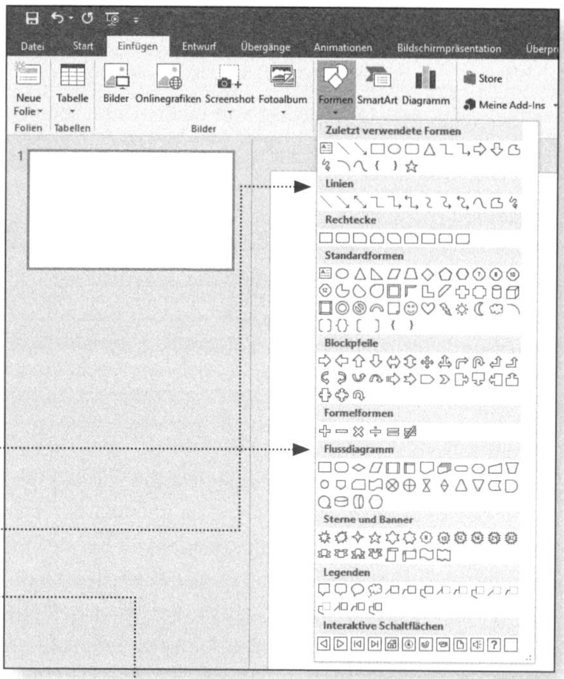

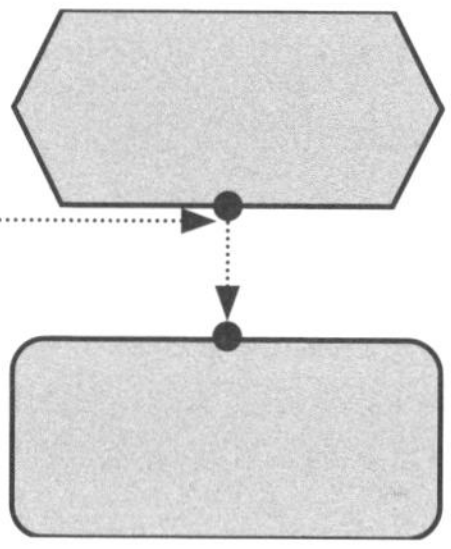

Um das Ereignis und die Funktion zu beschriften, klicken Sie das jeweilige Symbol mit der rechten Maustaste an. Das **Kontextmenü** öffnet sich. Sie wählen dort **Text bearbeiten** aus und geben Ihren Text ein, z. B. *Kundenauftrag ausgewählt.*

Zur besseren Lesbarkeit einer EPK empfiehlt es sich, unterschiedliche Farben für Ereignis und Funktion zu wählen. Die Farben können Sie selbst bestimmen. Einmal gewählt, sollten die Farben aber beibehalten werden, damit die EPK übersichtlich bleibt.

Die Pfeile formatieren Sie zur besseren Darstellung in Schwarz und wählen eine stärkere Linie. Klicken Sie hierzu den Pfeil mit der linken oder rechten Maustaste an. Sie können Ihre Änderungen über das Register **Zeichentools Format** und die Gruppe **Formenarten** vornehmen. Dort wählen Sie **Moderate Linie – Dunkel 1** aus.

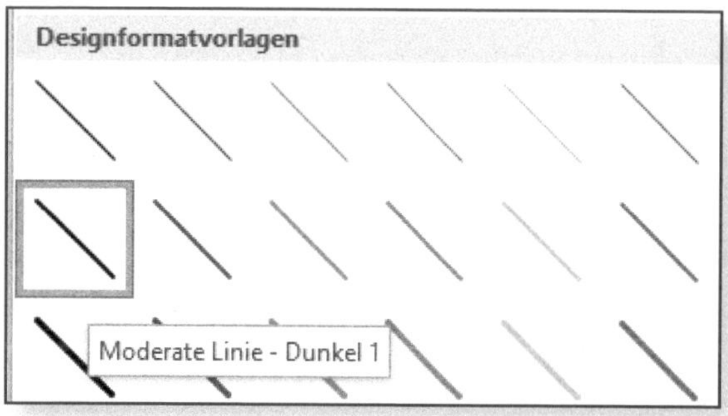

Für die erweiterte Ereignisgesteuerte Prozesskette (eEPK) benötigt man weitere Symbole, die wie folgt in PowerPoint erstellt werden können: Über das Register **Einfügen**, Gruppe **Illustrationen** und den Befehl **Formen** wählen Sie in der Formenauswahl im Bereich **Standardformen** eine Ellipse aus. Fügen Sie dann eine Linie in die Ellipse ein. Durch die roten Ankerpunkte werden die beiden Formen miteinander verknüpft.

Für Informationsobjekte gibt es aber wieder eine vorgefertigte Form in PowerPoint. Sie finden sie im Bereich **Flussdiagramm**.

Hinweis
Über das **Kontextmenü** können Sie z. B. auch die Schriftart, die Schriftgröße, die Farbe der Formfüllung und der Formkontur auswählen.
Alle Formatierungen können Sie aber auch über das Register **Zeichentools Format** und die verschiedenen Gruppen vornehmen.

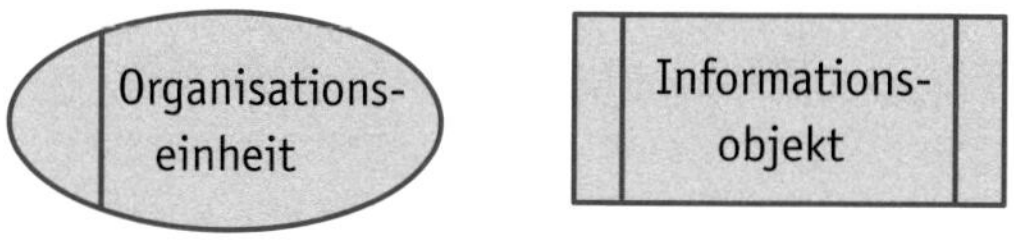

Aufgaben

Aufgabe 1
Erklären Sie am Beispiel des Geschäftsprozesses „Herstellung eines Schuhs", was Teilprozesse sind. Warum werden nicht alle Teilprozesse von einem Unternehmen durchgeführt?

Aufgabe 2
Gehen Sie auf den Geschäftsprozess *Auslieferung von 50 Mountainbikes an einen belgischen Kunden* ein. Nennen und erklären Sie die Merkmale von Geschäftsprozessen. Unterscheiden Sie außerdem zwischen Kern- und Unterstützungsprozessen.

Aufgabe 3
Die Union Elektro AG (Berlin) beliefert die Fly Bike Werke GmbH mit Beleuchtungssystemen. Im Rahmen der Analyse und Verbesserung der Arbeitsabläufe soll bei der Union Elektro AG (Berlin) der Prozess der Kundenauftragsbearbeitung neu organisiert werden. Bei einer Bestellung der Fly Bike Werke GmbH wurden folgende Teilprozesse schriftlich festgehalten:
- Überprüfung der vorhandenen Lagerbestände
- Versand der Beleuchtungssysteme
- Buchung der Bestellung
- Einlagerung der bestellten Teile
- Überwachung des Zahlungseingangs
- Rechnungserstellung
- Überprüfung des Kundenauftrages auf Machbarkeit
- Einkauf der nicht im Lager vorhandenen Teile zur Produktion der Beleuchtungssysteme
- Zusammenstellung der bestellten Ware
- Wareneingangsprüfung der beschafften Teile

a Bringen Sie die Teilprozesse in die richtige Reihenfolge.
b Geben Sie für jeden Teilprozess an, ob er Bestandteil des Informations-, Material- oder Geldflusses im Unternehmen ist.
c Geben Sie für jeden Teilprozess an, ob er ein Kern- oder Unterstützungsprozess ist.

Aufgabe 4
Die SPhone GmbH, ein Hersteller von Smartphones, wird nach einem schwachen Geschäftsjahr umgebaut. Um die Situation zu bewerten, hat der Aufsichtsrat eine Unternehmensberatung beauftragt. Diese kommt zu folgendem Ergebnis:
a Insgesamt denken die Mitarbeiter zu stark nur in ihren Abteilungen. Es wäre wünschenswert, wenn es eine stärkere Identifikation der Mitarbeiter mit ihren Aufgaben und eine reibungslosere Kommunikation zwischen den Abteilungen geben würde.
b Der Geschäftsführer, Herr Arthur, war drei Wochen erkrankt. Gerade während der Krankheit wurde deutlich, dass Herr Arthur überlastet ist, weil alle Angelegenheiten über seinen Schreibtisch laufen. Das führt zu langen Entscheidungsverzögerungen, die sich das Unternehmen nicht leisten kann. Denn die Kundenwünsche ändern sich schnell. Es entsteht zu wenig Kundennähe.

Stellen Sie anhand des Beispiels und einer Internetrecherche die Vorteile der Geschäftsprozessorientierung im Vergleich zur Funktionsorientierung in einer kurzen Präsentation dar.

Aufgabe 5
Welche Regeln zum Erstellen von Ereignisgesteuerten Prozessketten und erweiterten Ereignisgesteuerten Prozessketten sind richtig?
a Ereignisse und Funktionen wechseln sich ab.
b Operatoren sind neutral.
c Jede Prozesskette startet und endet mit einer Funktion.
d Jeder Vorgang hat mindestens zwei eingehende und ausgehende Ereignisse.
e Jede Funktion hat genau eine eingehende und eine ausgehende Kante.
f Jedes Ereignis hat maximal eine eingehende und eine ausgehende Kante.
g Verzweigungen können über Funktionen abgebildet werden.
h Operatoren verbinden andere Symbole.
i Eine EPK muss mindestens einen Operator haben.
j Eine EPK muss mindestens eine Funktion haben.
k Symbole müssen mit Linien verbunden werden.
l Ereignisse können direkt mit anderen Ereignissen verbunden werden.
m Ereignisse sind mit Funktionen zu verbinden.
n Symbole können sein: Ereignisse, Funktionen, Kontrollfluss, Operatoren, Organisationseinheiten, Informationsobjekte.
o Operatoren sind ausschließlich mit XOR ausgezeichnet.
p Operatoren müssen nicht, aber können für sich alleine stehen.
q Funktionen können nicht mit anderen Funktionen verbunden werden.
r Ein Ereignis kann nur eine Eingangslinie und eine Ausgangslinie haben.
s Eine Funktion kann mehrere Eingangs- und Ausgangslinien haben.
t Organisationseinheiten beschreiben Mitarbeiter.
u Organisationseinheiten basieren auf dem Organigramm des Unternehmens.
v Informationsobjekte sind an Funktionen geknüpft. Der Zusammenhang wird mit Pfeilen dargestellt.

Aufgabe 6
Eine EPK beginnt immer mit einem Startereignis. Bitte prüfen Sie, ob in der nebenstehenden Abbildung das richtige Symbol und die richtige Beschreibung gewählt wurden.

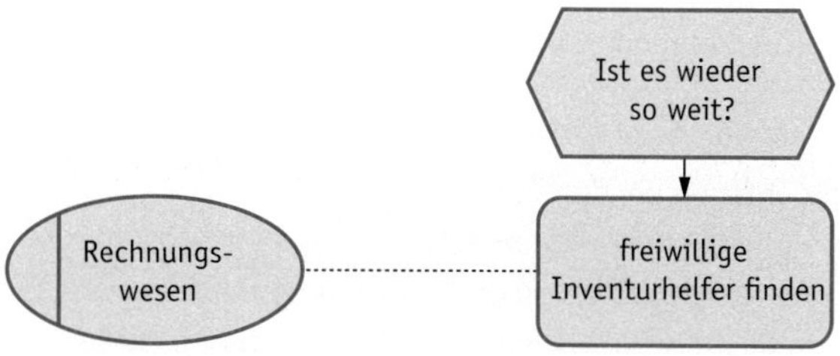

Aufgabe 7
Beurteilen Sie, ob der Operator in der nebenstehenden Abbildung richtig gewählt wurde. Falls nicht, machen Sie einen Korrekturvorschlag.

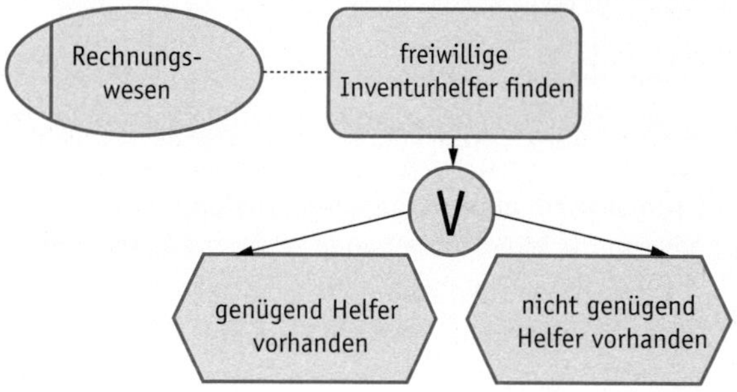

Aufgabe 8
Im nebenstehenden Abschnitt der EPK wurde offensichtlich ziemlich unachtsam gearbeitet. Entdecken Sie einen inhaltlichen und einen logischen Fehler?

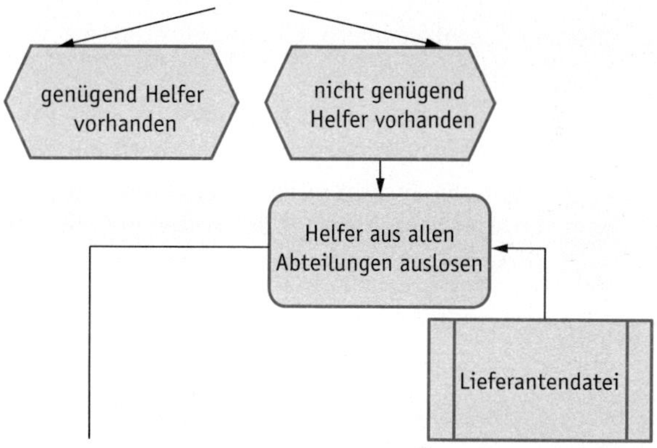

Aufgabe 9
Das linke Symbol in der nebenstehenden Abbildung weist auf ein Dokument hin. Dokumentensymbole lassen sich meist problemlos auch als Funktionen beschreiben. Wandeln Sie das Dokument durch entsprechende Neuformulierung in eine Funktion um.

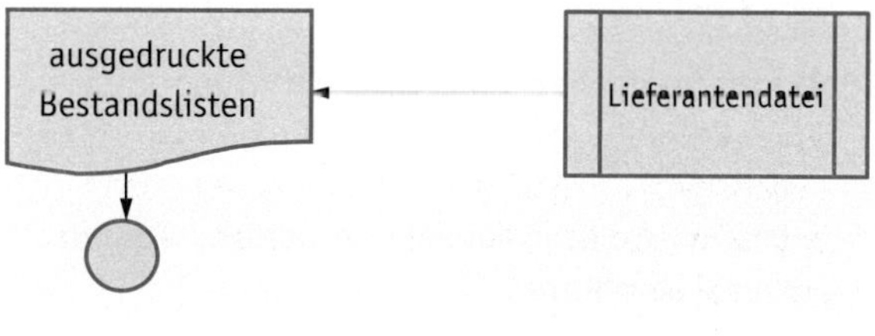

Aufgabe 10
Die Verzweigung am Ende der nebenstehenden Abbildung ist auch nicht ganz korrekt. Prüfen Sie den verwendeten Operator und die Ablauflogik. Können Sie eine Alternative skizzieren?

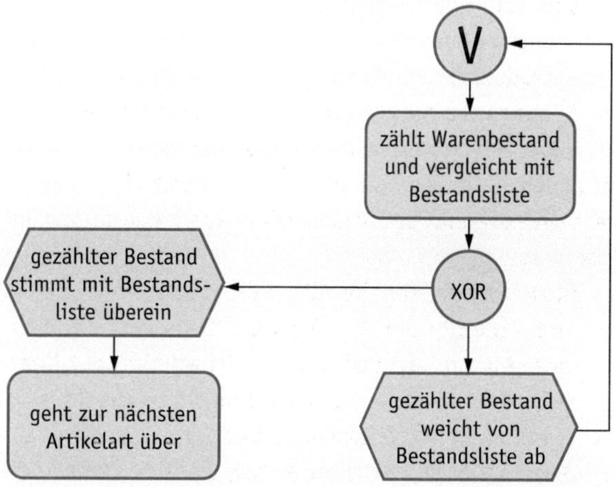

Aufgabe 11
Alle im Folgenden beschriebenen Prozesse betreffen den Einkauf. Zeichnen Sie für jeden Prozess jeweils die Ereignisse, die richtige Art der Verknüpfung (Operator) und die entsprechenden Funktionen.

a Nachdem die Bedarfsmeldung eingeht, wird diese entweder sofort in eine Bestellung umgewandelt (Bestellwert bis 500,00 €) oder noch einmal der Geschäftsführung zur Genehmigung vorgelegt (Bestellungen über 500,00 €).

b Je nach Verfügbarkeit der Rohstoffe wird auf die Stammlieferanten zurückgegriffen oder bei einem anderen lieferfähigen Anbieter bestellt. Reichen die angebotenen Mengen bei einem Einzellieferanten nicht, wird sich bei allen verfügbaren Quellen bedient.

c Sobald die Eingangsrechnung und der Lieferschein vorliegen, wird die Verbindlichkeit gebucht.

d Beim Wareneingang wird die Ware auf offene Mängel geprüft. Sind solche erkennbar, wird eine Mängelrüge geschrieben. Ist die Sendung aber äußerlich einwandfrei, wird sie einer Funktionsprüfung unterzogen.

e Mittels Angebotsvergleich wird das günstigste Angebot ermittelt. Nun wird ein Bestellvordruck mit der Adresse dieses Lieferanten erstellt. Gleichzeitig telefoniert der Einkaufssachbearbeiter noch mit dem Lieferanten, um ihn zu weiteren Zugeständnissen zu bewegen. Erst danach erfolgt die Bestellung mit den nachverhandelten Konditionen.

Aufgabe 12

a Tragen Sie in die Tabelle auf der nächsten Seite ein, um welches Element der Ereignisgesteuerten Prozesskette es sich handelt.

b Ergänzen Sie zu jedem Element eine Erklärung in eigenen Worten.

c Ordnen Sie die folgenden Beispiele zu:
- Zur Reparatur müssen Naben und Bremsen verfügbar sein.
- Das Fahrrad kann ausgeliefert werden, wenn der Kunde bezahlt hat.
- Einkauf, Lager, Vertrieb
- Bestellschein, Auftrag
- Suche Komponente im Lager, Vermerk auf Auftrag
- Produkt ist an einem anderen Standort
- Auswahl zwischen Cityrad und Rennrad
- Der Kunde kauft ein Rennrad oder ein Mountainbike.

d Erstellen Sie ein Memory-Spiel zum Thema EPK.
Schritt 1: Malen Sie gruppenweise die Symbole einer EPK und die Namen der Elemente auf jeweils eine Karte.
Schritt 2: Schreiben Sie für jedes Symbol eine geeignete Erklärung auf jeweils eine weitere Karte.
Schritt 3: Tauschen Sie Ihr Memory-Spiel mit einer anderen Gruppe.
Schritt 4: Mischen Sie die Karten und legen Sie sie verdeckt auf den Tisch. Nacheinander deckt jeder Spieler zwei Karten auf. Wer ein Frage-Antwort-Pärchen findet, darf die Karten behalten und noch einmal aufdecken. Wer am Ende des Spiels die meisten Karten hat, ist der Sieger.

Aufgabe 13
Entwickeln Sie eine erweiterte Ereignisgesteuerte Prozesskette, die folgende Tätigkeiten der Fly Bike Werke GmbH aufgreift:

Die Köller e. K. hat 100 Spezialfahrradrahmen angeliefert. Die Warenannahme überprüft die Ware. Informationsgrundlage bilden der Lieferschein und der Bestellschein. Ist die Ware beschädigt, wird die Annahme verweigert. Das wird auf dem Lieferschein vermerkt. Ist die Ware in Ordnung, wird die Menge anhand von Bestellschein und Lieferschein überprüft. Stimmt die Menge mit der Bestellung überein, wird die Bestellung angenommen. Stimmt die Menge nicht mit der Bestellung überein, wird die gelieferte Menge auf dem Bestellschein vermerkt und die Bestellung angenommen.

Aufgabe 14
Führen Sie ein Blitzlicht durch. Der Lehrer kann Ihnen dazu einen Satzanfang vorgeben. Sie müssen den Satz dann beenden. Folgende Regeln sollten beim Blitzlicht beachtet werden:
- Es spricht immer nur eine Person.
- Die Aussagen werden nicht kommentiert oder bewertet.
- Die Aussagen sollen kurz sein.

Aufgabe 15
Erweitern Sie Ihre Lernkartei.

Aufgabe 16
Führen Sie Ihr Lerntagebuch.

(zu Aufgabe 12)

Symbol	Element	Erklärung	Beispiel

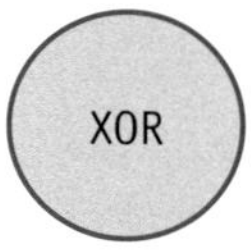			
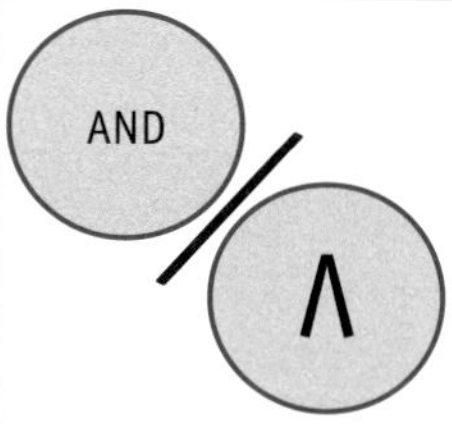			
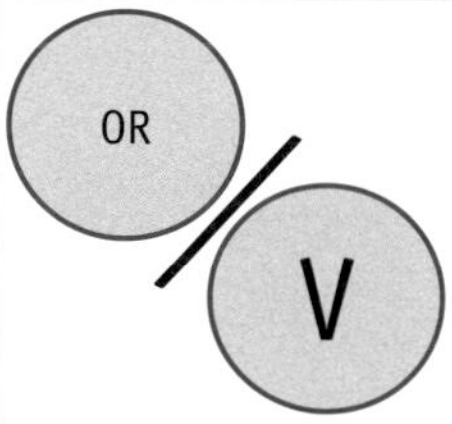			

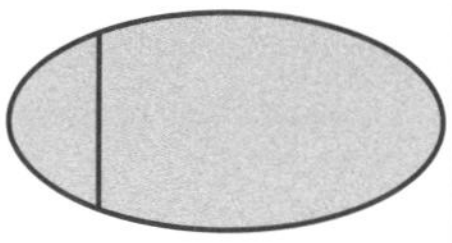			

Kannliste zu HF 1 | Anforderungssituation 1.3 | Lernsituation 3

Geschäftsprozesse analysieren und gestalten

Nr.	Themenbereich: Geschäftsprozesse mithilfe von (erweiterten) ereignisgesteuerten Prozessketten – (e)EPK analysieren			
	Ich kann ...	**Zu finden ...**	**AP**	**√**
1	... erklären, was ein Geschäftsprozess ist, und dessen Merkmale benennen.	S. 40–43	xx	
2	... Kern- und Unterstützungsprozesse unterscheiden und Beispiele nennen.	S. 42	xx	
3	... erläutern, was eine EPK ist.	S. 42, 44	x	
4	... erläutern, was eine eEPK ist und von der EPK abgrenzen.	S. 42, 44	x	
5	... die Elemente einer eEPK benennen und erläutern.	S. 44–45	xx	
6	... die Regeln zur Erstellung einer eEPK nennen und bei Erstellung oder Korrektur einer eEPK anwenden.	S. 44	xx	
7	... Operatoren einer eEPK beschreiben.	S. 45	xx	
8	... die verschiedenen Verknüpfungsmöglichkeiten in einer eEPK erkennen und richtig deuten.	S. 46–47, 51, 53	xx	
9	... die vier Sichtweisen (Ereignis-, Funktions-, Organisations-, Datensicht) einer eEPK nennen und beschreiben.	S. 41–44	xx	
10	... Fehler in einer eEPK erkennen und korrigieren.	S. 51	xxx	
Nr.	**Themenbereich: Geschäftsprozesse mithilfe von MS PowerPoint darstellen**			
	Ich kann ...	**Zu finden ...**	**AP**	**√**
11	... die Elemente der eEPK darstellen.	S. 41, 44–45	xx	
12	... die Operatoren korrekt in die eEPK einfügen.	S. 45, 47	xx	
13	... die Verknüpfungsmöglichkeiten in eEPK korrekt darstellen.	S. 45–47	xx	
14	... die zwei fehlenden Sichtweisen (Organisations- und Datensicht) einer eEPK in eine EPK integrieren.	S. 48	xxx	
15	... eine eEPK für einen beliebigen Unternehmensprozess entwickeln und erstellen.	S. 49, 52	xxx	

Anforderungsprofile (AP): x Reproduktion xx Anwendung xxx Problemlösung

SB BWR ▸ Handlungsfeld 2, Kap. 2

LS BWR ▸ Lernsituation 22

Geschäftliche Kommunikation

Situation

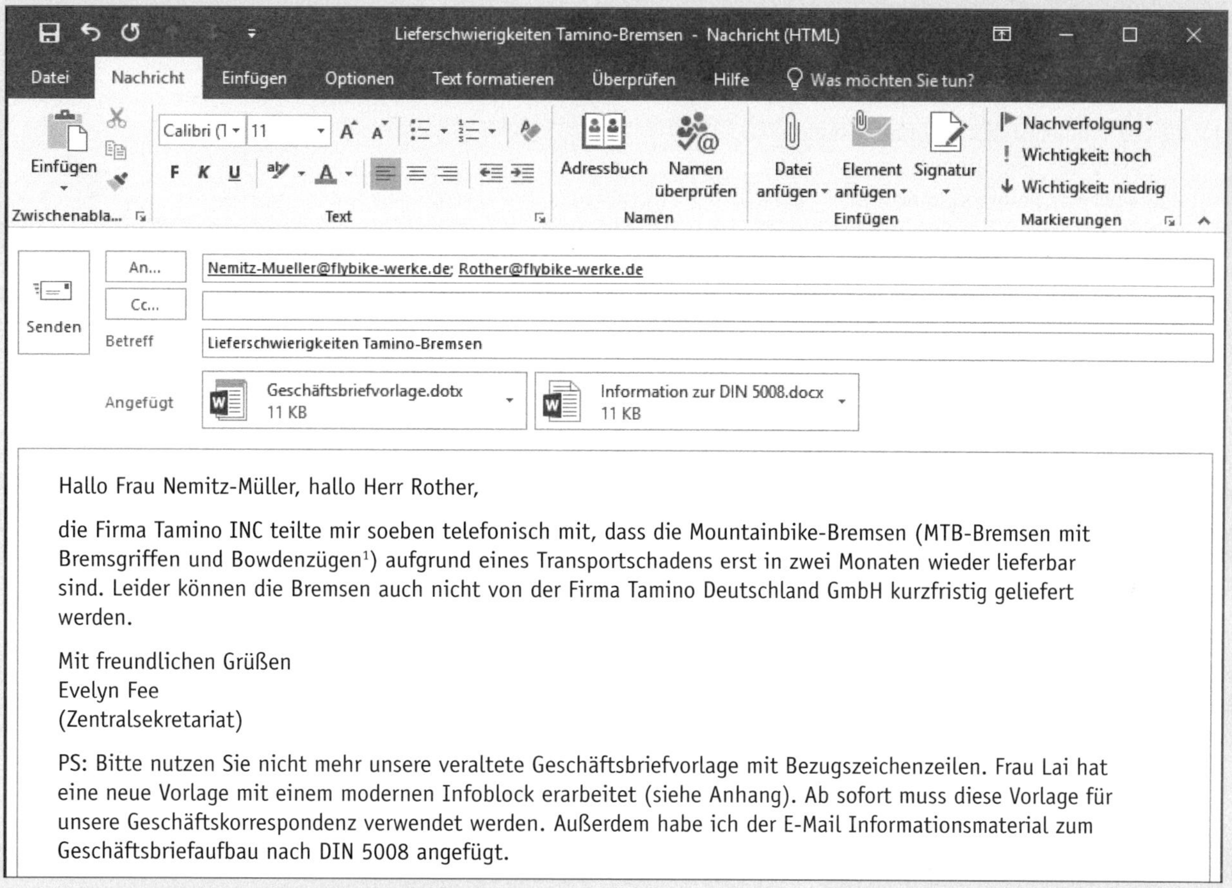

Lieferschwierigkeiten Tamino-Bremsen - Nachricht (HTML)

An... Nemitz-Mueller@flybike-werke.de; Rother@flybike-werke.de

Cc...

Betreff Lieferschwierigkeiten Tamino-Bremsen

Angefügt Geschäftsbriefvorlage.dotx 11 KB; Information zur DIN 5008.docx 11 KB

Hallo Frau Nemitz-Müller, hallo Herr Rother,

die Firma Tamino INC teilte mir soeben telefonisch mit, dass die Mountainbike-Bremsen (MTB-Bremsen mit Bremsgriffen und Bowdenzügen[1]) aufgrund eines Transportschadens erst in zwei Monaten wieder lieferbar sind. Leider können die Bremsen auch nicht von der Firma Tamino Deutschland GmbH kurzfristig geliefert werden.

Mit freundlichen Grüßen
Evelyn Fee
(Zentralsekretariat)

PS: Bitte nutzen Sie nicht mehr unsere veraltete Geschäftsbriefvorlage mit Bezugszeichenzeilen. Frau Lai hat eine neue Vorlage mit einem modernen Infoblock erarbeitet (siehe Anhang). Ab sofort muss diese Vorlage für unsere Geschäftskorrespondenz verwendet werden. Außerdem habe ich der E-Mail Informationsmaterial zum Geschäftsbriefaufbau nach DIN 5008 angefügt.

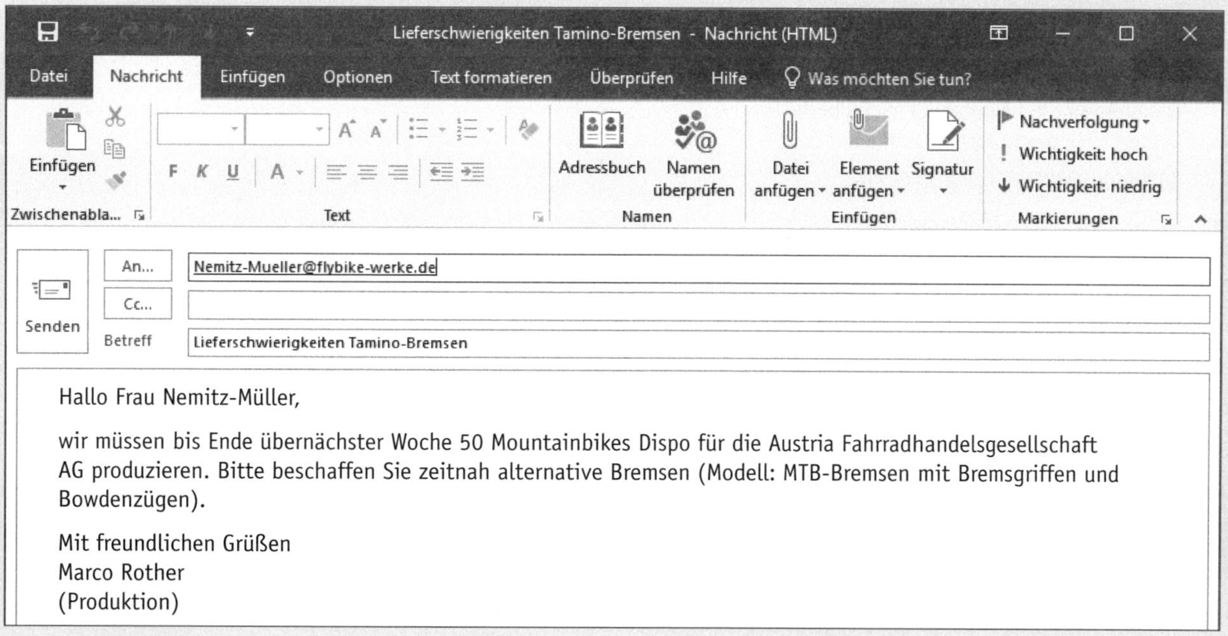

Lieferschwierigkeiten Tamino-Bremsen - Nachricht (HTML)

An... Nemitz-Mueller@flybike-werke.de

Cc...

Betreff Lieferschwierigkeiten Tamino-Bremsen

Hallo Frau Nemitz-Müller,

wir müssen bis Ende übernächster Woche 50 Mountainbikes Dispo für die Austria Fahrradhandelsgesellschaft AG produzieren. Bitte beschaffen Sie zeitnah alternative Bremsen (Modell: MTB-Bremsen mit Bremsgriffen und Bowdenzügen).

Mit freundlichen Grüßen
Marco Rother
(Produktion)

[1] bewegliches Maschinenelement (Seilzug), z. B. für die Schaltung von Fahrrädern

Seit heute arbeiten Sie für Frau Nemitz-Müller, Sachbearbeiterin in der Einkaufsabteilung der Fly Bike Werke GmbH. Sie kann Ihre Hilfe sehr gut gebrauchen da sie gerade sehr viel zu tun hat. Sie möchte Sie mit der Bezugsquellenermittlung vertraut machen. Außerdem möchte sie, dass Sie mehr über das Arbeiten mit Word und das Schreiben von Geschäftsbriefen nach DIN 5008 erfahren. Sie hat jede Menge Aufträge für Sie.

Handlungsaufträge

1. Welche Problemstellung ergibt sich aus der Situation? Hier können Sie eine Übersicht wie im Arbeitsblatt 1.1 erstellen.
2. Sichten Sie alle Arbeits- und Informationsblätter, die Sie von Frau Nemitz-Müller erhalten haben. Lösen Sie die Aufgaben auf den Arbeitsblättern 4.1 bis 4.7, um sich mit Word vertraut zu machen.
3. Erstellen Sie in Word eine Checkliste, in der Sie eintragen, auf welche Bestandteile bei einem Geschäftsbrief zu achten ist. Diese Checkliste können Sie dann später immer nutzen, um zu überprüfen, ob Ihr Geschäftsbrief den Schreib- und Gestaltungsregeln der DIN 5008 entspricht. Speichern Sie die Checkliste unter *Checkliste_Geschäftsbrief.docx* ab. Bitte beachten Sie die Hinweise unten.
4. Erstellen Sie mithilfe von Word eine Übersicht möglicher Informationsquellen zur Beschaffung von Produkten. Nutzen Sie dazu Ihr BWR-Buch oder recherchieren Sie im Internet. Speichern Sie die Übersicht unter dem Namen *Bezugsquellenermittlung.docx* ab.
5. Diskutieren Sie in einer Kleingruppe, welche Bezugsquellen für die Beschaffung der 50 MTB-Bremsen infrage kommen.
6. Damit Sie für Frau Nemitz-Müller eine Anfrage schreiben können, sollen Sie zunächst in Word eine Liste erstellen, welche Inhalte eine Anfrage enthalten sollte. Von Frau Nemitz-Müller erhalten Sie dazu die nebenstehende Musteranfrage an die Tamino Deutschland GmbH. Speichern Sie Ihre Liste unter dem Namen *Inhalte_der_Anfrage.docx* ab.
7. Nutzen Sie die Geschäftsbriefvorlage.dotx und erstellen Sie eine Anfrage über die 50 MTB-Bremsen. Speichern Sie diese unter *Anfrage_Bremsen.docx* ab.

Fly Bike Werke GmbH

Fly Bike Werke GmbH · Rostocker Str. 334 · 26121 Oldenburg

Tamino Deutschland GmbH
Sebastian Freundlich
Immermannstraße 24
40210 Düsseldorf

Ihr Zeichen, Ihre Nachricht vom	Unser Zeichen, Unsere Nachricht vom	Telefon, Name	Datum
	nem15.01.20XX	0441885-0 Frau Nemitz-Müller	05.02.20XX

Anfrage über 100 MTB XT Antriebe

Sehr geehrter Herr Freundlich,

für eine Sonderaktion benötigen wir zur Produktion unseres Mountainbikes Dispo 100 MTB XT Antriebe.

Die Lieferung der Antriebe sollte bis zum 28.02.20XX erfolgen können. Bitte übermitteln Sie uns schnellstmöglich ein Angebot unter Angabe Ihrer Zahlungs- und Lieferbedingungen.

Mit freundlichen Grüßen

Fly Bike Werke GmbH

i. A. Ann-Kathrin Nemitz-Müller
Ann-Kathrin Nemitz-Müller

Anlage
Prospekt der Fly Bike Werke GmbH

Fly Bike Werke GmbH	Bankkonten	Geschäftsführer	Handelsregister
Rostocker Str. 334 26121 Oldenburg www.flybike-werke.de info@flybike-werke.de	Oldenburg-Bank IBAN DE86 2804 0114 0112 3264 44 BIC OLBADEOL261	Hans Peters	Amstgericht Oldenburg Oldenburg HRB 2134 Steuer Nr. 112/8870/0057 USt-Id.-Nr. DE236667691

Hinweis

- In Word werden Vorlagen – Dateien, die immer wieder verwendet werden – mit der Dateiendung dotx abgespeichert. Bei „normalen" Dokumenten, die keine Vorlage enthalten, wird die Dateiendung docx verwendet.
- Damit die Dokumente, welche die Mitarbeiter der Fly Bike Werke GmbH erstellen, einheitlich aussehen, wird immer die Schriftart Arial verwendet. Als Standardschriftgröße für einen normalen Text sind 12 pt (Punkt) festgelegt.

Informationsblatt 4.1 (3 Seiten) | Geschäftsbriefaufbau nach DIN 5008

Damit schriftliche Kommunikation zwischen Unternehmen professionell und möglichst einheitlich aussieht, müssen alle Regeln der deutschen Rechtschreibung sowie die Schreib- und Gestaltungsregeln für die Textverarbeitung vom DIN (**D**eutsches **I**nstitut für **N**ormung e. V.) eingehalten werden. Schreib- und Gestaltungsregeln für die Textverarbeitung sind in der **DIN 5008** festgelegt. Inhaltliche Regeln gibt die Norm nicht vor. Die DIN 5008 regelt also nicht, was geschrieben wird, sondern nur, wie es geschrieben wird. Die DIN 5008 wird in regelmäßigen Abständen aktualisiert. Daher sollte man sich ständig über die aktuellen Regeln informieren.

Der Briefkopf
Die DIN 5008 sieht zwei Formen von Briefvorlagen vor: **Form A** mit einem Briefkopf, der 3,2 cm hoch ist, und **Form B**, deren Briefkopf 5 cm hoch ist. Die Fly Bike Werke GmbH arbeitet mit Form B. Der Briefkopf kann von jedem Unternehmen frei gestaltet werden und kann ein Logo in den Unternehmensfarben, den Unternehmensnamen oder eine Kombination aus beidem enthalten.

Das Anschriftfeld
Das Anschriftfeld besteht aus neun Zeilen, die sich auf zwei Bereiche aufteilen. Die oberen drei Zeilen bilden die Zusatz- und Vermerkzone. Die unteren sechs Zeilen bilden die Anschriftzone. In die **Zusatz- und Vermerkzone** werden alle Versandinformationen für die Post von unten nach oben eingefügt. Die erste Information wird in die dritte Zeile geschrieben, die nächste in die zweite Zeile usw. Gibt es nur eine Information, bleiben die oberen beiden Zeilen leer. Vermerke können sein: Express; Einschreiben; Nachnahme; Wenn Empfänger verzogen, an Absender zurück; Wenn Empfänger verzogen, nicht nachsenden; Werbesendung; Infopost

In die **Anschriftzone** tragen Sie alle Informationen zum Empfänger ein. Die eigentliche Anschrift beginnt immer in der 4. Zeile. Bestandteile einer Firmenanschrift sind: Firmenname, Straße mit Hausnummer oder Postfach mit Postfachnummer, Postleitzahl, Ort. Zusätzlich sind möglich: Anrede, Vor- und Nachname sowie akademischer Grad bzw. Titel des Ansprechpartners, Abteilung.

Wenn Sie einen Ansprechpartner innerhalb des Unternehmens haben, tragen Sie in der 5. Zeile die Anrede und den Namen des Ansprechpartners ein. Alle anderen Informationen rutschen dann um eine Zeile nach unten. Alle Informationen zum Ansprechpartner (Anrede, Titel, Vorname und Nachname) befinden sich in einer Zeile.

Wenn der Brief an eine bestimmte Abteilung verschickt werden soll, tragen Sie die Abteilung unter dem Firmennamen ein. Sollten Sie innerhalb der Abteilung eine bestimmte Person anschreiben, wird der Ansprechpartner unter der Abteilungsangabe eingefügt.

Hinweis
Alternativ zum Anschriftfeld ohne Rücksendeangabe gibt es die Möglichkeit, die Rücksendeangaben in das Anschriftfeld zu integrieren. Dann besteht das gesamte Anschriftfeld nicht aus neun, sondern aus elf Zeilen. Die Fly Bike Werke GmbH nutzt in ihrer Geschäftsbriefvorlage das Anschriftfeld ohne Rücksendeangabe. Die Rücksendeangabe befindet sich daher oberhalb und nicht innerhalb des Anschriftfelds.

Die Bezugszeichenzeile und der Infoblock
Um wichtige Kommunikationsinformationen, z. B. vorangegangene Korrespondenz, Ansprechpartner, Abteilung, Telefonnummern, anzugeben, kann entweder eine Bezugszeichenzeile (vgl. Anfrage der Fly Bike Werke GmbH, S. 56) oder ein Informationsblock (vgl. Musterbrief, S. 59) gewählt werden. Beide Versionen sind nach der DIN 5008 zulässig, allerdings gilt ein Geschäftsbrief mit Bezugszeichenzeile als veraltet. Außerdem bietet die **Bezugszeichenzeile** häufig zu wenig Platz für alle Informationen und die Inhalte werden daher aufgrund von Platzmangel zu klein geschrieben.

Der **Infoblock** befindet sich in der Regel rechts neben dem Anschriftfeld. Mögliche Informationen des Infoblocks sind z. B.: Ihr Zeichen, Ihre Nachricht vom, Unser Zeichen, Unsere Nachricht vom, Name, Telefon, Telefax, E-Mail, Datum. Die Leerzeile vor dem Datum muss laut DIN 5008 eingehalten werden und darf nicht mit weiteren Leitwörtern gefüllt werden. Sollten Sie weitere bzw. andere Leitwörter brauchen, ersetzen Sie stattdessen Begriffe, die Sie nicht brauchen, z. B. „Ihr Zeichen“ durch „Ihr Gesprächspartner“.

Ihr Ansprechpartner: Ann-Kathrin Nemitz-Müller Abteilung: Einkauf Telefon: +49 441 885-0 Telefax: +49 441 885-9211 E-Mail: Nemitz-Mueller@flybike-werke.de Datum: 10.03.20XX

Der Betreff
Ein Betreff ist eine stichwortartige Inhaltsangabe des Geschäftsbriefs. Der Empfänger soll daran erkennen können, worum es im Brief geht.
- Zwischen dem Briefdatum und dem Betreff müssen Sie zwei Leerzeilen einhalten.
- Verwenden Sie einen aussagekräftigen Betreff.
- Er darf in Fettschrift bzw. in Farbe geschrieben sein.
- Das Wort „Betreff" wird nicht mehr geschrieben (veraltet!).
- Längere Betrefftexte werden sinnvoll auf mehrere Zeilen verteilt.
- Ein Betreff hat keinen Punkt am Ende. Satzzeichen wie Ausrufe- oder Fragezeichen sind aber erlaubt.
- Nach dem Betreff folgen immer zwei Leerzeilen.

Die Briefanrede
- Wenn Sie im Anschriftfeld eine Person genannt haben (Privatperson oder Ansprechpartner innerhalb eines Unternehmens), müssen Sie sie auch in der Briefanrede ansprechen. Die Formel „Sehr geehrte Damen und Herren" dürfen Sie nur verwenden, wenn Sie keinen konkreten Ansprechpartner haben.
- Die Briefanrede endet immer mit einem Komma.
- Das erste Wort im nächsten Absatz wird kleingeschrieben, wenn es kein Substantiv o. Ä. ist.
- Zwischen der Anrede und dem Folgeabsatz ist eine Leerzeile einzuhalten.

Der Brieftext
Kein Kunde liest gern einen Text, der nicht sauber strukturiert ist. Gestalten Sie Ihren Text anschaulich und ansprechend (vgl. Arbeitsblätter 4.1–4.7). Außerdem sollten Sie zusätzlich die folgenden Punkte beachten:
- **Absatz.** Auch wenn Ihr Brief nur ein Thema hat, müssen Sie den Text in sinnvolle Absätze einteilen, um dem Leser die Orientierung im Text zu erleichtern.
- **Zeit- und Ortsangabe.** Heben Sie Termine und Ortsangaben stets durch Fettschrift hervor. Noch besser ist es, wenn Sie diese Textstellen zentrieren, sie sozusagen ins Zentrum Ihres Briefes stellen.
- **DIN 5008 beachten.** Durch einen gut gegliederten und DIN-gerechten Brief überzeugen Sie unaufdringlich. Jedes Schreiben, das Sie verfassen, ist eine Visitenkarte für Ihr Unternehmen. Sie vermitteln mit DIN-gerechten Briefen Kompetenz und Professionalität.

Der Briefschluss
Der Briefschluss ist die letzte Möglichkeit für Sie, den Kunden von sich und Ihrer Firma zu überzeugen. Nach dem Brieftext folgt die **Grußformel**. Zwischen der **Grußformel** und dem Brieftext müssen Sie einen Absatz machen. Auch unter der Grußformel müssen Sie einen Absatz machen. Fügen Sie dann den **Namen Ihres Unternehmens** ein. **Der Name des Unterzeichners** wird in Geschäftsbriefen genauso wiederholt, wie der Unterzeichner auch wirklich unterschreibt. Falls es in Ihrem Unternehmen üblich ist, nur mit dem Nachnamen zu unterschreiben, dürfen Sie auch nur den Nachnamen maschinenschriftlich einfügen. Die Anreden „Frau" und „Herr" sind nicht erlaubt, denn niemand unterschreibt mit der Anrede vor seinem Namen. Geschäftsbriefe der Fly Bike Werke GmbH werden jedoch immer mit Vor- und Nachname des jeweiligen Mitarbeiters unterschrieben.

Die Vertretungsform bei der Unterschrift zeigt dem Leser, mit welchen Rechten der Unterzeichner ausgestattet ist. Unterzeichnet eine Person den Brief ohne Vertretungsform, kann der Leser davon ausgehen, dass es sich um den Geschäftsinhaber handelt. Alle anderen Personen müssen mit einem Vertretungszusatz unterzeichnen:
- ppa = per Prokura
- i. V. = in Vertretung (Handlungsvollmacht)
- i. A. = im Auftrag (Einzelvollmacht)

Die Vertretungsform steht entweder zwischen der Unternehmensbezeichnung und der maschinenschriftlichen Angabe des Unterzeichners oder direkt vor der Namenswiederholung. Achten Sie darauf, genug Schreibabstand für den Unterzeichner einzuhalten. Die DIN 5008 gibt nicht an, wie viele Zeilen Sie leer lassen müssen. In der Praxis haben sich drei leere Zeilen bewährt.

Anlagenvermerk
Häufig werden Geschäftsbriefen Anlagen beigefügt. In diesen Fällen müssen Sie im Briefschluss vermerken, welche Anlagen Sie mitschicken. Fügen Sie bei kurzen Anschreiben eine Leerzeile nach der Unterschriftswiederholung ein. Danach folgt das Wort „Anlage" bzw. „Anlagen". Laut DIN 5008 darf das Wort „Anlage" bzw. „Anlagen" hervorgehoben werden, aber nur durch Fettschrift (nicht durch Kursivschrift oder Unterstreichung). Auch ein Doppelpunkt nach dem Anlagenvermerk ist falsch. Die DIN 5008 gibt nicht vor, ob Sie die Anlagen nennen müssen, die Sie dem Brief beigefügt haben. Der Sinn des Anlagenvermerks ist jedoch, dass der Leser sofort erkennen kann, ob der Brief vollständig ist.

Der Brieffuß
Im Brieffuß stehen die Firmendaten, Kontaktdaten, Verantwortliche der Firma, Kontoverbindungen und rechtliche Angaben zur Firma, wie das zuständige Gericht und dessen Sitz, sowie steuerliche Angaben. Die Aufteilung und Reihenfolge dieser Angaben sind in der DIN 5008 nicht vorgegeben. Es sind lediglich die Rechtsvorschriften in der jeweils aktuellen Fassung zu beachten.

Briefkopf (Hier Form B)
kann von jedem Unternehmen frei gestaltet werden.

Fly Bike Werke GmbH

Fly Bike Werke GmbH · Rostocker Str. 334 · 26121 Oldenburg
•
•
Inf
Cyc
Her
Am
204
•
•
•
•

Anschriftenfeld (9 Zeilen)
1.–3. Zusatz- und Vermerkzone, z. B. Express, Einschreiben, Infopost, Nicht nachsenden
4. Empfängerbezeichnung/Anrede, z. B. Firma oder Frau/Herr
5. Empfänger: Vor- und Nachname, ggf. mit Titel oder akademischem Grad
6. Postfach mit Nummer oder Straße mit Hausnummer
7. PLZ und Bestimmungsort
8. Bestimmungsland
9. Leerzeile

Ihr Ansprechpartner: Ann-Kathrin Nemitz-Müller
Abteilung: Einkauf

Telefon: +49 441 885-5
Telefax:
E-Mail:

Datum:

Der moderne **Informationsblock** dient der Orientierung des Briefempfängers. Die Schriftgröße des Informationsblocks kann 8 pt (Punkt) und in Ausnahmefällen auch 6 pt betragen.

Katalog-Zusendu
•
•

Betreff
stichwortartige Inhaltsangabe des Geschäftsbriefs

Sehr geehrter Herr Weeseler,
•
wir möchten unser Zubehör-Sortim
sowie Fahrrad-Taschen erweitert B
zu.
•
Mit freundlichen Grüßen
•
Fly Bike Werke GmbH
•
i. A. Ann-Kathrin Nemitz-Mü
Ann-Kathrin Nemitz-Müller
•
Anlage
Prospekt der Fly Bike Werke GmbH

Anrede
Ist der Empfänger bekannt, so wird dieser mit seinem Namen angesprochen, z. B.: Sehr geehrte Frau Müller. Nach der Anrede steht ein Komma.

Brieftext
Der Geschäftsbrief sollte strukturiert, anschaulich und ansprechend gestaltet sein. Damit der Brieftext gut lesbar ist, sollte die Schriftgröße nicht kleiner als 10 pt sein. Bei kurzen Texten sollten Sie nicht in Versuchung geraten, eine Schriftgröße von 13 oder 14 pt zu wählen, um den Text größer aussehen zu lassen. Als Schriftart sollte Arial oder Times New Roman verwendet werden, da sie gut lesbar sind. Der Zeilenabstand eines Fließtextes sollte einzeilig sein.

Gruß
Der Geschäftsbrief wird mit einem Gruß abgeschlossen. Üblich ist: „Mit freundlichen Grüßen“ oder „Mit freundlichem Gruß“. Als distanzierte Grußformel, meist im Rahmen von Mahnungen eingesetzt, gilt die Formulierung „Hochachtungsvoll“.

Handschriftliche Unterschrift
Für die Unterschrift werden in der Regel drei Zeilen reserviert. Ist der Unterzeichner nicht Inhaber des Unternehmens, so gibt ein Kürzel vor der Unterschrift die entsprechende Vollmacht des Unterzeichners an.
ppa. (per Prokura) = Prokura
i. V. (in Vertretung) = Handlungsvollmacht
i. A. (im Auftrag) = Einzelvollmacht

maschinenschriftliche Namenswiederholung des Briefverfassers

Anlage
Wenn dem Brief weitere Unterlagen beigefügt werden, wird ein Anlagenvermerk verwendet, um die beigefügten Unterlagen aufzuzählen.

Brieffuß
Am Fuß des Geschäftsbriefes werden Angaben über das Unternehmen wie z. B. alle Kommunikationsmittel, Kontoverbindungen, Postanschrift sowie steuerrechtliche Angaben wie Steuer-Nr. bzw. USt-Id-Nr. festgehalten. Bei Kapitalgesellschaften müssen außerdem die Rechtsform, der Sitz der Gesellschaft, das Registergericht, die Handelsregister-Nummer sowie die Geschäftsführer, Gesellschafter oder Aufsichtsrats-Mitglieder dokumentiert werden.

Fly Bike Werke GmbH
Rostocker Str. 334
26121 Oldenburg

www.flybike-werke.de
info@flybike-werke.de

Bankkonten
Oldenburg-Bank
IBAN DE86 2804 0114 0112 3264 44
BIC OLBADEOL261

Geschäftsführer
Hans Peters

Handelsregister
Amstgericht Oldenburg
Oldenburg HRB 2134

Steuer Nr. 112/8870/0057
USt-Id.-Nr. DE236667691

Arbeitsblatt 4.1 | Texterfassung unter ergonomischen Regeln

Falsche Arbeitshaltung kann die Gesundheit gefährden und z. B. Rückenschmerzen auslösen. Die Ergonomie (altgriechisch ergon: „Arbeit" und nomos: „Regel") zielt darauf, Arbeitsbedingungen und Arbeitsabläufe zu verbessern. Bei der Texterfassung betreffen ergonomische Regeln u. a. Bildschirm, Tastatur, Maus, Schreibtischstuhl und Sitzposition.

Ein **Bildschirm**, der ergonomischen Standards entspricht, sollte
- flexibel aufstellbar, leicht drehbar, höhenverstellbar und neigbar sein. Die Neigbarkeit muss mindestens 20 Grad nach hinten und 5 Grad nach vorne betragen.
- ein flimmerfreies Bild mit hohen Kontrasten und hoher Bildschirmhelligkeit haben.
- matte, entspiegelte Oberflächen zur Vermeidung störender Blendungen aufweisen.
- Größe und Format der Bildschirme auf die jeweilige Arbeitsaufgabe anpassen können.
- eine angemessene Darstellung von Farben sicherstellen.

Die Augenbelastung hat aufgrund immer besser entwickelter Bildschirmtechnologie abgenommen. Gleichzeitig verbringen wir immer mehr Zeit am Bildschirm, sodass die Dauer der Bildschirmbindung belastend sein kann. Heutzutage sind LCD-Bildschirme (liquid crystal display) weitverbreitet. LCD-Bildschirme bauen Bilder durch Ansteuerung von Bildpunkten auf. Hierbei werden Flüssigkeitskristalle genutzt, die das Licht auf verschiedene Weise brechen, je nachdem, ob die Bildpunkte elektrische Spannung anlegen oder nicht. Aus ergonomischer Sicht haben LCD-Bildschirme zahlreiche Vorteile, insbesondere reflexionsarme Oberflächen, Flimmerfreiheit, weitgehende Strahlungsfreiheit, keine Verzerrungen an den Bildschirmkanten.

Folgende ergonomische Standards sind beim Einsatz der **Tastatur** vorgeschrieben:
- Rutschfeste Aufstellung und Standfestigkeit
- Eben geformte Tastenoberfläche, um den Fingern Halt zu geben
- Keine scharfen Ecken und Kanten.
- Tastaturen von Notebooks sollen weitgehend mit der Normtastatur übereinstimmen.

Eine ergonomische **Maus** soll
- eine bequeme, unverkrampfte Handhaltung ermöglichen,
- in ihrer anatomischen Form passend zur aufliegenden Hand sein,
- zur Handgröße passen,
- Tastenbedienung leicht und sicher mit minimaler Fingerkraft sicherstellen. Der Tastendruck darf nicht zum Verlust der Kontrolle über die Maus führen,
- nach Möglichkeit eine Anpassung für Links- und Rechtshänder enthalten.

Um Gesundheitsschäden (z. B. Rückenleiden) vorzubeugen, sind hohe ergonomische Standards an den **Schreibtischstuhl** zu legen, u. a.:
- Die Sitztiefe muss mindestens 380 mm, Sitzbreite mindestens 400 mm betragen. Verstellbare Sitzflächenneigung um mindestens 6 Grad ist Minimum.
- Rollen, die sich auch feststellen lassen.
- Die Sitzfläche muss so eingestellt sein, dass die Kniegelenke ca. einen 90-Grad-Winkel bilden können.
- Die Armlehnen sollten gepolstert und höhenverstellbar sein sowie eine leicht runde Form besitzen. Hierdurch wird die Wirbelsäule, insbesondere in der Lendenregion, entlastet. Die Breite beträgt mindestens 40 mm, die Länge 200 mm.
- Breite der Rückenlehne mindestens 360 mm, Höhe mindestens 260 mm. Neigung muss um mindestens 15 Grad verstellbar sein.

Aufgaben

Kennzeichnen Sie die richtigen Antworten.

a Die Ergonomie zielt darauf ab, Arbeitsbedingungen zu verbessern.

b Kontraste dürfen bei hoher Bildschirmauflösung nicht zu groß sein.

c Gelbe Schrift auf blauem Hintergrund auf dem Bildschirm erfüllt die ergonomischen Standards.

d Die Augenbelastung am Bildschirm hat im Vergleich zu früher zugenommen.

e Ein Problem bleibt die hohe Dauer der Bildschirmbindung.

f LCD-Bildschirme bieten zahlreiche ergonomische Vorteile gegenüber alten Röhrenbildschirmen.

g Ergonomische Tastaturen von Notebooks dürfen sich nicht grundlegend von PC-Tastaturen unterscheiden.

h Schlecht eingestellte Armlehnen belasten die Wirbelsäule.

i Rollen von Bürostühlen dürfen nach ergonomischen Regeln nicht feststellbar sein.

Arbeitsblatt 4.2 | Die Benutzeroberfläche von Word 2016

Um Texte wie z. B. Briefe zu schreiben und zu gestalten, wird ein Textverarbeitungsprogramm verwendet. Bei der Fly Bike Werke GmbH wird Word als Textverarbeitungsprogramm eingesetzt. Dieses Programm finden Sie auf dem Computer unter **Start** ⊞ → **Word**. Starten Sie das Programm mit einem Klick. Das Programm öffnet sich mit einem neuen, leeren Dokument. Sie können jetzt dieses Dokument bearbeiten (Texte hinzufügen, die Seite einrichten usw.) oder ein bereits bestehendes Dokument öffnen.

Beschriften Sie die Abbildung mit folgenden Fachbegriffen:

Schließen, Titelleiste, Hilfe, Symbolleiste für den Schnellzugriff, Menüband, nichtdruckbare Zeichen, Zoomregler, Dialogfeld zur Gruppe Absatz, Minimieren, Ansichten, Cursor, Lineal, Register (Registerkarte), Verkleinern, Gruppe Schriftart, Register Datei

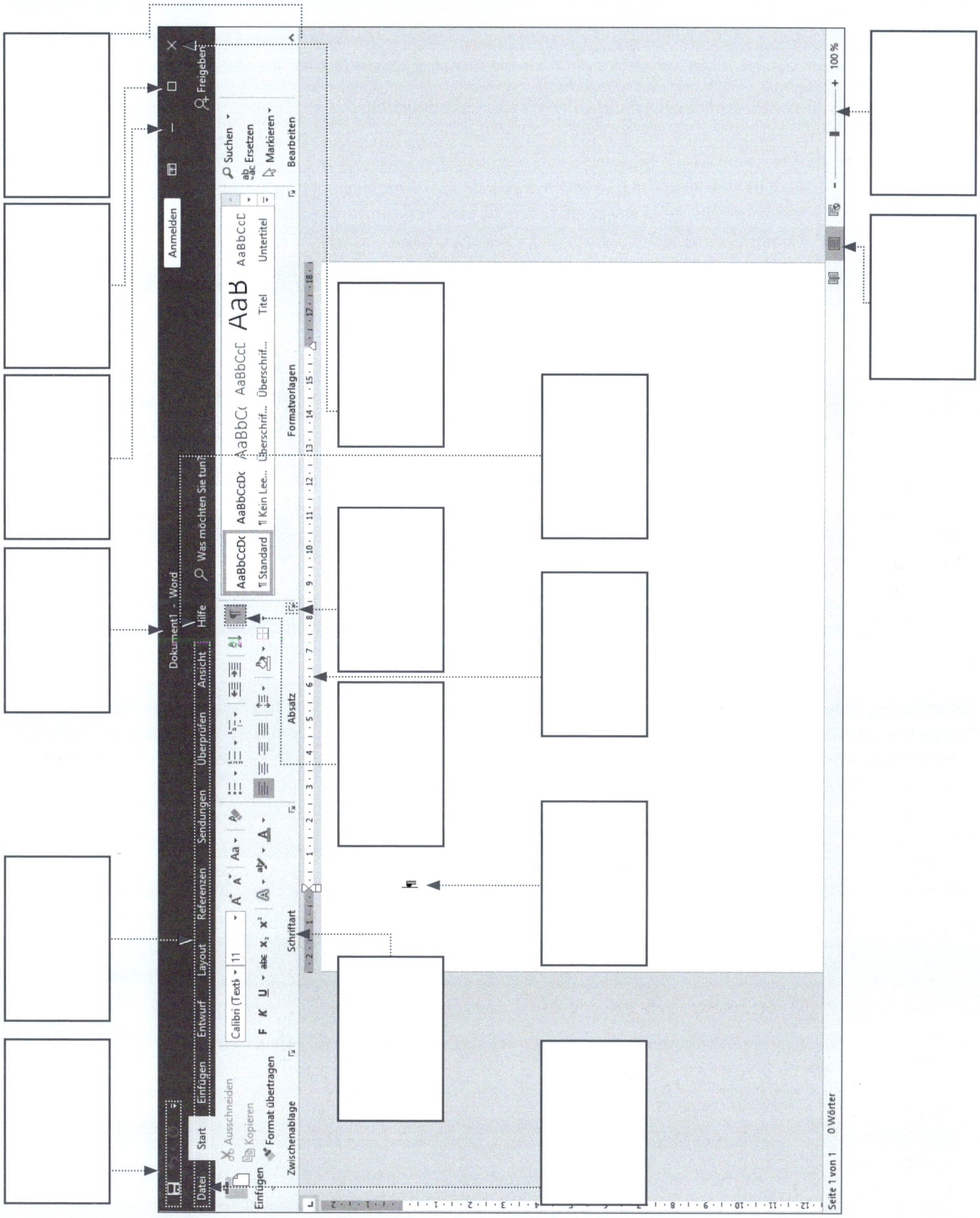

Arbeitsblatt 4.3 | Erste Schritte in Word

Nach dem Öffnen von Word können Sie sofort mit der Texteingabe beginnen, da sich automatisch ein neues, leeres Dokument geöffnet hat. Jeder Text kann durch verschiedene Formatierungen in Word gestaltet werden. Bevor Sie allerdings einen Text formatieren, sollte er zuerst vollständig eingegeben werden. Außerdem ist es in der Regel hilfreich, sich die nichtdruckbaren Zeichen anzeigen zu lassen, sodass Sie erkennen können, ob Sie z. B. zu viele Leerzeichen in einem Text verwendet haben oder wo ein Absatz endet. Diese Zeichen sind bei einem Druck des Dokuments nicht sichtbar. Sie aktivieren die Anzeige der nichtdruckbaren Zeichen über das Register **Start** und den Befehl **Alle anzeigen**.

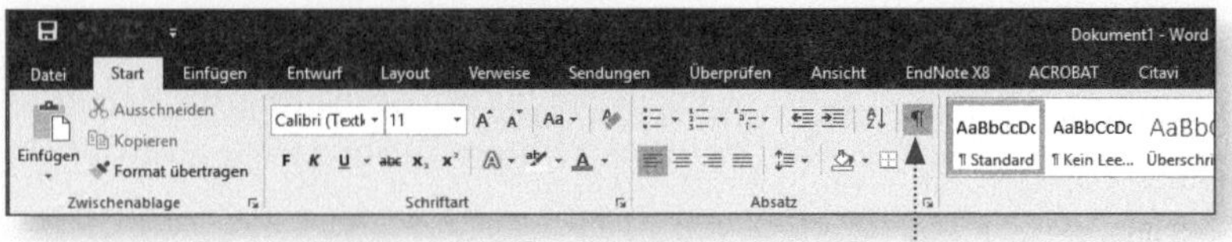

Die folgenden Zeichen werden Ihnen angezeigt, wenn Sie die nichtdruckbaren Zeichen aktiviert haben:

Zeichen	Bedeutung
¶	Das umgedrehte „P" am Ende jedes Absatzes zeigt Ihnen eine Absatzmarke an.
¤	So sieht eine Absatzmarke in einer Tabelle aus. Wenn Sie über die Enter-Taste einen weiteren Absatz in einer Zelle einfügen, sehen Sie eine herkömmliche Absatzmarke.
Wort·Wort	Der Punkt zwischen zwei Wörtern zeigt ein Leerzeichen an.
Wort°Wort	Ein kleiner Kreis zwischen zwei Wörtern ist ein geschützter Leerschritt. Der geschützte Leerschritt sorgt dafür, dass Textteile, die zusammen gehören, am Ende einer Zeile nicht voneinander getrennt werden, wie z. B. die Vorwahl und die Rufnummer einer Telefonnummer. Tastenkombination: 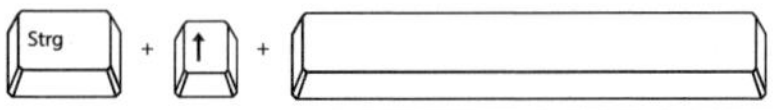
Word → Word	Wenn Sie einen Pfeil zwischen zwei Wörtern sehen, heißt das, dass Sie hier einen Tabstoppsprung mit der Tabulatortaste gemacht haben. 
Word ↵	Ein Pfeil am Ende einer Zeile heißt, dass hier eine weiche Zeilenschaltung eingefügt wurde. Sie sorgt dafür, dass z. B. innerhalb einer Aufzählung Absätze gemacht werden können, die nicht nummeriert werden. Tastenkombination: 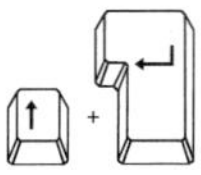

Speichern eines Textes

Wenn Sie eine neue Textdatei anlegen, so ist es ratsam, diese erst einmal zu speichern. Dazu wählen Sie, nachdem Sie ein leeres Dokument geöffnet haben, im Register **Datei** den Punkt **Speichern unter.** Nachfolgend können Sie den Speicherort wählen und einen Dateinamen vergeben. Bei der Vergabe eines Dateinamens sollten Sie berücksichtigen, dass die folgenden Zeichen nicht erlaubt sind: ? < > / \ | : *. Auch während Sie an einem Text arbeiten sollten Sie regelmäßig zwischenspeichern. Dadurch minimieren Sie das Risiko, dass Texte verlorengehen, falls das Programm abstürzt. Hierfür können Sie entweder im Register **Datei** den Punkt **Speichern** wählen oder direkt oben links in der Schnellstartleiste auf das Diskettensymbol klicken. Arbeiten Sie an einem Textdokument und haben vergessen zu speichern, so erhalten Sie beim Schließen des Dokuments bzw. des Programms einen Hinweis.

Aufgabe

Geben Sie nachfolgenden Text ein und lassen Sie sich die nichtdruckbaren Zeichen anzeigen. Nutzen Sie Absatzmarken, Tabstopps und weiche Zeilenschaltungen, um den Text entsprechend der Vorlage zu gestalten. Speichern Sie den Text unter dem Dateinamen *Bezugsquellenermittlung_text.docx* ab, indem Sie über das Register **Datei** gehen.

Ein·Industrieunternehmen·agiert·in·einer·sich·ständig·verändernden· Umwelt,·wobei·vielfältige·↵
Beziehungen·zu·Kunden,·Lieferanten·und·anderen·Gruppen·aufgebaut·und·gepflegt·werden· müssen.·¶

Um·am·Markt·erfolgreich·auftreten· zu·können,·ist·es·deshalb·notwendig,·ständig·Informationen·
über → Absatz-·und·Beschaffungsmärkte,· ¶

→ Mitbewerber· und¶

→ die·gesamtwirtschaftliche·Lage·zu· sammeln,· zu·aktualisieren· und·auszuwerten.·¶

Hierzu·stehen·interne·und·externe·Informationsquellen·wie·z.°B.·das·Internet·zur·Verfügung.·¶

Arbeitsblatt 4.4 | Layout

Sie können jede Seite auf Ihre Bedürfnisse anpassen. Gehen Sie dazu über das Register **Layout.** Dort finden Sie eine Vielzahl von Möglichkeiten, um Ihre Seiten einzurichten.

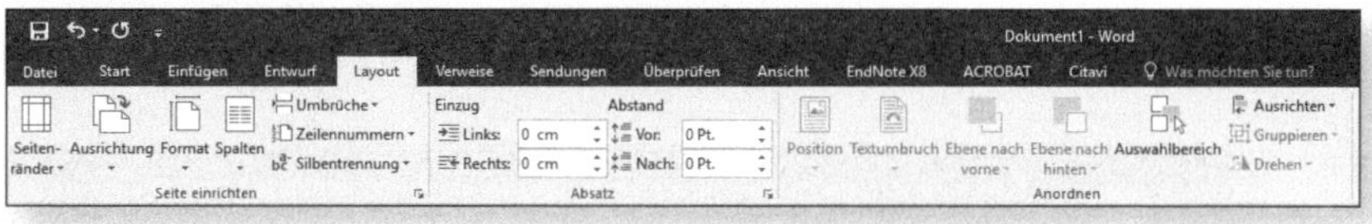

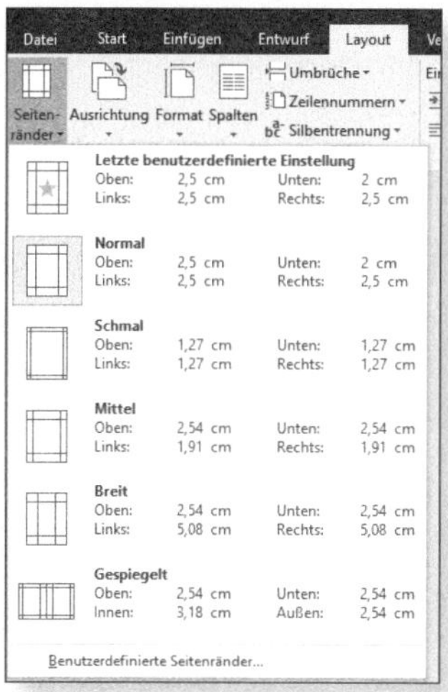

Word gibt standardmäßig folgende Seiteneinrichtung vor:
Seitenränder: Links: 2,5 cm Rechts: 2,5 cm Oben: 2,5 cm Unten: 2,0 cm
Seitenorientierung: Hochformat
Die Seitenränder können Sie in der Gruppe **Seite einrichten** über den Befehl **Seitenränder** verändern. Dort können Sie über einen Klick auf den **Listenpfeil** verschiedene Seitenränder auswählen oder selbst benutzerdefinierte Seitenränder festlegen.

Aufgaben

1 Erstellen Sie den nachfolgenden Text und speichern Sie ihn unter dem Namen *Externe_Informationsquellen.docx* ab.

> Externe Informationsquellen
> Nicht alle notwendigen Informationen lassen sich mithilfe der internen Informationsquellen ermitteln. Um Informationen über Konkurrenten oder die Entwicklung des Marktes zu erhalten, ist es notwendig, Informationsquellen außerhalb des eigenen Unternehmens in Anspruch zu nehmen. Auch hierzu stehen verschiedene Quellen zur Verfügung. Viele Informationen kann man in Katalogen und Prospekten anderer Unternehmen finden. Diese geben sowohl einen Überblick über deren Sortiment als auch über deren Preise. Auch auf Fachmessen und Ausstellungen können Unternehmen in kurzer Zeit und auf einem begrenzten Raum Anbieter einer bestimmten Branche treffen. Eine wichtige Quelle zur Informationsbeschaffung jeder Art ist das Internet. Branchenbücher wie das „ABC der deutschen Wirtschaft" und die „Gelben Seiten" bieten einen Überblick über Unternehmen der unterschiedlichen Wirtschaftszweige. Auch aus Fachzeitschriften können Adressen und Tätigkeitsfelder anderer Unternehmen entnommen werden. Für die Industrie ist es von großer Bedeutung, stets über eine Vielzahl von möglichen Bezugsquellen zu verfügen. Die schnelle Entwicklung in fast allen Branchen der Industrie erfordert eine konsequente Nutzung aller grundsätzlich vorhandenen Bezugsmöglichkeiten. So können durch die zunehmende Globalisierung und den Abbau von Handelsschranken (z. B. Zöllen) Lieferanten interessant werden, die in der Vergangenheit erst gar nicht in die nähere Auswahl für eine Bestellung gekommen wären. Auch der unvorhergesehene Ausfall eines Lieferanten kann durch das Vorhandensein von Alternativen im Bereich der Bezugsquellen besser aufgefangen werden.

Hinweis
Alternativ können Sie verschiedene Einstellungen für das Seitenlayout auch über das Register **Datei** und den Befehl **Drucken** (Strg + P) festlegen. Bitte überprüfen Sie in der Seitenansicht, ob alle Formatierungen und das Layout den Wünschen entsprechen, bevor Sie Ihre Dateien ausdrucken. In der Seitenansicht werden Ihre Texte und deren Gestaltung so angezeigt, wie diese ausgedruckt aussehen würden. Daher verschwinden alle nichtdruckbaren Zeichen in der Seitenansicht.

Hinweis
Nutzen Sie zum Einfügen eines Wasserzeichens im Register **Entwurf** in der Gruppe **Seitenhintergrund** die Wasserzeichen-Funktion.

2 Ändern Sie die Größe in DIN A5 und die Ausrichtung in Querformat.
3 Wählen Sie mittlere Seitenränder.
4 Formatieren Sie den Text in zwei Spalten.
5 Aktivieren Sie die Silbentrennung.
6 Fügen Sie ein Wasserzeichen im Hintergrund ein.

TIPP Wenn Sie etwas rückgängig machen wollen, dann verwenden Sie in der Symbolleiste für den Schnellzugriff die Schaltfläche **Rückgängig** oder die Tastenkombination Strg + Z. Eine Liste mit Befehlen, die rückgängig gemacht werden können, erhalten Sie, wenn Sie rechts neben die Schaltfläche Rückgängig auf den Listenpfeil klicken.

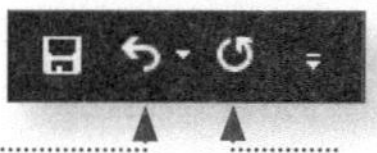

Mit der Schaltfläche **Wiederholen** oder der Tastenkombination Strg + Y können Sie die zuletzt durchgeführte Aktion wiederholen. So können Sie einen Text z. B. an verschiedenen Stellen einfügen, ohne diesen neu eintippen zu müssen.

Arbeitsblatt 4.5 | Zeichenformatierungen

Um beispielsweise Inhalte hervorzuheben oder besser lesbar zu machen, können Sie eine Zeichenformatierung vornehmen und Buchstaben, Satz- sowie Sonderzeichen als auch Ziffern im Hinblick auf **Schriftart, Farbe, Größe** usw. ändern. **Markieren Sie die entsprechenden Textstellen** z. B. per Maus und wählen dann über das Register **Start,** Gruppe **Schriftart** die gewünschte Einstellung.

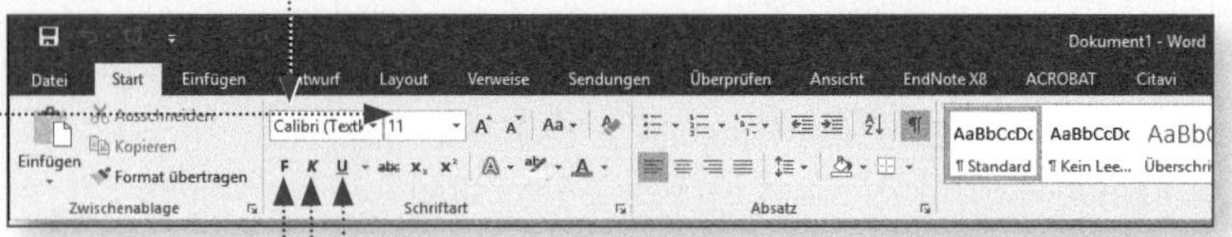

Die aktuell verwendete **Schriftart** sowie die **Schriftgröße** wird in der Gruppe Schriftart oben links angezeigt. Eine Änderung der Schriftart oder der Schriftgröße können Sie über den jeweiligen Listenpfeil vornehmen, der rechts neben der Angabe steht. Durch einen Klick auf den jeweiligen Listenpfeil öffnet sich ein Pulldown-Menü, über das die gewünschte Änderung vorgenommen werden kann. Außerdem können Sie die jeweilige Angabe auch direkt anklicken und eine Änderung vornehmen.

Darüber hinaus stehen Ihnen in der Gruppe **Schriftart** noch weitere Optionen zur Verfügung (**Fett**, *Kursiv*, Unterstrichen etc.). Falls Sie einen Befehl nicht zuordnen können, gehen Sie mit dem Cursor auf das Symbol ohne es anzuklicken. Ihnen wird dann eine Erklärung eingeblendet.

Aufgaben

1 Geben Sie nachfolgenden Text ein und speichern Sie den Text unter dem Dateinamen *Interne_Informationsquellen.docx* ab.

Interne·Informationsquellen·greifen·auf·**Informationen**·zurück,·die·bereits·im·eigenen·Unternehmen·existieren.·Hierzu·gehören·z.·B.·~~Lieferanten-,·Artikel-·und·Kundendatei.·Lieferantendateien~~·geben·**Auskunft**·über·den·bestehenden·Lieferantenstamm.·Neben·Anschrift,·Telefonnummer·und·Ansprechpartner·kann·man·der·**Lieferantendatei**·auch·einen·*Überblick·über·das·Sortiment·sowie·die·Liefer-·und·Zahlungsbedingungen*·der·Lieferanten·entnehmen.·Besonderer·Vorteil·von·Lieferantendateien·ist·die·Möglichkeit,·Bemerkungen·über·die·**ZUVERLÄSSIGKEIT**·des·entsprechenden·Lieferanten·festzuhalten.·In·der·**Artikeldatei**·findet·sich·das·**gesamte·Sortiment**·des·Industrieunternehmens,·üblicherweise·unterteilt·nach·Warengruppen.·*Die·Artikeldatei·gibt·Auskunft·über·Lieferanten,·Bestellnummer,·Listeneinkaufspreis·und·Listenverkaufspreis·des·jeweiligen·Artikels.*·Neben·allgemeinen·**Angaben**·wie·Anschrift,·Telefonnummer·und·Ansprechpartner·bieten·**Kundendateien**·einen·Überblick·über·Umsätze,·bevorzugtes·*Sortiment·und·Zahlungsmoral*·vorhandener·Kunden.·Diese·Informationen·sind·wichtige·Entscheidungshilfen·z.·B.·für·die·Frage,·ob·und·in·welcher·Höhe·Rabatte·eingeräumt·und·welche·Zahlungsbedingungen·gewährt·werden.·Außerdem·können·Kunden·gezielt·auf·neue·Sortimente·und·Sonderangebote·hingewiesen·werden.¶

2 Die Standardschriftart und -größe bei Word sind für den Textkörper Calibri 11. Markieren Sie nach der Texteingabe den gesamten Text und wählen Sie die Schriftart **Times New Roman**, Schriftgrad **12.**

3 Formatieren Sie den Text wie in der Vorlage, indem Sie die verschiedenen Befehle der Gruppe Schriftart ausprobieren.

4 Bewerten Sie die Formatierung des Textes kritisch und optimieren Sie anschließend die Formatierung. Erstellen Sie dazu eine Kopie des Textes, indem Sie ihn zunächst markieren, anschließend mithilfe des Kontextmenüs (rechte Maustaste) kopieren und unterhalb des bereits formatierten Textes erneut einfügen.

5 Beschreiben Sie, was passiert, wenn Sie die folgenden Schaltflächen zur Formatierung Ihrer Texte nutzen.

a ~~abc~~ ______________________

b x_2 ______________________

c x^2 ______________________

d ______________________

e A ______________________

f ab ______________________

____

g A ______________________

h A A ______________________

____

i Aa ______________________

TIPP Wenn Sie die Maus über einer Schaltfläche platzieren, erscheint eine Vorschau, die Ihnen die Funktion der Schaltfläche erklärt. Wenn es eine entsprechende Tastenkombination für den Befehl gibt, wird auch diese angezeigt.

Arbeitsblatt 4.6 | Absatzformatierungen

Nicht nur die Formatierung von Zeichen kann einen Text gestalten. Machen Sie Ihre Texte übersichtlich und teilen Sie sie in **Gedankenabschnitte** ein. Dies erreichen Sie, wenn Sie zwischen zwei Gedankengängen einen Absatz einfügen. Alle Zeichen, die sich zwischen zwei Absatzmarken ¶ befinden, bilden einen Absatz. Der obere Seitenrand begrenzt den ersten Absatz eines Dokuments. Für das Formatieren eines Absatzes ist es ausreichend, wenn Sie den Cursor in dem entsprechenden Absatz platzieren. Eine komplette Markierung ist nicht erforderlich. Die Formatierung erfolgt über das Register **Start**, Gruppe **Absatz.** Die grundlegende Absatzformatierung ist die Ausrichtung. Hier gibt es vier Möglichkeiten:

Ausrichten eines Absatzes

Für die Ausrichtung eines Textes stehen die folgenden vier Optionen zur Verfügung:

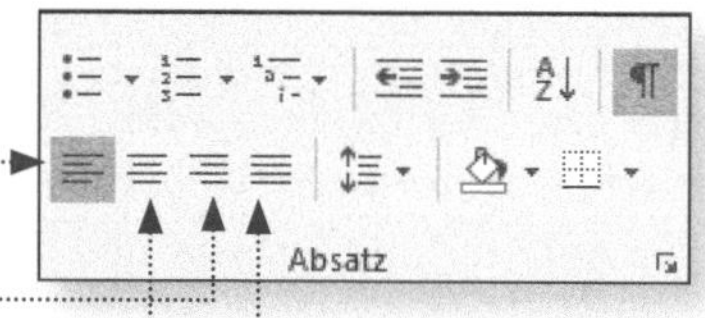

1. Standardmäßig erfolgt die Ausrichtung eines Textes linksbündig. In diesem Fall steht der Text auf der linken Seite des Dokuments genau untereinander in einer Linie, er schließt bündig ab. Auf der gegenüberliegenden (rechten) Seite verläuft der Text unregelmäßig (sog. Flatterrand).
2. Erfolgt die Ausrichtung eines Textes rechtsbündig, so schließt er dementsprechend auf der rechten Seite bündig ab und der unregelmäßige Textverlauf (Flatterrand) entsteht links.
3. Hier erfolgt eine mittige (zentrierte) Ausrichtung des Textes im Dokument.
4. Beim Blocksatz erfolgt die Ausrichtung des Textes an beiden Seiten des Dokuments.

Hinweis
Eine Änderung der Ausrichtung kann auch über das Dialogfeld **Absatz**, Registerkarte **Einzüge und Abstände** erfolgen.

Aufzählungen und Nummerierungen

Für die Gliederung von Texten können Aufzählungszeichen und Nummerierungen sehr nützlich sein, da sie einen Text übersichtlich gestalten. Markieren Sie den Text, der als Aufzählung oder Nummerierung erscheinen soll, und wählen Sie in der Gruppe **Absatz** durch Klicken auf den **Listenpfeil** für **Aufzählungszeichen** oder **Nummerierung** ein Format aus der Aufzählungszeichenbibliothek bzw. der Nummerierungsbibliothek aus. Sie können auch neue Aufzählungszeichen oder ein neues Zahlenformat definieren.

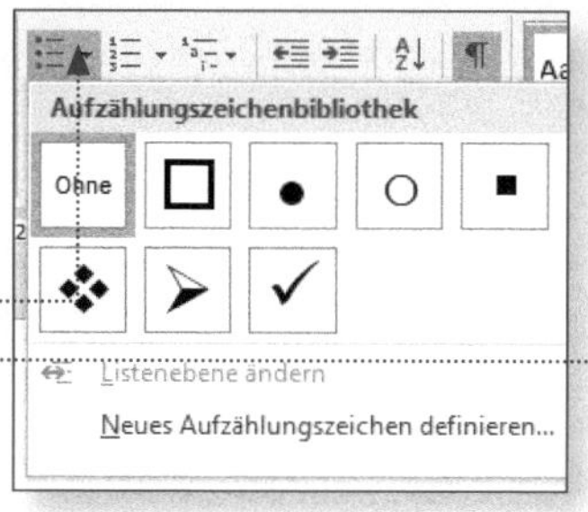

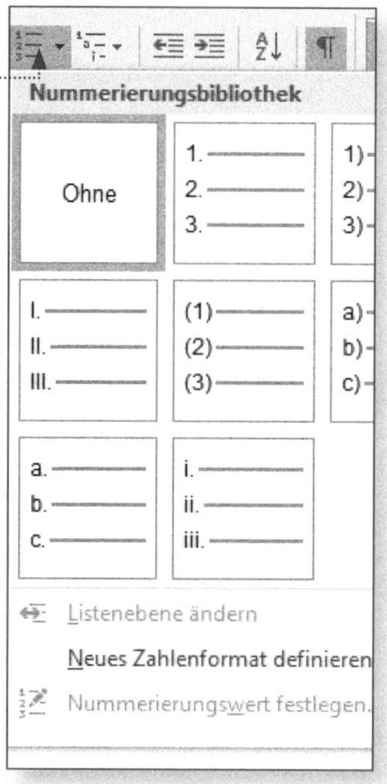

Beispiel: Für eine Checkliste kann z. B. das Symbol ❑ verwendet werden. So können Sie später die Punkte von Hand abhaken.

Aufgaben

1 Erstellen Sie den nachfolgenden Text und speichern Sie ihn unter dem Namen *Beschaffungsprozesse.docx* ab.

> Beschaffungsprozesse beinhalten die folgenden Teilprozesse: geeignete Bezugsquellen ermitteln, Angebote einholen und vergleichen, Beschaffungsvorgänge planen (Zielsetzungen beachten, Beschaffungsverfahren auswählen), Beschaffungsvorgänge durchführen, Waren lagern, Beschaffungsprozesse buchen (Kreditorenbuchhaltung), Wirtschaftlichkeit in der Beschaffung beurteilen.

2 Geben Sie dem Text eine Überschrift und gestalten Sie ihn mithilfe von Aufzählungszeichen.

3 Öffnen Sie Ihre Datei *Interne_Informationsquellen.docx* (vgl. Arbeitsblatt 4.5). Gliedern Sie diesen Text in Absätze und geben den Absätzen Überschriften. Speichern Sie Ihr Ergebnis unter *Interne_Informationsquellen_mit_Absaetzen.docx* ab. Verändern Sie den Text, indem Sie die verschiedenen Befehle der Gruppe Absatz ausprobieren. Beschreiben Sie, was passiert, wenn Sie die folgenden Schaltflächen zur Formatierung Ihrer Texte nutzen.

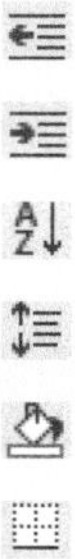

____
____
____
____
____
____

Arbeitsblatt 4.7 | Tabellen erstellen

Zur übersichtlichen Darstellung von Inhalten können neben Aufzählungen in einem Textverarbeitungsprogramm auch Tabellen verwendet werden. Wollen Sie aber Berechnungen durchführen oder Auswertungen vornehmen, so empfiehlt sich die Nutzung eines Tabellenkalkulationsprogramms (vgl. LS 6 ff.)

Eine Tabelle besteht aus **Zeilen** (waagerecht), **Spalten** (senkrecht) und **Zellen** (einzelne Eingabebereiche). Positionieren Sie Ihren Cursor dort, wo Sie eine Tabelle einfügen wollen. Klicken Sie dann auf das Register **Einfügen**. In der Gruppe **Tabellen** wählen Sie den Befehl **Tabelle** aus. Es öffnet sich ein Dialogfeld, in dem Sie mithilfe des Mauszeigers im Raster die Anzahl der gewünschten Spalten und Zeilen markieren können. In Ihrem Dokument erscheint eine Vorschau. Zur Bestätigung klicken Sie die linke Maustaste oder Return.

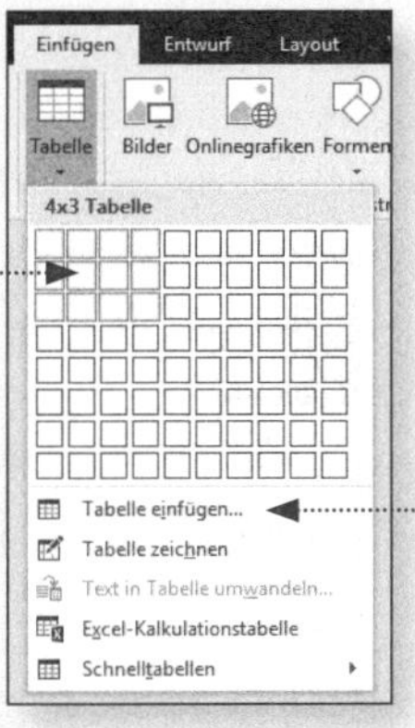

Nachdem Sie eine Tabelle erstellt haben, öffnet sich automatisch das Register **Tabellentools** mit der Registerkarte **Entwurf** und der Registerkarte **Layout**. Hier haben Sie die Möglichkeit, Ihre Tabelle weiterzubearbeiten.

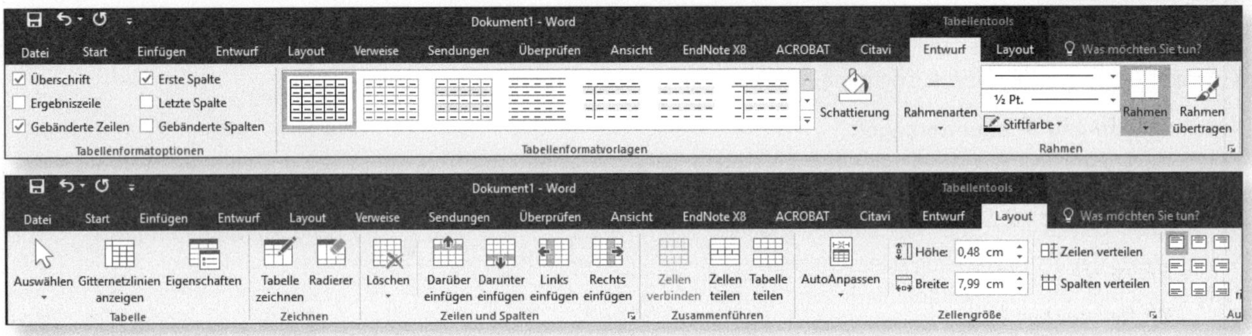

Wenn Sie die **Breite der Spalten** oder die **Höhe der Zeilen** verändern wollen, dann legen Sie den Mauszeiger auf die Linie zwischen zwei Spalten bzw. auf die Linie zwischen zwei Zeilen und ziehen die Linie mit der gedrückten linken Maustaste in die gewünschte Richtung.

TIPP Innerhalb einer Tabelle können zur übersichtlicheren Gestaltung auch Aufzählungszeichen und Nummerierungen verwendet werden.

Hinweis
Sie können auch eine Tabelle erstellen, indem Sie im **Dialogfeld** des Befehls Tabelle auf **Tabelle einfügen** klicken. Es öffnet sich ein Fenster, in dem Sie die gewünschte Anzahl von Spalten und Zeilen bestimmen können. Bestätigen Sie Ihre Auswahl mit **OK**.

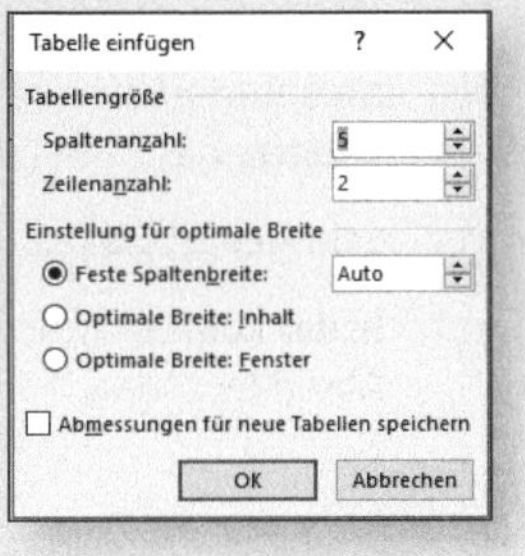

Aufgaben

1 Erstellen Sie die nachfolgende Tabelle und speichern Sie sie unter dem Namen *Tabelle_Bestellung.docx* ab.

Menge	Artikelnummer	Artikelbezeichnung	Netto-Preis
10	128503	MTB ST Bereifung	21,98 €
10	128504	MTB XT Bereifung	24,20 €
15	128505	Renn Bereifung	42,10 €

2 Fügen Sie oberhalb der Kopfzeile der Tabelle eine Zeile ein.

3 Nutzen Sie das Tabellentool-Register **Layout**, um die Zellen dieser Zeile über alle Spalten hinweg zu verbinden, und fügen Sie den Text „Bestellung" ein.

4 Passen Sie die Spaltenbreite der Tabelle mithilfe des Befehls **AutoAnpassen** so an, dass sich die Spaltenbreite am Inhalt der jeweiligen Spalte orientiert.

5 Formatieren Sie Ihre Tabelle nach einer Tabellenformatvorlage aus dem Tabellentool-Register **Entwurf**.

6 Nutzen Sie Tabellenformatinformationen, um die Überschrift der Tabelle in der ersten Zeile besonders hervorzuheben. Speichern Sie Ihr Ergebnis ab.

Hinweis
Klicken Sie in eine Zelle der Tabelle und öffnen Sie mit der rechten Maustaste das **Kontextmenü**. Über den Befehl **Einfügen** können Sie sowohl weitere Spalten als auch Zeilen einfügen. Außerdem haben Sie die Möglichkeit, über das Kontextmenü weitere Veränderungen an der Tabelle vorzunehmen.

Folgesituation

Frau Nemitz-Müller ist mit Ihrer Arbeit sehr zufrieden und möchte Sie demnächst noch mit weiteren anspruchsvollen Aufgaben beauftragen. Deshalb legt sie viel Wert auf eine gute Einarbeitung und Schulung ihres Bereichs. Heute möchte sie mit Ihnen über geschäftliche E-Mails und den Umgang mit Dateien und Ordnern sprechen.

Zunächst erhalten Sie von ihr den folgenden E-Mail-Wechsel, den sie vor einigen Monaten von Herrn Peters erhalten hat. Sie sollen die Fehler, die der Verfasser der E-Mail gemacht hat, auflisten und einen E-Mail-Text verfassen, der den Richtlinien einer geschäftlichen E-Mail entspricht. Hierzu erhalten Sie auch zwei Informationsblätter (4.2 und 4.3).

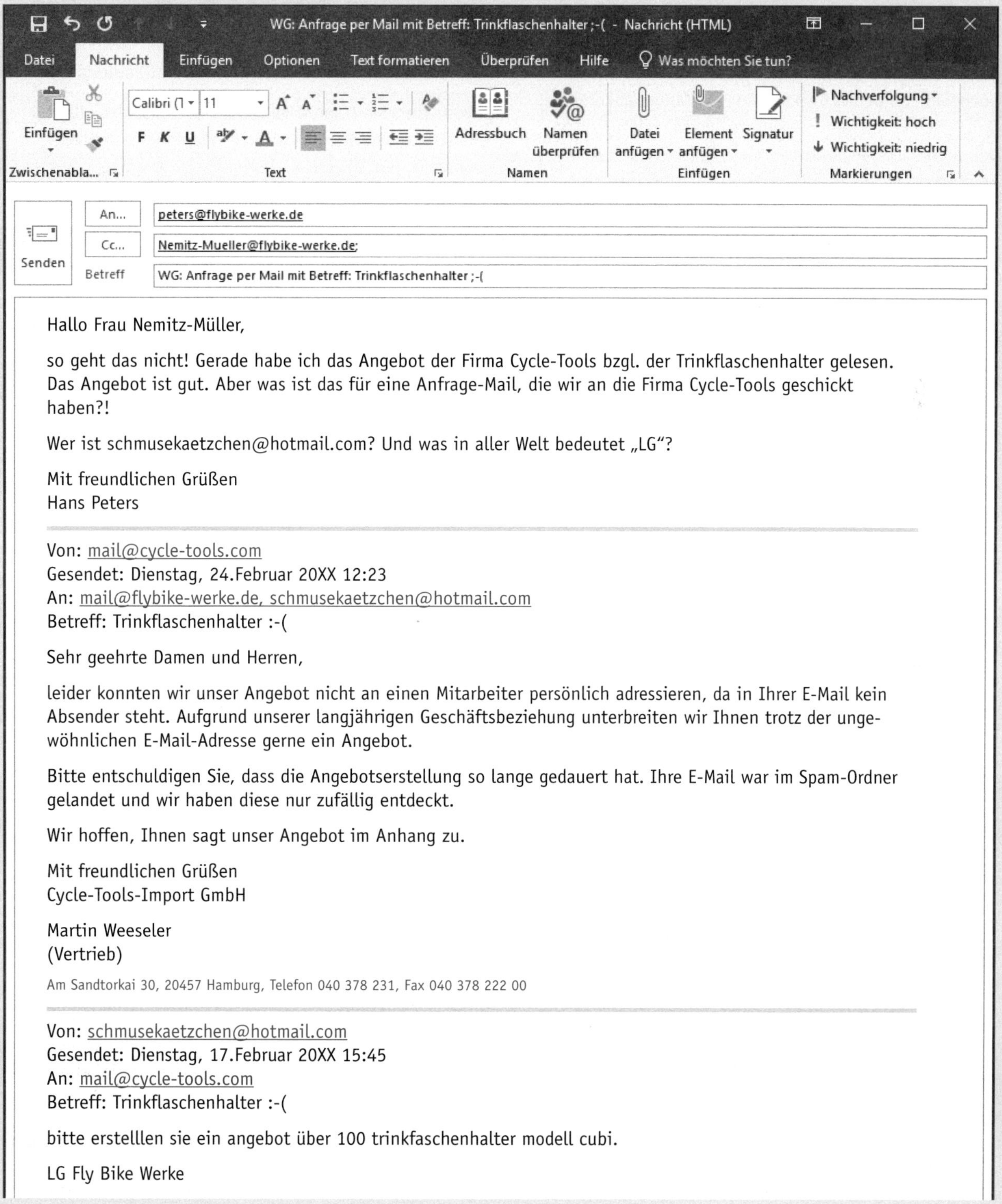
WG: Anfrage per Mail mit Betreff: Trinkflaschenhalter ;-(- Nachricht (HTML)

An... peters@flybike-werke.de
Cc... Nemitz-Mueller@flybike-werke.de;
Betreff: WG: Anfrage per Mail mit Betreff: Trinkflaschenhalter ;-(

Hallo Frau Nemitz-Müller,

so geht das nicht! Gerade habe ich das Angebot der Firma Cycle-Tools bzgl. der Trinkflaschenhalter gelesen. Das Angebot ist gut. Aber was ist das für eine Anfrage-Mail, die wir an die Firma Cycle-Tools geschickt haben?!

Wer ist schmusekaetzchen@hotmail.com? Und was in aller Welt bedeutet „LG“?

Mit freundlichen Grüßen
Hans Peters

Von: mail@cycle-tools.com
Gesendet: Dienstag, 24.Februar 20XX 12:23
An: mail@flybike-werke.de, schmusekaetzchen@hotmail.com
Betreff: Trinkflaschenhalter :-(

Sehr geehrte Damen und Herren,

leider konnten wir unser Angebot nicht an einen Mitarbeiter persönlich adressieren, da in Ihrer E-Mail kein Absender steht. Aufgrund unserer langjährigen Geschäftsbeziehung unterbreiten wir Ihnen trotz der ungewöhnlichen E-Mail-Adresse gerne ein Angebot.

Bitte entschuldigen Sie, dass die Angebotserstellung so lange gedauert hat. Ihre E-Mail war im Spam-Ordner gelandet und wir haben diese nur zufällig entdeckt.

Wir hoffen, Ihnen sagt unser Angebot im Anhang zu.

Mit freundlichen Grüßen
Cycle-Tools-Import GmbH

Martin Weeseler
(Vertrieb)

Am Sandtorkai 30, 20457 Hamburg, Telefon 040 378 231, Fax 040 378 222 00

Von: schmusekaetzchen@hotmail.com
Gesendet: Dienstag, 17.Februar 20XX 15:45
An: mail@cycle-tools.com
Betreff: Trinkflaschenhalter :-(

bitte erstelllen sie ein angebot über 100 trinkfaschenhalter modell cubi.

LG Fly Bike Werke

Frau Nemitz-Müller möchte außerdem, dass Sie verschiedene Dateitypen kennen und eine Ordnerstruktur für Ihre Dateien entwickeln, sodass Sie Ihre Dateien im vorhandenen Netzwerk verwalten können. Daher hat sie ein Informationsblatt (4.4) und zwei Arbeitsblätter (4.8 und 4.9) mit Aufträgen zum Thema vorbereitet.

Informationsblatt 4.2 | E-Mails schreiben nach DIN 5008

Die DIN 5008 gilt auch für das Schreiben von E-Mails, wenn es um geschäftliche Kontakte geht. Denn auch mit einer E-Mail möchten Sie beim Empfänger einen positiven Eindruck machen. Allerdings sind beim Schreiben von geschäftlichen E-Mails ein paar Besonderheiten zu beachten.

„Gut ankommen" hat eine doppelte Bedeutung. Auf der einen Seite soll die E-Mail zeitgemäß wirken und verständlich sein. Auf der anderen Seite sollen die Mails auch wirklich beim gewünschten Empfänger ankommen. Dabei ist die Auswahl der E-Mail-Adresse häufig schon der erste wichtige Schritt. E-Mail-Adressen sollten den Empfänger auf einen Blick erkennen lassen, wer die E-Mail verfasst hat. Denn eine E-Mail von einer unseriös wirkenden E-Mail-Adresse kann vom Empfänger als Spam betrachtet und gar nicht erst öffnet werden. E-Mails mit Absender wie super-man89@hotmail.de bleiben meistens ohnehin direkt im Spam-Filter hängen und erreichen so nie ihren Empfänger.

Richten Sie sich ggf. eine private E-Mail-Adresse und eine E-Mail-Adresse für „offizielle" Anlässe ein. In Unternehmen erhalten die Mitarbeiter in der Regel eine E-Mail-Adresse, wie z. B. Frau Nemitz-Müller: Nemitz-Mueller@flybike-werke.de. Wenn Sie sich eine „offizielle" E-Mail-Adresse einrichten, sollte sie sich z. B. aus Vorname und Nachname zusammensetzen, damit der Empfänger direkt weiß, wer die E-Mail verfasst hat.

E-Mails können gleichzeitig an mehrere Empfänger verschickt werden. Sie können dabei auswählen, ob die E-Mail an alle E-Mail-Adressen für alle Empfänger sichtbar (CC) oder nicht sichtbar (BCC) verschickt wird.

Bestandteile einer E-Mail
Neben dem Betreff gehören in E-Mails als feste Bestandteile eine Anrede sowie der E-Mail-Text und ein Gruß.

Da der **Betreff** für die Bearbeitung und die Verwaltung der E-Mail eine zentrale Bedeutung hat, ist diese Angabe zwingend erforderlich. Die Auswahl eines aussagekräftigen Betreffs erleichtert außerdem die Arbeit des Empfängers. Der Betreff sollte daher möglichst kurz und präzise formuliert werden, damit er schnell vom Empfänger erfasst werden kann. E-Mails können so zügiger und effektiver bearbeitet und „wiedergefunden" werden. Auch sollte pro Mail nur ein Thema angesprochen werden. Der Empfänger kann das Thema direkt bearbeiten oder ggf. an eine andere Person weiterleiten.

Die **Anrede** wird durch eine Leerzeile, wie bei einem Geschäftsbrief, vom übrigen Text getrennt (vgl. Informationsblatt 4.1).

Auch bei geschäftlichen E-Mails gilt es, die Regeln der deutschen Rechtschreibung zu beachten, d. h., dass nicht alle Wörter kleingeschrieben und ohne Satzzeichen aneinandergereiht werden dürfen. Verwenden Sie auch nur Abkürzungen, die Sie auch in einem gewöhnlichen Brief schreiben, und verzichten Sie auf Smileys.

Verfassen Sie Ihren **E-Mail-Text** als Fließtext, da Umbrüche durch die Software des Empfängers gesteuert werden. Hat Ihr E-Mail-Text mehrere Absätze, trennen Sie diese Absätze durch eine Leerzeile.

Zum **Abschluss** einer E-Mail gehören immer ein Gruß sowie Ihr vollständiger Name, ggf. Ihre Position sowie Ihre Durchwahl im Unternehmen. Diese Angaben erleichtern es dem Empfänger der E-Mail, sich bei Rückfragen direkt an Sie zu wenden. Die Absender-Informationen können Sie in einer elektronischen Signatur Ihres E-Mail-Programms festlegen. Sie müssen sie dann nicht immer jedes Mal neu eingeben. Manchmal ist es auch sinnvoll, unterschiedliche **Signaturen** zu verwenden, eine geschäftliche und eine private.

Beispiel:

Mit freundlichen Grüßen

Cycle-Tools-Import GmbH

Martin Weeseler
(Vertrieb)

Am Sandtorkai 30
20457 Hamburg
Telefon: 040 378 231
Fax: 040 378 232 00
E-Mail: martin.weeseler@cycle-tools.com
Geschäftsführer: Peter Jansen
Handelsregister: AG Hamburg, HRB 134879 B

E-Mail-Anhänge
Sie können Ihrer E-Mail auch Anlagen, die hier Anhänge heißen, hinzufügen. Wichtige Informationen, von denen Sie möchten, dass sie der Empfänger nicht verändern kann, wie z. B. eine Rechnung, sollten im PDF-Format verschickt werden.

Informationsblatt 4.3 | Kommunikation per E-Mail

Um E-Mails empfangen und verschicken zu können, benötigten Sie eine **Internetverbindung**. Es gibt grundsätzlich zwei Möglichkeiten der E-Mail-Verwaltung:

1. **Webmail**. Der Benutzer verwaltet seine E-Mails über die Internet-Seite eines Webmail-Anbieters, die im **Browser** angezeigt wird. Der Vorteil von Webmail liegt darin, dass der Benutzer von jedem Computer, auf dem ein Browser installiert ist und der über eine Internetverbindung verfügt (also auch vom Smartphone oder einem Tablet-Computer), auf seine E-Mails zugreifen kann. Zur Verwaltung der E-Mails können verschiedene Ordner angelegt werden.
   Da die E-Mails auf dem Webserver eines Webmail-Anbieters gespeichert werden, ist das Risiko eines Datenverlustes geringer als bei einer lokalen Speicherung auf dem privaten PC, da der Webmail-Anbieter professionelle Möglichkeiten der Datensicherung hat. Dadurch ergibt sich auf der anderen Seite aber auch ein gewisses Datenschutzproblem, da die E-Mails auf dem Webserver des Anbieters dauerhaft gespeichert werden und dadurch der unberechtigte Zugriff Dritter nicht vollständig ausgeschlossen werden kann.
   Auch die Verwaltung der E-Mails ist in der Regel weniger komfortabel als bei einem E-Mail-Programm. Außerdem kann auf die E-Mails nur bei einer bestehenden Internetverbindung zugegriffen werden. Ist diese schlecht oder wird sie unterbrochen, ist kein Zugriff auf die E-Mails möglich. Je nach Anbieter ist auch die Postfachgröße beschränkt oder mit einer monatlichen Gebühr verbunden.
2. **E-Mail-Programm**. Benutzerfreundlicher ist die Verwaltung von E-Mails mithilfe von E-Mail-Programmen, die auf einem Computer installiert sind. E-Mails werden in der Regel automatisch vom Server geholt und im Programm geöffnet. Außerdem lassen sich so mehrere E-Mail-Adressen gleichzeitig verwalten. Dies reduziert den Zeitaufwand erheblich, wenn Sie mehrere E-Mail-Adressen zur Kommunikation nutzen. Auch das Anhängen von Dateien wie z. B. Fotos oder PDFs ist in einem E-Mail-Programm wesentlich komfortabler. Je nach E-Mail-Protokoll können die E-Mails mithilfe eines E-Mail-Programms direkt auf dem Computer archiviert werden. Neben dem gebührenpflichtigen und sehr umfangreichen Microsoft-Programm Outlook stehen zahlreiche kostenfreie Programme wie Windows Live Mail oder Thunderbird zur Verfügung.

E-Mail-Protokolle

E-Mail-Protokolle sind Vereinbarungen (Regeln) zur Datenübertragung. Um über das Internet z. B. E-Mails zu versenden oder auf Internet-Seiten zu surfen, werden verschiedene Protokolle verwendet. Um das für seine Bedürfnisse richtige E-Mail-Verfahren auszuwählen und um ein E-Mail-Programm richtig einzurichten, sollten Sie die unterschiedlichen E-Mail-Protokolle kennen.

> **Hinweis**
> Wer seine E-Mails mit einem E-Mail-Programm z. B. auf dem heimischen PC verwaltet, kann in der Regel trotzdem über einen Browser mithilfe von Webmail auf seine Mails zugreifen.

> *Ein **Browser** ist ein Programm, mit dem Sie Internet-Seiten öffnen können. Gängige Browser sind z. B. Internet Explorer, Firefox, Google Chrome oder Opera.*

Zum **Versenden einer E-Mail** wird in der Regel SMTP (Simple Mail Transfer Protocol) genutzt. Das **Empfangen einer E-Mail** erfolgt in der Regel über IMAP (Internet Message Access Protocol) oder POP3 (Post Office Protocol – Version 3). Der Benutzer kann beim Einrichten seiner E-Mail-Adresse je nach Anbieter zwischen IMAP oder POP3 auswählen. Bei IMAP werden die E-Mails direkt auf dem Mail-Server geöffnet. Beim POP3 werden die E-Mails hingegen durch ein E-Mail-Programm vom Mail-Server heruntergeladen und dann lokal auf dem PC gespeichert und anschließend geöffnet. Wenn mehrere Geräte wie PC, Notebook, Smartphone und Tablet gleichzeitig genutzt werden, dann sollte man IMAP verwenden, um die Nachrichten auf jedem Gerät zu synchronisieren.

E-Mail-Verwaltung bei der Fly Bike Werke GmbH

Die Mitarbeiter der Fly Bike Werke GmbH nutzen auf ihren PCs im Büro das PIM-Programm (Personal Information Manager = engl. für persönlicher Informationsverwalter) Microsoft Outlook mit IMAP. Auf ihren Smartphones bzw. auf Tablet-PCs greifen sie mithilfe einer mobilen App (engl. Application = Anwendung bzw. Anwendungssoftware) und auf dem PC zu Hause mithilfe eines Browsers über Webmail auf ihre E-Mails zu. Die Unterordner, die sie im Büro in Outlook komfortabel einrichten, können sie aufgrund von IMAP auch mobil per Smartphone bzw. Tablet-PC nutzen.

Die Mitarbeiter der Fly Bike Werke GmbH nutzen das PMI-Programm Outlook nicht nur zur Verwaltung ihrer E-Mails, sondern verwalten damit auch Termine, Adressen, Aufgaben und Notizen. Jeder Mitarbeiter kann seine eigenen Termine mithilfe der Kalenderfunktion verwalten sowie auf Termine (je nach Benutzerrechten) anderer Kollegen der Fly Bike Werke GmbH zugreifen. So können Termine wie z. B. Besprechungen gemeinsam geplant, abgestimmt und im Kalender eingetragen werden, da Outlook die Termine der Mitarbeiter anzeigt und so Terminüberschneidungen verhindert werden können. Außerdem nutzen die Mitarbeiter der Fly Bike Werke GmbH die Adress-Datenbank. In Outlook hinterlegte E-Mail-Adressen von Kunden und Lieferanten stehen allen Mitarbeitern zur Verfügung.

Informationsblatt 4.4 | Dateitypen

Wenn Sie Word starten, wird automatisch ein neues Dokument erstellt. In Ihrer Titelleiste lesen Sie „Dokument1.docx". Dies ist der Dateiname, den Word automatisch vergibt. Ein **Dateiname** besteht aus zwei Teilen, die durch einen Punkt voneinander getrennt sind: dem **Dokumentennamen** (Dokument1) und einer Abkürzung, die den **Dateityp** angibt (docx). Anhand der Abkürzung können Sie auch erkennen, in welchem Programm die Datei erstellt wurde.

Die folgenden Dateitypen kommen am häufigsten vor.

Dateityp	Abkürzung	Dokumentenart
Word-Dokument Word-Dokument 1997–2003 OpenOffice-Dokument Text Works-Textdokument	*.docx *.doc *.odt *.wps	Texteinzeldokument
Word-Dokumentvorlage Word-Dokumentvorlage 1997–2003 OpenOffice-Dokument Text Works-Textdokument	*.dotx *.dot *.ott *.wpt	Dokumentvorlage, die als Kopiervorlage für Textdokumente dient
Excel-Dokument Excel-Dokument 1997–2003 OpenOffice-Dokument Kalkulation DOS-Dokument	*.xlsx *.xls *.ods *.csv	Kalkulationstabelle
PowerPoint-Dokument PowerPoint-Dokument 1997–2003 OpenOffice-Dokument Präsentation	*.pptx *.ppt *.odp	Präsentation
Access-Datenbank OpenOffice-Datenbank	*.mdb *.odb	Datenbank
Graphics Interchange Format JPEG-Dateiaustauschformat Portable Network Graphics Tag Image File Format Geräteunabhänige Bitmap Windows-Metadatei	*.gif *.jpg/*.jpeg *.png *.tif *.bmp *.wmf	Grafikdatei
Transportables Dokumentenformat	*.pdf	programmunabhängiges Dokument, bei dem die Formatierungen erhalten bleiben. Die Datei kann nur gelesen, nicht aber bearbeitet werden.
Rich-Text-Format	*.rtf	Programmunabhängiges Dokument, bei dem die Formatierungen nicht erhalten bleiben
Nur-Text-Format	*.txt	einfache Textdatei
Hypertext Markup Language	*.htm *.html	Website

Alle Dateitypen sind **aufwärtskompatibel**, d. h., ein Word-Dokument, das Sie in Word 2003 erstellt haben, können Sie auch mit den Versionen von 2007 bis 2016 öffnen und bearbeiten. Ein Dokument, das Sie in Word 2007 bis 2016 erstellt haben, können Sie aber nicht in Word 2003 öffnen und bearbeiten, wenn Sie es nicht vorher auf diese Programmversion heruntergespeichert haben.

Arbeitsblatt 4.8 | Windows-Explorer I

Um Zugriff auf Ihre Dateien (z. B. die Word-Datei *Bezugsquellen.docx*) auf Ihrem PC bzw. im **Netzwerk** zu erhalten, stellt Windows den Windows-Explorer bereit. Mithilfe dieses Programms organisieren Sie Ihre Dateien und erschließen den Inhalt Ihres Laufwerks.

Folgende Laufwerke stehen im Schulnetzwerk zur Verfügung:

____

____

____

*Unter einem **Netzlaufwerk** wird ein Laufwerk verstanden, welches sich auf einem anderen Computer/Server befindet und mit dem eigenen PC über ein Netz verbunden ist. In diesem Netzwerk können Sie auf freigegebene Ordner und Dateien zugreifen. Wenn Dateien und Anwendungen nicht nur auf der eigenen Festplatte des mobilen Geräts bzw. des PC gespeichert, sondern auch auf externe Server ausgelagert werden, dann spricht man von einer Cloud. Auf diese kann von unterschiedlichen Standorten mit verschiedenen internetfähigen Geräten zugegriffen werden, um die Dateien und Anwendungen zu nutzen.*

Damit Sie Ihre Dateien und Ordner in Ihrem Laufwerk bzw. im Netzwerk wiederfinden, sollten die Ordner- und Dateinamen eindeutig sein. Die einzelnen Programme vergeben zwar auch selbstständig Dateinamen, aber wenn die Dateien *Unbenannt1* bis *Unbenannt255* heißen, dann können Sie am Dateinamen nicht erkennen, was sich hinter der Datei verbirgt. Das Gleiche gilt für *Neuer Ordner* bis *Neuer Ordner (123)*.

Daher empfiehlt es sich,
1. die Datei immer direkt am Anfang zu speichern,
2. einen eindeutigen Namen zu vergeben und
3. einen Speicherort (Laufwerk, Ordner und ggf. Unterordner) auszuwählen.

Hinweis
Jede Schule organisiert das interne Schulnetzwerk unterschiedlich. Daher kann es sein, dass Sie nicht alle unten aufgeführte Aktionen durchführen können bzw. Ihnen nicht alle Laufwerke zur Verfügung stehen.

TIPP Wenn Sie mit der Erstellung eines Textes beginnen, dann sollten Sie immer **Speichern unter** (F12) wählen, um die Datei unter neuem Namen und am gewünschten Speicherort zu sichern. Das Speichern zu Beginn und während der Erstellung des Textes ist wichtig, damit Texte bei einem Computer- oder Server-Absturz nicht verloren gehen.

Falls Sie verschiedene Versionen einer Datei speichern wollen, dann ergänzen Sie den Dateinamen z. B. um eine Versionsnummer (*Anfrage_Mountainbike_Version_1.docx*) oder um das Erstellungs- bzw. Aktualisierungsdatum (*Anfrage_Mountainbike_09. 12. 2018.docx*).

Der **Windows-Explorer** hilft Ihnen bei der Organisation Ihrer Dateien. Sie können ihn durch Klicken auf das Symbol für den Windows-Explorer in der Taskleiste öffnen. Sollte dieses Symbol nicht in der Taskleiste liegen, ist der Explorer auch aufrufbar über das Kontextmenü (rechter Mausklick) des Start-Buttons.

Auf der linken Seite des geöffneten Windows-Explorers sehen Sie den **Navigationsbereich** und auf der rechten Seite den **Detailbereich**.

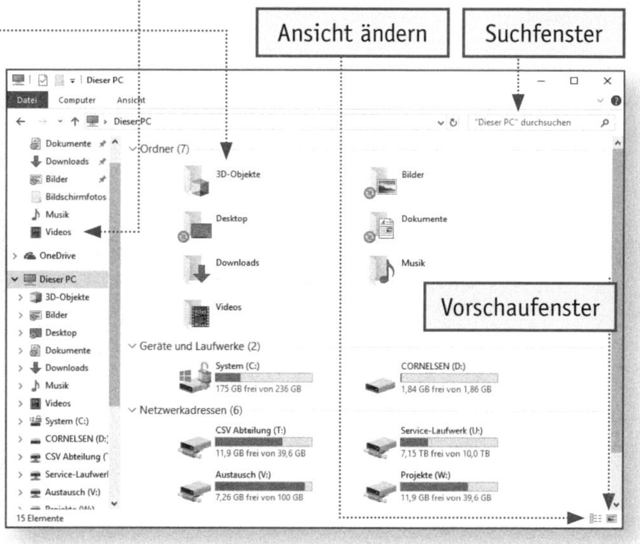

Aufgaben

1 Öffnen Sie den Windows-Explorer und erkunden Sie nun Ihren PC.
- **a** Wie viele Festplatten stehen zur Verfügung?
- **b** Welche Netzwerkadressen gibt es?
- **c** Was sehen Sie, wenn Sie die Favoriten und die Bibliothek öffnen?
- **d** Suchen Sie Ihre Dateien *Tabelle_Bestellung.docx* und *EPK_Reparatur_eines_Fahrrades_1.pptx*. Nutzen Sie dazu das Suchfenster.
- **e** Verändern Sie die Ansicht so, dass Sie sich in der Detailansicht eine Liste der Bibliothek anzeigen lassen.

Arbeitsblatt 4.9 | Windows-Explorer II

Navigieren Sie in Ihr persönliches Verzeichnis im Schulnetzwerk. Erstellen Sie einen neuen Ordner über den **Button Neuer Ordner** oder mithilfe des Kontextmenüs (rechte Maustaste). Klicken Sie dazu auf **Neu** und wählen Sie **Ordner** aus. Anschließend können Sie den Ordner direkt mit einem neuen Namen benennen. Bestätigen Sie die Namensänderung mit der Eingabetaste. Falls Sie sich vertippt haben oder später den Namen einfach nur ändern wollen, nutzen Sie die Funktionstaste F2 oder das Kontextmenü mit dem Befehl **Umbenennen**.

Hinweis
Der Befehl **Kopieren** ist dann sinnvoll, wenn Sie Objekte innerhalb von Programmen (z. B. Sätze innerhalb einer Textverarbeitung) duplizieren. Das Kopieren ist auch sinnvoll, wenn Dateien verdoppelt werden sollen, die auf andere Laufwerke (z. B. USB-Stick) oder eine andere Festplatte gebracht werden müssen oder auf eine CD gebrannt werden sollen.

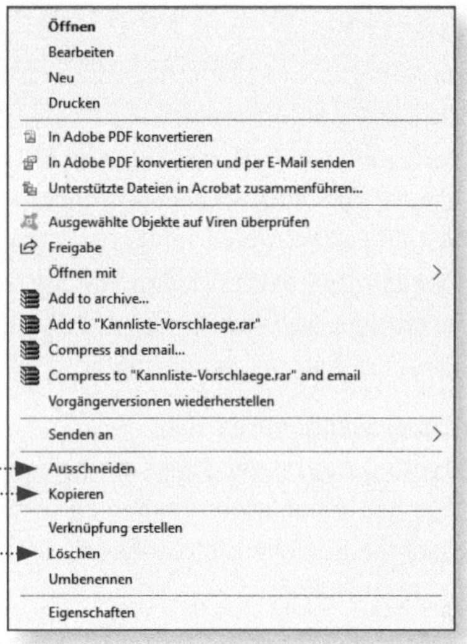

Dateien kopieren
Um Dateien aus einem Ordner in einen anderen Ordner zu kopieren, markieren Sie zuerst die gewünschte Datei. Anschließend öffnen Sie das Kontextmenü mit der rechten Maustaste und wählen **Kopieren.** Damit ist die Datei im Arbeitsspeicher hinterlegt. Dann wählen Sie den Zielorder aus und über das Kontextmenü den Befehl **Einfügen.** Der Befehl erscheint erst im Kontextmenü, wenn eine Datei vorab kopiert wurde.

Dateien verschieben
Im Gegensatz zum Kopieren verbleiben die Dateien beim Verschieben nicht im Ursprungs-Ordner, sondern werden in den Zielordner verschoben. Dazu wählen Sie im Kontextmenü den Befehl **Ausschneiden.** Im Zielordner fügen Sie die Datei – wie beim **Kopieren** – über den Befehl **Einfügen** wieder ein.

Dateien löschen
Um eine Datei zu löschen, nutzen Sie im Kontextmenü den Befehl **Löschen** oder Sie drücken die **Entf-Taste.** Bestätigen Sie die Nachfrage von Windows mit einem Mausklick auf JA.

Hinweis
Wie oben beschrieben können nicht nur Dateien, sondern auch Ordner kopiert, verschoben und gelöscht werden.

Aufgaben

1 Recherchieren Sie, welcher Befehl ausgeführt wird, wenn Sie die folgenden Tastenkombinationen drücken.

Tastenkombination	Befehl
Strg und c	
Strg und x	
Strg und v	
Strg und d	
Strg und z	
Strg und s	
F12	

2 Welche Gemeinsamkeiten und Unterschiede gibt es bei den Operationen Kopieren und Verschieben?

____

____

____

3 Überlegen Sie sich eine Ordnerstruktur für Ihre bisherigen Dateien. Welche Ordner benötigen Sie?

Aufgaben

Aufgabe 1
Überprüfen Sie Ihren Arbeitsplatz zu Hause oder in der Schule. Welche ergonomischen Regeln werden eingehalten, welche nicht?

Aufgabe 2
Welche Schriftart und welche Schriftgrößen sollten bei der Erstellung von Textdokumenten gewöhnlich verwendet werden?

Aufgabe 3
Erstellen Sie aus den folgenden Informationen ein korrektes Anschriftenfeld.

a Italien, Via San Pietro 22–24, Sig. Maletti, Sella SA, 10121 Torino
b Wolfgang Krause, 26133 Oldenburg, Cloppenburger Str. 450, Bitte nachsenden!, Druckerei & Design, Herrn
c Sonja Magnus, 50679 Köln, Regenbogenstraße 1, Frau, Einschreiben
d 44866 Bochum, Personalabteilung, Büchersendung, Lohrheidestr.72, Frikawerke GmbH & Co KG, Wenn unzustellbar, bitte mit neuer Anschrift zurück

Aufgabe 4
Erstellen Sie sich eine persönliche Geschäftsbriefvorlage mit Ihren persönlichen Angaben. Nutzen Sie dazu die Geschäftsbriefvorlage der Fly Bike Werke GmbH und passen Sie die Daten an. Speichern Sie die Datei unter *Geschäftsbrief_Ihr Name.docx*.

Aufgabe 5
Schreiben Sie in Word eine dingerechte Anfrage zur Lernsituation 22 Ihres BWR Buches. Nutzen Sie die Geschäftsbriefvorlage der Fly Bike Werke GmbH.

Aufgabe 6
Worin unterscheiden sich Webmaildienste und E-Mail-Programme? Erstellen Sie in Word eine Tabelle, in der Sie die Definitionen, Anbieter/Programme, Vor- und Nachteile miteinander vergleichen.

Aufgabe 7
Welche Protokolle werden zum Empfangen und zum Senden von E-Mails in der Regel verwendet?

Aufgabe 8
Welche Vor- bzw. Nachteile haben IMAP und POP3? Recherchieren Sie im Internet und erstellen Sie eine übersichtliche Tabelle mit den Vor- und Nachteilen.

Aufgabe 9
Warum haben sich die Mitarbeiter der Fly Bike Werke GmbH für die Nutzung von IMAP zur E-Mail-Kommunikation entschieden?

Aufgabe 10
Was versteht man unter einem PIM-Programm? Welche Funktionen bietet ein solches Programm?

Aufgabe 11
Welche Regeln gelten für die geschäftliche E-Mail-Kommunikation? Erstellen Sie eine Checkliste und speichern Sie diese unter *Checkliste_E-Mail_Kommunikation.docx* ab.

Aufgabe 12
Welche Inhalte sollte eine E-Mail-Signatur haben? Entwickeln Sie eine Signatur für Frau Nemitz-Müller.

Aufgabe 13
Richten Sie sich eine E-Mail-Adresse (z. B. vorname.nachname@anbieter.de) ein. Recherchieren Sie, wie bei Ihrem Anbieter eine Signatur eingerichtet werden kann. Erstellen Sie eine Signatur, die Sie zukünftig für Ihre „offizielle" Korrespondenz (z. B. bei Bewerbungen oder mit der Schule) nutzen.

Aufgabe 14
Worin unterscheiden sich die Angaben CC und BCC bei einer E-Mail? Wann sollte welche Verteilerangabe verwendet werden?

Aufgabe 15
Frau Lai überlegt als EDV-Verantwortliche, ob die Fly Bike Werke GmbH mithilfe von Cloud-Computing den Datenaustausch zwischen den mobilen Endgeräten der Mitarbeiter und dem Netzwerk der Fly Bike Werke GmbH optimieren soll. Bereiten Sie eine kurze Präsentation zum Thema Cloud vor, mit der die Geschäftsführung über den möglichen Einsatz einer Cloud informiert werden kann. Folgende Aspekte sollten thematisiert werden:

1. Welche Vorteile / Funktionen bietet eine Cloud für die Mitarbeiter der Fly Bike Werke GmbH?
2. Welche Risiken und Nachteile können durch die Nutzung einer Cloud für die Fly Bike Werke GmbH entstehen?
3. Welche Cloud-Anbieter gibt es? Was ist bei der Auswahl des Cloud-Anbieters besonders zu beachten?
4. Was sollte getan werden, um die Fly Bike Werke GmbH vor Datenverlust zu schützen?

Nutzen Sie zur Beantwortung der Fragen auch folgende Zusatzinformation: https://www.handysektor.de/mediathek/videos/erklaervideo-cloud.html

Aufgabe 16
Ergänzen Sie Ihre Lernkartei.

Aufgabe 17
Führen Sie Ihr Lerntagebuch.

Kannliste zu HF 2 | Anforderungssituation 2.1 | Lernsituation 4

Geschäftliche Kommunikation

Nr.	Themenbereich: Geschäftsbriefe nach DIN 5008 erstellen			
	Ich kann ...	**Zu finden ...**	**AP**	**√**
1	... die Regeln des Geschäftsbriefaufbaus der DIN 5008 nutzen, um Geschäftsbriefe, wie z. B. Anfragen, gemäß der DIN-Norm zu erstellen und zu formatieren.	S. 56–59	xx	
2	... ein normgerechtes Anschriftenfeld erstellen.	S. 73	x	
3	... eine Checkliste zu Bestandteilen des Geschäftsbriefs erstellen.	S. 56	xx	
4	... eine persönliche Geschäftsbriefvorlage erstellen und nutzen.	S. 73	xxx	
Nr.	**Themenbereich: Beschaffungsprozesse steuern**			
	Ich kann ...	**Zu finden ...**	**AP**	**√**
5	... Informationsquellen zur Beschaffung benennen und geeignete Bezugsquellen bewerten.	S. 56	xx	
6	... eine Checkliste mit den Bestandteilen einer Anfrage erstellen.	S. 56	xx	
7	.... eine Anfrage mithilfe der Geschäftsbriefvorlage erstellen.	S. 56	xx	
Nr.	**Themenbereich: Texte unter Einhaltung ergonomischer Regeln erfassen**			
	Ich kann ...	**Zu finden ...**	**AP**	**√**
8	... ergonomische Regeln zur Texterfassung anwenden, um gesundheitlichen Schäden durch die Arbeit am PC vorzubeugen.	S. 60	x	
Nr.	**Themenbereich: Grundfunktionen von MS Word nutzen**			
	Ich kann ...	**Zu finden ...**	**AP**	**√**
9	... die Grundfunktionen von MS Word nutzen, um Seiten zu layouten.	S. 63	xx	
10	... die Grundfunktionen von MS Word nutzen, um Texte und Zeichen zu formatieren.	S. 64	xx	
11	... die Grundfunktionen von MS Word nutzen, um Absätze sowie Listen zu erstellen und zu formatieren.	S. 65	xx	
12	... die Grundfunktionen von MS Word nutzen, um Tabellen zu erstellen und zu formatieren.	S. 66	xx	
Nr.	**Themenbereich: Mithilfe von E-Mail- und Webmail-Programmen kommunizieren**			
	Ich kann ...	**Zu finden ...**	**AP**	**√**
13	... Fehler bei der E-Mail-Kommunikation erkennen und eine Checkliste zur fehlerfreien E-Mail-Kommunikation erstellen.	S. 68–69, 73	xx	
14	... E-Mails nach der DIN 5008 schreiben.	S. 68, 73	xx	
15	... Grundlagen der E-Mail-Kommunikation benennen und weiß, wie E-Mails verwaltet werden.	S. 69	x	
16	... Webmail- und E-Mail-Programme unterscheiden.	S. 69	x	
17	... IMAP und POP3 unterscheiden.	S. 69	x	
18	... eine seriöse E-Mail-Adresse sowie eine E-Mail-Signatur einrichten und nutzen.	S. 73	xx	
Nr.	**Themenbereich: Dateien verwalten**			
	Ich kann ...	**Zu finden ...**	**AP**	**√**
19	... Dateitypen unterscheiden.	S. 70	x	
20	... den Windows-Explorer nutzen, um Dateien und Ordner zu suchen, zu kopieren, zu verschieben und zu löschen, auch unter Verwendung einschlägiger Tastenkombinationen.	S. 71–72	xx	
21	... erklären was eine Cloud ist, welche Funktionen eine Cloud hat und welche Risiken sich durch die Nutzung einer Cloud für die Fly Bike Werke GmbH ergeben können.	S. 71, 73	xx	
22	... erklären, was man unter einem PIM-Programm versteht, und erläutern, welche Funktion ein solches Programm hat.	S. 73	x	

Anforderungsprofile (AP): x Reproduktion xx Anwendung xxx Problemlösung

Lernsituation 5

SB BWR ▸ Handlungsfeld 2, Kap. 2

Gefahren des Internets

Situation

Frau Nemitz-Müller kommt völlig aufgelöst ins Büro der Fly Bike Werke. Sie hält eine ausgedruckte E-Mail in der Hand und ist ratlos: „Was soll ich jetzt machen?! Ich würde mir niemals Kinderpornos ansehen und schon gar nicht über das Internet verbreiten! Der Computer ist gesperrt und ich muss noch dringend einige Anfragen versenden!"

Frau Fee beruhigt die aufgeregte Frau Nemitz-Müller: „Ann-Kathrin, jetzt reg Dich mal nicht auf. Dabei handelt es sich bestimmt um einen Irrtum. Das kann doch gar nicht sein."

Frau Lai kommt mit einer Tasse Kaffee am Büro vorbei: „Was ist denn los? Stimmt etwas nicht Frau Nemitz-Müller?"

Frau Fee: „Gut, dass Sie kommen. Sie als unsere EDV-Expertin können uns vielleicht mit dieser Mail weiterhelfen."

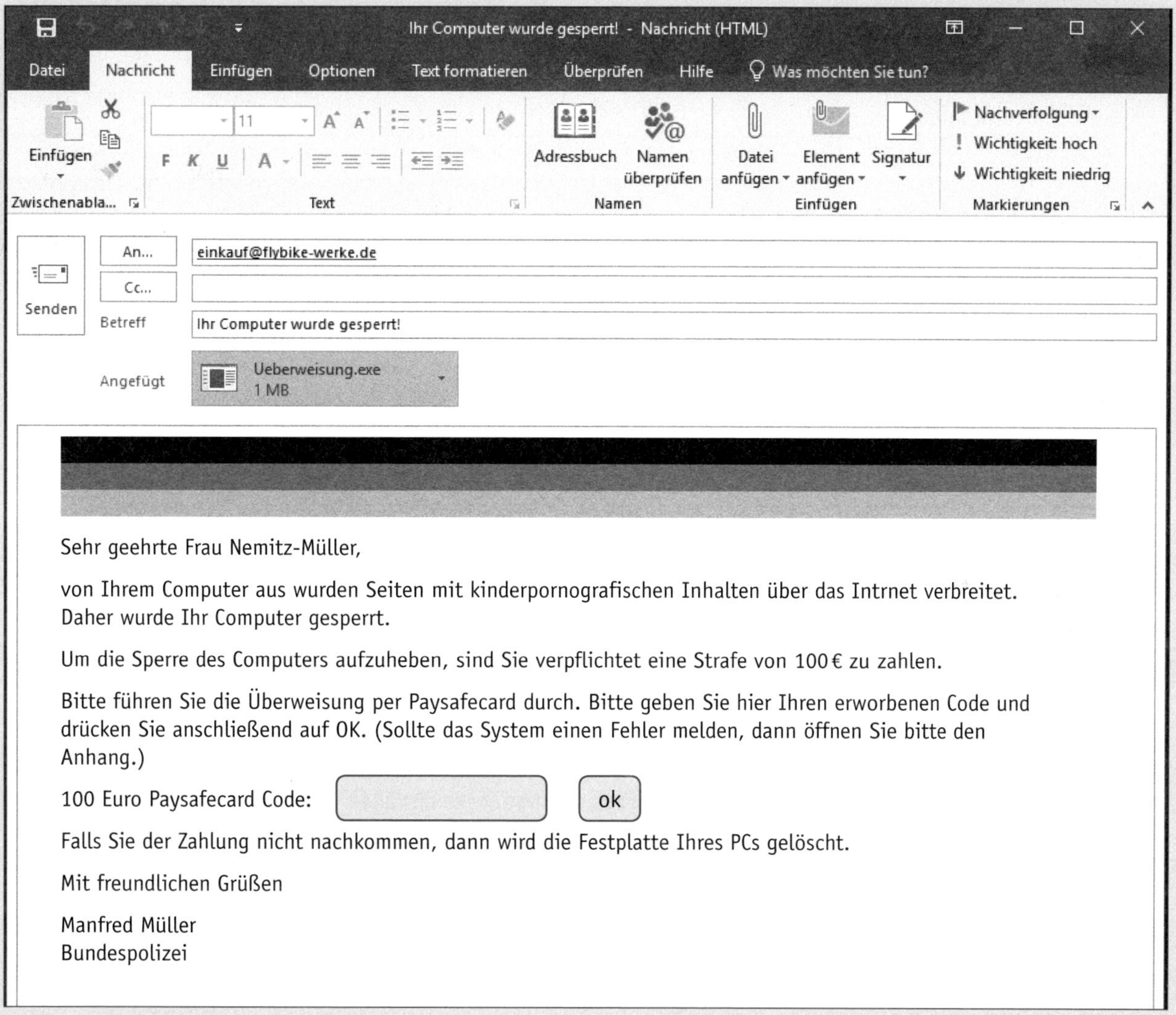
Ihr Computer wurde gesperrt! - Nachricht (HTML)

An... einkauf@flybike-werke.de
Cc...
Betreff: Ihr Computer wurde gesperrt!
Angefügt: Ueberweisung.exe 1 MB

Sehr geehrte Frau Nemitz-Müller,

von Ihrem Computer aus wurden Seiten mit kinderpornografischen Inhalten über das Intrnet verbreitet. Daher wurde Ihr Computer gesperrt.

Um die Sperre des Computers aufzuheben, sind Sie verpflichtet eine Strafe von 100 € zu zahlen.

Bitte führen Sie die Überweisung per Paysafecard durch. Bitte geben Sie hier Ihren erworbenen Code und drücken Sie anschließend auf OK. (Sollte das System einen Fehler melden, dann öffnen Sie bitte den Anhang.)

100 Euro Paysafecard Code: [ ] ok

Falls Sie der Zahlung nicht nachkommen, dann wird die Festplatte Ihres PCs gelöscht.

Mit freundlichen Grüßen

Manfred Müller
Bundespolizei

Frau Lai: „Frau Nemitz-Müller, machen Sie sich mal keine Sorgen. Eigentlich sollten solche E-Mails die Sicherheitssysteme der Fly Bike Werke gar nicht überwinden, aber es kommt immer wieder einmal vor, dass sich eine durchmogelt. Und Sie sind bestimmt nicht die Einzige, die schon einmal eine solche Mail bekommen hat. Schicken Sie ruhig alle Mails, die Ihnen merkwürdig vorkommen, an mich weiter oder rufen Sie mich gleich an. Hier handelt es sich bestimmt um einen Fall von Internetbetrug."

Frau Nemitz-Müller: „Sind Sie sicher? Der Absender ist doch die Bundespolizei!"

Frau Lai: „Das sollen Sie glauben! Aber, es gibt eindeutige Hinweise, dass diese Mail nicht von der Polizei stammt. Ich bereite zu solchen Betrügereien und allgemein zum Thema Internetsicherheit gerade ein Faltblatt vor. Aber ich werde auch gleich noch eine Mail an alle Mitarbeiter schicken und davor warnen, dass zurzeit wieder einmal Cyber-Kriminelle ihr Unwesen treiben und wie man sich vor ihnen schützen kann."

Handlungsaufträge

1 Wie bewerten Sie die E-Mail an Frau Nemitz-Müller? Welche Anzeichen gibt es, dass es sich hier um einen Betrugsversuch handelt? Erstellen Sie eine Liste mit allem, was Ihnen an der Mail auffällt.

2 Werten Sie anschließend in Gruppen von 4 bis 5 Schülerinnen/Schülern die Zeitungsartikel zu diesem Thema aus. Erstellen Sie eine gemeinsame Übersicht (DIN A4 – Querformat) mit folgenden Inhalten.

Bedrohung	Erklärung	Schutzmaßnahmen	Mögliche Reaktion bei Infizierung/ Erste Hilfe
Viren			
Würmer			
Trojaner, trojanische Pferde			
Digitale Erpressung			
Phishing			
Falsche Onlineshops			
Abofallen			
Cyber-Mobbing			
Angriffe auf Websites von Unternehmen			
Wirtschaftsspionage/ Ausspähen von Kunden-daten			
Schadsoftware und Spionageangriffe in mobilen Endgeräten			

a Einigen Sie sich in Ihrer Gruppe, wer welche Bedrohung bearbeitet.

b Lesen Sie die Zeitungsartikel in Einzelarbeit durch. Recherchieren Sie ggf. Ihnen unbekannte Begriffe im Internet (z. B. www.bsi-fuer-buerger.de, www.klicksafe.de). Erstellen Sie in Einzelarbeit eine Tabelle mit den von Ihren bearbeiteten Bedrohungen, einer jeweils kurzen Erklärung, Schutzmaßnahmen gegen die entsprechenden Angriffe sowie möglichen Reaktionen bei einer Infizierung. Speichern Sie Ihre Tabelle unter Virtuelle_Bedrohung_*Ihr Name.docx*. (**Hinweis:** Falls Sie bei der Erstellung Ihrer Tabellen noch Hilfe benötigen, greifen Sie auf Arbeitsblatt 4.7 zurück.)

c Stellen Sie Ihre Ergebnisse in der Gruppe vor.

d Erstellen Sie aus Ihren einzelnen Tabellen eine gemeinsame Tabelle mit allen Bedrohungen als Übersicht. Gegebenenfalls können Zellen mit gleichem Inhalt – wie z. B. bei Schutzmaßnahmen gegen Viren, Würmer und Trojaner – verbunden werden. Speichern Sie das Endergebnis unter *Virtuelle_Bedrohung_Gruppenergebnis.docx*

!

Hinweis zum Erstellen des Gruppenergebnisses:
- Öffnen Sie auf einem PC Ihre Tabellen in Word. Speichern Sie die Tabelle, in der Sie alle Ergebnisse zusammenfügen wollen unter *Virtuelle_Bedrohungen_Gruppenergebnis.docx*.
- Anschließend wechseln Sie in eine Datei mit Ihren individuelle Tabellen (Virtuelle_Bedrohung_*Ihr Name*.docx) und markieren die gewünschten Zeilen. Kopieren Sie sie mithilfe des Kontextmenüs über den Befehl **„Kopieren"** bzw. mithilfe der Tastenkombination „Strg + C".
- Wechseln Sie anschließend in das neu eingerichtete Dokument (Virtuelle_Bedrohung_Gruppenergebnis.docx) und fügen Sie die Zeilen unmittelbar unter der Tabelle mithilfe des Kontextmenüs und dem Befehl „Einfügen" bzw. mithilfe der Tastenkombination „Strg + V" ein.
- Wiederholen Sie den Vorgang bis Sie alle Zeilen aus allen Dokumenten in der Ergebnistabelle eingefügt haben.

3 Zusatzauftrag

Helfen Sie Frau Lai dabei, ein Internet-Sicherheitsfaltblatt zum Schutz vor Gefahren aus dem Internet zu erstellen. Gestalten Sie das Faltblatt mithilfe von Grafiken und Textfeldern. (Nutzen Sie dazu das Informationsblatt 5.1)

Zeitungsartikel 1

Viren, Würmer und Trojaner – Immer mehr Gefahren rund ums Internet

Interview mit Herbert Rößler, einem Experten für Internetsicherheit, über die Gefahren rund um das Internet und wie Sie sich am besten schützen können.

Herr Rößler, Sie sind schon seit vielen Jahren Experte für Viren, Würmer, Trojaner – digitale Schadprogramme. Vor 20 Jahren war das sicher noch kein Thema?
Rößler: Das kann man so nicht sagen. Damals hat ein Mitarbeiter beispielsweise auf der Toilette eine Diskette gefunden, legte sie ins Laufwerk und infizierte die Rechner. Heute braucht es keine grob fahrlässigen Mitarbeiter mehr, da die Rechner keine abgeschlossenen Systeme mehr sind, sondern sich über das Internet ständiq mit der Außenwelt verbinden.

Viren, Würmer, Trojaner – Es wird vor vielen Gefahren gewarnt. Gibt es überhaupt Unterschiede?
Rößler: Allerdings. Ein Virus ist ein Computerprogramm, das sich in andere Computerprogramme einschleust und sich selbst vermehrt. Man kann es sich so vorstellen: Ein Grippeerreger schwächt den Menschen, ein Computervirus die IT-Umgebung eines Betriebs. Viren sind ausführbare Codes, also kleine Programme. Sie können harmlos sein, aber auch sehr gefährlich. Grundsätzlich unterscheidet man drei Typen von Viren: Programmviren, die einzelne Programmdateien infizieren und sich beim Starten der verseuchten Anwendung weiterverbreiten. Bootsektorviren, die zwar seltener sind, aber auch gefährlicher, da sie sich in dem Bereich der Festplatte festsetzen, die für das Starten des Computers erforderlich sind. Der Computer kann im schlimmsten Fall überhaupt nicht mehr hochgefahren werden. Gefährlich sind auch Makroviren: Sie sind beispielsweise in Word- und Excel-Dateien zu finden und können sich unbemerkt während der Bearbeitung der Tabellenkalkulations- oder Textdateien im System verbreiten. Viren können – je nach Art – Software, Betriebssystem oder Hardware manipulieren und zu mehr oder minder gravierenden Störungen führen. Sie verursachen jährlich Schäden in Milliardenhöhe. Ein Wurm ähnelt in vielerlei Hinsicht einem Virus, breitet sich allerdings, nachdem er einmal ausgeführt wurde, selbstständig über Netzwerke oder Wechselmedien (wie z. B. USB-Sticks) aus. Er verbraucht Ressourcen auf dem infizierten Computer und überlastet Programme. Der PC arbeiten dann insgesamt wesentlich langsamer. Würmer können auch Veränderungen am System vornehmen, ohne dass der Anwender sie bemerkt. Somit kann er sie auch nicht kontrollieren. Würmer entstanden zeitlich nach den Viren und verursachen heute durch ihre größere Aggressivität deutlich mehr Schäden und Kosten als Viren.
Mit dem Namen trojanisches Pferd werden Programme bezeichnet, die nur vordergründig nützlich sind, im Hintergrund aber versteckte Funktionen ausführen, beispielsweise Passwörter ausspionieren. Häufig tarnen sich Würmer in Form von Trojanern, z. B. als „Wichtiges_Dokument.exe", damit der Nutzer die Datei auch öffnet.

Wie verbreiten sich denn Viren, Trojaner oder Würmer?
Rößler: Viren verbreiten sich meist über E-Mail-Anhänge, Würmer über Netzwerke. Im Wurm selbst finden sich häufig wiederum andere Schaddateien wie Viren. Webseiten und Internettauschbörsen und USB-Sticks sind häufig gefährdet.

Wie kann man sich Ihrer Meinung nach am besten schützen?
Rößler: Naja. Wie immer gilt: Vorsicht ist besser als Nachsicht. Darum aktualisieren Sie Ihre Programme regelmäßig und halten Sie mit Updates ihr Betriebssystem immer auf dem neuesten Stand. Eine große Gefahr besteht auch, wenn man für verschiedene Dienste, wie E-Mail, eBay- oder Amazon-Konten das gleiche einfache Passwort wählt. Daher verwenden Sie unterschiedliche Passwörter für unterschiedliche Seiten (wie E-Mail, Online-Banking oder soziale Netzwerke) und ändern Sie sie regelmäßig. Ein Passwort sollte aus mindestens acht, (besser mehr) Stellen bestehen und keine Namen enthalten. Am sichersten sind Passwörter, die sowohl aus groß- und kleingeschriebenen Buchstaben, als auch aus Ziffern und Sonderzeichen (?!%+€@) bestehen.

Das hört sich aber kompliziert an. Wie kann man sich denn solche Passwörter merken?
Rößler: Am einfachsten kann man sich ein Passwort merken, indem man sich einen Satz oder eine Geschichte dazu ausdenkt bzw. indem man das Passwort passend zur Geschichte

wählt. Ein mögliches Passwort könnte z. B. sein: InmCjMu8U@H. Es besteht aus großen und kleinen Buchstaben, Ziffern und sogar mit dem „@" aus einem Sonderzeichen. Und der Satz, mit dem ich mir das komplizierte Passwort merken kann, könnte zum Beispiel lauten: „Ich nutzte meinen Computer jeden Morgen um 8 Uhr @ Home". Nicht schwer, oder?

Was ist mit einer Firewall? Wie schützt sie das System?
Rößler: Eine Firewall ist ein aus Hardware- und Software bestehendes Schutzsystem, das es erlaubt, ungestört aus dem betrieblichen oder privaten Computernetz (LAN) auf das öffentliche Netz zuzugreifen. Häufig ist in einem Router bereits eine Firewall eingerichtet. Ab Windows 7 steht automatisch eine „Personal Firewall" zur Verfügung. Achten Sie darauf, dass Sie diese Firewall in den Systemeinstellungen nicht deaktivieren (abschalten).

Was halten sie von Virenscannern? Und was mache ich, wenn ich mir trotzdem ein Schadprogramm eingefangen habe?
Rößler: Virenscanner sind eine wunderbare Erfindung, um sich vor Viren, Würmern und Trojanern zu schützen! Allerdings nur dann, wenn sie regelmäßig aktualisiert werden. Außerdem sollte man mit dem Virenscanner regelmäßig alle Verzeichnisse überprüfen, um ggf. bereits infizierte Dateien zu finden und zu entfernen. Wenn sich Schadprogramme auf einem Computer eingenistet haben, ist es häufig schwierig sie wieder vollständig zu entfernen. Virenscanner erkennen die Schadsoftware zwar häufig, sie können sie aber oft nicht vollständig entfernen. Nachdem das Schadprogramm identifiziert ist, kann man z. B. mit einem anderen, nicht infizierten Computer im Internet nach Informationen zu diesem Schadprogramm suchen. Häufig haben andere Benutzer ein ähnliches Problem. Recherchieren Sie auf vertrauenswürdigen Seiten nach einer Lösung (wie z. B. den Bürger-Seiten des Bundesamts für Sicherheit in der Informationstechnik www.buerger-cert.de und https://www.bsi-fuer-buerger.de). Häufig kann man mithilfe von speziellen bootfähigen CDs (erhältlich bei den Herstellern von Anti-Viren-Software) den PC ohne Windows starten und die Schadsoftware entfernen. Danach sollte man den PC erneut mit einem Virenscanner überprüfen. Ist der PC immer noch infiziert, muss er häufig komplett neu aufgesetzt werden. Sollte Ihnen das alles zu kompliziert klingen, dann scheuen Sie sich nicht, professionelle Hilfe in Anspruch zu nehmen.

Aber mein Handy kann doch keinen Virus bekommen, oder?
Die meisten mobilen Geräte wie z. B. Smartphones und Tablets sind „kleine Computer" und mit einer Internetverbindung ausgestattet. Daher sind sie zunehmend auch Ziele von SMS-Trojanern, Werbeprogrammen und anderen Schadprogrammen, wie z. B. Programmen, die SMS abfangen, die mTANs für das Online-Banking enthalten. Besonders gefährdet sind mobile Geräte mit einem Android-Betriebssystem, da Android im Gegensatz zu Apples iOS ein offenes Betriebssystem ist. Bei mobilen Geräten gilt besonders: Gehen Sie sorgfältig mit Ihren Zugangsdaten um. Deaktivieren Sie drahtlose Schnittstellen, wie WLAN und Bluetooth, wenn Sie sie nicht benötigen. Nutzen Sie öffentliche Hotspots (WLAN-Zugang zum Beispiel in Cafés) mit besonderer Vorsicht. Installieren Sie Apps nur aus vertrauenswürdigen Quellen und seien Sie vorsichtig bei der Gewährung von Rechten. Führen Sie regelmäßig Sicherheitsupdates durch. Auch Virenschutzprogramme können helfen, Ihre mobilen Geräte zu schützen.

Neben den bekannten Schadprogrammen, den Viren, Würmern oder Trojanern, gibt es noch eine Vielzahl von weiteren Möglichkeiten, Unternehmen oder Privatpersonen durch Internetbetrug zu schädigen. Welche Betrugsmaschen gibt es und wie kann man sich am besten schützen?
Rößler: Zum Beispiel versuchen Kriminelle mithilfe von Schadsoftware den Computer lahmzulegen und den Nutzer um ein Lösegeld zu erpressen. Hierzu gehört z. B. der BKA-Trojaner: Der Empfänger erhält eine Mail mit dem Logo des Bundeskriminalamtes oder der Bundespolizei. Es wird ihm vorgeworfen, kinderpornografische Inhalte verbreitet, also eine Straftat begangen zu haben. In der E-Mail wird mitgeteilt, dass der Empfänger eine Strafgebühr per Prepaidkarte bezahlen soll, um den PC zu entsperren. Das Sperren des Computers erfolgt dann durch einen Trojaner, der sich auf dem PC installiert, sobald ein Anhang der E-Mail geöffnet oder auf den Link geklickt wird. Besonders problematisch ist, dass neben dem Schadprogramm auch tatsächlich echte kinderpornografische Bilder auf dem Rechner verbreitet werden. Sollten Sie von einer solchen Erpressung betroffen sein, dann sollten Sie auf keinen Fall auf den Erpressungsversuch eingehen und den Betrag bezahlen, sondern die Polizei über die versuchte Erpressung informieren.

Woran kann ich erkennen, ob ein E-Mail-Anhang schädlich ist?
Rößler: Das ist nicht immer einfach. Ein Beispiel: Sie haben ein Bild im Anhang. Das Bild heißt foto.jpg. Völlig harmlos. Denken Sie. Dahinter versteckt sich aber ein Virus. Das sehen Sie, wenn Sie sich den ganzen Namen anschauen: Bild.jpg.vbs. Bei der Endung .vbs oder .exe wäre ich vorsichtig. Wenn Sie das vermeintlich harmlose Bild öffnen, installiert sich stattdessen ein schädliches Programm im Hintergrund. Außerdem sollten Sie bei E-Mails hellhörig werden, in denen Sie aufgefordert werden, auf einen Link zu klicken und anschließend Ihre Zugangsdaten wie Benutzernamen und Passwörter einzugeben. Diese E-Mails werden Phishing-Mails genannt. Klickt der Nutzer auf den Link, gelangt er z. B. nicht auf die echte Seite seiner Bank oder seines E-Mail-Anbieters, sondern auf eine von Internetbetrügern nachgebaute Internetseite. Der Nutzer gibt dort seine persönlichen Daten ein und die Betrüger haben ab sofort Zugriff auf Bankkonto oder E-

Mail-Postfächer. Aber nicht nur per E-Mail kann man Opfer eines Phishing-Angriffs werden, sondern häufig werden auch Nachrichten per Instant-Messenger wie z. B. Skype zu diesen Zwecken missbraucht. Daher sollte man nur auf Verlinkungen klicken, deren Absender vertrauenswürdig ist. Bei unbekannten Absendern oder ungewöhnlichen Absendern gilt: Erst den Inhalt scannen, dann den Inhalt öffnen.

Angenommen, ein Krimineller klaut mein Bankpasswort und plündert mein Konto. Das Geld bekomme ich doch von meiner Bank erstattet?
Rößler: Leider nein. Dazu kann ich Ihnen von einer kleinen Firma berichten, die neulich genau dieses Problem hatte: Ein Krimineller hat mit einem Trojaner, den er per E-Mail verschickte, Zugriff auf das Firmenkonto erhalten. Nach ausgiebiger Shoppingtour war das Bankkonto leer. Die Bank musste den Schaden nicht ersetzen, denn der Mitarbeiter hätte die E-Mail als Fälschung erkennen müssen. Sie enthielt deutliche sprachliche Fehler. In diesem Fall: Pech gehabt. Die Firma ist für ihre IT-Sicherheit verantwortlich, hätte einen Virenschutz und eine Firewall einsetzen sowie ihre Mitarbeiter für solche Gefahren sensibilisieren müssen.

Ist das Verbreiten von Schadprogrammen nicht verboten?
Rößler: Es ist sogar strafbar und kann mit Freiheitsstrafen geahndet werden. Trotzdem: Als Unternehmer kann ich mit dem Anwalt drohen so viel ich will, die Ermittlungen nach den Betrügern sind leider meist schwierig, da sie häufig nicht leicht zu identifizieren bzw. zu bestrafen sind, vor allem dann nicht, wenn sie ihren Sitz im Ausland haben oder ihre Identität geschickt verschleiern. Den Schaden habe ich als Unternehmen und muss ihn häufig mit einem enormen zeitlichen Aufwand bzw. mit professioneller Hilfe beheben lassen.

Und wie sieht es mit Onlineshopping aus? Auf was sollte man hier achten?
Rößler: Unseriöse Firmen bieten Waren zu besonders günstigen Preisen an. Dabei handelt es sich nicht selten um gefälschte oder gestohlene Waren. Oder der Kunde wird um Vorkasse gebeten und die Ware wird nach Zahlung nicht versandt. Kaufen Sie also nur auf vertrauenswürdigen Seiten ein. Sehen Sie sich z. B. das Impressum an oder googeln Sie den Firmennamen. Nicht selten haben andere Kunden ebenfalls schlechte Erfahrung mit Anbietern gemacht und kommunizieren ihr Beispiel im Internet. Außerdem sollte der Onlineshop unterschiedliche Zahlungsmöglichkeiten anbieten und nicht nur per Vorkasse verkaufen. Achten Sie darauf dass der Onlineshop mit einem Gütesiegel wie z. B. „Trusted Shops" ausgezeichnet ist. Hier kann man relativ sicher davon ausgehen, dass es sich um einen „seriösen Online-Shop" handelt. Vorsichtig sollten Sie auch dann sein, wenn Ihnen etwas kostenfrei oder als Geschenk angeboten wird. Nicht selten lauern dahinter Abofallen, die sich anschließend als Kostenfallen entpuppen.

Aber nicht nur bei Onlineshoppingtouren kann man „Opfer des Internets" werden. In sozialen Netzwerken kommt es immer wieder zu Cyber-Mobbing-Attacken. Eben noch die große Liebe wird die Exfreundin kurze Zeit später verbal oder auch mit zweideutigen Bildern angegriffen. Oder der Täter nutzt ein Pseudonym, um seinen Opfern zum Beispiel Homosexualität vorzuwerfen und sie damit zu attackieren. Tausend andere Nutzer können die Angriffe verfolgen und kommentieren. Was raten Sie Opfern von Cyber-Mobbing und wie kann man sich davor schützen?
Rößler: Zunächst sollten Sie nicht auf die Attacken reagieren, um die Täter nicht zu provozieren. Vertrauen Sie sich Freunden an, um nicht alleine mit der Situationen fertigwerden zu müssen. Sammeln Sie Beweismaterial, um ggf. Anzeige erstatten zu können. Außerdem können Sie z. B. Benutzer, die sie belästigen oder beleidigen „blockieren oder entfernen". Sie können dann Ihre Einträge nicht mehr mit „gefällt mir" markieren oder kommentieren. Auch in anderen Plattformen oder Chat-Foren gibt es die Möglichkeit, Personen zu sperren oder aus dem Chat zu entfernen. Wenden Sie sich ggf. an den Anbieter der Seiten. Wenn das alles nichts hilft, dann löschen Sie notfalls Ihren Account auf der betreffenden Plattform. Zum Schutz vor Mobbingattacken sollte man möglichst wenig persönliche Daten preisgeben. Außerdem sollte man sich überlegen, welche Fotos oder Videos man postet, um möglichst keine Angriffspunkte für negative Beiträge zu bieten. So gehören z. B. Fotos in Badekleidung nicht ins Internet. Überprüfen Sie regelmäßig ihre Privatsphären- sowie Kontoeinstellungen in sozialen Netzwerken.

In letzter Zeit liest man häufig, dass Konten in sozialen Netzwerken oder E-Mail-Konten von Hackern „gekapert" – also von unberechtigten Dritten missbraucht – werden. Wie kann man sich hiervor schützen?
Rößler: Auch hier gilt wieder: Verwenden Sie auf unterschiedlichen Seiten auch unterschiedliche und sichere Passwörter. Sichern Sie Ihre Accounts außerdem über die Sicherheitseinstellungen, indem Sie z. B. Anmeldebenachrichtigungen aktivieren. Wenn Ihr Account z. B. von einem bisher nicht verwendeten Gerät geöffnet wird, dann erhalten Sie eine Benachrichtigungsmail.

Quelle: Autorentext

Zeitungsartikel 2

Angriffe aus dem Internet – Die Bedrohung für Firmen wächst

Viele Firmen sind nur unzureichend auf digitale Gefahren vorbereitet und vor Angriffen geschützt. Insbesondere Privatpersonen sowie kleine und mittelständische Unternehmen unterschätzen Cyberattacken. Ein erfolgreicher Angriff aus dem Netz kann nicht nur für das Unternehmen, sondern auch für seine Kunden böse Folgen haben.

Professionelle Banden, die quer über die Welt verstreut sind, erpressen Unternehmen, indem sie z. B. deren Webseiten blockieren. „Angreifer haben unsere Website für 16 Stunden lahmgelegt: Sie haben sie durch eine riesige Anzahl an Aufrufen überlastet und dadurch den Server zum Zusammenbrechen gebracht," berichtete neulich der Firmenchef eines Onlinehändlers, der nicht genannt werden möchte.

Neben solchen Angriffen auf Webseiten gehören auch Wirtschaftsspionage und das Ausspähen von Kundendateien zu den Zielen von Internetbetrügern. Wie aber kann es Kriminellen gelingen, in ein Firmennetz einzudringen? Zum Beispiel werden Software-Updates vergessen, unsichere bzw. immer wieder gleiche Passwörter genutzt oder private USB-Sticks im Firmennetzwerk verwendet, die mit einem Trojaner oder einem gefährlichen Virus infiziert sind. Mitarbeiter stellen dabei leider ein hohes Risiko dar. Daher ist eine aktive Aufklärung über mögliche Gefahren ein wichtiger Weg, um das Unternehmen vor Cyberangriffen zu schützen.

Aber nicht nur der Schutz von PCs und Servern am Arbeitsplatz, sondern auch „mobile Sicherheit" spielt für viele Firmen eine immer wichtigere Rolle. Häufig können Mitarbeiter ihre eigenen Smartphones, Tablet-Computer oder Notebooks mit ins Büro bringen und dort nutzen. Arbeiten sie auf ihren privaten Geräten auch mit Firmendaten, können durch die eigenen Anwendungen oder Spiele, Sicherheitslücken im Unternehmen entstehen. Sind die privaten Programme infiziert, werden Spionage und Datendiebstahl möglich. Hier sollten Unternehmen, die neben dienstlichen auch private Geräte zur beruflichen Kommunikation zulassen, ihre Mitarbeiter besonders informieren und auf mobile Sicherheit achten.

Und wenn Ihnen eine E-Mail oder eine Fehlernachricht „komisch" vorkommt, dann sollten Sie zunächst einmal Ruhe bewahren und mit Ihrem Systemadministrator sprechen. Mit ihm können Sie dann entscheiden, ob Sie z. B. per Telefon Kontakt zum Versender der Mail aufnehmen und nachfragen, um was für einen Anhang es sich handelt. Es gibt viele Beispiele für Unternehmen, in denen eine per E-Mail versandte Rechnung unachtsam geöffnet und archiviert wurde und sich dabei ein bösartiger Virus eingenistet hat. Unternehmen sollten bei Angriffen auf ihren Webseiten, bei Wirtschaftsspionage sowie Verdacht auf Ausspähung von Kundendaten professionellen Rat von Spezialisten einholen.

Aber nicht nur Schadprogramme können großen Schaden anrichten. Immer wieder werden auch Firmen Opfer von „Cyber-Mobbing". Angebliche Kunden nutzen Fanseiten oder Blogs, um einfach „Stunk" zu machen. Nicht selten jedoch haben Kunden berechtigte Kritik. Hier gilt es mit Fingerspitzengefühl herauszufinden, ob Kunden einfach nur motzen wollen oder ob es sich um ernst gemeinte Kritik handelt. Haben Kunden berechtigte Kritik an einem Produkt oder einer Dienstleistung, dann sollte das Unternehmen auf jeden Fall möglichst schnell auf den Eintrag reagieren. Denn sonst riskiert es, dass andere Nutzer die negative Bemerkung „liken" und somit das Image des Unternehmens über das Netz ganz schnell negativ beeinflusst wird. Bei einem solchen Sturm der Entrüstung (Shitstorm) werden häufig neben der vielleicht berechtigten Kritik auch zahlreiche unsachliche Bemerkungen ins Netz gestellt. Sie machen eine sinnvolle Diskussion unmöglich. Daher ist es für Unternehmen sehr schwierig, auf negative Kritiken in sozialen Netzwerken, in Blogs oder auf Firmen-Webseiten zu reagieren. Versuchen Sie also bei berechtigter Kritik mit einer schnellen persönlichen Antwort – keiner Standardantwort – auf das Problem des Kunden einzugehen. Bieten Sie ihre Hilfe an und/oder kommen sie dem Kunden großzügig entgegen. Der Kunde wird Ihre Reaktion zu schätzen wissen und Sie können auf positives „Liken" hoffen. Sollte es sich bei der Kritik nur um „Schmähkritik" handeln, dann sollten Unternehmen sie zumindest gut beobachten und überlegen, wie sie darauf reagieren können. Ein Löschen des Eintrags oder der Fanseite bringt in der Regel nicht den gewünschten Erfolg. „Das Internet vergisst nie", und gelöschte Beiträge können an anderer Stelle von Dritten erneut ins Internet gestellt werden. Dann ist das Unternehmen jedoch nicht mehr Herr der Lage und kann nicht mehr auf die Kritik reagieren.

Quelle: Autorentext

Folgesituation

Die Fly Bike Werke GmbH ist seit einigen Wochen mit einer Fanseite in einem sozialen Netzwerk vertreten. Bisher haben schon viele Nutzer den „Gefällt mir"-Button gedrückt. Leider kommentieren einige Nutzer auf der Seite das neue Mountainbike Constitution negativ.

Fly Bike Werke GmbH
15. März 20XX

PRODUKTINFO

Gerade im Frühling sind Sie mit unserem

Mountainbike Constitution

immer gut unterwegs.

Genießen Sie den Frühling.

WEITERE INFOS

Gefällt mir · Kommentieren · Teilen

14 Personen gefällt das.

Superman88: „So ein Schrott. Alles Mist. So ein Fahrrad kann man echt nur auf den Müll werfen! Und dann noch völlig überteuert! Einfach nur zum Kotzen!"

Nico Paulinski: „Bei meinem neuen Mountainbike Constitution ist schon nach drei Monaten der Lack am Rahmen an einigen Stellen ab. Das finde ich bei einem so teuren Fahrrad einfach nicht in Ordnung. Schade. Ich würde das Fahrrad nicht weiter empfehlen, obwohl alles andere ganz prima ist und es richtig Spaß macht, damit durch die Berge zu düsen."

5 weitere Kommentare anzeigen

Handlungsaufträge:

1 Wie sollte die Fly Bike Werke GmbH auf die Kritiken reagieren? Formulieren Sie eine Reaktion und speichern Sie sie unter *Reaktion_Paulinski.docx* in einem geeigneten Ordner (vgl. LS 4) ab.

2 Herr Grünert, Mitarbeiter der Zweirad GmbH, hat sich den Auftritt der Fly Bike Werke GmbH mit großem Interesse angesehen und überlegt jetzt, ob er für die Zweirad GmbH ebenfalls eine Fanseite einrichten soll. Diskutieren Sie in einer Kleingruppe, ob die Zweirad GmbH aktiv sein sollte. An folgenden Fragestellungen kann sich Ihre Diskussion orientieren:

- Worin unterscheiden sich private Profile von Fanseiten eines Unternehmens?
- Welche Argumente sprechen für eine Fanseite aus Sicht der Zweirad GmbH und welche Argumente sprechen dagegen?
- Sind Sie selbst Fan eines Unternehmens und wenn ja, warum, bzw. wenn nein, warum nicht?

Halten Sie Ihre Argumente in Form einer Kurzpräsentation in PowerPoint (max. 5 Folien) fest. Speichern Sie sie unter *Pro_Contra_Fanseite.pptx* in einem geeigneten Ordner.

Informationsblatt 5.1 (3 Seiten, Zusatzauftrag) | Ein Faltblatt erstellen.

Um aus DIN-A4-Blättern ein DIN-A5-Faltblatt zu erstellen, müssen Sie sich zunächst Gedanken zum Layout des Flyers machen. Die DIN-A4-Blätter werden in der Mitte geknickt, um ein Faltblatt in DIN-A5 zu erhalten.

> **Hinweis**
> Erstellen sie zunächst den kompletten Inhalt des Faltblattes, bevor Sie mit dem Layout beginnen.

Überlegen Sie sich, wie viele Seiten Ihr Faltblatt haben soll bzw. wie viele Seiten Sie für Ihren vorbereiteten Text benötigen. Je nach Seitenumfang muss auch das Layout beachtet werden. Ihr DIN-A5-Faltblatt kann entweder 4 oder 8 Seiten (oder jede andere durch vier teilbare Seitenzahl) haben.

Layout mit insgesamt vier Seiten
Das DIN-A4-Blatt wird beidseitig bedruckt und an der gestrichelten Linie (siehe Abbildung) geknickt. Dadurch entsteht ein DIN-A5-Faltblatt mit zwei inneren und zwei äußeren Seiten. Auf der Vorderseite ihres Blattes befinden sich die inneren Seiten des Faltblattes, die äußeren Seiten werden auf der Rückseite eingefügt.

Drucken Sie auf der linken Blatthälfte der Vorderseite die inhaltliche zweite Seite des Faltblattes und auf der rechten Hälfte die dritte Seite. Auf der Rückseite wird auf der rechten Hälfte die erste inhaltliche Seite eingefügt und auf der linken Hälfte die vierte Seite.

Blatt 1 – bedruckte Innenseite

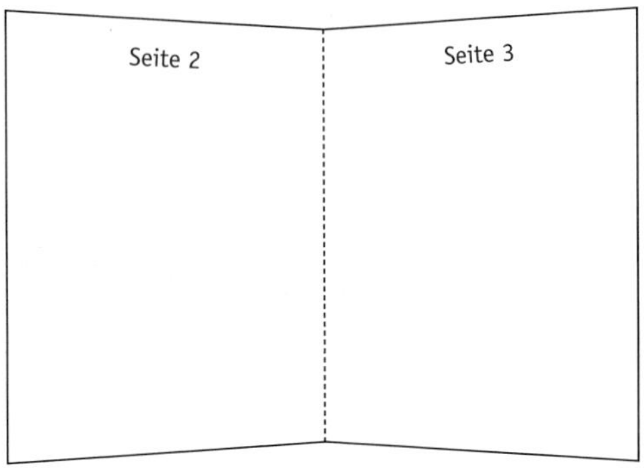

Blatt 1 – bedruckte Außenseite

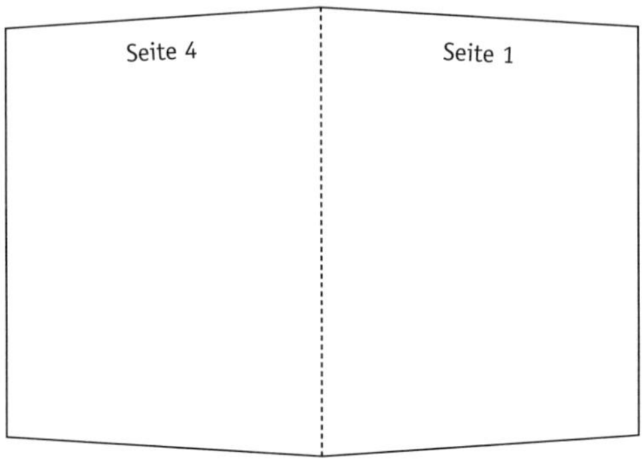

Layout mit insgesamt acht Seiten
Wenn das Faltblatt statt vier acht Seiten haben soll, dann wird ein zusätzliches DIN A4-Blatt bedruckt, in der Mitte geknickt und in der Mitte eingelegt. Dadurch ändern sich die Nummerierung und auch die Reihenfolge der Seiten (vgl. Abbildung). Daher ist es sinnvoll, bevor man das Layout erstellt, den gesamten Text zu verfassen und zu überlegen, wie viele Seiten das Faltblatt haben soll.

Blatt 1, 2 – bedruckte Innenseiten

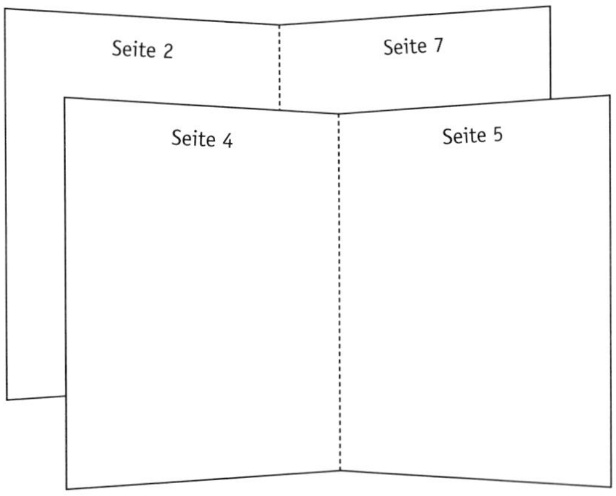

Blatt 1, 2 – bedruckte Außenseiten

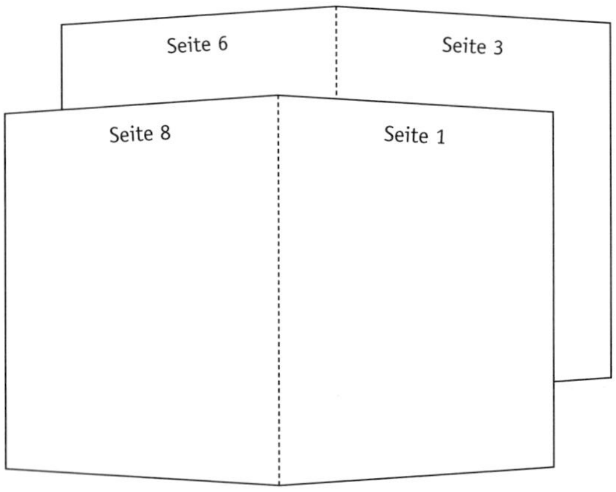

> **Hinweis**
> Sollten Sie mit der dargestellten Reihenfolge Schwierigkeiten haben, dann basteln Sie sich zunächst ein leeres „Musterfaltblatt". Beschriften Sie die Seiten zweier leerer Blätter mit der jeweiligen Seitenzahl und knicken Sie den Flyer. Legen Sie die Blätter ineinander und das Musterfaltblatt ist fertig.

Faltblatt erstellen

Erstellen Sie in Word ein neues Dokument, indem Sie im Register **Datei** auf **Neu** klicken. Standardmäßig sind Word-Dokumente im Hochformat ausgerichtet.

Damit das A4-Blatt in der Mitte geknickt zum DIN-A5-Faltblatt wird, müssen Sie mithilfe des Registers **Layout** im Dialogfeld **Seite einrichten** die Ausrichtung **Querformat** wählen. Anschließend stellen Sie über den Befehl **Spalten** ein, dass zwei Spalten erzeugt werden sollen.

Aktivieren Sie im Register **Start** im Dialogfeld **Absatz Alle Anzeigen**, um auch alle Steuerzeichen (Spaltenumbrüche, Seitenumbrüche etc.) sehen zu können und das Faltblatt somit leichter gestalten zu können.

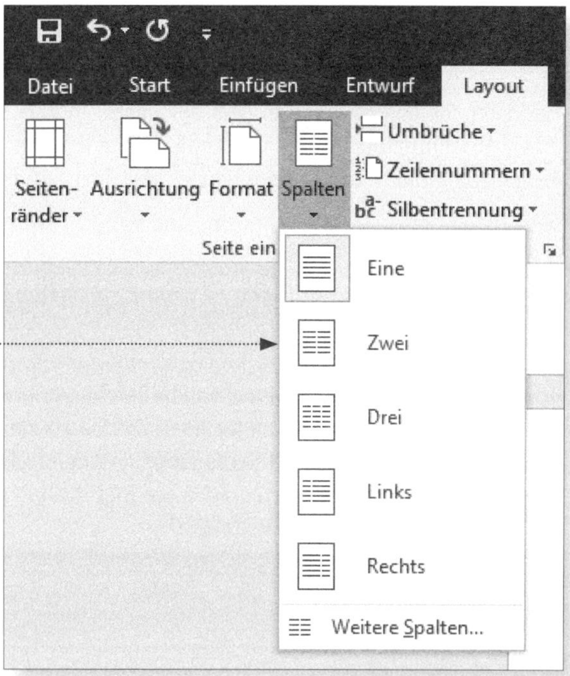

Textbegrenzungen eingeblendet

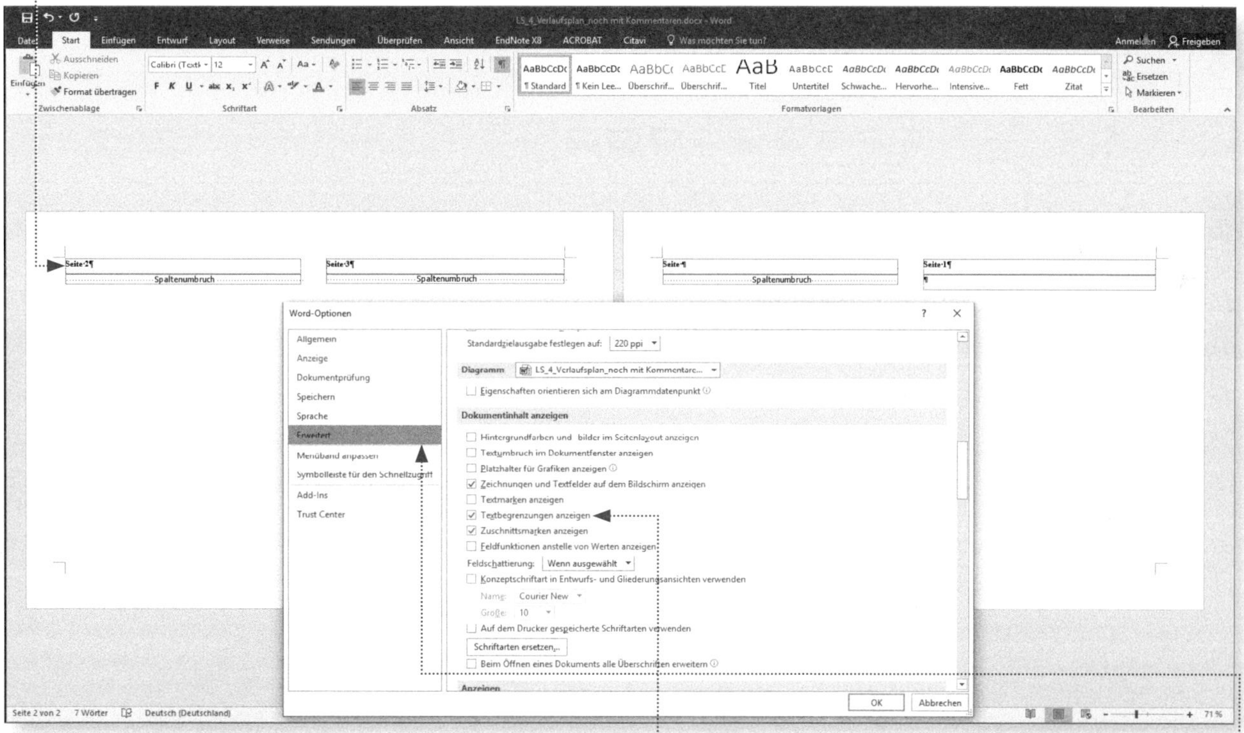

Speichern sie das Faltblatt unter dem Namen *Internet_Sicherheitsfaltblatt.docx*.

Hinweis

Wenn keine Textbegrenzung angezeigt wird, können Sie sie über das Register **Datei** und den Menüpunkt **Optionen** einblenden. Klicken Sie dazu im neuen Dialogfenster **Word-Optionen** auf den Menüpunkt **Erweitert** und setzen sie dann im rechten Fenster unter der Überschrift „Dokumentinhalt anzeigen" bei der Option **Textbegrenzungen anzeigen** ein Häkchen.

TIPP Über das Register **Layout** und die Schaltfläche **Umbrüche** können Sie Spalten- und Seitenumbrüche einfügen. Richten Sie Ihr Dokument gleich zu Beginn mit der richtigen Seitenanzahl ein und schreiben Sie sich die Seitenzahlen auf die entsprechenden Seiten. Überlegen sie sich vorab genau, welche Texte auf welcher Seite erscheinen sollen. Ihre Texte müssen dabei die DIN-A5 Seiten nicht bis zum Ende füllen. Das macht spätere Korrekturen am Text einfacher und sieht auch professioneller aus.

Markieren Sie anschließend in dem Dokument, in dem Sie die Texte verfasst haben *(Texte_Sicherheitsfaltblatt.docx)*, einen Abschnitt ihres Textes und kopieren Sie ihn. Wechseln Sie in das neu eingerichtete Faltblatt-Dokument *(Internet_Sicherheitsfaltblatt.docx)* und fügen Sie den Text auf der gewünschten Seite ein.

Wiederholen Sie den Vorgang bis Sie alle Textabschnitte auf den jeweils gewünschten Seiten eingefügt haben.

Textfelder und Bilder einfügen → Layouteinstellungen
Um den Flyer ansprechend zu gestalten, können Sie neben dem „normalen" Fließtext auch ähnlich wie in PowerPoint Objekte (Textfelder, Grafiken und Tabellen) einfügen. Dazu nutzen Sie das Register **Einfügen** und in den Gruppen **Tabellen** oder **Illustrationen** die entsprechenden Befehle. Klicken Sie z. B. in der Gruppe **Illustrationen** auf **Bilder**, öffnet sich das Dateiverzeichnis auf Ihrem Rechner und Sie können eine bereits abgespeicherte Bilddatei auswählen, die Sie einfügen möchten. Klicken Sie auf **Screenshot**, erscheint ein Auswahlfenster mit allen auf Ihrem Rechner geöffneten Fenstern. Wählen sie eins davon aus, wird ein Bild dieses Fensters an der Stelle in Ihrem Faltblatt eingefügt, an der gerade der Cursor steht. Probieren Sie es aus!

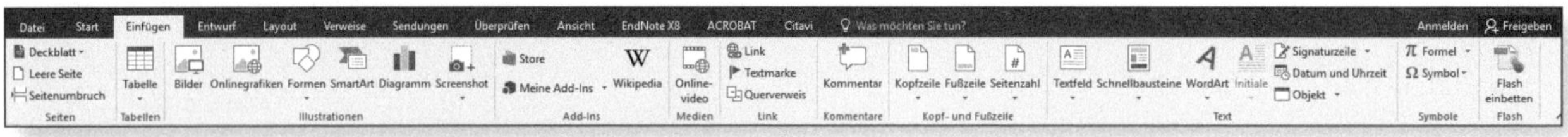

Wenn Sie das Bild anklicken, öffnet sich das Register **Bildtools, Format**. Mit diesem Menü können Sie z. B. die Bildgröße ändern, das Bild beschneiden (Gruppe **Größe**) oder auch bestimmen, ob das Bild wie Text in einer Zeile stehen soll oder aber der Text um das Bild „herumfließen" soll (Gruppe **Anordnen**).

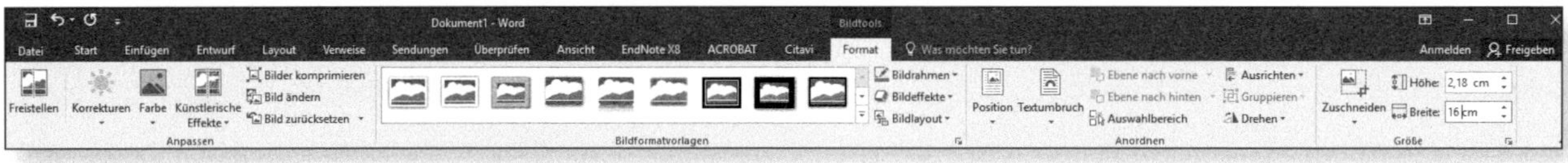

Damit der Text um ein Objekt „herumfließt", markiert man das Objekt und wählt anschließend über das Register **Format,** Gruppe **Anordnen** den Befehl **Textumbruch** und hier **Weitere Layoutoptionen, Passend.** Alternativ kann man Objekte z. B. auch hinter oder vor einem Text platzieren.

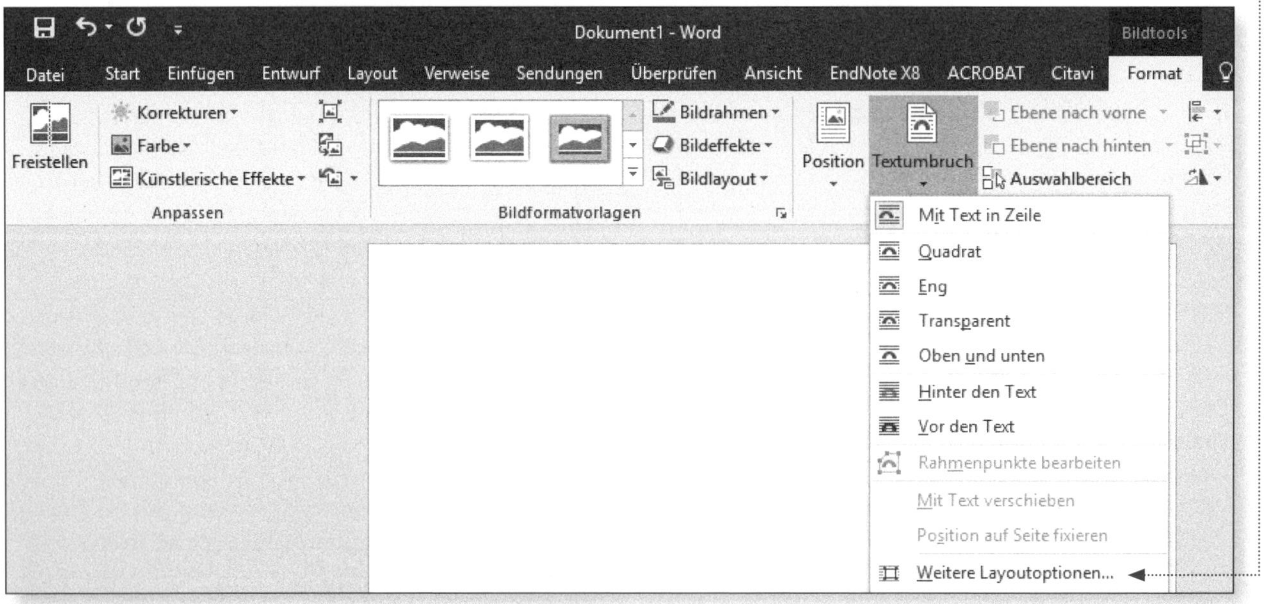

Außerdem kann man über das Register **Format** Objekte je nach Objektart (Bild, Textfeld, Tabelle etc.) weiter gestalten. Beim Objekt **Textfeld** stehen u. a. Fülleffekte (farbiger Hintergrund) oder Formkontur (farbiger Rahmen) als Formatierungsmöglichkeiten zur Verfügung.

Aufgaben

Aufgabe 1
Herr Schneider erhält von Shokk Ltd., einem amerikanischen Lieferanten der Fly Bike Werke GmbH, eine Mail mit einer aktuellen Komponentenliste in Form einer Excel-Datei. Er wundert sich zwar, dass die Mail von george.plitt@shokk.biz kommt – die Shokk Ltd. nutzt für gewöhnlich die E-Mail-Endung @shokk.com und trotz enger Lieferantenbeziehungen hat er mit einem George Plitt zuvor noch nicht gesprochen – den E-Mail-Anhang mit der Bezeichnung components_Shokk.xlsx.exe öffnet er dennoch ...
Durch das Öffnen des Anhangs hat sich ein trojanisches Pferd installiert, das sich Zutritt auf den internen Bereich der Fly Bike Werke GmbH verschafft hat. Unter anderem konnten so 5.000 Euro von einem Firmenkonto gestohlen werden, die aber zum Glück von der Hausbank der Fly Bike Werke erstattet wurden.
Die Geschäftsführung und die Abteilungsleitungen der Fly Bike Werke benutzen das einheitliche Passwort fahrrad2.

a Diskutieren Sie, ob die Bank den Betrag hätte erstatten müssen.
b Unterbreiten Sie Vorschläge zur Erhöhung der Passwortsicherheit.
c Diskutieren Sie, inwieweit Dateiname und Anhang hätten stutzig werden lassen müssen.

Aufgabe 2
Nicht nur der Auftritt der Fly Bike Werke GmbH ist von negativen Angriffen betroffen, sondern es werden auch immer mehr Privatpersonen Opfer von sogenanntem Cyber-Mobbing. Wie kann man sich dagegen schützen?

Aufgabe 3
Bei welchen Daten ist die Veröffentlichung in einem sozialen Netzwerk in Ordnung und welche Daten sollten lieber nicht online gestellt werden. Warum ist die Veröffentlichung einiger Daten ggf. nicht zu empfehlen?

- Name, Vorname
- Fotos
- Mobilfunknummer
- Religiöse Ansichten
- Politische Einstellung
- Adresse
- IM-Nutzername (wie z. B. Skype-Name)
- Ausbildungsstelle
- Arbeitsstelle
- Lieblingsbuch
- Fernsehsendungen/Filme/Bücher/Musik
- Kreditkartennummer
- Hobbys
- Bankverbindung
- Haustiere
- Beziehungsstatus
- Geburtsdatum

Aufgabe 4
Soziale Netzwerke werden durch Fotos erst richtig spannend. Doch wie sieht es mit der Veröffentlichung von Bildern im Internet aus?

a Recherchieren Sie, was man unter dem Recht am eigenen Bild versteht. Erstellen Sie eine Übersicht, wann man welche Fotos im Internet veröffentlichen darf.
b Was kann man bei einem Verstoß gegen das Recht am eigenen Bild tun?

Aufgabe 5
Was versteht man unter einem Fake-Profil? Was kann man tun, wenn man Opfer eines solchen Profils geworden ist?

Aufgabe 6
Das Internet gilt als Ort der unbegrenzten Möglichkeiten. Um sicher im Internet zu surfen, sollte man sich allerdings vor problematischen Inhalten schützen.
Recherchieren Sie im Internet folgende problematischen Inhalte und erstellen Sie dazu eine Übersicht.

Problematische Inhalte	Beschreibung	Schutz-möglichkeiten
Fake-News		
Pornografie		
Sexting		
Extremismus		

Aufgabe 7
Die Geschäftsführung hat beschlossen, dass die Außendienst-Mitarbeiter der Fly Bike Werke GmbH kurzfristig mit firmeneigenen Smartphones ausgestattet werden sollen. Damit die neuen Smartphones der Mitarbeiter vor Missbrauch, Datenverlust und Diebstahl geschützt sind, soll eine Checkliste zum sicheren Gebrauch von Smartphones erstellt werden. Diese soll dann gemeinsam mit dem neuen Smartphone an die Außendienst-Mitarbeiter der Fly Bike Werke GmbH übergeben werden. Erstellen Sie diese Checkliste. Nutzen Sie dazu den Zeitungsartikel 1 „Viren, Würmer, und Trojaner – Immer mehr Gefahren rund ums Internet" und recherchieren Sie im Internet z. B. unter https://www.focus.de/digital/experten/smartphone-sicherheit-schutz-vor-hacker-und-viren-so-machen-sie-ihr-handy-sicher_id_5636034.html.

Aufgabe 8
Erstellen Sie eine Lernkartei in PowerPoint mit den wichtigsten Fachbegriffen zum Thema Internetsicherheit (Viren, Würmer, Trojaner, Cyber-Kriminalität, Firewall, Virenscanner, sichere Passwörter u. a.).

Aufgabe 9
Führen Sie Ihr Lerntagebuch.

Kannliste zu HF 2 | Anforderungssituation 2.1 | Lernsituation 5

Gefahren des Internets

Nr.	Themenbereich: Gefahren des Internets erkennen und Schutzmaßnahmen ergreifen			
	Ich kann ...	**Zu finden ...**	**AP**	**√**
1	... die E-Mail der Ausgangssituation bewerten und begründen, warum es sich dabei um einen Betrugsversuch handelt.	S. 75–76	x	
2	... Gefahren des Internets benennen.	S. 75–80	x	
3	... folgende Gefahren erklären sowie Schutzmaßnahmen und Reaktionen bei Infizierung benennen: • Viren, Würmer, Trojaner (trojanische Pferde) • digitale Erpressung • Phishing • falsche Onlineshops • Abofallen • Cyber-Mobbing • Angriffe auf Websites von Unternehmen • Wirtschaftsspionage/Ausspähen von Kundendaten • Schadsoftware und Spionageangriffe in mobilen Endgeräten	S. 76–80	x	
4	... Viren, Würmer und Trojaner voneinander unterscheiden.	S. 77	xx	
5	... sichere Passwörter erstellen.	S. 77–78	xx	
6	... eine Checkliste zum sicheren Gebrauch von Smartphones erstellen.	S. 85	xx	
Nr.	**Themenbereich: Gefahren in sozialen Netzwerken erkennen und entsprechend handeln**			
	Ich kann ...	**Zu finden ...**	**AP**	**√**
7	... erkennen, dass ein Unternehmen in sozialen Netzwerken unterschiedlicher Arten von Kritik ausgesetzt sein kann, und weiß, wie ein Unternehmen auf konstruktive Kritik bzw. auf Schmähkritik reagieren sollte, um Shitstorms zu verhindern.	S. 81	xx	
8	... Argumente für und gegen die Nutzung von sozialen Netzwerken benennen.	S. 81	x	
9	... den Unterschied zwischen einem Profil und einer Fanseite eines Unternehmens erklären.	S. 81	x	
10	... erklären, was man unter Cyber-Mobbing versteht und erläutern, wie man sich dagegen schützen kann.	S. 85	x	
11	... einschätzen, welche Daten in sozialen Netzwerken veröffentlicht bzw. besser nicht veröffentlicht werden sollten.	S. 85	xx	
12	... erklären, was ein Fake-Profil ist und wie man bei Missbrauch handeln sollte.	S. 85	x	
Nr.	**Themenbereich: Problematische Inhalte im Internet erkennen und damit umgehen**			
	Ich kann ...	**Zu finden ...**	**AP**	**√**
13	... erklären, was das Recht am eigenen Bild bedeutet, und weiß, wie mit der Veröffentlichung von Bildern umgegangen werden sollte.	S. 85	x	
14	... erklären, welche Inhalte bei der Internetnutzung problematisch sein könnten und mich davor schützen.	S. 85	x	
Nr.	**Themenbereich: Tabellen und Faltblätter in MS Word erstellen**			
	Ich kann ...	**Zu finden ...**	**AP**	**√**
15	... eine umfangreiche Tabelle in MS Word erstellen.	S. 76	xx	
16	... ein Faltblatt mithilfe von MS Word erstellen.	S. 82–84	xx	

Anforderungsprofile (AP): x Reproduktion xx Anwendung xxx Problemlösung

Lernsituation 6

SB BWR ▶ Handlungsfeld 2, Kap. 2 und 3
LS BWR ▶ Lernsituationen 22 und 23

Lieferantenauswahl für Fahrradtrikots

Situation

Die Fly Bike Werke GmbH verkauft neben Fahrrädern auch T-Shirts und Shorts. In diesem Jahr soll zum Firmenjubiläum erstmals die regionale Niedersachsenrundfahrt gesponsert werden. Unter dem Namen „Basse-Saxe" soll eine neue Fahrradtrikot-Kollektion aufgelegt werden. Da die Fly Bike Werke GmbH die Textilien nicht selbst herstellt, wird ein Hersteller gesucht. Für die Auswahl neuer Hersteller und somit Lieferanten für Fahrradtrikots hat Frau Nemitz-Müller vier auf Sportbekleidung spezialisierte Unternehmen besichtigt. Hierdurch konnte sie einen persönlichen Eindruck von den Fertigungsmethoden und der Qualität der Ware erhalten.

Frau Nemitz-Müller hat zu jedem Unternehmen einen Bericht verfasst. Sie bittet Sie, die Berichte in Excel auszuwerten, indem Sie die wichtigsten Informationen in einer Tabelle zusammenfassen und ein Bewertungsschema von 1=sehr gut, 3=befriedigend und 5=mangelhaft anwenden. Frau Nemitz-Müller stellt Ihnen dazu auch einige Informations- und Arbeitsblätter zur Verfügung.

Bericht 1

besuchter Lieferant:
Sports Wear AG
Ansprechpartner Marin König
Zeppelinstraße 17
50996 Köln

Die Sports Wear AG produziert Sportbekleidung jeglicher Art. Da das Unternehmen erst zwei Jahre alt ist, kommen bei der Fertigung die modernsten technischen Verfahren zum Einsatz. Dies zeigt sich auch bei der Qualität der produzierten Ware, die als sehr gut zu bewerten ist. Aufgrund dieser Tatsachen hat sich das Unternehmen bereits einen guten Ruf erworben und zahlreiche Kunden gewonnen. Der Einkaufspreis pro Fahrradtrikot liegt auf einem hohen Niveau. Die Lieferzeit beträgt mindestens sechs Wochen. Lediglich die ökologischen Aspekte der Fertigung befinden sich auf einem mittleren Niveau, sodass die gesetzlichen Vorgaben eingehalten werden, aber als verbesserungsfähig einzuschätzen sind. Die Entfernung zwischen der Sports Wear AG in Köln und unserem Zentrallager in Oldenburg beträgt ca. 300 km.

Bericht 2

besuchter Lieferant:
Gory Tech GmbH
Ansprechpartner Nadja Mai
Franzgasse 22
28197 Bremen

Die Gory Tech GmbH ist ein alteingesessenes Unternehmen mit Sitz in Bremen, ca. 50 km von Oldenburg entfernt. Der technische Stand der Fertigung ist als zufriedenstellend zu bewerten. Trotzdem verfügen die analysierten Probetrikots über eine sehr hohe Qualität. Aufgrund der veralteten Fertigungstechniken sind auch die ökologischen Aspekte der Fertigung im Mittelfeld einzustufen. Laut Aussage des Leiters der Verkaufsabteilung garantiert das Unternehmen eine maximale Lieferfrist von drei bis vier Wochen. Die Einkaufspreise pro Fahrradtrikot sind günstig.

Bericht 3

besuchter Lieferant:
Trikot KG
Ansprechpartner Paul Timme
Rohrdamm 83
13629 Berlin

Die Trikot KG hat ihren Sitz in Berlin, sodass sich zu unserem Zentrallager in Oldenburg eine sehr große Entfernung von ca. 450 km ergibt. Die Einkaufspreise pro Fahrradtrikot liegen auf einem mittleren Niveau. Bei der Betriebsbesichtigung fiel sofort der veraltete Stand der Produktionstechnik auf. Bei der Analyse der Probetrikots bestätigte sich dieses negative Bild. Auch die ökologischen Aspekte der Fertigung erfüllen lediglich die gesetzlichen Vorgaben und befinden sich nicht auf dem neuesten Stand. Positiv hervorzuheben sind die kurzen Lieferfristen von maximal zehn Werktagen.

Bericht 4

besuchter Lieferant:
Knüffer Sportbekleidung GmbH
Ansprechpartner Karin Freit
Moselweg 125
30159 Hannover

Auf das Unternehmen Knüffer Sportbekleidung bin ich durch sehr positive Bewertungen im Internet aufmerksam geworden. Insbesondere die Lieferzeiten und die Zuverlässigkeit des Lieferanten sollen überzeugen. Vertraglich wird eine maximale Lieferzeit von zwei Wochen zugesichert. Dieses positive Bild hat sich bei meinen Besuch bestätigt. Hierbei konnte ich außerdem feststellen, dass das Unternehmen nach dem neuesten Stand der Technik produziert. Leider ergab die Analyse der Probetrikots nur ein befriedigendes Ergebnis. Die Berücksichtigung ökologischer Aspekte bei der Fertigung kann ebenfalls als befriedigend bewertet werden. Der Einkaufspreis pro Fahrradtrikot liegt auf einem hohen Niveau. Die kurze Entfernung des Lieferanten zu unserem Zentrallager in Oldenburg von ca. 170 km ergibt insgesamt ein eher positives Bild des Unternehmens.

Handlungsaufträge

1 Filtern Sie die Kriterien, die Sie zur Beurteilung der möglichen neuen Lieferanten benötigen, aus den Berichten heraus. Teilen Sie die Klasse dazu in vier Gruppen ein, sodass jede Gruppe nur einen Bericht liest. Alle Gruppen erhalten Karteikarten, um die Kriterien für eine Lieferantenauswahl aufzuschreiben. Notieren Sie jeweils nur ein Kriterium auf eine Karteikarte. Eine Gruppe stellt ihre Ergebnisse vor und heftet die Karten unsortiert an die Tafel oder an ein Plakat. Anschließend können die anderen Gruppen Ergänzungen vornehmen. Wenn es keine Ergänzungen mehr gibt, erhält jeder Schüler fünf Klebepunkte. Mithilfe der Klebepunkte sollen Sie aus Sicht des Einkaufs der Fly Bike Werke GmbH entscheiden, welche Kriterien wichtig sind. Halten Sie ein Kriterium für sehr wichtig, können Sie auch mehrere Klebepunkte auf eine Karteikarte kleben. Haben alle Schüler ihre Klebepunkte vergeben, sortieren Sie die Karteikarten nach ihrer Rangfolge. Das wichtigste Kriterium erhält z. B. den Rang 1.

2 Welche Problemstellung ergibt sich aus der Situation? Hierzu können Sie eine Übersicht wie im Arbeitsblatt 1.1 erstellen.

3 Erstellen Sie handschrifltich ein Tabellenlayout zur Lieferantenbewertung. Nutzen Sie dazu die Methode Think-Pair-Share und stellen Sie Ihre Ergebnisse der Klasse vor.

4 Sichten Sie alle Arbeits- und Informationsblätter, die sie von Frau Nemitz-Müller erhalten haben. Lösen Sie die Aufgaben auf den Arbeitsblättern, um sich mit Excel vertraut zu machen.

5 Überführen Sie Ihr Tabellenlayout aus Auftrag 3 in Excel und speichern Sie die Datei unter dem Namen *Lieferanten_Fahrradtrikot.xlsx*. Präsentieren Sie anschließend Ihr Ergebnis und begründen Sie, für welchen Lieferanten sich Frau Nemitz-Müller entscheiden sollte.

Hinweis: Denken Sie daran, Ihrer Tabelle eine Überschrift zu geben, das Layout zu gestalten und Formeln zu nutzen.

Arbeitsblatt 6.1 | Die Benutzeroberfläche von Excel 2016 I

Bei der Fly Bike Werke GmbH wird Excel als Tabellenkalkulationsprogramm eingesetzt. Dieses Programm finden Sie auf dem Computer unter **Start** ⊞ → **Excel**. Starten Sie das Programm mit einem Klick. Das Programm öffnet sich mit der Ansicht einer ersten Arbeitsmappe.

Beschriften Sie die Abbildung mit folgenden Fachbegriffen:
Bildlaufleiste, Register (Registerkarten), Namenfeld, Register Datei, aktuelles Tabellenblatt, Titelleiste, Spaltenkopf, Zeilenkopf, Zoomregler, Auswahl der Tabellenblätter, Bearbeitungsleiste, Listenpfeil, Symbolleiste für den Schnellzugriff, Gruppe Schriftart, Menüband, Ansichten

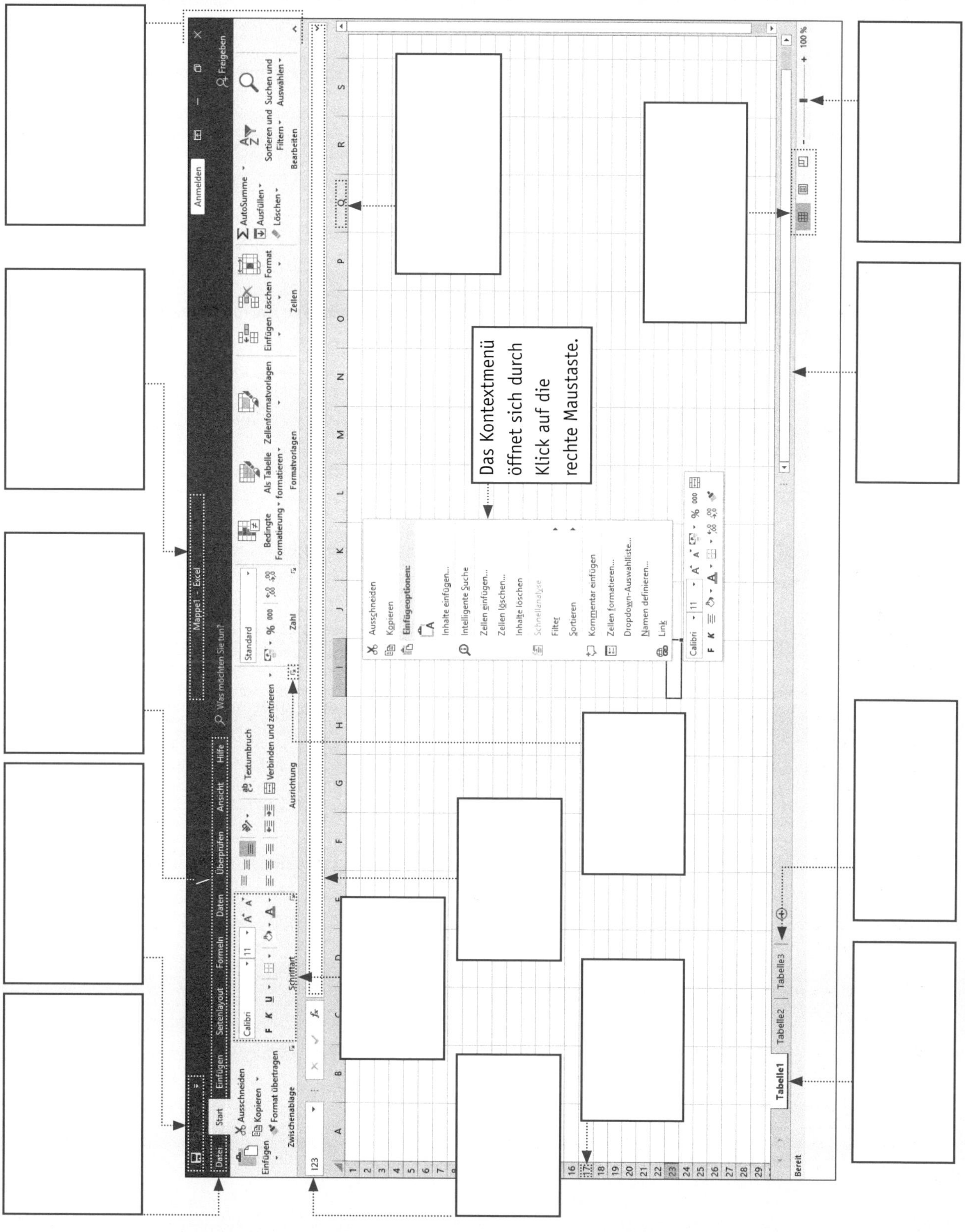

Arbeitsblatt 6.2 | Die Benutzeroberfläche von Excel 2016 II

Ordnen Sie die Bestandteile jeweils dem richtigen Verwendungszweck zu. Tragen Sie Ihr Ergebnis in die Tabelle unten ein.

	Bestandteil		Verwendungszweck
1	Titelleiste	a	Es wird Ihnen angezeigt, welche Zelle aktuell bearbeitet wird.
2	Symbolleiste für den Schnellzugriff	b	Sie können Zahlen, Buchstaben und Formeln eingeben.
3	Menüband	c	Es wird Ihnen der Name des Dokuments angezeigt.
4	Namenfeld	d	Sie ermöglicht Ihnen, schnell auf die für Sie wichtigen Befehle, z. B. Speichern, Rückgängig machen, zuzugreifen.
5	Bearbeitungsleiste	e	Hier erkennen Sie die Spaltenbezeichnung.
6	Spaltenkopf	f	Sie finden hier alle für Ihr Dokument relevanten Registerkarten.
7	Registerkarte	g	Sie können z. B. speichern, Tabellenblätter in ein PDF-Format umwandeln, Einstellungen anpassen.
8	Datei	h	Beinhalten zusammengehörige Befehlsgruppen.
9	Gruppe Schriftart	i	Hier erkennen Sie die Zeilenbezeichnung.
10	Auswahl der Tabellenblätter	j	Es wird Ihnen angezeigt, in welchem Tabellenblatt Sie sich befinden.
11	Zeilenkopf	k	Sie können die Schrift anpassen und verändern.
12	aktuelles Tabellenblatt	l	Durch Doppelklick in dieser Leiste kann man zum Anfang bzw. Ende des Dokuments gelangen.
13	Zoomregler	m	Sie können verschiedene Tabellenblätter ansteuern.
14	Bildlaufleiste	n	Sie vergrößern bzw. verkleinern hiermit die Ansicht des Dokumentes.
15	Ansicht	o	Hier können Sie zwischen Normal-, Seiten- und Umbruchvorschau wechseln.

Tragen Sie hier Ihre Lösung ein:

1	2	3	4	5	6	7	8	9	10	11	12	13	14	15
C	d	f	a	B	E	H	G	k	M	i	J	N	L	O

Arbeitsblatt 6.3 | Die Benutzeroberfläche von Excel 2016 III

Bei Excel handelt es sich um ein Tabellenkalkulationsprogramm. Es dient dazu, Berechnungen mithilfe von Formeln und Funktionen durchzuführen sowie Daten zu verwalten. Der Aufbau folgt dabei einer Matrix, die in Form einer **Tabelle** bzw. eines **Tabellenblatts** dargestellt wird. Die jeweilige Information wird in einer **Zelle** erfasst. Der **Zellbezug** (z. B. A5, D8) kennzeichnet die Lage einer Zelle innerhalb eines Arbeitsblatts und kann auch für Berechnungen verwendet werden, um auf Daten oder Werte zu verweisen. Der Zellbezug kann dem **Namenfeld** entnommen werden, sofern die Zelle aktiv ist. Gekennzeichnet wird dies durch die grüne Umrandung der Zelle.

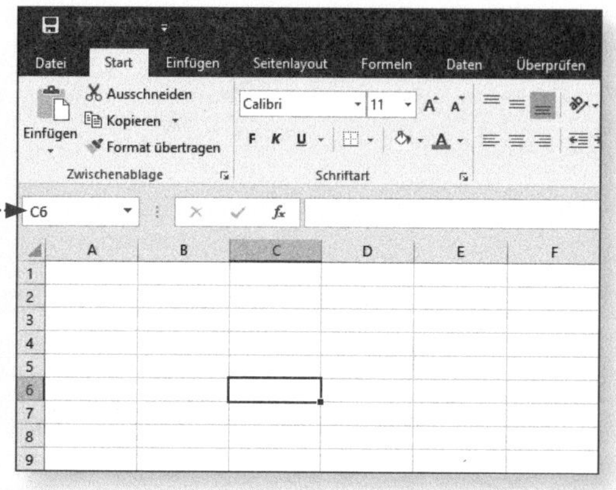

Nebenstehend ist die Zelle C6 aktiv.

Das Aktivieren einer bestimmten Zelle kann durch das direkte Anklicken per Maus erfolgen. Außerdem kann die grüne Umrandung über das Arbeitsblatt navigiert werden, indem die Pfeiltasten sowie die folgenden Tastenkombinationen verwendet werden:

Richtung	Tastenkombination
abwärts	Return
aufwärts	Umschalt-Taste und Return
rechts	Tab-Taste
links	Umschalt-Taste und Tab

Zur **Registerkarte Start** gehören die Gruppen Textumbruch, Verbinden und zentrieren oder Rechtsbündig ausrichten

Jede Gruppe enthält **Befehle**, die durch Symbole gekennzeichnet sind. Einige Gruppen besitzen auch noch Dialogfelder, die durch Anklicken geöffnet werden können.

Welche Änderungen können Sie über die Gruppe Schriftart vornehmen?

____

Welche Änderungen können Sie über die Gruppe Ausrichtung vornehmen?

Linksbündig, Rechtsbündig

Mittig ausrichten

Welche Möglichkeiten der Zahlenformatierungen können Sie über die Gruppe Zahl vornehmen?

____

Arbeitsblatt 6.4 | Erste Dateneingabe in Excel

Für das Eingeben von Daten stehen Ihnen zwei Möglichkeiten zur Verfügung. Entweder Sie geben Ihre Daten direkt in die aktive Zelle ein oder Sie erfassen die Daten in der **Bearbeitungsleiste,** die sich unterhalb des Menübands befindet. Das Eingeben der Daten kann dabei erfolgen als **Text, Zahl** oder Formel, wobei das Ergebnis einer **Formel** eine Zahl ist, die auf einer Rechenvorschrift basiert.

Nutzen Sie für die Eingabe von Inhalten die Bearbeitungsleiste, dann müssen Sie nach der Eingabe einmal die Return-Taste drücken. Erst dadurch bestätigen Sie den Abschluss der Dateneingabe. Sie sehen dann, dass sich die aktive grüne Umrandung auf dem Tabellenblatt eine Zelle nach unten bewegt hat. Selbstverständlich können Sie die eingegebenen Daten auch ändern. Klicken Sie dafür direkt auf den Text in der Bearbeitungsleiste. Alternativ können Sie eine Änderung auch direkt über die aktive Zelle vornehmen, indem Sie einen Doppelklick in der Zelle vornehmen oder die Zelle einmal anklicken und dann die Funktionstaste F2 drücken.

Beachten Sie, dass Excel Texte und Zahlen standardmäßig unterscheidet und diese unterschiedlich ausrichtet. Wird eine Zahl in eine Zelle eingegeben, so erfolgt eine rechtsbündige Ausrichtung des Zelleninhalts, sobald eine neue Zelle aktiviert wird. Texte werden hingegen linksbündig ausgerichtet. Wird eine Kombination aus Text und Zahl eingegeben, interpretiert Excel dies als Text.

Anpassen der Zellgröße

In der nebenstehenden Tabelle zur Berechnung von Ein- und Auszahlungen sehen Sie, dass die Zellen A2, A3 und A4 für die Eintragungen zu klein sind.

	A	B	C	D	E
1		Einzahlungen	Auszahlungen	Plus/Minus	
2	Kalenderwoche 1				
3	Kalenderwoche 2				
4	Kalenderwoche 3				
5					

Damit der Text in die Zellen passt, müssen Sie die Spaltenbreite ändern. Gehen Sie dafür mit dem Mauszeiger auf die Begrenzungslinie zwischen den Spalten A und B. Der Mauszeiger verändert sich nun. Betätigen Sie anschließend die linke Maustaste, halten diese gedrückt und ziehen die Begrenzungslinie so weit nach rechts, bis der Text in der Zelle ausreichend Platz hat. Alternativ reicht auch ein Doppelklick auf die Begrenzungslinie und Excel gibt von selbst die optimale Spaltenbreite vor.

Aufgaben

1 Erfassen Sie die Tabelle mit den Einzahlungen und Auszahlungen und probieren Sie es aus. Speichern Sie die Tabelle unter dem Namen *Einzahlungen_Auszahlungen.xlsx.*

2 Erweitern Sie Ihre Tabelle um die Kalenderwochen 4 bis 8 und vervollständigen Sie Ihre Tabelle mit nebenstehenden Zahlen.

	A	B	C	D	E
1		Einzahlungen	Auszahlungen	Plus/Minus	
2	Kalenderwoche 1	50	23		
3	Kalenderwoche 2	60	70		
4	Kalenderwoche 3	55	48		
5	Kalenderwoche 4	48	30		
6	Kalenderwoche 5	80	50		
7	Kalenderwoche 6	25	5		
8	Kalenderwoche 7	100	40		
9	Kalenderwoche 8	65	60		
10					

3 Markieren Sie die Zellen B2 bis C9 mit gedrücker linken Maustaste, um die Zahlen zu formatieren. Wählen Sie nun in der Registerkarte Zahl Währung aus. Ihr Ergebnis müsste wie folgt aussehen:

	A	B	C	D	E
1		Einzahlungen	Auszahlungen	Plus/Minus	
2	Kalenderwoche 1	7.500,00 €	4.800,00 €		
3	Kalenderwoche 2	8.500,00 €	9.500,00 €		
4	Kalenderwoche 3	8.000,00 €	7.300,00 €		
5	Kalenderwoche 4	7.300,00 €	5.500,00 €		
6	Kalenderwoche 5	10.500,00 €	7.500,00 €		
7	Kalenderwoche 6	5.000,00 €	3.000,00 €		
8	Kalenderwoche 7	12.500,00 €	6.500,00 €		
9	Kalenderwoche 8	9.000,00 €	8.500,00 €		
10					

TIPP Speichern Sie Ihr Ergebnis ab, damit nichts verloren geht.

Arbeitsblatt 6.5 | Berechnungen mithilfe von Formeln durchführen

Ändern sich Zahleneingaben, so ist es in Excel nicht erforderlich, diese noch einmal komplett neu zu erfassen. Grundlage dafür sind die in den Zellen hinterlegten **Formeln** (Gleichungen, die z. B. die **Zellbezüge** und Operatoren enthalten). Ändert sich ein Wert, so wirkt sich dies durch die Zellbezüge auf die entsprechenden Werte in den Zellen aus. Am Anfang einer Formel steht immer ein **Gleichzeichen** (=), gefolgt von den Zellbezügen (z. B. A1+B1). Leerzeichen sind zwischen den Angaben nicht erforderlich.

Eine Formel kann die nebenstehenden **mathematischen Operatoren** (Rechenzeichen für die Addition, Subtraktion usw.) enthalten. Dabei rechnet Excel stets von links nach rechts und folgt der **Operatorrangfolge** bzw. **-priorität** (Punkt- vor Strichrechnung). Beachten Sie, dass eine Veränderung der Rangfolge nur durch das Setzen von Klammern möglich ist.

Addition (niedrige Priorität)	+
Subtraktion (niedrige Priorität)	–
Multiplikation (höhere Priorität)	×
Division (höhere Priorität)	/

Beispiel:

Berechnung	Hinweis
12×16 + 9 = 201	Berechnung erfolgt von links nach rechts
12×(16 + 9) = 300	Berechnung der Klammer erfolgt zuerst

Aufgaben

1 Berechnen Sie für Ihre Einnahmen-Ausgaben-Tabelle das Ergebnis, indem Sie in die Zelle D2 die Formel für die Berechnung schreiben. Dann bestätigen Sie Ihre Eingabe mit Return. Klicken Sie dann zurück in die Zelle D2, sodass Sie in der Bearbeitungsleiste Ihre eingegebene Formel sehen können. Weil die Zellen, mit denen gerechnet worden ist, schon in € formatiert sind, erscheint auch das Ergebnis in diesem Format. Ihr Ergebnis müsste so aussehen:

Namenfeld: gibt die aktive Zelle an

Bearbeitungsleiste: enthält die Formel mit den Zellbezügen und Operatoren

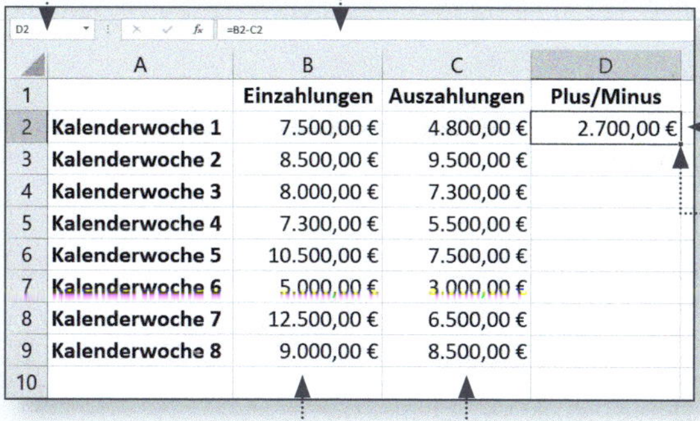
D2 =B2-C2

	A	B	C	D
1		Einzahlungen	Auszahlungen	Plus/Minus
2	Kalenderwoche 1	7.500,00 €	4.800,00 €	2.700,00 €
3	Kalenderwoche 2	8.500,00 €	9.500,00 €	
4	Kalenderwoche 3	8.000,00 €	7.300,00 €	
5	Kalenderwoche 4	7.300,00 €	5.500,00 €	
6	Kalenderwoche 5	10.500,00 €	7.500,00 €	
7	Kalenderwoche 6	5.000,00 €	3.000,00 €	
8	Kalenderwoche 7	12.500,00 €	6.500,00 €	
9	Kalenderwoche 8	9.000,00 €	8.500,00 €	
10				

aktive Zelle: mit dem Ergebnis der Berechnung

Anfasser oder (Auto-)Ausfüllkästchen: kleines Quadrat, das sich rechts unten an der aktiven Zelle befindet

Zellen: enthalten die Werte für die Berechnungen; jede Zelle hat einen eindeutigen Zellbezug

TIPP Statt der manuellen Eingabe der Zellbezüge in der Formel der aktiven Zelle können Sie die Zellen auch anklicken und müssen nur die mathematischen Operatoren eingeben.
Sie können eine Formel aber auch direkt in der Bearbeitungsleiste eingeben. Dazu muss vorab die Zelle markiert worden sein, in der die Formel stehen soll.

2 Lassen Sie nun die Ergebnisse für die andere Wochen ausrechnen. Es ist aber nicht notwendig, immer wieder die Formel neu einzugeben. Denn die Formel für die Zellen bleibt gleich und nur der Zellbezug muss geändert werden. Excel ist ein Programm, das sozusagen logisch „handelt“: Wird die Formel, die in D2 hinterlegt wurde, in D3 bis D9 kopiert, errechnet Excel das gewünschte Ergebnis. Klicken Sie dazu mit der Maus auf den Anfasser rechts unten in der Zelle. Der Mauszeiger verändert sein Aussehen zu einem kleinen schwarzen Kreuz. Drücken Sie die linke Maustaste und ziehen Sie das Kreuz bei gedrückter linker Maustaste bis zum Feld D9. Die **Formel ist kopiert** und alle Ergebnisse werden angezeigt.

3 Berechnen Sie das Gesamtergebnis nach 8 Wochen.

Informationsblatt 6.1 | Zellen formatieren

Unter „Zellen formatieren" wird so viel verstanden wie Zellen gestalten. Zellen können z. B. mit einem Rahmen versehen oder farbig gemacht werden, der Zellinhalt kann unterstrichen oder in einer fetten Schrift dargestellt werden. Genauso wie es viele Wege nach Rom gibt, gibt es auch viele Möglichkeiten, wie Zellen formatiert werden können. Im Folgenden wird zu jeder Formatierung jeweils nur eine Möglichkeit dargestellt. Sollten Ihnen noch weitere Möglichkeiten einfallen, dann können Sie diese auch aufschreiben.

Zellinhalt fett darstellen

→ Sie markieren die Zellen, deren Inhalte (Texte, Zahlen) fett dargestellt werden sollen, mit der linken Maustaste.

→ Sie klicken in der Registerkarte Start in der Gruppe Schriftart auf **F**.

Zellinhalt *kursiv* **darstellen**

→ Sie markieren die Zellen, deren Inhalte (Texte, Zahlen) schräg dargestellt werden sollen, mit der linken Maustaste.

→ Sie klicken in der Registerkarte Start in der Gruppe Schriftart auf ***K***.

Zellinhalt unterstreichen

→ Sie markieren die Zellen, deren Zellinhalte (Texte, Zahlen) unterstrichen werden sollen, mit der linken Maustaste.

→ Sie klicken in der Registerkarte Start in der Gruppe Schriftart auf **U**.

Zellen miteinander verbinden und zentrieren

→ Sie markieren die Zellen, die zu einer einzigen Zelle zusammengefasst werden sollen, mit der linken Maustaste.

→ Sie klicken in der Registerkarte Start in der Gruppe Ausrichtung auf .

Zellinhalt in einer Zelle in mehreren Zeilen darstellen (Zeilenumbruch)

→ Sie markieren die Zellen, deren Zellinhalt in mehreren Zeilen dargestellt werden soll, mit der linken Maustaste.

→ Sie klicken in der Registerkarte Start in der Gruppe Ausrichtung auf ab.

Text ausrichten

Wenn sich Ihr Text in der Mitte (zentriert) oder auf der linken Seite (linksbündig) bzw. auf der rechten Seite (rechtsbündig) der Zelle befinden soll, klicken Sie auf folgende Befehle in der Registerkarte Start in der Gruppe Absatz:

Text steht auf der linken Seite der Zelle

Text steht auf der rechten Seite der Zelle

Text steht in der Mitte der Zelle

Zellen mit einem Rahmen versehen

→ Sie markieren die Zellen, die mit einem Rahmen versehen werden sollen, mit der linken Maustaste.

→ Sie klicken in der Registerkarte Start in der Gruppe Schriftart auf das Pfeilchen des Befehls .

→ Sie wählen die für Sie geeignete Rahmenlinie aus.

→ Wenn Ihnen die Auswahl der aufgelisteten Rahmenlinien nicht ausreicht, dann können Sie die Rahmenlinien auch selbst gestalten.

→ Dazu markieren Sie erneut die Zellen, die Sie mit dem Rahmen versehen möchten.

a Sie klicken in der Registerkarte Start in der Gruppe Schriftart auf das Pfeilchen des Befehls .

b Wählen Sie den Befehl Weitere Rahmenlinien.

c Es öffnet sich ein Fenster, in dem Sie die Linienart und -farbe einstellen und auswählen können und wo der Rahmen in der Zelle gesetzt werden soll.

d Klicken Sie anschließend auf die Schaltfläche OK.

Zelle mit einem farbigen Hintergrund versehen

→ Sie markieren die Zellen, die mit einem farbigen Hintergrund gefüllt werden sollen, mit der linken Maustaste.

→ Sie klicken in der Registerkarte Start in der Gruppe Schriftart auf das Pfeilchen des Befehls .

→ Sie wählen die Füllfarbe aus.

Platz für Notizen

Folgesituation

Durch die Besichtigungen der möglichen neuen Lieferanten sind Frau Nemitz-Müller auf ihren Dienstreisen verschiedene Reisekosten entstanden. Sie hat alle Belege ihrer Ausgaben gesammelt und für jeden Besuch eine kurze Aufzeichnung erstellt. Um die Kosten erstattet zu bekommen, gibt sie alle Belege und Aufzeichnungen gewöhnlich an Frau Linden in die Personalabteilung, damit diese eine Reisekostenabrechnung durchführen kann.

Frau Nemitz-Müller möchte, dass Sie sich noch intensiver mit Excel beschäftigen, um noch mehr Möglichkeiten des Programmes kennenzulernen. Sie gibt Ihnen daher den Aufrag, eine Reisekostenabrechnung in Excel zu erstellen. Mithilfe der erstellten Excel-Tabelle möchte Frau Nemitz-Müller u. a. folgende Fragen beantwortet haben:

- Wann fanden die Dienstreisen statt?
- Welche Unternehmen wurden besucht?
- Wo begannen und wo endeten die Dienstreisen? Gab es Zwischenstopps?
- Welche Kostenbereiche müssen berücksichtigt werden?
- Wie hoch sind die entstandenen Gesamtkosten?
- Wurde die Verpflegungspauschale überschritten?
- In welcher Höhe übernimmt die Fly Bike Werke GmbH die Verpflegungskosten?
- Wie hoch ist die gesamte Kostenerstattung an Frau Nemitz-Müller?
- In welcher Höhe wurden Kosten nicht erstattet und wie viel Prozent sind das von den gesamten Verpflegungskosten?
- Wie hoch sind die durchschnittlich entstandenen Gesamtkosten?
- Wie hoch ist die durchschnittliche Kostenerstattung?
- Welche Höhe haben der kleine und der größte Eigenanteil?

Frau Nemitz-Müller bittet Sie außerdem, die Tabelle so aufzubereiten, dass sie auf einem DIN-A4-Blatt ausgedruckt werden kann. Damit Sie alle Fragen und Aufträge beantworten können, gibt Ihnen Fau Nemitz-Müller wieder einige Arbeitsblätter (6.6 bis 6.12) sowie die aktuelle Reisekostenordnung der Fly Bike Werke GmbH.

Auszug aus der Reisekostenordnung der Fly Bike Werke GbmH

Allgemeine Hinweise

1) **Definition Dienstreise**
Eine Dienstreise ist eine beruflich veranlasste Auswärtstätigkeit, wenn der Arbeitnehmer vorübergehend außerhalb seiner Wohnung und an keiner seiner regelmäßigen Arbeitsstätten beruflich tätig wird. Der steuerlich erforderliche Nachweis, dass eine Dienstreise stattgefunden hat, wird im Regelfall mit den der Kostenerstattung zugrunde liegenden Belegen erbracht. (...)

2) **Kostenübernahme**
Das Unternehmen übernimmt bei auswärtiger Tätigkeit die notwendigen Fahrt-, Übernachtungs- und Verpflegungskosten nach Maßgabe dieser Richtlinien. (...)

3) **Angemessenheit der Kosten, insbesondere der Übernachtungskosten**
Reisedauer, Verkehrsmittel und Übernachtungskosten sind vom Mitarbeiter mit dem zuständigen Vorgesetzten abzustimmen. Beide tragen gemeinsam die Verantwortung dafür, dass eine Dienstreise notwendig ist und unter Berücksichtigung von Aufgaben und Reisezweck möglichst wirtschaftlich durchgeführt wird.

4) **Verkehrsmittel**
Fahrtkosten werden grundsätzlich nur für die jeweils kürzeste Entfernung zwischen Wohnung und Reiseziel bzw. Arbeitsstätte und Reiseziel erstattet.

Abrechnung der Reisekosten

1) **Übernachtungskosten**
Das Unternehmen erstattet die reinen Übernachtungskosten (ohne Frühstück) nach Beleg. Der maximal erstattbare Buchungspreis beträgt 80,00 € pro Übernachtung.

2) **Verpflegungspauschale**
Der Tages-Pauschalbetrag beträgt für Mehraufwendungen der Verpflegung (z. B. Frühstück, Mittagessen) aus Anlass einer Dienstreise maximal 20,00 €. Die darüber hinausgehenden zusätzlichen Verpflegungskosten werden nicht erstattet. Liegen die Verpflegungskosten unter 20,00 €, werden nur die tatsächlich entstandenen Verpflegungskosten erstattet.

3) **Dienstfahrten mit eigenem Pkw**
   a) Die im Rahmen einer Dienstreise gefahrenen Kilometer können ohne Beleg mit den nötigen Angaben wie Fahrzeugtyp und km-Angabe angegeben werden.
   b) Die Vergütung der gefahrenen Kilometer richtet sich nach der jeweiligen steuerfreien Pauschale. Sie beträgt zurzeit € 0,30 je gefahrenem Kilometer.
   c) Das Privatfahrzeug ist für die Dauer der Dienstreise vom Unternehmen durch eine Vollkaskoversicherung versichert. Der Versicherer leistet jedoch keine Entschädigung, wenn der Versicherungsfall vorsätzlich oder durch grobe Fahrlässigkeit herbeigeführt wurde.

4) **Taxifahrten**
Taxi-Quittungen müssen Abfahrt- und Zielort, das Tagesdatum und die Unterschrift des Fahrers enthalten. Angaben über Abfahrt- und Zielort sind notfalls vom Mitarbeiter nachzutragen. Blanko-Quittungen nur mit Betrag ohne weitere Angaben können nicht erstattet werden.

Besuch bei der Sports Wear AG in Köln

- *Datum des Besuchs:* 18.10.20XX
- *Fahrstrecke einfach:* 312 km
- *Übernachtungskosten:* keine
- *Ausgaben für Essen:* Mittagessen 12,50 € beim Italiener Carpaccio
Nachmittagssnack 7,80 € im Café Liebrich

Carpaccio Italienisches Restaurant
Wergelstr. 6,
51149 Köln

Kasse: 1 Bon-Nr. 128524785
Datum 18.10.20xx Zeit: 12:45

1 x Mittagstisch		7,50
1 x Mineralwasser		2,50
1 x Kaffee		2,50
Gesamtbetrag EUR		12,50
Barzahlung		12,50
MwSt 0 % von	0,00	0,00
MwSt 19 % von	12,50	2,00
MwSt 7 % von	0,00	0,00

Vielen Dank für Ihren Besuch

Café Liebrich
Bonnstraße 3
50996 Köln

Kasse: 1 Bon-Nr. 568445
Datum 18.10.20xx Zeit: 15:49

1 x Erdbeerkuchen		3,70
1 x Kaffee		2,30
1 x Wasser		1,80
Gesamtbetrag EUR		7,80
Barzahlung		7,80
MwSt 0 % von	0,00	0,00
MwSt 19 % von	7,80	1,50
MwSt 7 % von	0,00	0,00

Vielen Dank für Ihren Besuch

Besuch bei der Gory Tech GmbH in Bremen

- *Datum des Besuchs:* 21.10.20XX
- *Fahrstrecke einfach:* 53 km
- *Übernachtungskosten:* keine
- *Ausgaben für Essen:* Frühstückspause 6,80 € bei einem Bäcker
Mittagessen 7,99 € im Fast Food Restaurant

Bäckerei Ecker
Aachener Str. 17
28195 Bremen

Kasse: 1 Bon-Nr. 85270478
Datum 21.10.20XX Zeit: 9:05

1 x Käsebrötchen		2,50
1 x Mineralwasser		2,00
1 x Kaffee		2,30
Gesamtbetrag EUR		6,80
Barzahlung		6,80
MwSt 0 % von	0,00	0,00
MwSt 19 % von	6,80	1,30
MwSt 7 % von	0,00	0,00

Vielen Dank für Ihren Besuch

Burger Tempel
Am Dom 31
28195 Bremen

Kasse: 1 Bon-Nr. 5124975
Datum 23.10.20XX Zeit: 13:40

1 x Menü 15 Maxi		7,99
Gesamtbetrag EUR		7,99
Barzahlung		7,99
MwSt 0 % von	0,00	0,00
MwSt 19 % von	7,99	1,50
MwSt 7 % von	0,00	0,00

Vielen Dank für Ihren Besuch

Besuch der Trikot KG und Küffner Sportbekleidung GmbH

• Datum des Besuchs:	24. und 25.10.20XX
• Fahrstrecken:	Oldenburg – Berlin: 448 km (24.10.)
	Berlin – Hannover: 289 km (24.10.)
	Hannover – Oldenburg: 173 km (25.10.)
• Übernachtungskosten:	69,00 € im Tibis Hotel Hannover (24.10.)
• Ausgaben für Essen:	Frühstückspause 5,60 € bei einem Bäcker (24.10.)
	Abendessen 13,90 € in der Raststätte (24.10.)
	Mittagessen in der Betriebsmensa Küffner Sportbekleidung 12,80 € (25.10.)
	Abendessen 15,50 € in der Raststätte (25.10.)

Bäckerei Kansen
Gaststraße 14
26188 Oldenburg

Kasse: 1	Bon-Nr. 65375678	
Datum 24.10.20xx	Zeit: 8:15	
3 x Rosinenbrötchen		3,30
1 x Tee		2,30
Gesamtbetrag EUR		5,60
Barzahlung		5,60
MwSt 0 % von	0,00	0,00
MwSt 19 % von	5,60	1,00
MwSt 7 % von	0,00	0,00

Vielen Dank für Ihren Besuch

Tank & Relax
Bundesautobahn A 2
38176 Wendeburg

Kasse: 2	Bon-Nr. 2478972	
Datum 24.10.20xx	Zeit: 19:40	
1 x Schnitzel mit Salat		7,90
2 x stilles Wasser		3,50
1 x Cappucino		2,50
Gesamtbetrag EUR		13,90
Barzahlung		13,90
MwSt 0 % von	0,00	0,00
MwSt 19 % von	13,90	2,65
MwSt 7 % von	0,00	0,00

Vielen Dank für Ihren Besuch

Knüffer Sportbekleidung
Betriebsmensa
Moselweg 125 – 30159 Hannover

Kasse: 4	Bon-Nr. 70335448	
Datum 25.10.20XX	Zeit: 12:25	
1 x Salattheke		3,50
1 x Tagesmenü vegetarisch		4,50
1 x Softdrink		2,30
1 x Kaffee		2,50
Gesamtbetrag EUR		12,80
Barzahlung		12,80
MwSt 0 % von	0,00	0,00
MwSt 19 % von	12,80	2,28
MwSt 7 % von	0,00	0,00

Vielen Dank für Ihren Besuch

Autohof Langwedel
Bundesautobahn A 27
27299 Langwedel

Kasse: 5	Bon-Nr. 2478972	
Datum 25.10.20XX	Zeit: 20:05	
1 x Nudelpfanne		7,50
1 x Dessert		3,30
1 x Mineralwasser		2,20
1 x Kaffee		2,50
Gesamtbetrag EUR		15,50
Barzahlung		15,50
MwSt 0 % von	0,00	0,00
MwSt 19 % von	15,50	2,95
MwSt 7 % von	0,00	0,00

Vielen Dank für Ihren Besuch

TIBIS HOTEL

TIBIS Hotel, Blankestr. 100, D-30159 Hannover

Fly Bike Werke GmbH
Rostocker Straße 334
26121 Oldenburg

TIBIS Hotel
Blankestr. 100
D-30159 Hannover

fon +49 (511) 86 00 98-0
fax +49 (511) 86 00 98-5

info@tibis-hannover.de
www.tibis-hannover.de

26.10.20XX

Rechnung Nr.: 1611
Zimmer Nr.: 304

Anreise 24.10.20XX
Abreise 25.10.20XX
Gast Frau Nemitz-Müller

Datum	Bezeichnung	Menge	Preis	Gesamtpreis
24.10.20xx	Übernachtung ohne Frühstück	1	64,49 €	69,00 €
			MwSt. 7 %	4,51 €
			Rechnungsbetrag inkl. MwSt.	**69,00 €**

Handlungsaufträge

1 Welche Problemstellung ergibt sich aus der Situation? Hierzu können Sie eine Übersicht wie im Arbeitsblatt 1.1 erstellen.

2 Erstellen Sie handschriftlich ein Tabellenlayout zur Reisekostenabrechnung. Überlegen Sie sich dazu, welche Berechnungen Sie für die Reisekostenabrechnung anstellen müssen. Nutzen Sie dazu die Methode Think-Pair-Share und stellen Sie anschließend Ihre Ergebnisse der Klasse vor.

3 Sichten Sie alle Arbeits- und Informationsblätter, die Sie von Frau Nemitz-Müller erhalten haben. Lösen Sie die Aufgaben auf den Arbeitsblättern, um sich mit den Funktionen in Excel vertraut zu machen.

4 Erstellen Sie nun Ihre Auswertungstabelle in Excel, indem Sie Formeln und Funktionen nutzen. Speichern Sie die Datei unter dem Namen *Auswertung_Reisekosten.xlsx*.

Hinweis: Weisen Sie den Zellen sinnvolle Formate zu, z. B. das Währungsformat. Wählen Sie außerdem geeignete Formatierungen für eine übersichtliche Gestaltung der Tabelle, wie z. B. Rahmen und Hintergrundfarben. Denken Sie auch an eine Überschrift für die Tabelle.

5 Präsentieren Sie Ihre Auswertung.

Arbeitsblatt 6.6 | Die Prozentrechnung

Die Prozentrechnung ermöglicht es, Zahlen und Größen miteinander zu vergleichen. Anteile an einem Ganzen werden als Brüche oder in Prozent angegeben. Prozent (%) sind Brüche mit dem Nenner 100. Sie können auch als Dezimalbruch geschrieben werden.

In der Prozentrechnung interessieren besonders die drei Größen **Grundwert, Prozentsatz** und **Prozentwert**. Und das beschreiben diese Größen:
- **Grundwert** (G) entspricht dem Ganzen. Er entspricht 100 %.
- **Prozentwert** (P) ist der Teil des Gesamtwertes, abhängig vom Prozentsatz, d. h. er stellt einen Anteil am Grundwert dar.
- **Prozentsatz** (p) benennt das Verhältnis zur Vergleichszahl 100, d. h. er gibt den Anteil des Prozentwertes vom Grundwert in Prozent an.

Zum Merken:

$$100\,\% = \frac{100}{100} = \frac{1}{1} = 1$$

$$10\,\% = \frac{10}{100} = \frac{1}{10} = 0{,}1$$

$$20\,\% = \frac{20}{100} = \frac{1}{5} = 0{,}2$$

$$50\,\% = \frac{50}{100} = \frac{1}{2} = 0{,}5$$

$$25\,\% = \frac{25}{100} = \frac{1}{4} = 0{,}25$$

Hier noch einmal die drei Formeln im Überblick:
- Prozentwert (P) = Grundwert (G) * Prozentsatz (p)
- $\text{Prozentsatz (p)} = \dfrac{\text{Prozentwert (P)}}{\text{Grundwert (G)}}$
- $\text{Grundwert (G)} = \dfrac{\text{Prozentwert (P)}}{\text{Prozentsatz (p)}}$

Beispiel: 1.000 ml Milch mit einem Fettanteil von 3,5 % enthalten 35 ml Fett.

Prozentwert (P) = 35 ml

Prozentsatz (p) = 3,5 % = 0,035

Grundwert (G) = 1.000 ml

Aufgaben

1 Erstellen Sie die folgende Tabelle und speichern Sie diese unter dem Namen *Nachlass.xlsx* ab.
2 Tragen Sie in die Tabelle unten die Formeln für die Zellen D3 bis D6 ein.
3 Formatieren Sie die Zellen D3 bis D6 im %-Format, sodass Ihnen z. B. der Dezimalbruch 0,04 in der Tabelle sofort als 4 % angezeigt wird.
4 Formatieren Sie die Zellen E3 bis E6 in €.
5 Berechnen Sie den Prozentsatz und den Endbetrag.
6 Erst nachdem alle Ergebnisse errechnet und alle Formeln kopiert wurden, werden am Ende die Linien gesetzt.

	A	B	C	D	E
1					
2		**Rechnungsbetrag**	**Nachlass**	**Prozentsatz**	**Endbetrag**
3		800,00 €	24,00 €		
4		70,00 €	2,10 €		
5		4.500,00 €	180,00 €		
6		40,00 €	1,65 €		

7 Wie lautet die Formel in I4, sofern die Zelle im %-Format formatiert ist?

	A	B	C	D	E	F	G	H	I
1	**Berechnung des Akkordlohns**								
2									
3		**Produzierte Teile**	**Akkord pro Teil**	**Akkordprämie gesamt**	**Anzahl der Arbeiter**	**Akkordprämie pro Arbeiter**	**Grundlohn pro Arbeiter**	**Gesamtlohn pro Arbeiter**	**Prozentualer Anteil des Gesamtlohns des Arbeiters am Gesamtlohn aller Gruppen**
4	**Gruppe 1**	3.500	0,50 €	1.750,00 €	14	125,00 €	456,80 €	581,80 €	13,61%
5	**Gruppe 2**	2.600	1,20 €	3.120,00 €	24	130,00 €	501,00 €	631,00 €	14,76%
6	**Gruppe 3**	4.200	0,80 €	3.360,00 €	25	134,40 €	399,21 €	533,61 €	12,48%
7	**Gruppe 4**	3.800	0,90 €	3.420,00 €	24	142,50 €	403,60 €	546,10 €	12,78%
8	**Gruppe 5**	2.300	1,40 €	3.220,00 €	20	161,00 €	412,50 €	573,50 €	13,42%
9	**Gruppe 6**	8.500	0,40 €	3.400,00 €	20	170,00 €	688,35 €	858,35 €	20,08%
10	**Gruppe 7**	6.700	0,50 €	3.350,00 €	25	134,00 €	415,80 €	549,80 €	12,86%
11								4.274,16 €	

Arbeitsblatt 6.7 | Summen- und Mittelwert-Funktion

Excel bietet Ihnen eine große Anzahl vorgefertigter Formeln – sogenannter Funktionen.

Summen-Funktion

Mit der Summen-Funktion können Sie die Zahlen mehrerer Zellen addieren. Wollen Sie z. B. die Zellen von A1 bis A8 addieren, müssen Sie dazu nicht die Formel *=A1+A2+A3+A4+A5+A6+A7+A8* eingeben, sondern können schreiben: ***=SUMME(A1:A8)***. Die Formel beginnt mit einem Gleichheitszeichen. Der Funktionsname SUMME bedeutet: Addition. Der zu addierende Zellbereich wird in Klammern – ohne Leerzeichen – angeschlossen, ohne jeden Zellbezug einzeln anzugeben. A1 ist die erste Zelle, der Doppelpunkt heißt „bis" und A8 ist die letzte Zelle, die addiert werden soll. Die in der Klammer enthaltenen Angaben werden als **Argumente** bezeichnet.

TIPP Um die Summe beliebiger Zellen zu errechnen, genügt es auch, mit der Maus auf das Summensymbol **Σ AutoSumme ▾** in der Gruppe Bearbeiten zu klicken. Excel macht einen Vorschlag, welche Zellen addiert werden sollen. Ist die Auswahl korrekt, genügt ein weiterer Klick mit der Maus auf dieses Zeichen.

Es können aber auch Summen von Zellen gebildet werden, die nicht nebeneinander liegen. Statt des Doppelpunktes wird dann ein Semikolon eingefügt. Das Semikolon bedeutet „und". Sollen z. B. die Zellen A1, A3, A5 und A7 addiert werden, lautet die Formel: ***=SUMME(A1;A3;A5;A7)***. Eine Kombination von : und ; ist auch möglich.

Mittelwert-Funktion

Die Mittelwert-Funktion liefert das arithmetische Mittel der Verteilung. Der Mittelwert wird berechnet, indem eine Gruppe von Zahlen addiert und anschließend durch deren Anzahl dividiert wird. Wenn in A1 eine 1, in A2 eine 2, in A3 eine 3, in A4 eine 4 und in A5 eine 5 stände, dann wären 1 + 2 + 3 + 4 + 5 = 15, das geteilt durch 5 ergäbe als Ergebnis 3. Die Formel muss lauten: ***=MITTELWERT(A1:A5)***.

Aufgaben

1 Wie muss die Formel lauten, wenn die Zellen B3, B4, B5, B6 und die Zellen C2 und D2 addiert werden sollen?

____

2 Ergänzen Sie die Formeln.

	A	B	C	D	E
1	**Summen-Funktion**				
2					
3			**Umsatz der Warengruppe in €**		
4	Kinderräder	Jugendräder	Mountainbikes	City-Räder	Rennräder
5	124.500,00	23.500,00	35.700,00	42.500,00	27.750,00
6					
7	Summe aller Warengruppen				
8	Summe ohne City-Räder				

3 Ergänzen Sie die Formeln.

	A	B	C	D	E
1	**Mittelwert-Funktion**				
2					
3			**Umsatz der Warengruppe in €**		
4	Kinderräder	Jugendräder	Mountainbikes	City-Räder	Rennräder
5	124.500,00	23.500,00	35.700,00	42.500,00	27.750,00
6					
7	Mittelwert des Umsatzes				
8	Mittelwert des Umsatzes ohne City-Räder				

Arbeitsblatt 6.8 | Maximum-, Minimum- und Anzahl-Funktion

Maximum- und Minimum-Funktion

Mithilfe dieser beiden Funktionen können Sie sich in einer Tabelle den höchsten und den kleinsten Wert anzeigen lassen. Die Maximum-Funktion sucht die größte Zahl in einem Zellbereich und benennt diese. Die Minimum-Funktion benennt hingegen den kleinsten Wert aus einem Zellbereich.

Wenn in A1 eine 1, in A2 eine 2, in A3 eine 3, in A4 eine 4 und in A5 eine 5 stände, dann wäre das höchste Ergebnis die 5. Die Formel lautet: ***=MAX(A1:A5)***. Soll aber das kleinste Ergebnis bestimmt werden, muss die Formel ***=MIN(A1:A5)*** lauten. Das Ergebnis wäre 1.

Anzahl-Funktion

Die Funktion Anzahl zählt die Anzahl der Zellen, in denen Zahlen stehen. Sobald Texte oder nichts in einer Zelle stehen, wird diese Zelle nicht mitgezählt. Befinden sich im Zellbereich A1 bis B10 insgesamt 5 Zahlenwerte, so lässt sich mit der Formel ***=ANZAHL(A1:B10)*** das Ergebnis 5 ermitteln.

TIPP Wenn Sie die Tastenkombination UMSCHALT+F3 drücken, wird Ihnen die Liste der verfügbaren Funktionen angezeigt.

Aufgaben

1 Ergänzen Sie die Formeln.

	A	B	C	D	E
1	Maximum- und Minimum-Funktion				
2					
3	Umsatz der Warengruppe in €				
4	Kinderräder	Jugendräder	Mountainbikes	City-Räder	Rennräder
5	124.500,00	23.500,00	35.700,00	42.500,00	27.750,00
6					
7	Maximaler Umsatz				
8	Minimaler Umsatz				

2 Ergänzen Sie die Formeln.

	A	B	C	D	E
1	Anzahl-Funktion				
2					
3	Umsatz der Warengruppe in €				
4	Kinderräder	Jugendräder	Mountainbikes	City-Räder	Rennräder
5	124.500,00		35.700,00		27.750,00
6					
7	Anzahl der Warengruppen mit Umsatz				

3 Ergänzen Sie die Abbildung.

Unterschied zwischen Formeln und Funktionen

Formeln	Funktionen
__________	__________
__________	__________
__________	__________
__________	__________

Arbeitsblatt 6.9 | Relative und absolute Zellbezüge

Excel unterscheidet relative und absolute Zellbezüge. Der Unterschied wird erst beim Kopieren von Formeln deutlich. Standardmäßig werden **relative Zellbezüge** genutzt. Beim Kopieren werden diese Zellbezüge relativ zur Zielposition angepasst. Wird in der folgenden Tabelle die Formel aus der Zelle C4 in die darunter liegenden Zellen kopiert, verändert sie sich automatisch. Wird die Formel in einer Spalte nach unten bzw. nach oben kopiert, werden die Zeilennummern angepasst, wird sie in einer Zeile nach rechts bzw. nach links kopiert, wird der Spaltenbuchstabe angepasst. Ergänzen Sie die Formeln.

	A	B	C
1	**Relative Zellbezüge**		
2			
3	Anzahl der Stunden	Lohn je Stunde	Gesamtlohn
4	66	17,50 €	=A4*B4
5	72,00	17,50 €	
6	82,00	17,50 €	
7	49,00	17,50 €	

Manchmal aber sollen Zellbezüge beim Kopieren nicht automatisch angepasst werden. Dann muss mit **absoluten Zellbezügen** gearbeitet werden. Um einen Zellbezug als absoluten Zellbezug zu kennzeichnen, wird vor der Zeilen- und Spaltenbezeichnung ein Dollarzeichen ($) eingegeben. Dies kann beim Eingeben des Zellbezugs über die Tastatur erfolgen oder indem Sie nach Eingabe des Zellbezugs die F4-Taste drücken. Ergänzen Sie die Formeln.

	A	B	C
1	**Absolute Zellbezüge**		
2			
3	Kilometergeld pro km	0,30 €	
4			
5	Name des Mitarbeiters	gefahrene km	Kilometergeld
6	Müller	435	=B6*$B$3
7	Schneider	567	
8	Friedrich	356	
9	Jansen	735	

Der absolute Zellbezug ermöglicht das Kopieren von Formeln, bei denen ein oder mehrere Zellbezüge unverändert bleiben sollen. Insbesondere bei großen Tabellen führt dies zu Zeitersparnis und verhindert Tippfehler.

Ergänzen Sie die folgenden Sätze:

- Sobald ein Zellbezug in einer Formel mit $-Zeichen festgesetzt ist, verändert sich dieser nicht mehr beim Kopieren.

  Es handelt sich um einen ______________________________.

- Sobald eine Formel in eine andere Zelle kopiert wird, verändern sich die dazugehörigen Zellbezüge.

  Es handelt sich um einen ______________________________.

Arbeitsblatt 6.10 | Wenn-Funktion

Wenn die Ausführung einer Aktion von einer Bedingung abhängt, wird die Wenn-Funktion genutzt. Denn wenn ein bestimmtes Ereignis eintritt, dann wird eine bestimmte Aktion durchgeführt, sonst eine andere. Die Wenn-Funktion gibt also in Abhängigkeit von einer Bedingung einen bestimmten Wert, einen bestimmten Text oder das Ergebnis einer Formel aus, den sogenannten Dann-Wert. Sofern die Bedingung nicht erfüllt ist, wird ein anderer Wert, ein anderer Text oder das Ergebnis einer Formel ausgegeben, der Sonst-Wert. Die Wenn-Funktion ist wie folgt aufgebaut:
=WENN(Bedingung;Dann-Wert;Sonst-Wert)

Beispiel:
Im täglichen Leben haben Sie sicher häufig solche Wenn-Dann-Gedanken:
Wenn das Wetter schön ist (schönes Wetter ist die **Bedingung**), dann gehe ich ins Schwimmbad (ist das **Ereignis**, das dann eintritt), sonst gehe ich ins Kino (ist das Ereignis, wenn die Bedingung nicht zutrifft, also der **Sonst-Wert**).

Finden Sie zwei Beispiel aus dem Unternehmensalltag der Fly Bike Werke.

____

____

____

____

Die Bedingung in der Wenn-Funktion kann unterschiedlich geprüft werden, z. B. kann geprüft werden, ob etwas gleich ist, größer ist, kleiner ist, größer oder gleich ist, kleiner oder gleich ist, ungleich ist. Dafür werden in Excel mathematische Vergleichsoperatoren genutzt. Als Bedingung stehen nebenstehende Zeichen zur Verfügung.

Bedeutung	Zeichen
größer	>
kleiner	<
größer gleich	>=
kleiner gleich	<=
gleich	=
ungleich	<>

Beispiel:
In der Zelle B7 befindet sich die nebenstehende Formel. Sie besagt, dass bei einem Wert größer als 3 (Bedingung) in die Zelle A7 eine 1 (Dann-Wert) eingetragen werden soll. Ist dies nicht der Fall, soll eine 10 eingetragen werden (Sonst-Wert).

	A	B
7	4	=WENN(A7>3;1;10)
8		

Vergleichswerte (Dann- und Sonst-Werte)	Beispiele
Zahl	5
sonstige Zahl	B8
Text	Artikel bestellen
Berechnungsanweisung	G5+10
Berechnungsanweisung + Funktion	=MITTELWERT(D2:D8)

Der Ausdruck "" im Sonst-Wert des vorliegenden Beispiels gibt eine leere Zelle aus. Text, der ausgegeben werden soll, muss immer in Anführungszeichen gesetzt werden, z. B. "sehr guter Umsatz". Ergänzen Sie die Formeln in C5 und C6.

	A	B	C
1	**Wenn-Funktion**		
2			
3	Name des Mitarbeiters	Umsatz in €	Beurteilung
4	Müller	54.750,00 €	=WENN(B4>=50000;"sehr guter Umsatz";"")
5	Schneider	34.500,00 €	
6	Friedrich	52.760,00 €	

Arbeitsblatt 6.11 | Verschachtelte Wenn-Funktion

Manchmal reicht es nicht aus, dass durch eine Wenn-Funktion nur zwei unterschiedliche Ergebnisse angezeigt werden. Soll es bei einer Wenn-Abfrage mehr als zwei unterschiedliche Ergebnisse geben, müssen mehrere Wenn-Funktionen miteinander „verschachtelt" werden. Vom Aufbau her bleibt die Wenn-Funktion gleich. Bei einer verschachtelten Wenn-Funktion kommt nur an der Stelle, an der Sie ansonsten den Sonst-Wert eingeben, eine weitere Wenn-Funktion. Dazu öffnen Sie eine weitere Klammer und dann folgt, wie bei einer einfachen Wenn-Funktion, wieder eine Bedingung. Danach folgen erneut ein Dann-Wert und ein Sonst-Wert. Wichtig ist, dass Sie am Ende zwei Klammern schließen müssen, da Sie zwei Klammern geöffnet haben.

Beispiel:
Das Ausgangsbeispiel der einfachen Wenn-Funktion wurde erweitert:
Wenn der Umsatz größer oder gleich 50.00,00 € ist, soll die Beurteilung „sehr gut" angezeigt werden, beträgt der Umsatz 30.000,00 € oder mehr, soll die Beurteilung „gut" erscheinen. Trifft keine der beiden Bedingungen zu, soll die Zelle leer bleiben.

	A	B	C
1	**verschachtelte Wenn-Funktion**		
2			
3	Name des Mitarbeiters	Umsatz in €	Beurteilung
4	Müller	54750	=WENN(B4>=50000;"sehr guter Umsatz";WENN(B4>=30000;"gut";""))
5	Schneider	34500	=WENN(B5>=50000;"sehr guter Umsatz";WENN(B5>=30000;"gut";""))
6	Friedrich	52760	=WENN(B6>=50000;"sehr guter Umsatz";WENN(B6>=30000;"gut";""))

Aufgaben
Schreiben Sie auf, welche Formel in C10 eingetragen werden müsste.

Hinweis
Sobald bei der verschachtelten Wenn-Funktion eine Bedingung zutrifft, wird der zugehörige Dann-Wert ausgegeben und es findet keine weitere Prüfung statt. Daher sollte bei der Erstellung der verschachtelten Wenn-Funktion immer mit der kleinsten oder der größten Prüfbedingung begonnen werden, um sich danach zur nächstgrößeren oder kleineren Prüfbedingung vorzuarbeiten.

1 Wenn die Menge an Mountainbikes MTBM2621 kleiner als 10 ist, soll eine 1 erscheinen. Wenn die Menge an Mountainbikes MTBM2621 kleiner als 20 ist, soll eine 2 erscheinen.

____

____

2 Wenn die Menge an Mountainbikes MTBM2621 größer als 20 ist, soll eine 2 erscheinen. Wenn die Menge an Mountainbikes MTBM2621 größer als 10 ist, soll eine 1 erscheinen, ansonsten soll eine 0 angezeigt werden.

____

____

	A	B	C	D
1	**Auszug aus der Inventarliste der Top Bike GmbH**			
2				
3	**Artikelnr.**	**Artikelbezeichnung**	**Menge**	**Einzelwert**
4	1010	Mountainbike MTBM2621	20	330,00 €
5	2010	Allterrainbike ATBW2607	30	350,00 €
6	3010	Trekking Bike TRBW2605	40	325,00 €
7	4010	City Bike CTBW2603	50	220,00 €
8	5010	Transportbike TPBM2603	10	315,00 €
9				
10		Lösung:		

3 Wenn die Menge an Mountainbikes MTBM2621 größer als 20 ist, soll „ ausreichender Lagerbestand" erscheinen. Wenn die Menge an Mountainbikes MTBM2621 20 Stück beträgt, soll „Meldebestand erreicht, bitte nachbestellen" erscheinen, ansonsten soll „dringend nachbestellen" angezeigt werden.

____

____

4 Wenn die Menge an Mountainbikes MTBM2621 geringer ist als 10 Stück, sollen 2 Stück hinzuaddiert werden. Wenn die Menge an Mountainbikes MTBM2621 geringer als 20 Stück ist, sollen 3 Stück hinzuaddiert werden, ansonsten soll nichts angezeigt werden.

____

Arbeitsblatt 6.12 | Seitenumbrüche und Druckoptionen

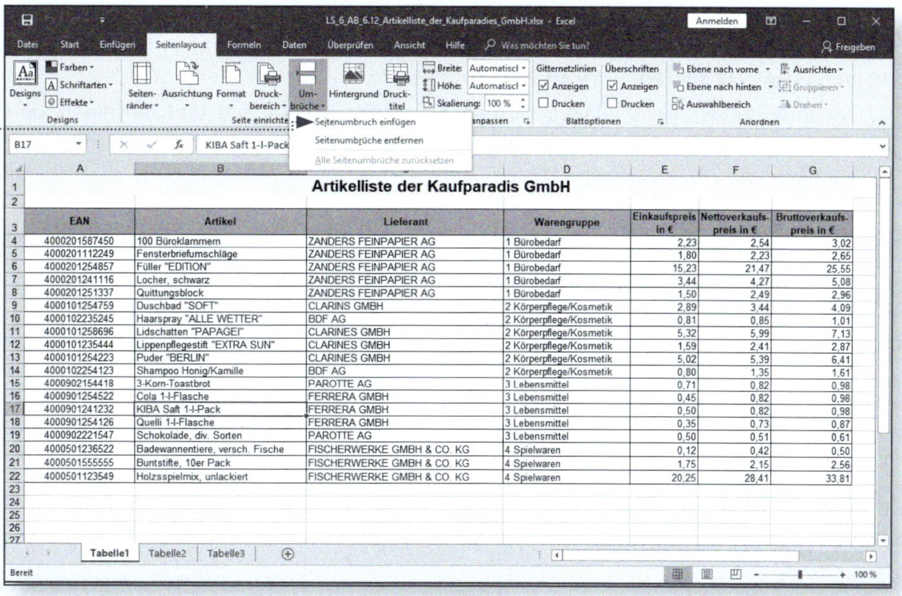

Im betrieblichen Alltag kann es vorkommen, dass Tabellen ausgedruckt werden müssen. Besonders große Tabellen passen häufig nicht auf ein DIN-A4-Blatt, sodass sie verkleinert oder auf verschiedene Seiten mithilfe von Seitenumbrüchen angepasst werden müssen.

Um sich die Seitenumbrüche anzeigen zu lassen, müssen Sie eine Tabelle geöffnet haben. Öffnen Sie z. B. die Datei *Artikelliste_der_Kaufparadies_GmbH.xlsx* und klicken Sie im Register **Seitenlayout** in der Gruppe **Seite einrichten** auf den Befehl **Umbrüche**. Dort wählen Sie **Seitenumbruch einfügen**. Jetzt werden Ihnen alle Seitenumbrüche mit einer gestrichelten Linie angezeigt.

Druckoptionen
Über die Registerkarte **Datei** und den Befehl **Drucken** erhalten Sie eine Vorschau der zu druckenden Tabelle und es werden Ihnen verschiedene Druckoptionen angeboten.

Wenn die Tabelle nicht zu groß ist, sodass Sie verkleinert auf einem DIN-A4-Blatt noch zu lesen ist, haben Sie die Möglichkeit, dieTabelle über die Skalierung anzupassen. Wählen Sie dazu **Blatt auf einer Seite darstellen.**

Öffnen Sie die Datei *Artikelliste_der_Kaufparadies_GmbH.xlsx* und probieren Sie die verschiedenen Einstellungen zum Drucken aus.

1 Wie können Sie das Format ändern und welches Format bietet sich in der Regel für Excel-Tabellen an?

____

____

____

____

2 Beschreiben Sie einen anderen Weg, um die Tabelle auf einem DIN-A4-Blatt zu drucken.

____

____

3 Wie können Sie nur die ersten drei Spalten der Tabelle drucken lassen?

____

____

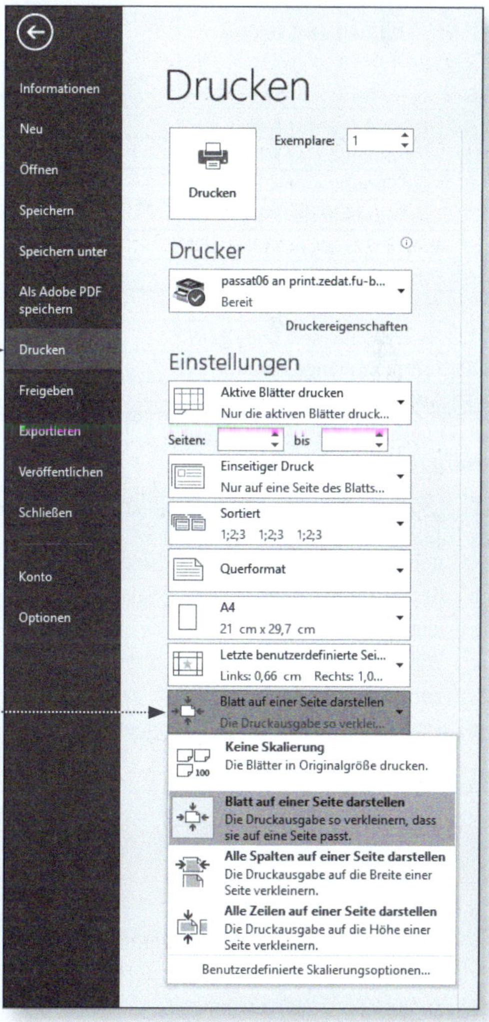

TIPP Über die kleine Schaltfläche am rechten unteren Bildschirmrand [Symbol] können Sie sich die Seitenwechsel, die Excel automatisch macht, anzeigen lassen. Mit der gedrückten linken Maustaste lassen sich die Seitenumbrüche verschieben.

Aufgaben

Aufgabe 1

a Erstellen Sie untenstehende Tabelle und speichern Sie sie unter dem Namen *Auswertung_Fahrradanhaenger.xlsx* ab.
b Verbinden Sie die Zellen A1 bis H1.
c Formatieren Sie die Tabellenüberschrift in Schriftgröße 14, fett und zentrieren Sie sie.
d Formatieren Sie die Zellen A3 bis H3 mit einem Zeilenumbruch.
e Gestalten Sie die Spaltenköpfe der Tabelle entsprechend der Vorlage, wählen Sie Schriftgröße 11, fett.
f Formatieren Sie die Zellen E4 bis G13 im €-Format.
g Formatieren Sie die Zellen H4 bis H13 im %-Format mit einer Dezimalstelle.
h Berechnen Sie die Zellen E4 bis H13 mit geeigneten Formeln.
i Wie lauten die Formeln in den folgenden Zellen?

- E4 ______________________
- F4 ______________________
- G4 ______________________
- E13 ______________________
- F13 ______________________
- H4 ______________________

j Erst nachdem alle Ergebnisse errechnet und alle Formeln kopiert wurden, werden am Ende die Linien gesetzt.

	A	B	C	D	E	F	G	H
1	**Auswertung der Umsatzzahlen für Fahrradanhänger**							
2								
3	**Artikelbezeichnung**	**Anzahl der verkauften Artikel Vorjahr**	**Anzahl der verkauften Artikel aktuelles Jahr**	**Einzelpreis**	**Gesamtumsatz Vorjahr**	**Gesamtumsatz aktuelles Jahr**	**Absolute Veränderung**	**Prozentuale Veränderung**
4	Fahrradanhänger Mini	56	20	165,00 €				
5	Fahrradanhänger Max	34	43	280,00 €				
6	Fahrradanhänger Kids rot	24	16	155,00 €				
7	Fahrradanhänger Kids blau	42	30	150,00 €				
8	Fahrradanhänger Kelly rot	17	20	182,00 €				
9	Fahrradanhänger Kelly blau	22	31	182,00 €				
10	Fahrradanhänger Kelly grün	47	51	175,00 €				
11	Fahrradanhänger Kelly gelb	38	19	175,00 €				
12	Fahrradanhänger Sven	33	35	299,00 €				
13	**Gesamtumsatz**							

Aufgabe 2

a Erstellen Sie die rechts abgebildete Tabelle und speichern Sie diese unter dem Namen *Fahrradverleih.xlsx* ab.
b Gestalten Sie die komplette Tabelle wie in der Vorlage.
c Wählen Sie für alle Zellen passende Formate.
d Ergänzen Sie die Fahrradnummern möglichst zeitsparend.
e Berechnen Sie die Leigebühren mit einer kopierbaren Formel.

	A	B	C	D	E
1					
2		*Fahrradverleih*		*Rückgabetag:*	2. Aug. 18
3					
4		Fahrradnummer	Preis pro Tag	Ausleihdatum	Preis
5		170125	10,00 €		
6		170126	12,50 €		
7		170127	9,50 €		
8		170128	6,70 €		
9		170129	11,90 €		
10		170130	12,00 €		
11		170131	13,00 €		
12		170132	11,50 €		
13		170133	10,00 €		
14		170134	8,50 €		
15					

Aufgabe 3

a Erstellen Sie die unten abgebildete Tabelle und speichern Sie diese unter dem Namen *Rabattaktion.xlsx* ab.
b Gestalten Sie die komplette Tabelle wie in der Vorlage.
c Wählen Sie für alle Zellen passende Formate.
d Ergänzen Sie die Artikelnummern möglichst zeitsparend.
e Berechnen Sie die zu zahlende Summe nach Abzug des Rabatts mit einer kopierbaren Formel.

	A	B	C	D	E	F
1						
2		*Rabattaktion*		Rabattsatz:	20%	
3						
4		Artikelnummer	Anzahl	Einzelpreis	Summe	
5		123123	15	8.395 €		
6		123124	25	17.670 €		
7		123125	10	23.550 €		
8		123126	25	31.440 €		
9		123127	15	21.850 €		
10		123128	20	35.450 €		
11		123129	10	3.350 €		

Aufgabe 4

a Erstellen Sie untenstehende Tabelle und speichern Sie sie unter dem Namen *Auswertung_Lieferantenbestellung.xlsx* ab.
b Verbinden Sie die Zellen A1 bis J1.
c Formatieren Sie die Tabellenüberschrift in Schriftgröße 14, fett und zentrieren Sie sie.
d Formatieren Sie die Zellen A4 bis J4 mit einem Zeilenumbruch.
e Gestalten Sie die Spaltenköpfe der Tabelle entsprechend der Vorlage, wählen Sie Schriftgröße 12, fett.
f Formatieren Sie die Zellen F5 bis F14 und die Zellen B17 bis E19 im €-Format.
g Formatieren Sie die Zellen G5 bis J14 Spalte H13 im %-Format mit einer Dezimalstelle.
h Berechnen Sie die Zellen F5 bis J14 und B17 bis E19 mit geeigneten Formeln.
i Wie lauten die Formeln in den folgenden Zellen?

- B14 ______________________
- F5 ______________________
- G5 ______________________
- B17 ______________________
- B18 ______________________
- B19 ______________________

j Erst nachdem alle Ergebnisse errechnet und alle Formeln kopiert wurden, werden am Ende die Linien gesetzt.

	A	B	C	D	E	F	G	H	I	J
1	**Auswertung der Lieferantenbestellungen**									
2										
3										
4	**Lieferanten**	**Umsatz in Tsd. € in Quartal 1**	**Umsatz in Tsd. € in Quartal 2**	**Umsatz in Tsd. € in Quartal 3**	**Umsatz in Tsd. € in Quartal 4**	**Jahresumsatz in Tsd. €**	**Prozentualer Anteil Quartal 1**	**Prozentualer Anteil Quartal 2**	**Prozentualer Anteil Quartal 3**	**Prozentualer Anteil Quartal 4**
5	Stahlwerke Tissen AG	25,00 €	66,00 €	55,00 €	28,00 €					
6	Mannes AG	33,00 €	54,00 €	45,00 €	54,00 €					
7	Shokk Ltd.	56,00 €	25,00 €	48,00 €	41,00 €					
8	Tamino Deutschland GmbH	12,00 €	32,00 €	19,00 €	37,00 €					
9	Ruhrwerke GmbH	26,00 €	23,00 €	26,00 €	35,00 €					
10	Farbenfabrik Beyer AG	41,00 €	12,00 €	24,00 €	34,00 €					
11	Fahrradteile International	75,00 €	17,00 €	39,00 €	22,00 €					
12	Cycle Tool Import GmbH	23,00 €	25,00 €	29,00 €	38,00 €					
13	Terochron GmbH	15,00 €	39,00 €	20,00 €	41,00 €					
14	**Summen**									
15										
16										
17	**Durchschnittlicher Umsatz je Quartal**									
18	**Größter Umsatz je Quartal**									
19	**Kleinster Umsatz je Quartal**									

Aufgabe 5

a Erstellen Sie die nachfolgende Tabelle und speichern Sie sie unter dem Namen *Umsatzauswertung.xlsx* ab.
b Gestalten Sie die Spaltenköpfe der Tabelle entsprechend der Vorlage.
c Für die Überschrift wählen Sie die Schriftgröße 14, fett.
d Formatieren Sie die Zellen E5 bis E16, B17 bis D17 und B19 bis D19 im €-Format.
e Berechnen Sie die Zellen F5 bis G16 sowie die Zellen B18 bis D18 über geeignete WENN-Formeln.
f Wie lauten die Formeln in den folgenden Zellen?

- E5 ____________________
- F5 ____________________
- G5 ____________________
- B17 ____________________
- F18 ____________________
- B19 ____________________

g Erst nachdem alle Ergebnisse errechnet und alle Formeln kopiert wurden, werden am Ende die Linien gesetzt.

	A	B	C	D	E	F	G
1	**Umsatzauswertung der Warengruppen**						
2							
3		**Bezeichnung der Warengruppen**					
4	**Umsatz im letzten Geschäftsjahr**	**Kinder- & Jugendräder**	**Mountainbikes**	**City-Räder**	**Umsatz je Monat**	**Umsatzstärkster Monat**	**Umsatzschwächster Monat**
5	Januar	1.800,00 €	20.100,00 €	15.500,00 €			
6	Februar	2.100,00 €	21.000,00 €	21.350,00 €			
7	März	2.000,00 €	23.000,00 €	22.175,00 €			
8	April	2.500,00 €	25.500,00 €	23.650,00 €			
9	Mai	2.650,00 €	32.500,00 €	37.500,00 €			
10	Juni	3.550,00 €	35.650,00 €	38.550,00 €			
11	Juli	4.250,00 €	37.550,00 €	39.550,00 €			
12	August	4.125,00 €	36.520,00 €	38.455,00 €			
13	September	3.200,00 €	29.500,00 €	31.450,00 €			
14	Oktober	2.150,00 €	26.500,00 €	29.545,00 €			
15	November	1.200,00 €	23.500,00 €	17.255,00 €			
16	Dezember	1.150,00 €	22.500,00 €	13.520,00 €			
17	**Gesamter Umsatz je Warengruppe**						
18	**Umsatzstärkste Warengruppe**						
19	**Durchschnittlicher Umsatz je Warengruppe**						

Aufgabe 6

Als Praktikant in einem Verleihhandel für Sanitär- und Rehabedarf sind Sie für die Rechnungserstellung verantwortlich. Bislang erfolgt die Rechnungserstellung in MS Word, allerding soll es hierfür zukünftig ein MS-Excel-Formular geben, damit alle Berechnungen automatisch durchgeführt werden können.

Zur Vorbereitung der Rechnungserstellung berechnen Sie heute die Mietkosten für die Pflegebetten. Folgende Informationen liegen Ihnen vor.

Mietgebühr pro Tag	12,00 €
Bearbeitungsgebühr	50,00 €

Transportkosten bis km	20	50,00 €
Transportkosten über km	20	100,00 €

Bettnummer	Kundennummer	Entleihdatum	Rückgabedatum	Transportweg in km
1	2011	03.11.2016	10.11.2017	12
2	2012	01.02.2017	01.12.2017	15
3	2015	05.05.2016	11.11.2017	65
4	1990	14.04.2017	10.09.2017	30
5	2001	03.02.2016	06.12.2017	20

a Gestalten Sie ein passendes Tabellenlayout mit sinnvollen Formatierungen für die Rechnungsstellung im Verleihhandel für Sanitär- und Rehabedarf.

b Führen Sie folgende Berechnungen durch:
- Mietdauer in Tagen
- Mietkosten gesamt
- Transportkosten
- Gesamtkosten
- durchschnittliche, kürzeste und längste Mietdauer
- durchschnittliche, niedrigste und höchste Gesamtkosten

Aufgabe 7

Sie sind als Praktikant in der Personalabteilung eingesetzt und sollen Ihre Vorgesetzte bei der Erstellung der Personalabrechnung für Dezember unterstützen.

Im Dezember werden allen Mitarbeitern zusätzlich zum Gehalt verschiedene Boni in Abhängigkeit von der Kundenbewertung, der Betriebszugehörigkeit und der offenen Urlaubstage gewährt.

Folgende Informationen liegen Ihnen zum 31.12.2017 vor:

Beurteilung sehr gut (1)
200,00 €

Ab ... Jahren	Zugehörigkeitsprämie
5	150,00 €

Vergütung Urlaubstage
110,00 €

Vorname	Nachname	Einstellungsdatum	Fixgehalt	Kundenbewertung	offene Urlaubstage	Betriebszugehörigkeit in Jahren
Klaus	Möller	01.01.2005	2.200,00 €	1	3	13
Maike	Jürgens	01.07.2015	1.800,00 €	2	2	3
Kai	Fenkel	01.03.2014	1.900,00 €	3	0	4
Stefan	Willmers	01.11.2011	2.100,00 €	2	4	7
Uta	Moltke	01.03.2016	1.850,00 €	1	3	2
Theresa	Blöhm	01.09.2007	2.100,00 €	3	0	11

a Gestalten Sie ein passendes Tabellenlayout mit sinnvollen Formatierungen für die Personalabrechnung des Unternehmens.

b Führen Sie folgende Berechnungen durch:
- Zugehörigkeitsprämie:

> Wenn der Mitarbeiter 5 Jahre oder länger im Unternehmen ist,
> - dann soll 150,00 € Prämie gezahlt werden,
> - sonst nichts.

- ausgezahlte Urlaubstage

- Beurteilungsprämie:

> Wenn der Mitarbeiter die Beurteilung 1 erhalten hat,
> - dann erhält er 200,00 € Bonus,
> - sonst nichts.

- gesamtes Gehalt für Dezember
- kleinstes, höchstes und durchschnittliches Gehalt im Dezember

Aufgabe 8

a Übertragen Sie die nachfolgenden Kundendaten in MS Excel und wählen Sie passende Formatierungen und Formate.

	A	B	C	D	E	F
1						
2		**Kundenauswertung**				
3						
4		Kundennummer	Ort	Datum Vertragsabschluss	Umsatz in 2016	Umsatz in 2017
5		217	Bonn	07.01.2015	2.500,00 €	2.800,00 €
6		218	Köln	01.03.2016	2.300,00 €	2.100,00 €
7		219	Koblenz	04.06.2017	5.500,00 €	5.600,00 €
8		220	Bonn	01.05.2015	4.700,00 €	4.100,00 €
9		221	Bonn	15.09.2014	3.600,00 €	4.200,00 €
10		222	Köln	01.11.2014	3.300,00 €	2.600,00 €
11		223	Koblenz	01.06.2016	2.700,00 €	3.400,00 €
12		224	Koblenz	01.01.2017	4.200,00 €	4.300,00 €

b Führen Sie eine Auswertung durch, die folgende Sachverhalte beinhaltet. Ergänzen Sie dafür die Tabelle und wählen Sie passende Überschriften.
- Das aktuelle Datum soll oben auf der Seite automatisch angezeigt werden.
- Berechnung der Vertragsdauer in Jahren
- Umsatzveränderung in Prozent im Vergleich zum Vorjahr
  - Kennzeichnung des Top-Kunden in 2017: Wenn der Umsatz des Kunden im Jahr 2017 dem Maximum entsprach, dann soll der Begriff „Top-Kunde" ausgegeben werden, sonst nicht.
  - Kennzeichnung des Flop-Kunde in 2017: Wenn der Umsatz des Kunden im Jahr 2017 dem Minimum entsprach, dann soll der Begriff „Flop-Kunde" ausgegeben werden, sonst nicht.
  - Prämie für Stammkunden: Bei einer Vertragsdauer ab 4 Jahren, soll eine Prämie von 100,00 € gezahlt werden, ab einer Verlagslaufzeit von 3 Jahren 50,00 € und ab einer Vertragslaufzeit von 2 Jahren erhält der Kunde eine Treueprämie von 20,00 €.

c In einer separaten kleinen Tabelle sollen mithilfe von statistischen Funktionen folgende Berechnungen vorgenommen werden:
- Summe des Umsatzes in 2016
- Summe des Umsatzes in 2017
- gesamte Kundenanzahl
- durchschnittlicher Kundenumsatz in 2017
- maximaler Kundenumsatz in 2017
- minimaler Kundenumsatz in 2017

Aufgabe 9
Für die Personalabteilung eines kleinen Unternehmens sollen Sie ein Formular zur Gehaltsabrechnung erstellen. Folgende Inhalte sollen enthalten sein:
- Mitarbeitername (Vor- und Nachname)
- Umsatz in Euro
- anteiliger Umsatz in Prozent je Mitarbeiter vom Gesamtumsatz
- erzielter Provisionssatz in Prozent
- Provision in Euro
- Gesamtgehalt in Euro

Provision bedeutet, dass der Mitarbeiter zu einem bestimmten Prozentsatz an seinem Umsatz beteiligt wird. Zusätzlich erhält jeder Mitarbeiter ein festes Gehalt von 1.500,00 Euro. Bei einem Umsatz von größer gleich 40.000,00 € gibt es 2 %, ab 60.000,00 Euro 3 % und ab 80.000,00 Euro 4 % Provision.

Testen Sie das Formular mit folgenden Mitarbeiterdaten:
- Felix Karsten: 30.000,00 € Umsatz
- Max Frodo: 80.000,00 € Umsatz
- Paul Fernando: 64.000,00 € Umsatz
- Fritz Meier: 40.000,00 € Umsatz
- Maria Frank: 54.000,00 € Umsatz

Notieren Sie die verschachtelte Wenn-Funktion zur Berechnung des Provisionssatzes. Verwenden Sie für den Zellbezug des Umsatzes das Wort „Umsatz" als Platzhalter.

Aufgabe 10
Führen Sie ein Blitzlicht durch.

Aufgabe 11
Erweitern Sie Ihre Lernkartei.

Aufgabe 12
Führen Sie Ihr Lerntagebuch.

Kannliste zu HF 2 | Anforderungssituation 2.2 | Lernsituation 6

Lieferantenauswahl für Fahrradtrikots

Nr.	Themenbereich: Einen Lieferanten auswählen			
	Ich kann ...	**Zu finden ...**	**AP**	**√**
1	... die Kriterien der Lieferantenauswahl benennen und erklären.	S. 87–88	x	
2	... die Kriterien für die Auswahl eines geeigneten Lieferanten aus Berichten herausfiltern.	S. 87–88	xx	
3	... anhand von Kriterien und eines Bewertungsschemas einen geeigneten Lieferanten auswählen.	S. 87–88	xx	
4	... die Berechnungsformel für eine Reisekostenabrechnung ermitteln.	S. 95, 98	xxx	
5	... anhand von Belegen und Vorgaben des Arbeitgebers eine Reisekosten-abrechnung vornehmen.	S. 95–98	xxx	
Nr.	**Themenbereich: Daten in Excel eingeben und einfache Berechnungen durchführen**			
	Ich kann ...	**Zu finden ...**	**AP**	**√**
6	... die Bestandteile der Benutzeroberfläche in Excel zuordnen.	S. 89–91	x	
7	... verschiedene Daten in Excel eingeben.	S. 92	x	
8	... die Grundrechenarten mithilfe von Formeln durchführen.	S. 93, 106 ff.	xx	
9	... Zellen sinnvoll formatieren.	S. 94, 106 ff.	xx	
10	... ein passendes Tabellenlayout für eine Problemsituation erstellen.	S. 87–88, 95–98	xxx	
11	... die Prozentrechnung in Excel durchführen.	S. 99, 106–107, 110	xx	
12	... die Summen- und Mittelwertfunktion anwenden.	S. 100, 107 ff.	xx	
13	... die Minimum-, Maximum- und Anzahl-Funktion anwenden.	S. 101, 107 ff.	xx	
14	... den Unterschied zwischen Formel und Funktion erklären.	S. 100	x	
15	... den Unterschied zwischen absoluten und relativen Bezügen erklären.	S. 102	x	
16	... relative und absolute Bezüge anwenden.	S. 102, 106–107	xx	
17	... Beispiele für die einfache Wenn-Funktion nennen.	S. 103	x	
18	... die einfache Wenn-Funktion anwenden.	S. 103, 108–109	xx	
19	... die verschachtelte Wenn-Funktion anwenden.	S. 104, 109–110	xx	
20	... eine Tabelle auf einer DIN A4-Seite ausdrucken.	S. 105	x	

Anforderungsprofile (AP): x Reproduktion xx Anwendung xxx Problemlösung

Lernsituation 7

SB BWR ▸ Handlungsfeld 2, Kap. 9

LS BWR ▸ Lernsituation 33

Auswertung des Lagerbestands mit Diagrammen

Situation

Für die nächste Abteilungsleitersitzung sollen die Abteilungsleiter der Fly Bike Werke GmbH die Entwicklungen ihrer Abteilung im letzten Geschäftsjahr vorstellen. Da Sie sich in den letzten Tagen schon intensiv mit Excel beschäftigt haben, bittet Frau Nemitz-Müller Sie, sie bei der Vorbereitung der Präsentation zu unterstützen. Hierzu hat sie Ihnen eine Datei mit den wichtigsten Daten der Abteilung Einkauf vom letzten Geschäftsjahr zur Verfügung gestellt.
Frau Nemitz-Müller gibt Ihnen außerdem folgende Auftäge mit auf den Weg:

	A	B	C	D	E	F	G
1	**Auswertung der Abteilung Einkauf für Fertigbauteil**						
2							
3			**Durchschnittlicher Lagerbestand**				
4	**Warengruppen**	**Artikelbezeichnung**	**1. Quartal Stückzahl**	**2. Quartal Stückzahl**	**3. Quartal Stückzahl**	**4. Quartal Stückzahl**	**Durchschnittlicher Lagerbestand im Jahr**
5		Rahmen City Glide	21	36	30	20	27
6		Rahmen City Surf	26	35	32	21	29
7		Rahmen Trekking Light	31	38	31	22	31
8		Rahmen Trekking Free	33	22	20	16	23
9		Rahmen Trekking Nature	37	34	31	24	32
10	**Fahrradrahmen**	Rahmen Mountain Dispo	15	20	18	14	17
11		Rahmen Mountain Constitution	19	21	17	13	18
12		Rahmen Mountain Unlimited	21	29	27	21	25
13		Rahmen Renn Fast	33	30	25	16	26
14		Rahmen Renn Superfast	38	40	35	28	35
15		Rahmen Kinder Cool	20	25	21	15	20
16		City SX Bremsen	51	41	38	30	40
17	**Bremsen**	Trekking TR Bremsen	48	43	34	27	38
18		MTB Bremsen	42	39	33	24	35
19		Schaltung City	36	30	27	20	28
20		Schaltung Trekking	32	31	28	18	27
21	**Schaltungen**	Schaltung Mountain	24	25	21	14	21
22		Schaltung Renn	21	20	17	15	18
23		Schaltung Kids	41	40	32	25	35

- Machen Sie Vorschläge, welche Entwicklungen der Einkaufsabteilung auf der Abteilungsleitersitzung präsentiert werden sollen.
- Beschäftigen Sie sich mit den verschiedenen Diagrammtypen (vgl. Informationsblatt 7.1) und überlegen Sie, welche Darstellungsform zu Ihren Vorschlägen am besten passt.

Handlungsaufträge

1 Sichten Sie das Arbeitsblatt 7.1 und lösen Sie die gestellten Aufgaben, um sich weiter mit Excel vertraut zu machen.

2 Analysieren Sie die Daten aus der Excel-Datei, die Sie von Frau Nemitz-Müller erhalten haben. Stellen Sie dazu auf dem zweiten Tabellenblatt anhand von geeigneten Diagrammen dar, wie sich die durchschnittlichen Lagerbestände der einzelnen Warengruppen in den vier betrachteten Quartalen entwickelt haben. Benennen Sie das Tabellenblatt als *Entwicklung Lagerbestände*. Halten Sie in einem zusätzlich eingefügten Textfeld fest, welchen Diagrammtyp Sie gewählt haben und warum. Nutzen Sie hierzu auch das Informationsblatt 7.1 und berücksichtigen Sie die wichtigsten Regeln bei der Erstellung von Diagrammen. Speichern Sie Ihre Datei mit dem Namen *Auswertung_Abteilung_Einkauf.xlsx* ab.

3 Werten Sie anschließend auf einem weiteren Tabellenblatt die durchschnittlichen Lagerbestände aller Artikel pro Quartal aus. Benennen Sie das Tabellenblatt als *Lagerbestände nach Quartalen*. Halten Sie in einem zusätzlich eingefügten Textfeld Ihre Wahl des Diagrammtyps mit Begründung fest.

4 Berechnen Sie auf einem weiteren Tabellenblatt die durchschnittlichen Lagerbestände des ganzen Jahres für die Warengruppen Fahrradrahmen, Bremsen und Schaltungen. Benennen Sie das Tabellenblatt als *Lagerbestände nach Warengruppen*. Visualisieren Sie die durchschnittlichen Anteile anschließend mit einem geeigneten Diagramm. Halten Sie auch hier wieder in einem zusätzlichen Textfeld die Wahl des Diagrammtyps fest.

5 Analysieren Sie alle acht Diagramme und machen Sie sich Notizen zu den wichtigsten Auffälligkeiten, sodass Frau Nemitz-Müller diese bei ihrer Präsentation auf der Abteilungsleitersitzung nutzen kann. Verwenden Sie hierfür das Arbeitsblatt 7.2.

Informationsblatt 7.1 | Auswertung von Daten mithilfe von Diagrammen

Diagramme dienen der übersichtlichen und anschaulichen Darstellung von Daten. Große Tabellen haben den Nachteil, dass ihr Inhalt und Entwicklungen des Zahlenmaterials oftmals nur mit großer Konzentration ausgewertet werden können. Wird das Zahlenmaterial hingegen als Diagramm dargestellt, lassen sich die wichtigsten Aussagen der Tabellen auf einen Blick erkennen. In Unternehmen dienen Tabellen häufig zur Auswertung von Zahlen. Große Zahlenmengen kommen vor allem in den Bereichen Einkauf, Verkauf, Lager oder Personal vor.

Die Zahlen aus Tabellen werden ggf. durch Berechnungen zusammengefasst und ausgewertet. Abschließend erfolgt die Darstellung der Zahlen als Diagramm. Mit Diagrammen können Verläufe dargestellt, Zahlen und Daten vergleichbar gemacht oder Anteile eines Ganzen wiedergegeben werden.
Bevor Sie ein Diagramm erstellen, müssen Sie sich für einen passenden Diagrammtyp entscheiden. Die folgende Tabelle soll Ihnen dabei helfen, den richtigen Diagrammtyp zu finden.

	Was will ich darstellen?			
Welchen Diagrammtyp soll ist wählen?	**Struktur** (z. B. Marktanteile)	**Rangfolge** (z. B. Umsätze verschiedener Abteilungen)	**Zeitreihe, Entwicklung** (z. B. Umsatzentwicklung über das Jahr)	**Häufigkeit** (z. B. krankheitsbedingte Arbeitsausfälle)
Liniendiagramm bzw. Kurvendiagramm 				✓
Balkendiagramm 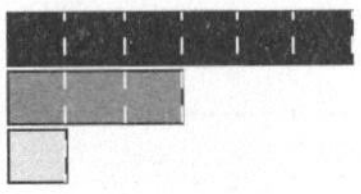		✓		
Säulendiagramm 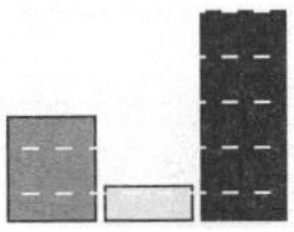		✓	✓	✓
Kreisdiagramm 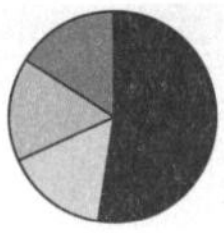	✓			

Bei der Gestaltung von Diagrammen sollten Sie folgende Regeln berücksichtigen:
- Jedes Diagramm benötigt eine knappe und prägnante Überschrift, um den Inhalt verständlich wiederzugeben.
- Die Zahlenwerte für das Diagramm sollten sich im normalen Bereich bewegen.
- Achten Sie auf eine harmonische Farbgestaltung und die Lesbarkeit (Schriftfarbe, Schriftart und Schriftgrad).
- Verlaufslinien können etwas stärker, Hilfslinien etwas feiner angelegt sein.
- Die Beschriftung kann per Legende oder direkt erfolgen. Damit alles lesbar ist, stellen Sie die Schrift nicht senkrecht.

Bei Säulen- und Liniendiagrammen gilt zusätzlich:
- Die X- und Y-Achse sind beschriftet.
- Die Achseneinteilungen sind sinnvoll mit Angabe der Maßeinheiten, z. B. Stückanzahl, beschriftet.

Absatz E-Bikes (Januar-Dezember)

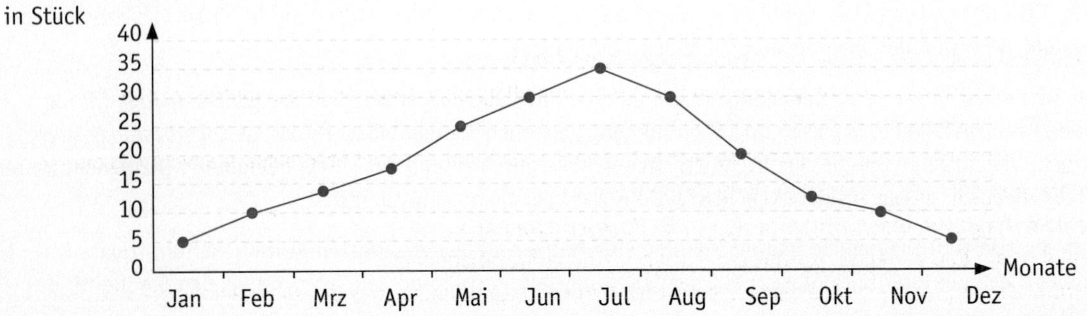

Arbeitsblatt 7.1 | Diagramme mit Excel erstellen und gestalten

Mit den Diagrammfunktionen in Excel gibt es Möglichkeiten, Daten in aussagefähige Informationen zu verwandeln. Zwischen den Tabellen und den Diagrammen gibt es eine Verknüpfung, sodass Änderungen von Daten in Tabellen auch Veränderungen in den dazugehörigen Diagrammen zur Folge haben.

Excel bietet verschiedene Diagrammtypen zur bildlichen Darstellung Ihrer Daten an. Die Schritte zur Erstellung laufen dabei jedoch immer ähnlich ab.

Am Beispiel „Mitarbeiterumsätze" wird nun anhand eines Kreisdiagramms der wesentliche Ablauf bei der Diagrammerstellung veranschaulicht.

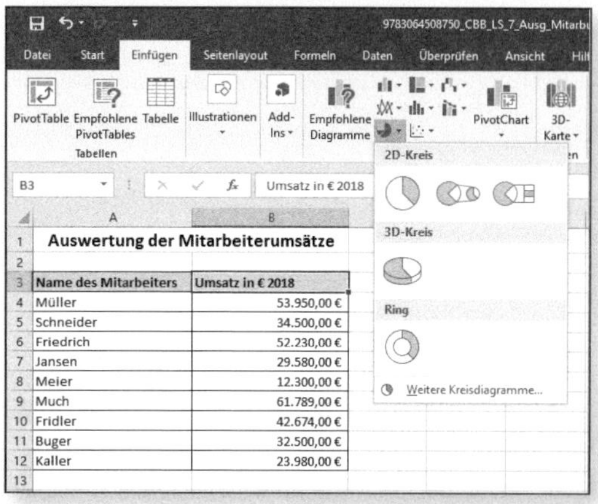

Auswahl der Daten und des Diagrammtyps,
Öffnen Sie die Datei *Mitarbeiterumsaetze.xlsx* und speichern Sie diese ab. Markieren Sie alle Zellen, die als Diagramm dargestellt werden sollen, inklusive Überschriften.

Über die Registerkarte **Einfügen**, Gruppe **Diagramme**, wählen Sie den Befehl **Kreis** aus. Dort können Sie zwischen verschiedenen Kreistypen wählen. Wählen Sie den ersten 2D-Kreis.

Excel zeigt Ihnen nun das Diagramm an und in der Tabelle über Rahmen, welche Daten für das Diagramm ausgewählt wurden. Speichern Sie Ihr Ergebnis.

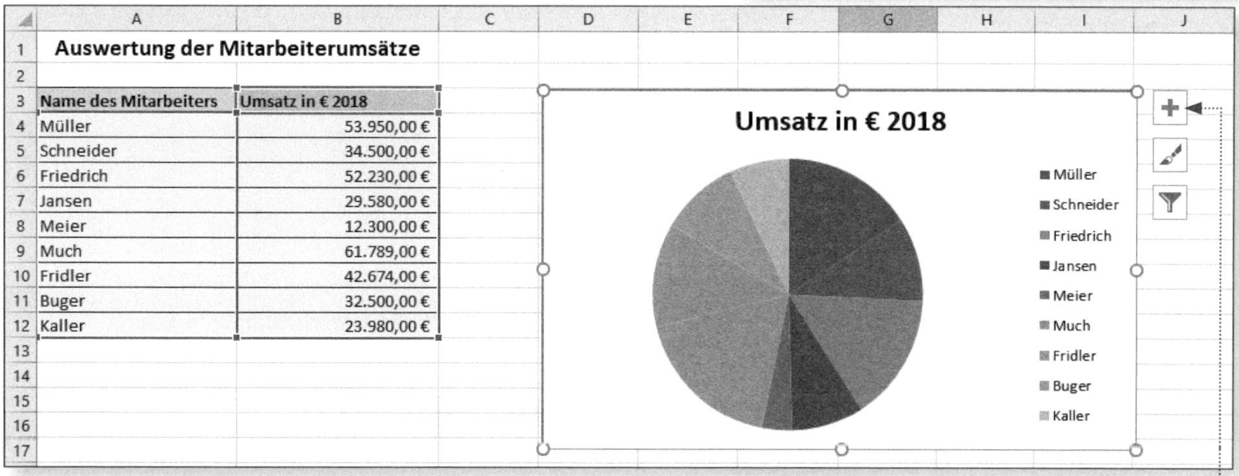

Wenn Sie das Diagramm markiert haben, können Sie über das Register **Diagrammtools** mit den Registerkarten **Entwurf** und **Format** verschiedene Änderungen durchführen. Den Diagrammtitel, die Datenbeschriftung oder die Legende können Sie mithilfe des Plus-Buttons rechts oben neben dem Diagramm ändern.

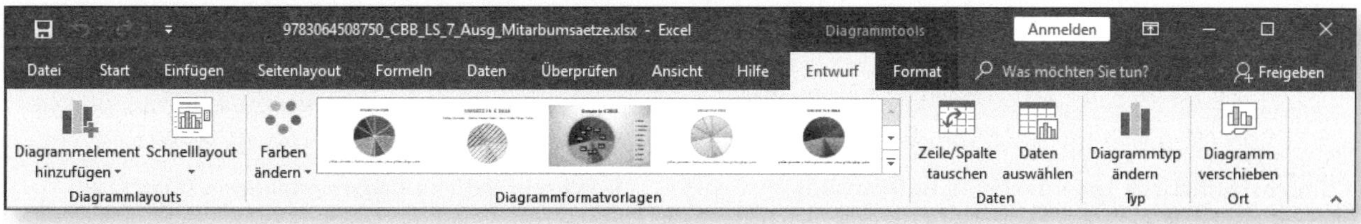

Aufgaben

1 Verschieben Sie das erstellte Diagramm auf ein neues Tabellenblatt.
2 Ändern Sie den Diagrammtyp in ein Balken-, Säulen- und Liniendiagramm. Welcher Diagrammtyp ist hier am sinnvollsten? Begründen Sie.
3 Fügen Sie die Datenbeschriftung im Kreisdiagramm ein, sodass auch die Umsätze im Kreisdiagramm angezeigt werden. Platzieren Sie diese Daten außerhalb des Kreises.
4 Geben Sie dem Diagramm einen neuen Namen, z. B. Mitarbeiterumsätze.
5 Ändern Sie über die Registerkarte **Format** die Farben in Ihrem Kreisdiagramm.
6 Fügen Sie über die Registerkarte **Einfügen** ein Textfeld ein und erläutern Sie, was das Diagramm aussagt.

Arbeitsblatt 7.2 | Notizen zur Analyse der Diagramme

Entwicklung der Fahrradrahmen

Entwicklung der Bremsen

Entwicklung der Schaltungen

Anteile der durchschnittlichen Lagerbestände im Jahr je Warengruppe

Durchschnittliche Lagerbestände in Quartal 1

Durchschnittliche Lagerbestände in Quartal 2

Durchschnittliche Lagerbestände in Quartal 3

Durchschnittliche Lagerbestände in Quartal 4

Aufgaben

Aufgabe 1
Sammeln Sie mit der Methode Speed-Dating je drei Beispiele für Inhalte, die mit den Diagrammtypen Linien-, Balken- und Kreisdiagramm ausgewertet werden können.

Vogehensweise: Alle Schüler sitzen sich dazu an einer langen Tischreihe gegenüber. Mit Ihrem gegenübersitzenden Partner sammeln Sie möglichst viele Beispiele und notieren diese. Nach drei Minuten gibt der Lehrer ein Zeichen und die eine Reihe von Schülern rutscht jeweils einen Sitzplatz weiter, sodass sich nun neue Schülerpaare ergeben, die sich wiederum über mögliche Beispiele austauschen.

Aufgabe 2
Übertragen Sie die nebenstehende Tabelle in Excel, führen Sie selbstständig alle notwendigen Formatierungen durch und speichern Sie die Datei unter dem Namen *Mitarbeiterzahlen.xlsx* ab. Werten Sie anschließend die Daten mit einem geeigneten Diagrammtyp aus und begründen Sie die Wahl Ihres Diagrammtyps in einem eingefügten Textfeld.

	A	B	C
1	Mitarbeiterzahlen im Jahr 20X1 und 20X2		
2			
3	Monat	Anzahl der Mitarbeiter am Standort Oldenburg 20X1	Anzahl der Mitarbeiter am Standort Oldenburg 20X2
4	Januar	32	34
5	Februar	32	33
6	März	34	33
7	April	35	34
8	Mai	36	34
9	Juni	37	38
10	Juli	38	39
11	August	38	38
12	September	38	38
13	Oktober	36	37
14	November	34	33
15	Dezember	34	33

Abbildung zu Aufgabe 2

Aufgabe 3
Übertragen Sie die nebenstehende Tabelle in Excel, führen Sie selbstständig alle notwendigen Formatierungen durch und speichern Sie die Datei unter dem Namen *Umsatzzahlen_20XX.xlsx* ab. Werten Sie die Daten danach mit einem geeigneten Diagrammtyp aus und begründen Sie die Wahl Ihres Diagrammtyps in einem eingefügten Textfeld.

	A	B
1	Umsatzzahlen im Jahr 20XX	
2		
3	Bereiche des Absatzprogramms	Umsatz in Mio. €
4	Produktionsprogramm	3,5
5	Handelswaren	2,3
6	Dienstleistungen	1,1
7	**Summe**	**6,9**

Abbildung zu Aufgabe 3

Aufgabe 4
Übertragen Sie nebenstehende Tabelle in Excel, führen Sie selbstständig alle notwendigen Formatierungen durch und speichern Sie die Datei unter dem Namen *Umsaetze_Fahrradreisen.xlsx* ab. Werten Sie anschließend die Daten mit einem geeigneten Diagrammtyp aus und begründen Sie die Wahl Ihres Diagrammtyps in einem eingefügten Textfeld.

	A	B	C
1	Umsätze der Fahrradreisen im Frühjahr und Sommer 20XX		
2			
3	Zielgebiete	Umsatz im Frühjahr (März bis Mai)	Umsatz im Sommer (Juni bis August)
4	Nordsee	42.500,00 €	53.460,00 €
5	Ostsee	32.750,00 €	35.550,00 €
6	Schwarzwald	40.780,00 €	44.360,00 €
7	Alpen	45.700,00 €	48.365,00 €
8	Taunus	38.290,00 €	41.475,00 €

Abbildung zu Aufgabe 4

Aufgabe 5
Übertragen Sie nebenstehende Tabelle in Excel, führen Sie selbstständig alle notwendigen Formatierungen durch und speichern Sie die Datei unter dem Namen *Kundenbefragung_20XX.xlsx* ab. Werten Sie anschließend die Daten mit einem geeigneten Diagrammtyp aus und begründen Sie die Wahl Ihres Diagrammtyps in einem eingefügten Textfeld.

	A	B	C	D	E
1	Ergebnisse der Kundenbefragung 20XX				
2					
3	Qualität der Fahrradtrikots			Qualität der Fahrradschuhe	
4					
5	Bewertungskategorien	Anzahl der Nennungen		Bewertungskategorien	Anzahl der Nennungen
6	sehr gut	98		sehr gut	124
7	gut	127		gut	86
8	befriedigend	32		befriedigend	43
9	mangelhaft	9		mangelhaft	15
10	**Summe**	**266**		**Summe**	**268**

Abbildung zu Aufgabe 5

Aufgabe 6
Erweitern Sie Ihre Lernkartei.

Aufgabe 7
Führen Sie Ihr Lerntagebuch.

Kannliste zu HF 2 | Anforderungssituation 2.2 | Lernsituation 7

Auswertung des Lagerbestands mit Diagrammen

Nr.	Themenbereich: Den Lagerbestand auswerten			
	Ich kann ...	**Zu finden ...**	**AP**	**√**
1	... erklären, was der durchschnittliche Lagerbestand ist.	S. 113	x	
2	... beschreiben, wie sich der durchschnittliche Lagerbestand entwickelt.	S. 116	xx	
3	... erklären, was der Lagerbestand im Zeitverlauf ist.	S. 113	x	
4	... beschreiben, wie sich die Lagerbestände im Zeitverlauf entwickeln.	S. 116	xx	
5	... erklären, was der Anteil der durchschnittlichen Lagerbestände im Jahr je Warengruppe ist.	S. 113	x	
6	... beschreiben, wie sich der Anteil der durchschnittlichen Lagerbestände im Jahr je Warengruppe entwickelt.	S. 116	xx	
7	... meine Ergebnisse in einer Präsentation zusammenfassen und interpretieren.	S. 113, 116	xxx	
Nr.	**Themenbereich: Daten zu verschiedenen Geschäftsprozessen in MS Excel auswerten**			
	Ich kann ...	**Zu finden ...**	**AP**	**√**
8	... verschiedene Diagrammtypen benennen.	S. 113–114	x	
9	... die Wahl eines Diagrammtyps sinnvoll begründen.	S. 113–114, 117	xx	
10	... Diagramme analysieren und beschreiben.	S. 113, 116–117	xxx	
11	... Daten anhand passender Diagramme darstellen.	S. 113, 115, 117	xxx	
12	... Diagramme erstellen und gestalten.	S. 115, 117	xx	
13	... Diagramme bearbeiten und formatieren.	S. 115, 117	xx	
14	... die Regeln der Diagrammerstellung anwenden	S. 114	xx	

Anforderungsprofile (AP): x Reproduktion xx Anwendung xxx Problemlösung

Lernsituation 8

SB BWR ▸ Handlungsfeld 2, Kap. 6

Bestellvorgänge dokumentieren

Situation

Frau Nemitz-Müller aus der Einkaufsabteilung der Fly Bike Werke GmbH, in der Sie zurzeit eingesetzt werden, hat Ihnen bereits verschiedene Anfragen und Bestellungen gezeigt, für deren Erstellung sie unter anderem zuständig ist. Heute Vormittag hat sie folgende Hausmitteilung aus der Verwaltung erhalten. Sie bittet Sie um Ihre Unterstützung.

Hausmitteilung

Fly Bike Werke GmbH

Absender	Empfänger	mit der Bitte um
☐ Geschäftsführung	☐ Geschäftsführung	☐ Kenntnisnahme
☐ Zentralsekretariat	☐ Zentralsekretariat	☒ Erledigung
☐ Controlling	☐ Controlling	☐ Stellungnahme
☐ Einkauf/Logistik	☒ Einkauf/Logistik	
☐ Produktion	☐ Produktion	
☒ Verwaltung	☐ Verwaltung	
☐ Vertrieb	☐ Vertrieb	
☒ Frau Fee	☐ Frau/~~Herr~~ Nemitz-Müller	

Im kommenden Quartal wird ein Treffen unserer Arbeitsgruppe Qualitätsmanagement stattfinden. Hierfür müs-sen wir die Dokumentation unserer Arbeitsabläufe vervollständigen. Unter anderem benötigen wir aus Ihrer Abteilung einen Überblick über den Ablauf eines typischen Beschaffungsvorgangs. Bitte fertigen Sie mithilfe eines geeigneten Instruments eine Übersicht an. Als Arbeitshilfe habe ich Ihnen bereits die Ablaufbeschreibung des Beschaffungsvorgangs aus unserem Qualitätsmanagementhandbuch als pdf-Datei zukommen lassen. Weitere Hinweise finden Sie auch in der jüngsten Fly Post, Herr Peters gibt dort ein Interview zur Wandlung der Fly Bike Werke zum prozessorientierten Unternehmen. Vielen Dank!

Mit freundlichen Grüßen

Evelyn Fee
(Zentralsekretariat)

Ablaufbeschreibung des Beschaffungsvorgangs aus dem QM-Handbuch der Fly Bike Werke GmbH

Sobald der Mindestbestand erreicht ist, erstellt die Abteilung Lager eine Bedarfsmeldung. Sie erfolgt in Form einer Hausmitteilung. Der Einkauf macht daraufhin den Bestellvorschlag, wobei ein Mitarbeiter die benötigten Artikel- und Lieferantendaten aus der Datenbank heraussucht. Ist die korrekte Bestellmenge berechnet und sind gleichzeitig die infrage kommenden Lieferanten bestimmt, formuliert und versendet die Einkaufsabteilung Anfragen. Hierzu stehen den Mitarbeitern verschiedene Vorlagen zur Verfügung. Nachdem die Angebote eingegangen sind, findet eine Lieferantenauswahl statt. Auch dieser Vorgang ist standardisiert, eine entsprechende Vorlage ist vorhanden. Dabei wird zunächst ein qualitativer und quantitativer Angebotsvergleich durchgeführt, bevor die Bestellung bei geeigneten Lieferanten erfolgt. Auch bei der Bestellung nutzen die Mitarbeiter des Einkaufs eine standardisierte Vorlage. Im Folgenden wird der Wareneingang durch einen Mitarbeiter des Lagers überprüft. Hierzu benötigt er die Auftragsbestätigung (sofern der Lieferant den Auftrag bestätigt hat) und den Lieferschein. Er kontrolliert, ob die Ware rechtzeitig geliefert wurde und ob die korrekte Ware in der bestellten Menge und der geforderten Qualität eingegangen ist. Anschließend erfolgt die Kontrolle der Eingangsrechnung durch die Buchhaltung, die die Rechnung erfasst und die Zahlung veranlasst.

Die Fly Bike Werke GmbH wird ein prozessorientiertes Unternehmen. Was das bedeutet, erklärt Geschäftsführer Hans Peters im neuen Mitarbeitermagazin *Fly-Post*.

Herr Peters, wir werden ein prozessorientiertes Unternehmen. Woran sieht der Mitarbeiter, welche Prozesse für ihn gelten?

Peters: An der graphischen Darstellung. Hierbei gibt es verschiedene Möglichkeiten für die Darstellung des funktionalen Ablaufs von Geschäftsprozessen im Unternehmen: Das Flussdiagramm, das Arbeitsablaufdiagramm und die Ereignisgesteuerte Prozesskette (EPK).

Was verbirgt sich hinter den Begriffen? Und wieso haben wir uns für die Darstellung mithilfe Ereignisgesteuerter Prozessketten entschieden?

Peters: Das Flussdiagramm stellt den Ablauf eines Geschäftsprozesses mit seinen wichtigsten Einzeltätigkeiten und zentralen Entscheidungsknoten dar, sodass diese Darstellungsform für unser Beispiel ungeeignet ist.

Das Arbeitsablaufdiagramm ermöglicht die Dokumentation der wichtigsten Arbeitsschritte, deren Reihenfolge und der beteiligten Stellen in einem Geschäftsprozess. Da die Darstellungsform jedoch tabellarisch angeordnet ist, ist sie im Vergleich zum EPK unübersichtlicher und für Außenstehende, z. B. neue Mitarbeiter, schwer lesbar.

Die Ereignisgesteuerte Prozesskette ordnet auslösende Ereignisse und darauf folgende Handlungen (Funktionen) in chronologischer Reihenfolge untereinander an. Neben jeder Funktion stehen die zugehörige Organisationseinheit und die benötigten Informationsobjekte. Diese Darstellungsform ermöglicht Außenstehenden, also auch neuen Mitarbeitern, einen schnellen Überblick über den Geschäftsprozess. Lediglich die Bedeutung der verwendeten Symbole muss bekannt sein.

Quelle: Autorentext

Handlungsaufträge

1 Analysieren Sie die Problemstellung der Ausgangssituation und planen Sie Ihr Vorgehen. Erstellen Sie hierzu eine Übersicht wie im Arbeitsblatt 1.1.

2 In Lernsituation 3 haben sie die Ereignisgesteuerte Prozesskette (EPK) als Instrument zur Abbildung von Geschäftsprozessen kennengelernt. Rufen Sie sich Ihre Kenntnisse über Geschäftsprozesse in Erinnerung und recherchieren Sie mindestens zwei weitere Darstellungsformen. Nutzen Sie hierzu auch das Interview mit Herrn Peters. Stellen Sie die Vor- und Nachteile gegenüber der EPK dar, indem Sie sich mit Ihrem Sitznachbarn austauschen (Arbeitsblätter 8.1 und 8.2).

3 Erstellen Sie mithilfe der Informationen aus dem QM-Handbuch der Fly Bike Werke GmbH, des Arbeitsblattes 8.1 und des Informationsblattes 8.1 eine EPK für den Beschaffungsvorgang in Word.

Arbeitsblatt 8.1 (2 Seiten) | Wiederholung Dokumentation von Geschäftsprozessen (Teil 1)

Unter einem Geschäftsprozess versteht man ______________________________ ______________. Je nach Bezug dieser Tätigkeiten zum Produkt des Unternehmens lassen sich ________ prozesse und ______________________ unterscheiden. Ein Geschäftsprozess soll ein festgelegtes Ergebnis bzw. einen Nutzen erreichen, z. B. die Gewährleistung der jederzeitigen Produktionsbereitschaft. Er wird ausgelöst durch ein ______________, z. B. das Erreichen eines Mindest-Lagerbestands, und schließt mit einem Zielereignis, z. B. ______________________________.
Die betrieblichen Tätigkeiten (Funktionen) werde von Aufgabenträgern ausgeführt. Das können ____________, Maschinen oder ____________ sein. Ein weiteres Merkmal des Geschäftsprozesses ist der ________ verbrauch (Materialien, Betriebsmittel, ____________, ____________, ____________ ____________). Abnehmer des Prozessergebnisses sind interne und externe ____________.
Interne ____________ nehmen Teilergebnisse ab und verarbeiten sie weiter. Jeder Geschäftsprozess besteht aus einer Kette von Teil____________ und umfasst mindestens ein Startereignis, eine betriebliche Tätigkeit und ein ____________. Geschäftsprozesse sind auf Wiederholung angelegt und sie sind messbar, d. h. ____________ ____________, Kosten und ____________ können ermittelt werden.

Ereignisgesteuerte Prozessketten (EPK)

Symbol	Bezeichnung und Erklärung
	Das Sechseck symbolisiert
	Das abgerundete Viereck steht für
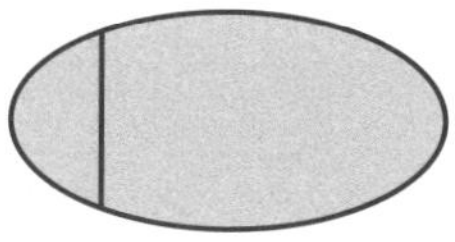	Das Oval mit senkrechtem Strich links

Symbol	Bezeichnung und Erklärung
	Das Rechteck mit einem senkrechten Strich rechts und links
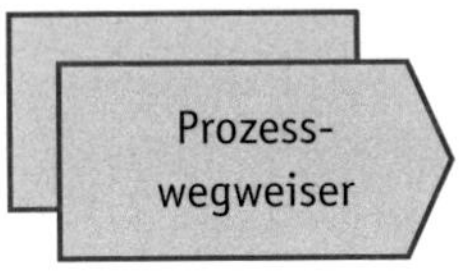	• Verweis auf weitere sich anschließende Geschäftsprozesse
	Der Pfeil
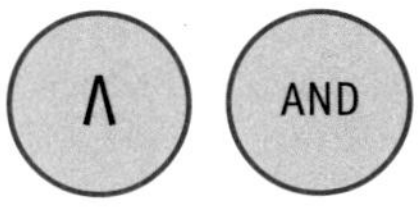	Der Kreis mit dem nach unten geöffneten Winkel
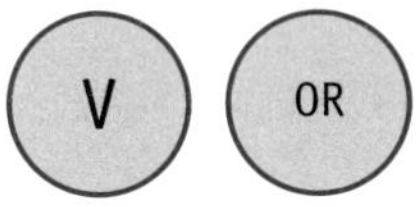	Der Kreis mit dem nach oben geöffneten Winkel
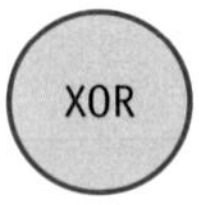	Der Kreis mit dem Wort „xor“

Arbeitsblatt 8.2 (2 Seiten) | Wiederholung Dokumentation von Geschäftsprozessen (Teil 2)

Darstellungsweisen von Geschäftsprozessen

Darstellungsweise	Vorteile	Nachteile

Kreuzworträtsel:

1 Stellt den Ablauf eines Geschäftsprozesses dar
2 Dokumentiert tabellarisch wichtige Arbeitsschritte
3 Ist Auslöser eines Ablaufs
4 Hilfsmittel zur Durchführung einer Funktion
5 Verbindung oder Abzweigung in einem Geschäftsprozess
6 Mit der Funktion verbundene Abteilung
7 Handlung in einem Geschäftsprozess

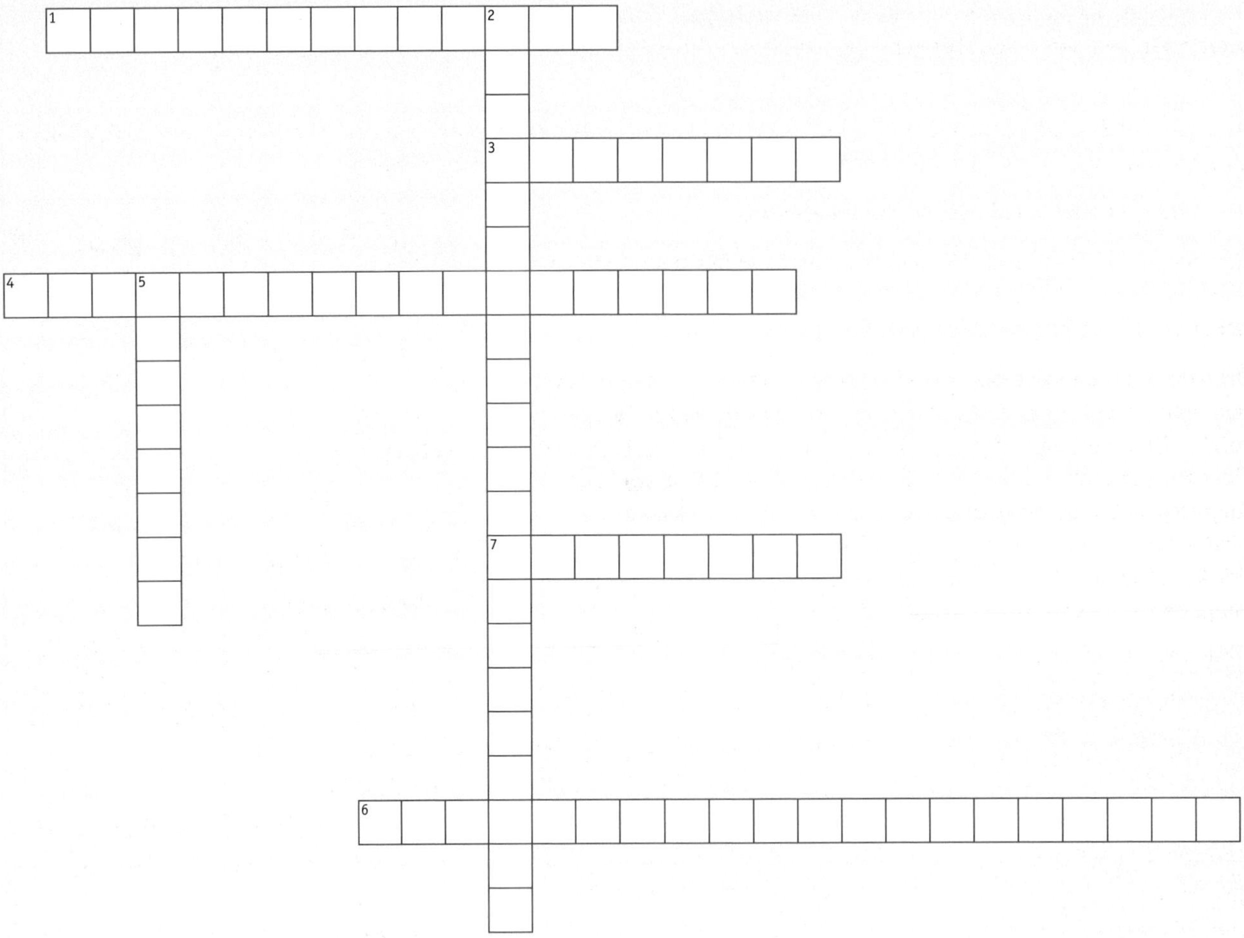

Informationsblatt 8.1 | Eine eEPK in MS Word erstellen

Die Modellierung von Geschäftsprozessen in MS Word unterscheidet sich nur wenig von der Vorgehensweise in PowerPoint, die Sie in LS 3 bereits kennengelernt und angewendet haben. Die Erläuterungen auf den Informationsblättern 3.3 und 3.5 gelten also auch für Word.

Die Symbole, die Sie zur Erstellung einer EPK benötigen, finden Sie über das Register **Einfügen**, die Gruppe **Illustrationen** und den Befehl **Formen**. Wählen Sie die Formen für Ihre eEPK genauso, wie Sie es in PowerPoint gelernt haben.

Auch bei der Beschriftung der Formen, ihrer Positionierung auf der leeren Word-Seite, der Verbindung der Symbole durch Linien und Pfeile und bei der Wahl der Farben verfahren Sie wieder wie in PowerPoint.

Einen **Unterschied** allerdings gilt es zu **beachten**:

Um zu gewährleisten, dass Sie alle Elemente Ihrer EPK auch frei positionieren können und alle Funktionen wie in PowerPoint verfügbar sind, müssen Sie zunächst ein **Zeichenfeld** erstellen.

Öffnen Sie dazu wieder das Dialogfeld **Formen** in der Gruppe Illustrationen. Ganz unten in der Liste finden Sie das Element **Neuer Zeichenbereich.** Wenn Sie es anklicken, öffnet sich in Ihrem Dokument ein Feld (hier zur besseren Lesbarkeit grau eingefärbt), das Sie an den markierten Angriffspunkten beliebig vergrößern oder verkleinern können (Maus über eine Stelle mit drei Pünktchen bewegen, linke Maustaste anklicken, gedrückt halten und Maus in die Richtung ziehen, in die das Zeichenfeld vergrößert oder verkleinert werden soll).

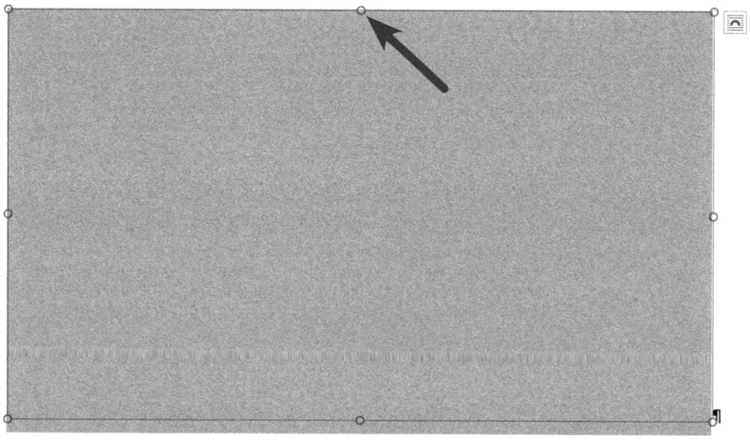

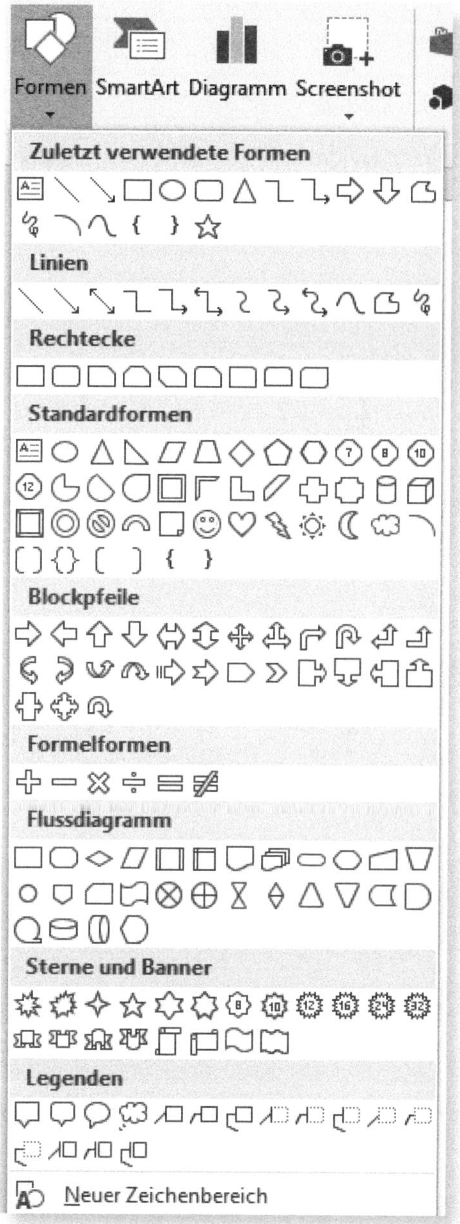

In dieses Feld können Sie nun Ihre EPK-Symbole, wie aus PowerPoint und LS 3 bereits bekannt, einfügen.

Hinweis
Zeichenbereiche können in Word nicht mehrere Seiten umfassen. Bei umfangreicheren EPKs, die über mehr als eine Seite hinausgehen, muss für jede Seite ein neuer Zeichenbereich angelegt werden.

Zur Erstellung von eEPKs können auch professionelle Softwarelösungen verwendet werden. Weit verbreitet sind zum Beispiel die folgenden kostenlosen Programme:
Aris: zu finden u. a. unter https://www.heise.de/download/product/aris-express-68017
bflow: zu finden u. a. unter https://sourceforge.net/projects/bflowtoolbox/

Aufgaben

Aufgabe 1
Markieren Sie die korrekten Aussagen zu Ereignisgesteuerten Prozessketten und notieren Sie bei den falschen Antworten eine korrigierte Aussage.

- ☐ EPKs beginnen immer mit einer Funktion. ______
- ☐ Ereignisse sind die Auslöser eines Ablaufs. ______
- ☐ Organisationseinheiten werden im EPK als Viereck dargestellt. ______
- ☐ Ein Ereignis darf mit zwei nachfolgenden Funktionen über eine Oder-Verknüpfung verbunden werden. ______
- ☐ Zwei Funktionen dürfen mit einem nachfolgenden Ereignis über eine Oder-Verknüpfung verbunden werden. ______
- ☐ Bei einer Oder-Verknüpfung schließen sich die darauffolgenden Ereignisse gegenseitig aus. ______

Aufgabe 2
Markieren Sie die korrekten Aussagen zum Ablauf von Beschaffungsvorgängen und notieren Sie bei den falschen Antworten eine korrigierte Aussage.

- ☐ Auslöser eines Bestellvorgangs ist das Erreichen der eisernen Reserve eines Artikels. ______
- ☐ Nachdem verschiedene Angebote eingeholt wurden, wird beim günstigsten Lieferanten bestellt. ______
- ☐ Beim qualitativen Angebotsvergleich werden Kriterien, wie Umweltverträglichkeit, Zuverlässigkeit und Entfernung zum Lieferanten bewertet. ______
- ☐ Beim quantitativen Angebotsvergleich werden die Lieferzeiten der Lieferanten verglichen. ______
- ☐ Der qualitative und quantitative Angebotsvergleich wird von der Abteilung Verkauf durchgeführt. ______
- ☐ Bei der Wareneingangsprüfung wird kontrolliert, ob rechtzeitig geliefert wurde und ob die korrekte Ware in passender Qualität und Menge geliefert wurde. ______

Aufgabe 3
Markieren Sie die korrekten Aussagen zu den verschiedenen Darstellungsformen der Ablauforganisation und notieren Sie bei den falschen Antworten eine korrigierte Aussage.

- ☐ Der Vorteil einer EPK ist die chronologische Darstellung von Ereignissen und darauffolgenden Handlungen. ______
- ☐ Mit einer EPK lassen sich kreative Abläufe abbilden. ______
- ☐ Flussdiagramme haben einen geringeren Detaillierungsgrad als EPKs. ______
- ☐ In einem Handbuch können komplexe Abläufe beschrieben werden, ohne dass die Darstellung unübersichtlich wird. ______
- ☐ Flussdiagramme sind tabellarisch angeordnet. ______
- ☐ Arbeitsablaufdiagramme eignen sich vor allem zur Darstellung verzweigter und komplexer Abläufe. ______

Aufgabe 4
Erweitern Sie Ihre Lernkartei.

Aufgabe 5
Ergänzen Sie Ihr Lerntagebuch.

SB BWR ▸ Handlungsfeld 2, Kap. 6

LS BWR ▸ Lernsituation 27

Bestellvorgänge optimieren

Situation

Die Geschäftsprozesse in der Fly Bike Werke GmbH sollen effizienter werden – auch in der Einkaufsabteilung, in der Sie immer noch arbeiten. Mit der eEPK aus LS 8 haben Sie bereits gute Vorarbeit geleistet, sodass Frau Nemitz-Müller Sie auch mit der nächsten Aufgabe betraut, der Überarbeitung der Anfrage- und Bestelldokumente. Folgende Bitte hat Sie dazu aus dem Zentralsekretariat erhalten:

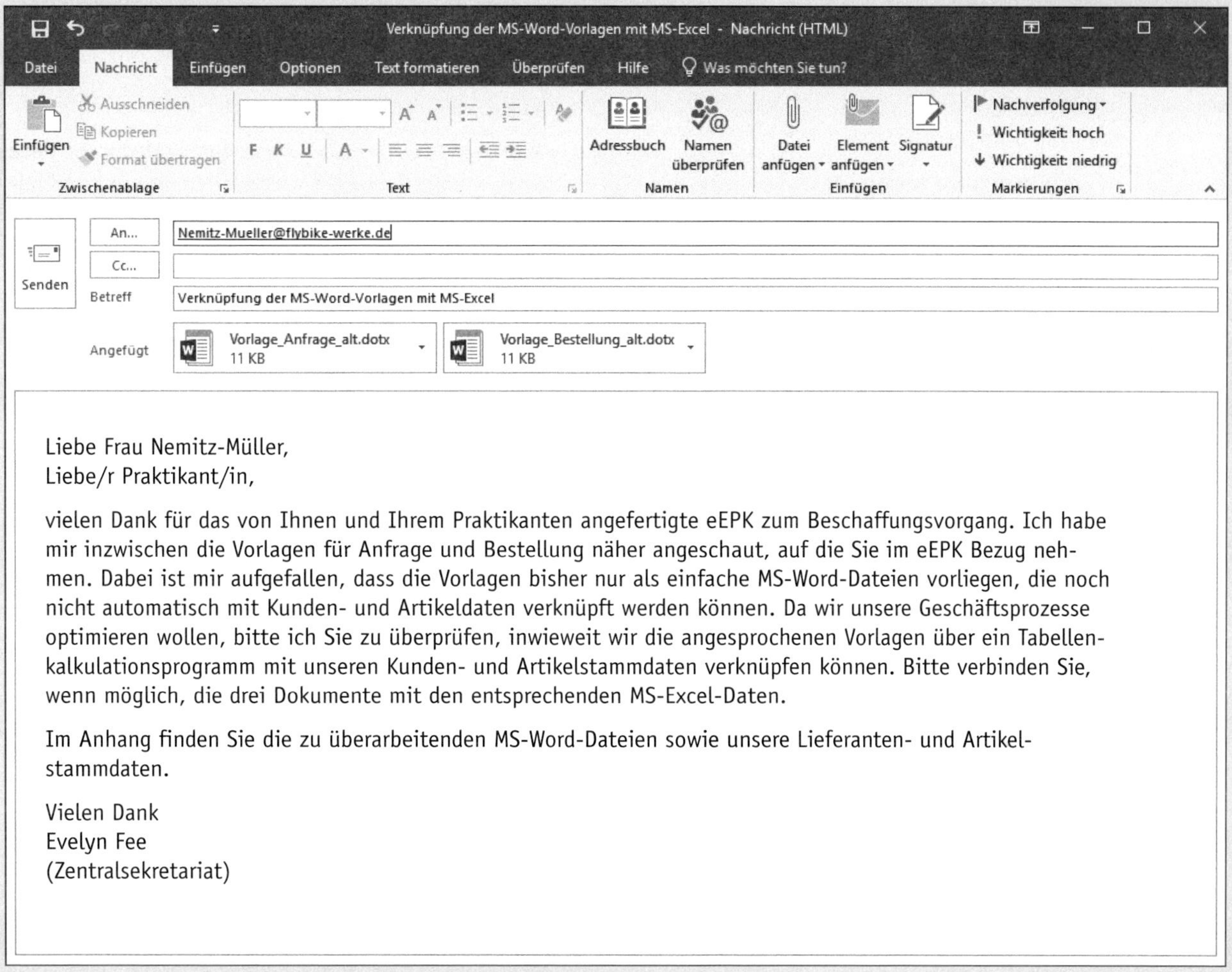
Verknüpfung der MS-Word-Vorlagen mit MS-Excel - Nachricht (HTML)

An... Nemitz-Mueller@flybike-werke.de

Cc...

Betreff: Verknüpfung der MS-Word-Vorlagen mit MS-Excel

Angefügt: Vorlage_Anfrage_alt.dotx 11 KB; Vorlage_Bestellung_alt.dotx 11 KB

Liebe Frau Nemitz-Müller,
Liebe/r Praktikant/in,

vielen Dank für das von Ihnen und Ihrem Praktikanten angefertigte eEPK zum Beschaffungsvorgang. Ich habe mir inzwischen die Vorlagen für Anfrage und Bestellung näher angeschaut, auf die Sie im eEPK Bezug nehmen. Dabei ist mir aufgefallen, dass die Vorlagen bisher nur als einfache MS-Word-Dateien vorliegen, die noch nicht automatisch mit Kunden- und Artikeldaten verknüpft werden können. Da wir unsere Geschäftsprozesse optimieren wollen, bitte ich Sie zu überprüfen, inwieweit wir die angesprochenen Vorlagen über ein Tabellenkalkulationsprogramm mit unseren Kunden- und Artikelstammdaten verknüpfen können. Bitte verbinden Sie, wenn möglich, die drei Dokumente mit den entsprechenden MS-Excel-Daten.

Im Anhang finden Sie die zu überarbeitenden MS-Word-Dateien sowie unsere Lieferanten- und Artikelstammdaten.

Vielen Dank
Evelyn Fee
(Zentralsekretariat)

Handlungsaufträge

1 Analysieren Sie die Problemstellung der Ausgangssituation und planen Sie Ihr Vorgehen. Erstellen Sie hierzu eine Übersicht wie im Arbeitsblatt 1.1.

2 Im Rahmen eines Beschaffungsprozesses werden verschiedene Dokumente zwischen der Fly Bike Werke GmbH und ihren Lieferanten ausgetauscht, Anfrage und Bestellung gehören dazu. Erstellen Sie mithilfe des Arbeitsblattes 9.1 eine Übersicht über diese Dokumente und listen Sie ihre zentralen Inhalte auf. Nehmen Sie dabei Ihr BWR-Buch zu Hilfe oder recherchieren Sie alternativ im Internet.

3 Optimieren Sie die Fly-Bike-Vorlagen Anfrage und Bestellung. Nutzen sie hierzu Informationsblatt 9.1 und Arbeitsblatt 9.2.

Fly Bike Werke GmbH

Fly Bike Werke GmbH · Rostocker Str. 334 · 26121 Oldenburg

Ihr Zeichen
Ihre Nachricht vom:
Unser Zeichen:
Kunden-Nr.:

Name:
Telefon: +49 441 885-9290
Telefax: +49 441 885-9211
E-Mail: nemitz-mueller@flybike-werke.de

Datum:

Anfrage zu

Sehr geehrte Damen und Herren,

Für eine Kundenbestellung benötigen wir
Wir gehen zunächst von einer Bedarfsmenge von Stück aus.
Bitte senden Sie uns schnellstmöglich ein Angebot unter Angabe Ihrer Zahlungs- und Lieferbedingungen.

Mit freundlichen Grüßen

Fly Bike Werke GmbH

Ann-Kathrin Nemitz-Müller

Fly Bike Werke GmbH
Rostocker Str. 334
26121 Oldenburg

www.flybike-werke.de
info@flybike-werke.de

Bankkonten
Oldenburg-Bank
IBAN DE86 2804 0114
BIC OLBADEOL261

Fly Bike Werke GmbH

Fly Bike Werke GmbH · Rostocker Str. 334 · 26121 Oldenburg

Ihr Zeichen
Ihre Nachricht vom:
Unser Zeichen:
Kunden-Nr.:

Name:
Telefon: +49 441 885-9290
Telefax: +49 441 885-9211
E-Mail: nemitz-mueller@flybike-werke.de

Datum:

Bestellung-Nr. von
Artikelnummer

Sehr geehrte Damen und Herren,

vielen Dank für Ihr Angebot von letzter Woche. Wir möchten bei Ihnen folgenden Artikel zu den nachstehenden Konditionen bestellen.

Ihre Zahlungs- und Lieferbedingungen sowie die Bestandteile Ihrer AGBs haben wir zur Kenntnis genommen. Wir bitten sie die im Angebot angegebene Lieferzeit einzuhalten.

Mit freundlichen Grüßen

Fly Bike Werke GmbH

Ann-Kathrin Nemitz-Müller

Fly Bike Werke GmbH
Rostocker Str. 334
26121 Oldenburg

www.flybike-werke.de
info@flybike-werke.de

Bankkonten
Oldenburg-Bank
IBAN DE86 2804 0114 0112 3264 44
BIC OLBADEOL261

Geschäftsführer
Hans Peters

Handelsregister
Amstgericht Oldenburg
Oldenburg HRB 2134

Steuer Nr. 112/8870/0057
USt-Id.-Nr. DE236667691

Arbeitsblatt 9.1 | Dokumente des Bestellvorgangs

		Fly Bike Werke GmbH	
Lieferant	←	**Anfrage:**	**Merkwort: A M P E L** • **A**rtikelbezeichnung/-beschreibung mit Angaben zur Qualität • **M** • **P** • **E**rmäßigungen und Zahlungsbedingungen • **L**
	→		• Spezifikation der Ware • • • •
	←	**Bestellung:**	
	→		
	→		
	→		

Informationsblatt 9.1 (6 Seiten) | Die Serienbrieffunktion in MS Word

Serienbrief

Mit der Seriendruckfunktion können Sie **Serienbriefe, Adressetiketten, Umschläge** und **Listen** (Verzeichnisse) erstellen.

Der Serienbrief ist die am häufigsten verwendete Funktion des Seriendrucks. Er ist eine rationalisierte Briefform, die sich z. B. hervorragend für das Erstellen von Werbebriefen eignet. Werbebriefe werden in großen Mengen hergestellt und haben für alle Empfänger den gleichen Inhalt. Trotzdem sollen sie dem Empfänger vermitteln, dass der Brief speziell für ihn geschrieben wurde. Dies erreicht man durch variable Textstellen im Brief.

Für den Seriendruck sind zwei Dokumente nötig: eine **Datenquelle** und ein **Hauptdokument.** Die Datenquelle bezeichnet eine Datei in Tabellenform, in der die veränderbaren Textteile eines Serienbriefes gesammelt werden (z. B. die Adressdaten). Das Hauptdokument ist das Dokument, in welches später die Datenfelder für die variablen Textstellen eingefügt werden sollen. Beim Serienbrief ist dies ein vorgefertigter Brief.

Aus diesen Dokumenten erzeugen Sie das Ergebnis, das in einem weiteren Dokument gespeichert werden muss. Achten Sie immer darauf, sinnvolle Speichernamen zu verwenden.

Bevor Sie mit dem Erstellen eines Serienbriefes beginnen, sollten Sie zuerst klären, ob eine Datenquelle bereits vorhanden ist. Im Betrieb ist dies häufig schon der Fall. Dabei kann es sich um eine **Access-Tabelle,** eine **Excel-Tabelle** oder ein **Word-Dokument** handeln.

Die Datenquelle kann z. B. wie folgt aussehen:

Datenfeld

Firma	Anrede	Zusatz	Vorname	Name	Straße	PLZ	Ort
Meissner Verpackungsmaschinen GmbH	Herrn	Dr.	Michael	Bätzner	Gottlieb-Daimler-Str. 8	72622	Nürtingen
Bode Verpackungssysteme GmbH	Frau		Samira	Stille	Wallefelder Str. 9	51766	Engelskirchen
ALLPACK GmbH & Co. KG	Herrn	Prof. Dr.	Marcus	Pauli	Industriestr. 9–15	22869	Schenefeld

Steuersatz

Datensatz

Die einzelnen Spaltenüberschriften heißen in der Fachsprache **Datenfelder** und dienen später im Brief als Platzhalter. Die komplette Überschriftenzeile nennt man **Steuersatz.** Jede Zeile unter dem Steuersatz bildet einen **Datensatz.**

Um flexibel arbeiten zu können, ist es sinnvoll, die einzelnen Datenfelder möglichst „kleinschrittig" auszuwählen. Fassen Sie z. B. PLZ und Ort nicht in einem Datenfeld zusammen, um später leichter eine Auswahl treffen zu können.

Seriendruck starten

Beim Erstellen eines Serienbriefes hilft Ihnen der Seriendruck-Assistent. Dieser leitet Sie in mehreren Schritten durch den Vorgang. Gehen Sie zuerst in das Menüband von Word und wählen dort die Registerkarte **Sendungen.**

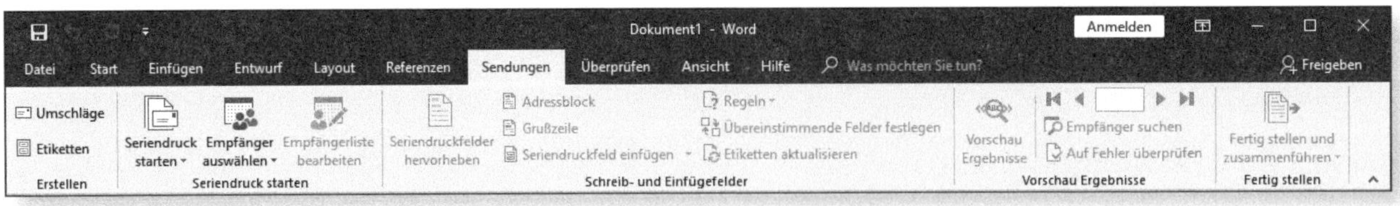

In der Gruppe **Seriendruck starten** klicken Sie auf **Seriendruck starten** und wählen im sich öffnenden Fenster **Seriendruck-Assistent mit Schritt-für-Schritt-Anweisungen** aus. Nun können Sie mit der Anlage Ihres Serienbriefes beginnen.

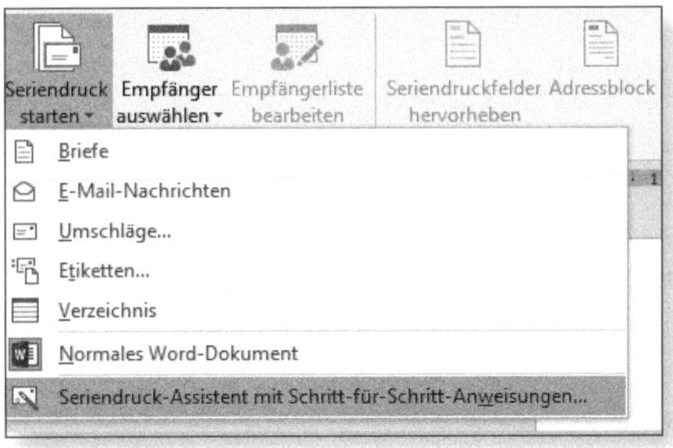

Schritt 1 von 6

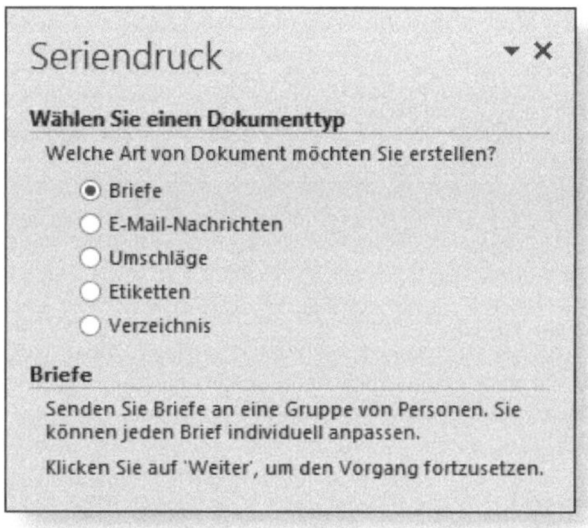

Sie beginnen mit der **Wahl des Dokumententyps.** Wollen Sie einen Serienbrief erstellen, wählen Sie den Punkt **Briefe** aus.

Schritt 2 von 6

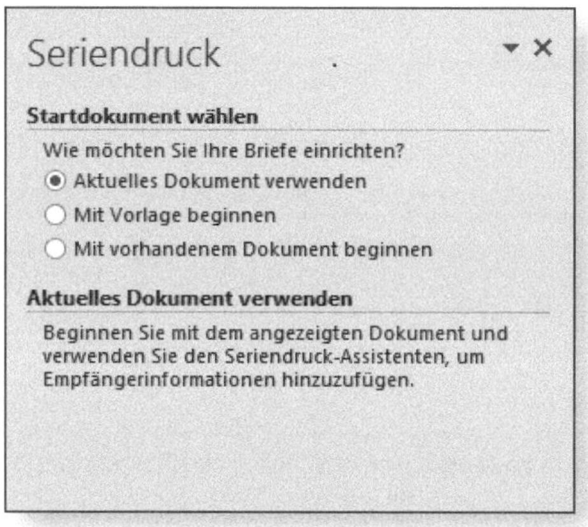

Im nächsten Schritt müssen Sie das **Startdokument wählen.** Das bedeutet, Sie müssen angeben, ob Sie das **aktuelle Dokument** oder ein **vorhandenes** nutzen wollen.

Wollen Sie mit dem aktuellen Dokument weiterarbeiten, folgt Schritt 3. Wollen Sie mit einem vorhandenen Dokument weiterarbeiten, müssen Sie dieses in einem Zwischenschritt auswählen und öffnen.

Schritt 3 von 6 (*Vorhandene Liste verwenden*)

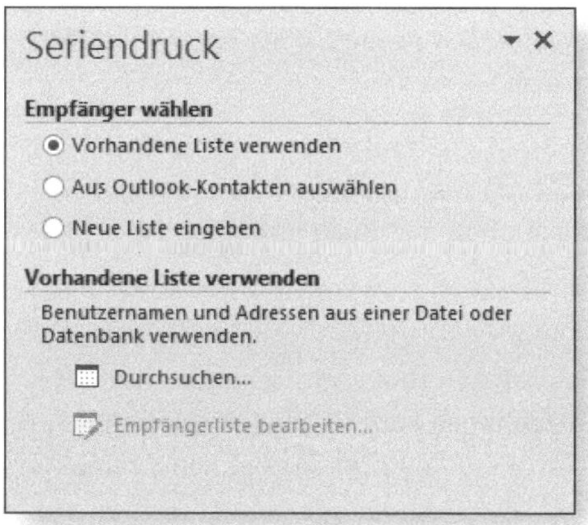

Nun erfolgt die Auswahl des Empfängers. Dazu können Sie eine **vorhandene Liste verwenden.** Klicken Sie dazu auf durchsuchen und wählen Sie die entsprechende Liste aus.

Alternativ können Sie an dieser Stelle auch eine **neue Liste eingeben.**

Schritt 3 von 6 (*Neue Liste eingeben*)

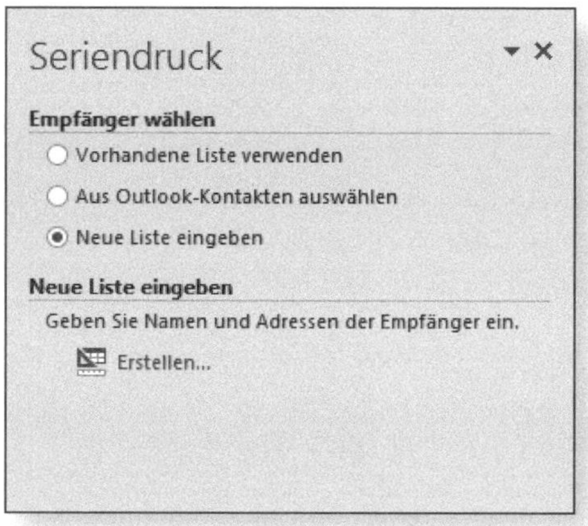

Wollen Sie eine neue Liste eingeben, dann klicken Sie auf **Erstellen.** Nachfolgend leitet Sie der Seriendruck-Assistent durch den Erstellungsprozess.

Neue Adressliste und Adressliste anpassen

Nach Klick auf **Erstellen** (siehe vorangegangene Seite) öffnet sich das Fenster **Neue Adressliste.** Hier geben Sie die Empfängerinformationen ein. Weitere Einträge können Sie durch einen Klick auf **Neuer Eintrag** hinzufügen.

Die Tabelle enthält unterschiedliche **Feldnamen** (Titel, Vorname, Name etc.). In der Regel wird es so sein, dass die Struktur der vorgegebenen Tabelle nicht Ihren Wünschen entspricht. Klicken Sie daher auf die Schaltfläche **Spalten anpassen.** Nun können Sie in dem Fenster **Adressliste anpassen** die gewünschten Anpassungen vornehmen. Ihnen stehen folgende Möglichkeiten zur Verfügung:

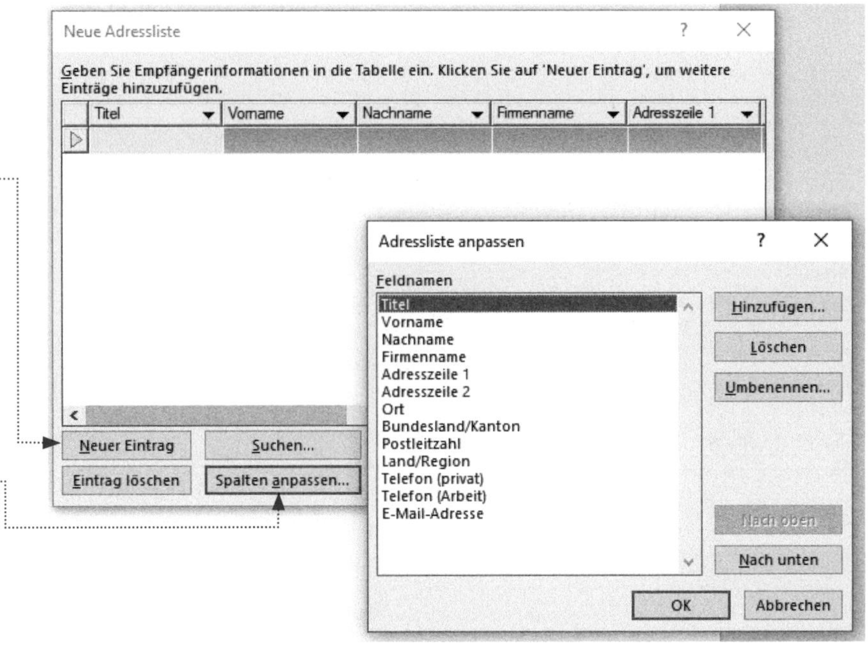

– Hinzufügen von Feldnamen
Klicken Sie dazu auf **Hinzufügen,** geben dann den Namen ein und bestätigen Sie mit OK. Wiederholen Sie den Vorgang, bis Sie alle notwendigen Feldnamen hinzugefügt haben.

– Löschen von Feldnamen
Wollen Sie einen Feldnamen löschen, dann markieren Sie diesen und klicken auf **Löschen.** Im Anschluss werden Sie per Dialogfenster noch einmal darauf hingewiesen, dass das entsprechende Feld sowie alle in dem Feld enthaltenen Informationen gelöscht werden. Wiederholen Sie den Vorgang, bis Sie alle überflüssigen Feldnamen entfernt haben.

– Umbennen von Feldnamen
Soll ein Feldname geändert werden, dann klicken Sie auf **Umbenennen,** geben dann den neuen Namen ein und bestätigen mit OK. Wiederholen Sie den Vorgang, bis alle Feldnamen korrekt benannt sind.

– Reihenfolge von Feldnamen ändern
Bringen Sie Ihre Feldnamen in die richtige Reihenfolge, um die Adressliste strukturiert eintippen zu können, indem Sie den zu verschiebenden Feldnamen markieren und mithilfe der Schaltflächen **Nach oben** und **Nach unten** an die richtige Position verschieben. Wenn alle Feldnamen am richtigen Platz sind, bestätigen Sie mit OK.

Haben Sie alle Anpassungen und Änderungen vorgenommen, können Sie Ihre Datensätze erfassen. Tragen Sie jetzt den ersten Datensatz ein. Sie können sich mithilfe der Tabulator-Taste zum jeweils nächsten Feld weiterbewegen. Wenn Sie am Ende der Zeile angelangt sind, können Sie über die Schaltfläche **Neuer Eintrag** einen neuen Datensatz erzeugen. Dies geschieht aber auch, wenn Sie am Ende eines Datensatzes die Tabulator-Taste drücken. Ihre Tabelle könnte dann z. B. folgendermaßen aussehen:

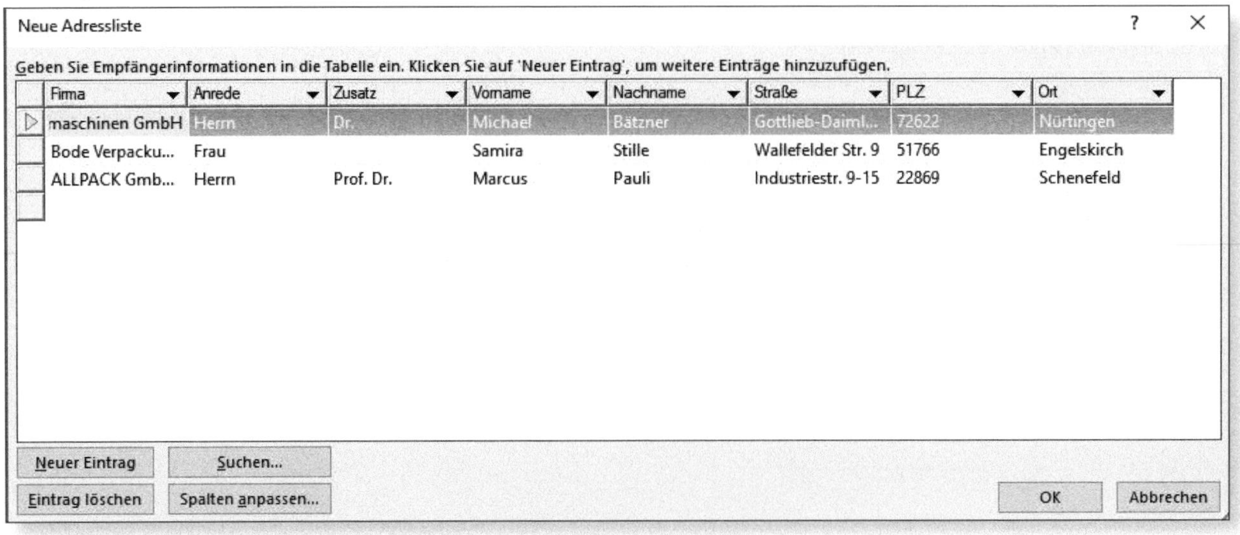

Wenn Sie alle Datensätze eingetragen haben, kontrollieren Sie Ihre Eingaben auf Tippfehler und bestätigen Sie im Anschluss mit OK. Speichern Sie die nun entstandene Access-Datenbank unter einem sinnvollen Dateinamen.

Seriendruckempfänger

Haben Sie alle Daten eingegeben und die Datei gespeichert, öffnet sich der Seriendruckempfänger. Mithilfe von Kontrollkästchen können Sie Empfänger hinzufügen oder entfernen. Sind Sie mit der Auswahl fertig, dann Klick Sie auf OK.

Das Auswählen bestimmter Daten für den Seriendruck nennt man **Selektion**. Sie können dabei Briefe nach einem bestimmten Suchbegriff herausfiltern. Dies ist dann sinnvoll, wenn Sie z. B. alle Kunden, die in einer bestimmten Stadt wohnen, anschreiben wollen.

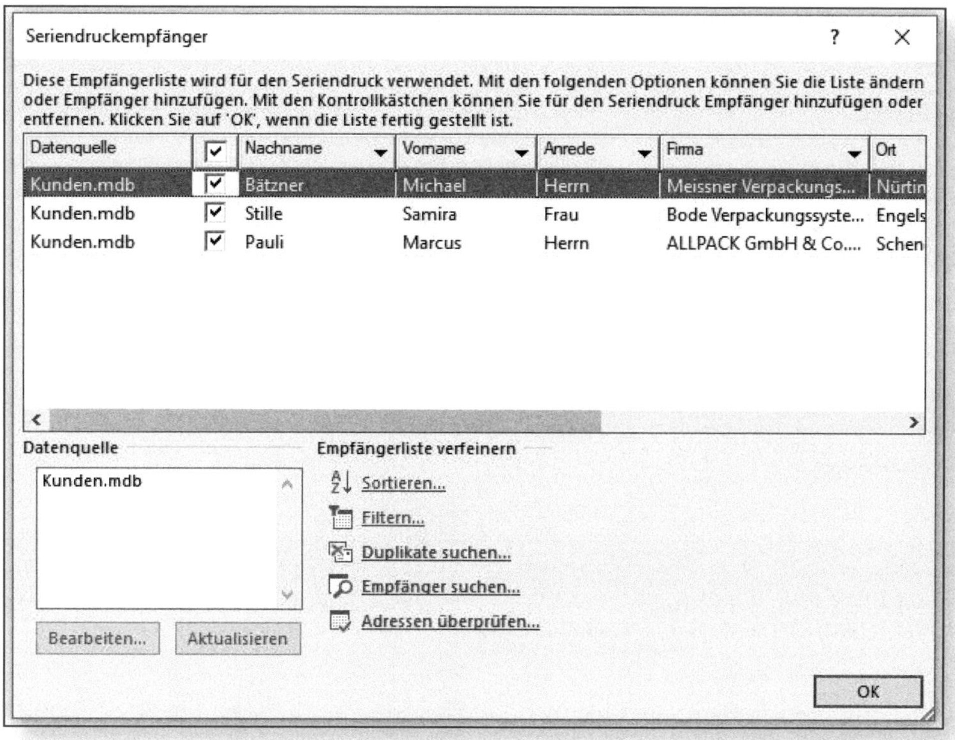

Schritt 4 von 6

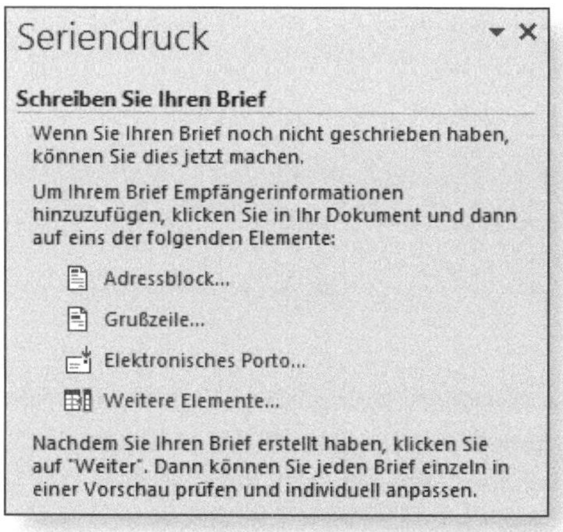

Ist die Datenquelle angelegt, so kann nun der Brief (das Hauptdokument) erstellt werden. Entweder Sie erstellen auf der Basis Ihrer Briefmaske einen neuen Brief oder Sie öffnen einen bereits vorhandenen Brief.

Damit in Ihrem Brief alle Empfängerinformationen aufgeführt werden, die Sie in Ihrer Datenquelle erfasst haben bzw. benötigen, müssen Sie nun die verschiedenen **Elemente (Seriendruckfelder)** einfügen. Dabei kann es sich z. B. um den Adressblock oder die Grußzeile handeln. Sie erkennen Seriendruckfelder an der folgenden Form: <<Adresse>> (Seriendruckfeld, in das die Adresse eingefügt wird.

Hinter einem Seriendruckfeld können sich nicht nur Einzelinformationen verberegen. So umfasst der Adressblock in der Regel mehrere Informationen (Anrede, Vorname, Nachnem etc.). Damit der Adressblock korrekt ausgegeben wird, muss er vorab definiert werden. Klicken Sie dazu auf **Adressblock.** Es öffnet sich das Fenster **Adressblock einfügen**. Dort können Sie nun das Format des Adressblocks festlegen sowie über **Übereinstimmende Felder festlegen** die Informationen, die der Adressblock enthalten soll.

Sie blenden Felder aus, indem Sie im Fenster **Übereinstimmende Felder festlegen** diesen Elementen nicht übereinstimmend zuweisen.

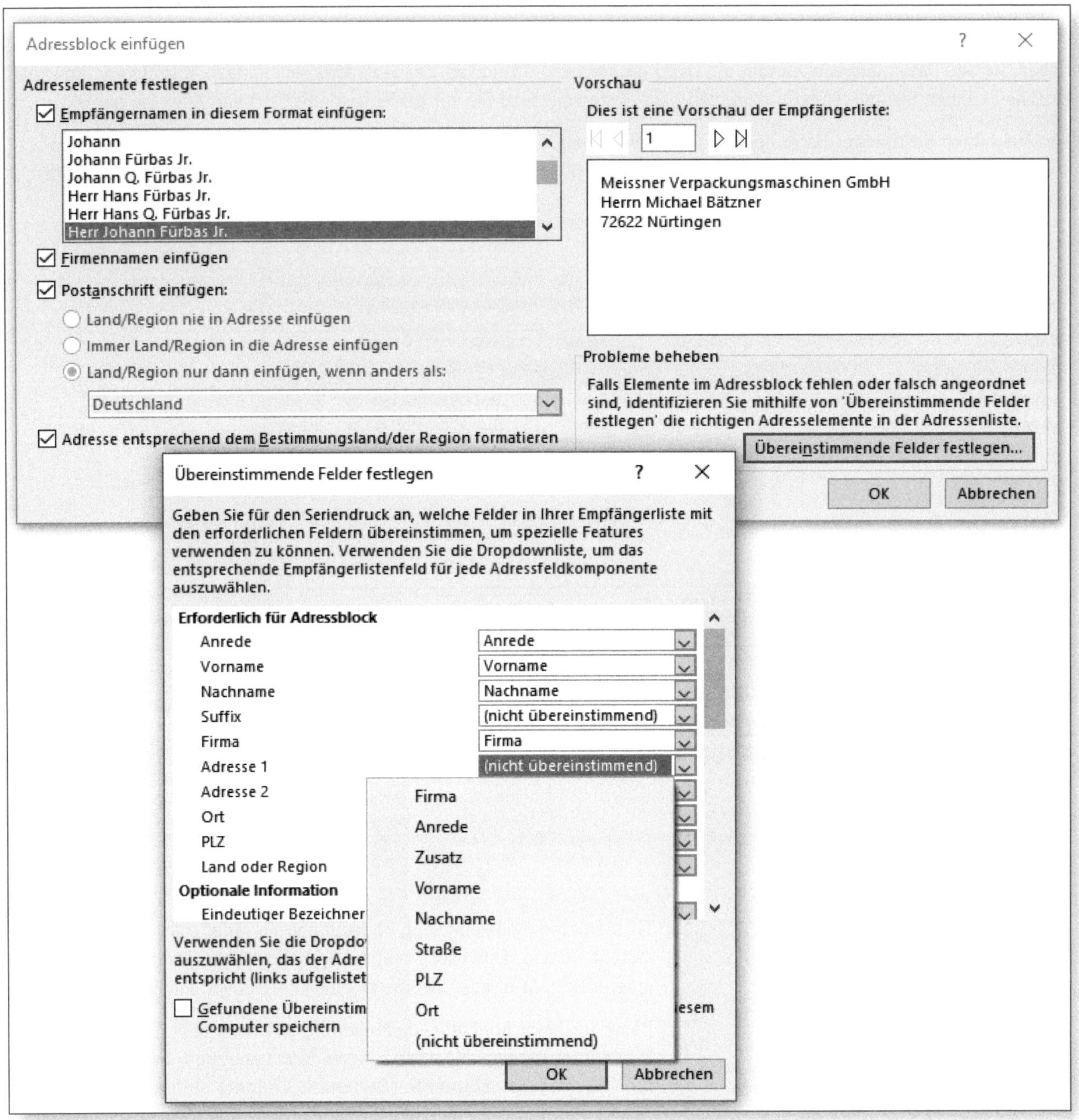

Schritt 5 von 6

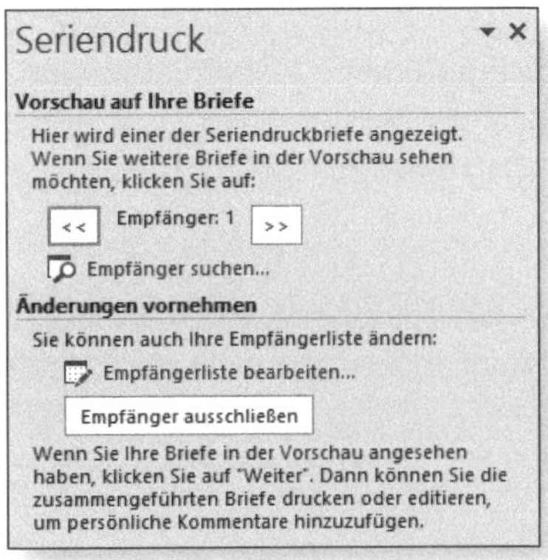

Ist Ihr Brief fertig und sind alle Elemete (Seriendruckfelder) eingefügt, können Sie sich nun eine Vorschau Ihrer Seriendruckbriefe ansehen. Wollen Sie zwischen den einzelnen Empfängern wechseln, dann können Sie das mit den angegebenen **Pfeilen**.

Suchen Sie einen bestimmten Empfänger, dann nutzen Sie **Empfänger suchen**.

Auch jetzt können Sie noch Änderungen vornehmen. Nutzen Sie dafür **Empfängerliste bearbeiten**.

Alle hier beschriebenen Schritte können auch über das Menüband, Registerkarte **Sendungen**, Gruppe **Vorschau Ergebnisse** aufgerufen werden.

Schritt 6 von 6

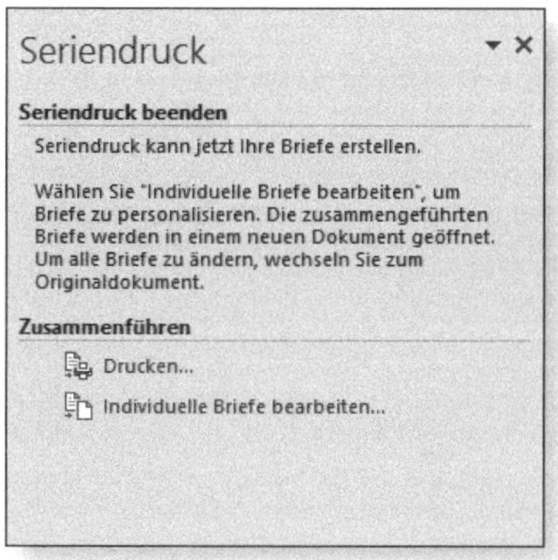

Nun können Sie Ihren Seriendruck beenden oder Briefe noch über **Individuelle Briefe bearbeiten** personalisieren.

Wollen Sie drucken, erfolgt dies per Klick auf **Drucken**. Sie haben dabei die Möglichkeit anzugeben, welche Datensätze gedruckt werden sollen. Sie können **alle drucken,** nur den **aktuellen Datensatz** oder eine **Von-An-Auswahl** treffen.

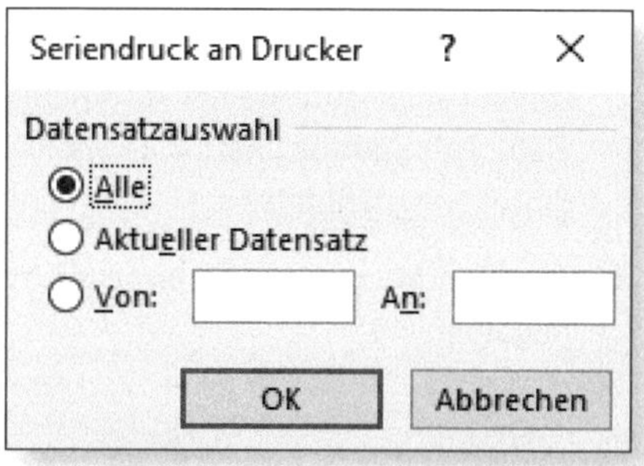

Darüber hinaus können Sie den Druck auch über das Menüband starten (Registerkarte **Sendungen,** Gruppe **Fertig stellen**).

Hinweis
Vergessen Sie nicht, Ihr Dokument zu speichern. Beachten Sie, dass durch das Speichern Ihr Seriendruckdokument mit der Datenquelle verbunden bleibt. Somit können die Daten auch für kommende Werbebriefe genutzt werden.

Arbeitsblatt 9.2 (2 Seiten) | Verknüpfung der Vorlagen Anfrage und Bestellung mit den Lieferanten- und Artikelstammdaten

1 Beantworten Sie die folgenden Wiederholungsfragen zum Informationsmaterial 9.1

a Was versteht man unter einem Serienbrief und aus welchen beiden Teilen besteht er?

b Welche Inhalte werden in der Datenbank und dem Hauptdokument gespeichert?

c In welchen Schritten erfolgt die Serienbrieferstellung?

d Welche Art von Dokumenten kann man als Serienbrief erstellen?

e Wozu dient die Adressliste?

2 Öffnen Sie die zu überarbeitenden MS-Word-Vorlagen *Vorlage_Anfrage_alt.dotx* und *Vorlage_Bestellung_alt.dotx* (oder arbeiten sie mit den auf S. 128 abgedruckten Vorlagen). Überprüfen Sie die Vorlagen formal und inhaltlich. Fallen Ihnen Fehler auf, die Sie korrigieren müssen? Haben Sie Verbesserungsvorschläge? (DIN 5008-Regeln beachten! Siehe Informationsblatt 4.1) Speichern Sie die optimierten Vorlagen unter *Vorlage_Anfrage_neu.dotx* und *Vorlage_Bestellung_neu.dotx*.

3 Erstellen Sie nun aus Ihrer neuen Vorlage einen Serienbrief für die Anfrage nach Fahrradreifen mit folgenden Angaben:

Artikel	Menge	
Rennradreifen	100 Sets	

Firma	Ansprechpartner	Straße	PLZ	Ort	Kunden-nummer
Schwalle KG	Olaf Rille	Märkische Straße 36	44135	Dortmund	752333
Continent AG	Franz Rieger	Vahrenwalder Straße 99	30165	Hannover	141516

a Welche Seriendruckfelder brauchen Sie, welche Angaben können Sie direkt im Hauptdokument ergänzen? Machen Sie eine Liste.

___

___

___

___

___

___

___

___

___

___

___

b Notieren Sie während der Gestaltung Ihres Serienbriefes die wesentlichen Schritte in der Menüführung.

____

____

____

____

____

____

____

c Speichern Sie den Serienbrief unter dem Namen *Anfrage_Rennreifen.docx*. Beachten Sie die Vorschriften der DIN 5008 zur Geschäftsbriefgestaltung.

4 Auf Ihre Anfrage erhalten Sie folgendes Angebot von der Firma Schwalle KG:

Schwalle

Schwalle KG · Märkische Str. 36 · 44135 Dortmund

Fly Bike Werke GmbH
Ann-Kathrin Nemitz-Müller
Rostocker Str. 334
26121 Dortmund

Ihr Zeichen: nem/prakt001
Ihre Nachricht vom: 25.03.20XX
Kunden-Nr.: 752333

Unser Zeichen:
Name: Olaf Rille
Telefon: +49 231 5281-936
Telefax: +49 231 5281-155
E-Mail: rille@schwalle.de

Datum: 1.04.20XX

Sehr geehrte Frau Nemitz-Müller,

vielen Dank für Ihre Anfrage zu unseren Rennradreifen. Wir unterbreiten Ihnen gern folgendes Angebot:

Stück	Bestellnr.	Artikel	Einzelpreis	Summe
100	0447	Renn Bereifung Ultra Sport, 2 St. Felgenbänder, Reifen, 2 St. Ultra Schlauch mit Ventil	74,20 €	7.420,00 €
			Summe	7.420,00 €
			20 % Rabatt	1.181,00 €
			Gesamtsumme	5.936,00 €
			19 % MwSt.	1.127,84 €
				7.063,84 €

Die Lieferfrist beträgt eine Woche, das Zahlungsziel ist 28 Tage. Bei Zahlung innerhalb von 14 Tagen gewähren wir 2 % Skonto. Die Lieferkosten betragen 240,00 €, die Lieferung erfolgt unter Eigentumsvorbehalt; Erfüllungsort und Gerichtsstand ist Dortmund.

Wir freuen uns, wenn Ihnen unser Angebot zusagt und halten uns 30 Tage daran gebunden.

Mit freundlichem Gruß

P.S.: Falls sie weitere Fragen zu diesem Angebot haben oder zusätzliche Informationen benötigen, erreichen Sie mich unter der Rufnummer 02 31 52 81-936

Schwalle KG
Märkische Straße 36
44135 Dortmund

www.schwalle.de
mail@schwalle.de

Bankkonten
Stadtbank Dortmund
IBAN DE06 4416 0014 0204 4001 23
BIC GENODEM1DOR

Geschäftsführer
Lennart Maberth

Handelsregister
Amtsgericht Dortmund
HR Dortmund 12964

Steuer Nr. 314/7878/9876

Nutzen Sie Ihre Vorlage und bestellen Sie die angebotenen Fahrradreifen. Speichern Sie Ihre Bestellung unter dem Namen *Bestellung_Rennreifen.docx*.

Aufgaben

Aufgabe 1
Erläutern Sie den Unterschied zwischen Anfrage und Bestellung.

Aufgabe 2
Beschreiben Sie den Ablauf der Serienbrieferstellung und benennen Sie zwei Vorteile gegenüber der manuellen Brieferstellung mit MS Word.

Aufgabe 3
Erstellen Sie den nach folgender E-Mail gewünschten Serienbrief.

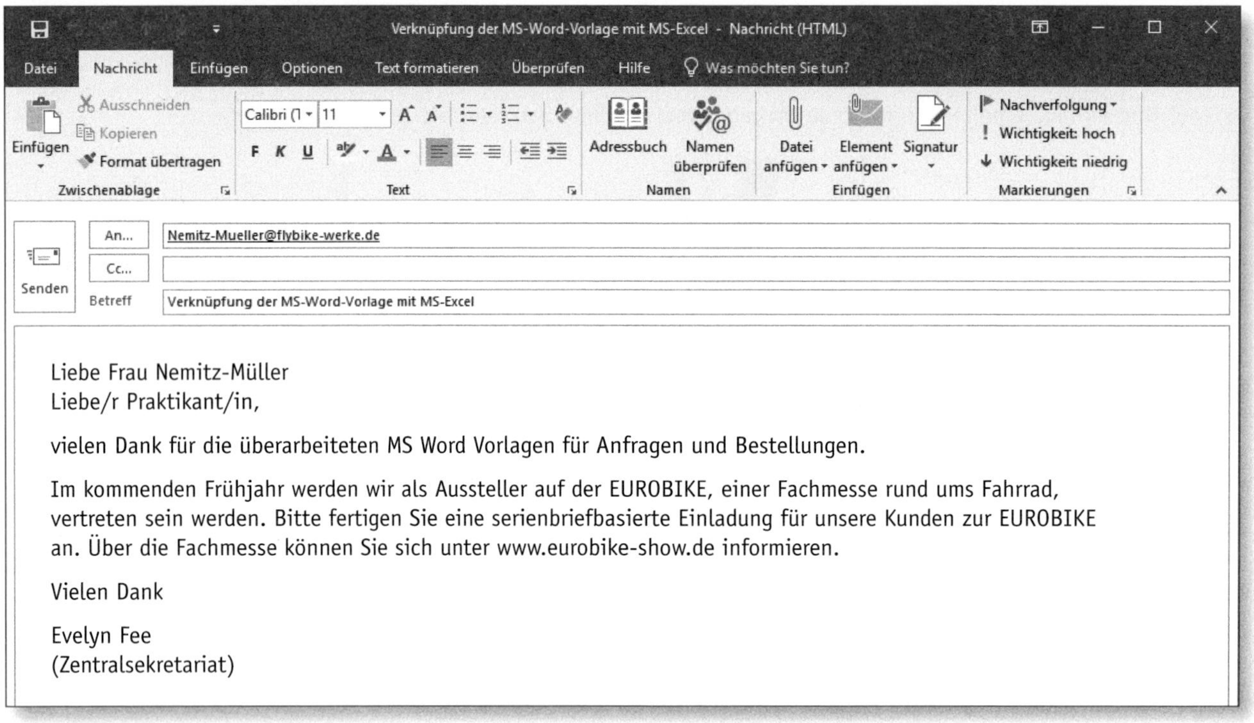

An: Nemitz-Mueller@flybike-werke.de

Betreff: Verknüpfung der MS-Word-Vorlage mit MS-Excel

Liebe Frau Nemitz-Müller
Liebe/r Praktikant/in,

vielen Dank für die überarbeiteten MS Word Vorlagen für Anfragen und Bestellungen.

Im kommenden Frühjahr werden wir als Aussteller auf der EUROBIKE, einer Fachmesse rund ums Fahrrad, vertreten sein werden. Bitte fertigen Sie eine serienbriefbasierte Einladung für unsere Kunden zur EUROBIKE an. Über die Fachmesse können Sie sich unter www.eurobike-show.de informieren.

Vielen Dank

Evelyn Fee
(Zentralsekretariat)

Aufgabe 4
Erweitern Sie Ihre Lernkartei.

Aufgabe 5
Ergänzen Sie Ihr Lerntagebuch.

Kannliste zu HF 2 | Anforderungssituation 2.2 | Lernsituation 8–9

Bestellvorgänge dokumentieren

Nr.	Themenbereich: Bestellvorgänge dokumentieren			
	Ich kann ...	**Zu finden ...**	**AP**	**√**
1	... den Begriff „prozessorientiertes Unternehmen" erläutern.	S. 120	x	
2	... die Schritte des Bestellvorgangs erklären.	S. 120	xx	
3	... die Dokumente (Anfrage, Angebot, Bestellung, Lieferschein und Eingangsrechnung) eines Bestellvorgangs unterscheiden.	S. 120	xx	
4	... Aussagen zum Bestellvorgang beurteilen und ggf korrigieren.	S. 126	xx	
Nr.	**Themenbereich: Geschäftsprozesse mithilfe von erweiterten ereignisgesteuerten Prozessketten (eEPK) analysieren**			
	Ich kann ...	**Zu finden ...**	**AP**	**√**
5	... den Begriff Geschäftsprozess erklären.	S. 121	x	
6	... den Zweck einer eEPK erläutern.	S. 121–122	x	
7	... die Symbole (Funktion, Ereignis, Informationsobjekt und Organisationseinheit) einer eEPK benennen und erklären.	S. 121–122, 126	x	
8	... die Operatoren UND, ODER und XOR unterscheiden.	S. 122	x	
9	... mindestens zwei weitere Darstellungsformen für Geschäftsprozesse nennen und ihre Vor- und Nachteile erläutern.	S. 123	x	
10	... Aussagen zur eEPK und den Darstellungsformen der Ablauforganisation beurteilen und ggf. korrigieren.	S. 126	xx	
Nr.	**Themenbereich: Erweiterte ereignisgesteuerte Prozessketten (eEPK) mithilfe von MS Word erstellen**			
	Ich kann ...	**Zu finden ...**	**AP**	**√**
11	... eine eEPK für den Bestellvorgang in MS Word erstellen.	S. 120, 125	xxx	
12	... bei der Erstellung einer eEPK in MS Word passende Formen und Verbindungslinien einfügen und formatieren.	S. 125	xx	

Bestellvorgänge optimieren

Nr.	Themenbereich: Bestellvorgänge sinnvoll durchführen			
	Ich kann ...	**Zu finden ...**	**AP**	**√**
1	... Verknüpfungsmöglichkeiten zwischen dem Angebot, der Bestellung und den Stammdaten erkennen.	S. 127–128	xx	
2	... die Inhalte einer Anfrage und einer Bestellung unterscheiden und erläutern.	S. 127–128	x	
3	... die Dokumente des Bestellvorgangs benennen und zuordnen, welches Dokument von wem stammt.	S. 129	x	
Nr.	**Themenbereich: Einen Serienbrief in MS Word erstellen**			
	Ich kann ...	**Zu finden ...**	**AP**	**√**
4	... die Schritte der Serienbrieferstellung durchführen.	S. 130–135	x	
5	... zwischen Datenbank und Hauptdokument unterscheiden.	S. 130	x	
6	... die Vorlagen mit den Stammdaten verknüpfen.	S. 136	xx	
7	... einen Serienbrief für die Anfrage erstellen.	S. 137–138	xxx	

Anforderungsprofile (AP): x Reproduktion xx Anwendung xxx Problemlösung

SB BWR ▸ Handlungsfeld 2, Kap. 2

LS BWR ▸ Lernsituation 22

Quantitativer und qualitativer Angebotsvergleich

Situation

Hausmitteilung — Fly Bike Werke GmbH

Absender	Empfänger	mit der Bitte um
☐ Geschäftsführung	☐ Geschäftsführung	☐ Kenntnisnahme
☐ Zentralsekretariat	☐ Zentralsekretariat	☒ Erledigung
☐ Controlling	☐ Controlling	☐ Stellungnahme
☐ Einkauf/Logistik	☒ Einkauf/Logistik	
☒ Produktion	☐ Produktion	
☐ Verwaltung	☐ Verwaltung	
☐ Vertrieb	☐ Vertrieb	
☐ Frau/Herr	☒ Frau/~~Herr~~ Nemitz-Müller	

Liebe Frau Nemitz-Müller,

für einen Kundenauftrag benötigen wir 200 Fahrradschaltungen (Artikelbezeichnung: Renn Schaltung, Warengruppe 65, Artikelnummer 6505). Bitte bestellen Sie die Schaltungen bei unserem Lieferanten nach, da unser derzeitiger Inventurbestand nicht ausreicht. Vielen Dank!

Mit freundlichen Grüßen
Stefan Schneider
(Lagerabteilung)

Diese Hausmitteilung erhielt Frau Nemitz-Müller heute Vormittag aus dem Lager. Allerdings hat sie sich zu einer Fortbildung angemeldet und ist nur noch eine Stunde im Büro, bevor Sie nach Berlin aufbricht. Erst in drei Tagen wird sie wieder zurück sein. Da sie mit Ihrer Arbeit bisher sehr zufrieden war, bittet sie Sie, in der Zwischenzeit Angebote einzuholen. Sie kündigt Ihnen auch schon an, dass sie Ihnen nach Ihrer Rückkehr die Angebotsauswahl überlassen möchte.

Handlungsaufträge

1 Analysieren Sie die Problemstellung der Ausgangssituation und planen Sie Ihr Vorgehen. Erstellen Sie hierzu eine Übersicht wie im Arbeitsblatt 1.1.

2 Notieren Sie, welche Informationen Sie zur Nachbestellung der Schaltungen benötigen und überlegen Sie, woher Sie diese Informationen erhalten. Nutzen Sie hierzu Arbeitsblatt 10.1.

3 Formulieren Sie den Brieftext für die Anfragen an die Lieferanten, die Sie anschreiben möchten. Erstellen Sie anschließend mithilfe der Serienbriefvorlage Anfrage die Dokumente (Ergänzen Sie dabei Ihre Serienbriefdatenbank aus LS 9 um die möglichen Lieferanten für den Artikel Renn Schaltung). Speichern Sie Ihre Anfrage unter *Anfrage_Renn Schaltung.docx*.

4 Nach fünf Tagen liegen Ihnen drei Angebote der infrage kommenden Lieferanten vor (siehe S. 142). Frau Nemitz-Müller bittet Sie, einen quantitativen Angebotsvergleich durchzuführen und dazu die Vorlage auf Arbeitsblatt 10.2 zu nutzen.

5 Um zukünftig Arbeitszeit zu sparen, sollen Sie darüber hinaus ein Formular zum quantitativen Angebotsvergleich in MS Excel erstellen. Bilden Sie die Tabelle von Arbeitsblatt 10.2 in Excel nach und speichern Sie das Dokument unter dem Namen *quantitativer Angebotsvergleich.xlsx*. Führen Sie die Berechnungen mithilfe von Formeln durch und halten sie die Formeln in der zweiten Tabelle auf dem Arbeitsblatt 10.2 fest.

6 Treffen Sie eine begründete Entscheidung für einen der drei Lieferanten.

Arbeitsblatt 10.1 | Schaltungen nachbestellen

Benötigte Informationen	Herkunft der Informationen	Inhalt der Informationen
Was soll bestellt werden?		
Wie viel soll bestellt werden?		
Bei welchem Lieferanten soll bestellt werden?		
Zu welchen Konditionen soll bestellt werden?		

Tamino Deutschland GmbH

Tamino Deutschland GmbH • Immermannstr. 24 • 40210 Düsseldorf

Fly Bike Werke GmbH
Rostocker Str. 334
26121 Oldenburg

Ihr Zeichen: nem
Ihre Nachricht vom: 13.03.20XX
Unser Zeichen: TD13
Unsere Nachricht vom:

Name: Sebastian Freundlich
Telefon: 0211 162150
Telefax: 0211 162199
E-Mail: freund@Tamino.de

Datum: 17.03.20XX

Angebot Renn Schaltung

Sehr geehrte Frau Nemitz-Müller,

gern machen wir Ihnen ein Angebot für 200 Fahrradschaltungen zum Einzelpreis von 250,90 €. Da Sie bereits langjähriger Kunde bei uns sind, gewähren wir einen Rabatt in Höhe von 10 %. Bei Zahlung innerhalb von 30 Tagen können wir Ihnen zusätzlich 2 % Skonto einräumen. Die voraussichtliche Lieferzeit beträgt 7 Tage.

Mit freundlichen Grüßen

Tamino Deutschland GmbH

i. A. Sebastian Freundlich

DAX GMBH
Düsseldorf

Dax GmbH • Rudolf-Diesel-Str. 25 • 40424 Düsseldorf

Fly Bike Werke GmbH
Rostocker Str. 334
26121 Oldenburg

Ihr Zeichen: nem
Ihre Nachricht vom: 13.03.20XX
Unser Zeichen: DX
Unsere Nachricht vom:

Name: Karsten Sachse
Telefon: 0211 8917326
Telefax: 0211 8917999
E-Mail: sachse@dax.de

Datum: 18.03.20XX

Angebot Fahrradschaltung „Rennschaltung"

Sehr geehrte Frau Nemitz-Müller,

herzlichen Dank für Ihre Anfrage. Im Folgenden erhalten Sie ein Angebot für 200 Fahrradschaltungen zum Einzelpreis von 230,50 €. Aufgrund der Abnahmemenge von 200 Stück können wir Ihnen einen Mengenrabatt von 7 % einräumen. Bei Zahlung innerhalb von 30 Tagen können wir Ihnen zusätzlich 3 % Skonto gewähren. Die voraussichtliche Lieferzeit beträgt 5 Tage. Für die Lieferung werden außerdem Frachtkost in Höhe von 3 % des Bareinkaufspreises fällig.

Mit freundlichen Grüßen

Dax GmbH

i. A. Karsten Sachse

JITENSHA INC

Jitensha inc. • 4-4-10 Minami-Azabu, Minato-ku • 106-0047 Tokyo

Fly Bike Werke GmbH
Ann-Kathrin Nemitz-Müller
Rostocker Str. 334
26121 Oldenburg

Angebot

Sehr geehrte Frau Nemitz-Müller,

vielen Dank für Ihre Anfrage zu unseren Fahrradschaltungen. Wir unterbreiten Ihnen gern folgendes Angebot:

Stück	Bestellnr.	Artikel	Einzelpreis	Summe
200	u-239	Rennschaltung 24-Gang mit Zahnkranz, Schallwerk, Umwerfer, Kette und Schaltgriffen	214,25 €	42.850,00 €
			Summe	42.850,00 €
			12 % Rabatt	5.142,00 €
			Gesamtsumme	37.708,00 €
			19 % MwSt.	7.164,52 €
				44.872,52 €

Die Lieferfrist beträgt 14 Tage, das Zahlungsziel ist 30 Tage. Bei Zahlung innerhalb von 14 Tagen gewähren wir 2 % Skonto. Die Lieferkosten betragen 340,00 € netto, die Lieferung erfolgt über unseren Deutschlandvertrieb in Dortmund und unter Eigentumsvorbehalt; Erfüllungsort und Gerichtsstand ist Dortmund.

Wir freuen uns, wenn Ihnen unser Angebot zusagt und halten uns 30 Tage daran gebunden.

Mit freundlichem Gruß

i. A. Akiko Hanage

PS: Falls Sie weitere Fragen zu diesem Angebot haben oder zusätzliche Informationen benötigen, erreichen Sie unseren Vertrieb, Frau Nakamura, unter Rufnummer 0231 5281-338

Arbeitsblatt 10.2 (2 Seiten) | Quantitativer Angebotsvergleich

Rufen Sie sich mithilfe Ihres BWR-Buches noch einmal Aufgabe und Inhalt von Angebotsvergleichen ins Gedächtnis.

1 Wonach richten sich die Kaufentscheidungen bei einem quantitativen Angebotsvergleich?

2 Erläutern Sie die Größen, die sie unter 1 genannt haben.

3 Welche Faktoren bleiben beim quantitativen Angebotsvergleich unberücksichtigt?

4 Führen Sie mithilfe der Tabelle auf der folgenden Seite einen quantitativen Angebotsvergleich für die Rennschaltungsangebote durch. Zu welchem Ergebnis kommen Sie?

Quantitativer Angebotsvergleich Renn Schaltung

Datum: ______________________ Artikelnummer: __________ Menge: _________

Lieferant						
	%	Betrag	%	Betrag	%	Betrag
Einzelpreis						
Gesamtpreis						
– Lieferantenrabatt						
= Zieleinkaufspreis						
- Lieferantenskonto						
= Bareinkaufspreis						
+ Bezugskosten						
= Bezugspreis gesamt						
= Bezugspreis je Stück						

5 Übertragen Sie Ihre Tabelle in Excel und berechnen Sie den günstigsten Lieferanten mithilfe der Formeln, die Sie bereits in LS 6 kennengelernt haben. Tragen sie die Formeln in die nachstehende Tabelle ein.

Hinweis
Die Formel für den günstigsten Bezugspreis je Stück enthält eine Min-Funktion, die Formel für den günstigsten Anbieter eine verschachtelte Wenn-Funktion.

	A	B	C	D	E	F	G	H
1	**Quantitativer Angebotsvergleich Renn Schaltung**							
2								
3	Datum:							
4	Artikelnummer							
5	Menge							
6								
7	Lieferant							
8		%	Betrag	%	Betrag	%	Betrag	
9	Einzelpreis							
10	Gesamtpreis							
11	– Lieferantenrabatt							
12	= Zieleinkaufspreis							
13	– Lieferantenskonto							
14	= Bareinkaufspreis							
15	+ Bezugskosten							
16	= Bezugspreis gesamt							
17	= Bezugspreis je Stück							
18								
19	günstigster Preis:							
20	günstigster Anbieter:							

Folgesituation

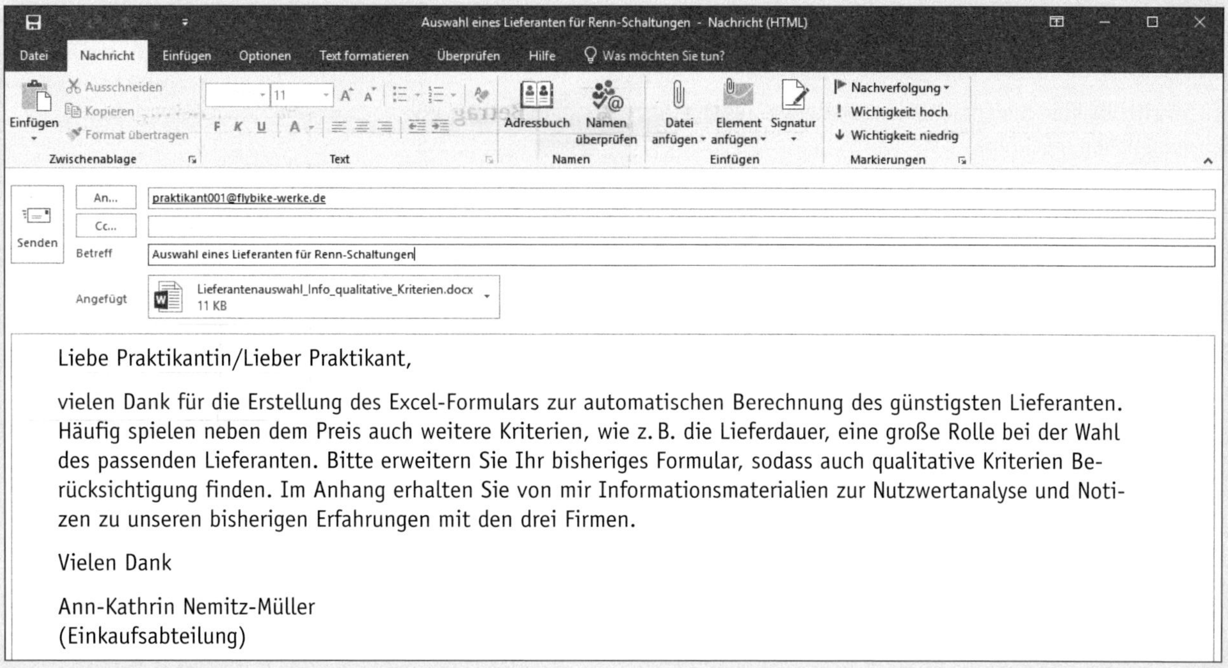

Liebe Praktikantin/Lieber Praktikant,

vielen Dank für die Erstellung des Excel-Formulars zur automatischen Berechnung des günstigsten Lieferanten. Häufig spielen neben dem Preis auch weitere Kriterien, wie z. B. die Lieferdauer, eine große Rolle bei der Wahl des passenden Lieferanten. Bitte erweitern Sie Ihr bisheriges Formular, sodass auch qualitative Kriterien Berücksichtigung finden. Im Anhang erhalten Sie von mir Informationsmaterialien zur Nutzwertanalyse und Notizen zu unseren bisherigen Erfahrungen mit den drei Firmen.

Vielen Dank

Ann-Kathrin Nemitz-Müller
(Einkaufsabteilung)

Handlungsaufträge

1 Sichten Sie die Aktennotizen zu den Lieferanten Tamino Deutschland, Jitensha INC und Dax GmbH. Lesen Sie sich anschließend die Informationen auf Arbeitsblatt 10.3 zur Nutzwertanalyse durch und wiederholen Sie Ihr Wissen aus dem BWR-Unterricht.

2 Führen Sie mithilfe von Excel und Arbeitsblatt 10.3 eine Nutzwertanalyse für die drei möglichen Lieferanten der Rennschaltungen durch und speichern Sie Ihre Ergebnisse aus Arbeitsblatt 10.3 unter dem Namen *qualitativer Angebotsvergleich.xlsx*.

3 Sammeln Sie Argumente für und wider eine Nutzwertanalyse und formulieren Sie eine begründete Empfehlung für einen der drei Lieferanten.

4 Bereiten Sie auf maximal zwei Seiten eine kurze, aussagekräftige Präsentation Ihrer Ergebnisse vor. Nutzen Sie hierzu entweder Word oder PowerPoint.

5 Geben Sie dem Vortragenden nach der Präsentation ein Feedback. Sie können dazu wieder auf Arbeitsblatt 1.5 aus Lernsituation 1 zurückgreifen.

Aktennotizen zu den Lieferanten des Artikels „Renn Schaltung"

Tamino Deutschland:

Bei dem Lieferanten haben wir bereits zahlreiche andere Artikel bestellt. Sowohl mit der Qualität der Ware als auch mit dem Reklamationsverhalten waren wir in der Vergangenheit sehr zufrieden. Die Liefertermine werden meist eingehalten. Leider produziert der Lieferant nicht nach neuesten ökologischen Standards, hält allerdings gesetzliche Mindestanforderungen ein.

Dax GmbH

Die Dax GmbH mit Sitz in Düsseldorf ist ein relativ neuer Lieferant. Kurze Lieferzeiten und hohe Qualität der Waren zeichnen das Unternehmen aus. Lediglich bei Reklamationen gab es kleinere Probleme in der Vergangenheit. Zum Beispiel hatten Tests ergeben, dass Trikots des Herstellers teilweise schadstoffbelastet waren.

Jitensha INC

Mit dem Lieferanten haben wir bislang nur vereinzelt Verträge abgeschlossen. Leider hat das Unternehmen aufgrund seines Sitzes in Japan, lange Lieferzeiten. Auch die Reklamation gestaltete sich problematisch. Die Lieferbeziehungen wurden beibehalten, da das Unternehmen qualitativ sehr hochwertige Produkte liefert und alle europäischen Umweltvorschriften erfüllt.

Arbeitsblatt 10.3 (2 Seiten) | Nutzwertanalyse

Die Nutzwertanalyse ist ein Verfahren, das Ihnen dabei hilft, verschiedene Alternativen miteinander zu vergleichen, um dadurch die Alternative herauszufinden, die Sie selbst für die beste halten. Dabei gehen Sie folgendermaßen vor:

1. Schritt: Wählen Sie Entscheidungskriterien aus, die Sie für wichtig halten und nach denen Sie die Alternativen vergleichen möchten.
2. Schritt: Überlegen Sie, welches Kriterium am wichtigsten ist und welches am unwichtigsten ist. Sortieren Sie die anderen Kriterien zwischen diese beiden Eckpositionen nach ihrer Wichtigkeit ein.
3. Schritt: Bewerten Sie die Kriterien indem Sie, je nach Wichtigkeit, Punkte von 1 bis 10 vergeben.

   10 Punkte → höchste Wichtigkeit

   1 Punkt → geringste Wichtigkeit
4. Schritt: Vergeben Sie nun Punkte für jedes Kriterium, wie gut das einzelne Angebot dieses Kriterium erfüllt. Auch hier gilt:

   10 Punkte → erfüllt Kriterium am besten.

   1 Punkt → erfüllt Kriterium am schlechtesten.
5. Schritt: Multiplizieren Sie nun die vergebenen Punkte mit der Wichtigkeit. Sie erhalten einen Punktwert je Kriterium. Addieren Sie dann die einzelnen Punktwerte für jedes Angebot zusammen.

Das Angebot mit den meisten Punkten ist dann die beste Lösung.

1. **Welche** Kriterien sollen die Rennschaltungen bzw. die Lieferanten erfüllen?

   ____

   ____

2. **Wie wichtig** sind diese Kriterien? Vergeben Sie Punkte von 1 bis 10.

   ____

   ____

3. **Wie gut** erfüllen die Angebote die einzelnen Kriterien? Vergeben Sie Punkte von 1 bis 10.

   ____

   ____

4. **Welchen** Punktwert erreichen die einzelnen Angebote je Kriterium?

   ____

   ____

Erstellen Sie nun folgende Vorlage für eine Nutzwertanalyse in Excel.

	A	B	C	D	E	F	G	H	I
1									
2		Nutzwertanalyse							
3									
4		Kriterium	Gewich-tungsfaktor	Angebot 1		Angebot 2		Angebot 3	
5				Punkte	Punktwert	Punkte	Punktwert	Punkte	Punktwert
6									
7									
8									
9									
10									
11									
12									
13									
14									
15									
16									
17									
18									
19									
20		Gesamtergebnis							
21									
22		Bestes Ergebnis			Bestes Angebot				
23									

Listen Sie die Kriterien zunächst auf einem gesonderten Tabellenblatt *Kriterien* auf. Erstellen Sie dann die Vorlage auf dem Tabellenblatt *Analyse*.

Ergänzen Sie geeignete kopierfähige Formeln in den Zellen E6 bis E19, G6 bis G19, I6 bis I19 sowie in den hellgrau unterlegten Zellen für „Gesamtergebnis", „Bestes Ergebnis" und „Bestes Angebot".
Nennen Sie die Datei *Nutzwertanalyse.xlsx*.

Übertragen sie Ihre Werte und Formeln auch in die Tabelle auf dieser Seite.

Hinweis
Die Formel für „Bestes Angebot" enthält eine Kombination aus verschachtelter WENN-Funktion und MAX-Funktion.

Aufgaben

Aufgabe 1
Quantitativer und qualitativer Angebotsvergleich

Werten Sie die folgenden Angebote für die Fahrradhelme Standard und 1A mithilfe eines quantitativen und qualitativen Angebotsvergleichs aus. Ziehen Sie dazu auch die hier ebenfalls abgebildeten Aktennotizen zu Rate.

Bereiten Sie sich darauf vor, Ihre Ergebnisse zu präsentieren.

CYCLE TOOLS IMPORT GMBH
Am Sandtorkai 30 · 20457 Hamburg

Fly Bike Werke GmbH
Abteilung Einkauf
Rostocker Straße 334
26121 Oldenburg

Ihr Zeichen, Ihre Nachricht vom	Unsere Zeichen, Unsere Nachricht vom	Telefon	Kunden-Nr.	Datum
PI	WE			24.04.20XX

Angebot

Sehr geehrte Frau Nemitz-Müller,

gerne bieten wir Ihnen die gewünschten Fahrradhelme in zwei unterschiedlichen Qualitäten freibleibend an.

Anzahl	Artikelnr.	Artikelbezeichnung	Listenverkaufspreis pro Stück	Rabatt
100	789	Fahrrad-Helm Premium	39,95 €	30 %
100	788	Fahrrad-Helm Standard	30,33 €	25 %

Die Versand- und Verpackungskosten betragen 5 % des Warenwertes.

Die Preise verstehen sich zuzüglich 19 % Mehrwertsteuer. Die Zahlung ist innerhalb von 14 Tagen zu leisten. Bei Zahlung innerhalb von 7 Tagen gewähren wir 3 % Skonto. Die Lieferung erfolgt per Lkw direkt nach der Bestellung.

Mit freundlichen Grüßen

Weeseler

Martin Weeseler

Fahrradteile International GmbH

Borgwardstr. 16 – 28309 Bremen

Fly Bike Werke GmbH
Abteilung Einkauf
Rostocker Straße 334
26121 Oldenburg

Ihr Zeichen, Ihre Nachricht vom	Unsere Zeichen, Unsere Nachricht vom	Telefon	Kunden-Nr.	Datum
PI	IT			23.04.20XX

Angebot

Sehr geehrte Frau Nemitz-Müller,

wir danken Ihnen für Ihr Interesse an unseren Artikeln. Ihren Wunsch erfüllen wir gerne und bieten Ihnen freibleibend an:

Anzahl	Artikelnr.	Artikelbezeichnung	Listenverkaufspreis pro Stück	Rabatt
100	11457	Fahrrad-Helm 1A	43,78 €	32 %
100	11458	Fahrrad-Helm Standard	30,99 €	28 %

Die Versand- und Verpackungskosten betragen 3 % des Warenwertes.

Die Preise verstehen sich zuzüglich 19 % Mehrwertsteuer. Die Zahlung ist innerhalb von 14 Tagen zu leisten. Bei Zahlung innerhalb von 7 Tagen gewähren wir 2 % Skonto.

Die Lieferung erfolgt per LKW direkt nach der Bestellung.

Mit freundlichen Grüßen

Itze

Kevin Itze

Aktennotiz: Cycle-Tools-Import GmbH

Mit diesem Lieferanten besteht noch keine intensive Lieferantenbeziehung, es erfolgten erst wenige Lieferungen. Die Bestellabwicklung läuft im Allgemeinen gut. Die Liefertermine wurden bisher, bis auf eine Ausnahme, pünktlich eingehalten. Reklamationen wurden vom Kundendienst äußerst kulant und großzügig bearbeitet. Der Hersteller zeichnet sich besonders aufgrund seiner exzellenten Qualität aus. Er hat in innovative Herstellungsverfahren investiert und stellt die Helme unter strengen ökologischen Gesichtspunkten her.

Aktennotiz: Fahrradteile International GmbH

Es bestehen sehr intensive Lieferantenbeziehungen und die Abwicklung der bisherigen Lieferungen erfolgte zufriedenstellend. Die Liefertermine wurden weitgehend eingehalten. Es gab bisher eine Reklamation, die erst nach mehrmaligen Rückfragen erledigt wurde. Die Qualität der Produkte ist gut. Auf ökologische Aspekte wird bei der Herstellung der Produkte zwar geachtet – dies könnte aber noch intensiviert werden.

Kannliste zu HF 2 | Anforderungssituation 2.2 | Lernsituation 10

Quantitativer und qualitativer Angebotsvergleich

Nr.	Themenbereich: Einen qualitativen und quantitativen Angebotsvergleich durchführen			
	Ich kann ...	**Zu finden ...**	**AP**	**√**
1	... den Sinn des Angebotsvergleichs erklären.	S. 140	x	
2	... anhand von betrieblichen Daten den Bedarf für Nachbestellungen ermitteln.	S. 140–141	x	
3	... eine Anfrage an die Lieferanten erstellen.	S. 140	xx	
4	... Kriterien eines quantitativen Angebotsvergleichs nennen und erklären.	S. 143	xx	
5	... die passenden Angaben für den quantitativen Angebotsvergleich aus verschiedenen Angeboten herauslesen.	S. 142	xx	
6	... den Unterschied zwischen quantitativem und qualitativem Angebotsvergleich erklären.	S. 145	x	
7	... Kriterien der Nutzwertanalyse nennen und erklären.	S. 146	x	
8	... die Schritte zur Durchführung der Nutzwertanalyse erläutern.	S. 146	x	
9	... die Ergebnisse des qualitativen und quantitativen Angebotsvergleichs vorstellen und eine begründete Entscheidung für einen Lieferanten treffen.	S. 145	xxx	
Nr.	**Themenbereich: Einen qualitativen und quantitativen Angebotsvergleich mithilfe von MS Excel durchführen und mithilfe von MS PowerPoint visualisieren**			
	Ich kann ...	**Zu finden ...**	**AP**	**√**
10	... einen quantitativen Angebotsvergleich mit Formeln und Zellbezügen in MS Excel durchführen.	S. 144	xx	
11	... die Nutzwertanalyse mit Formeln und Zellbezügen in MS Excel durchführen.	S. 147	xx	
12	... die Ergebnisse des Angebotsvergleichs in einer Präsentation vorstellen und erläutern.	S. 145	xxx	
13	... den quantitativen und qualitativen Angebotsvergleich für Fahrradhelme durchführen.	S. 148–149	xxx	

Anforderungsprofile (AP): x Reproduktion xx Anwendung xxx Problemlösung

Wissen ☑ Sozialkompetenz ☑
Fertigkeiten ☑ Selbstständigkeit ☑

Lernsituation 11

Lagerhaltung optimieren

SB BWR ▶ Handlungsfeld 2, Kap. 7.6, 7.7
Handlungsfeld 2, Kap. 9.2
Handlungsfeld 2, Kap. 6.2

LS BWR ▶ Lernsituation 30
Lernsituation 33
Lernsituation 27

Situation

Als Praktikant unterstützen Sie zurzeit Frau Nemitz-Müller in der Einkaufsabteilung. Sie hat Ihnen folgende Hausmitteilung weitergeleitet, mit der Bitte die geforderten Daten für sie aufzubereiten.

Hausmitteilung

Fly Bike Werke GmbH

Absender	Empfänger	mit der Bitte um
☒ Geschäftsführung	☐ Geschäftsführung	☐ Kenntnisnahme
☐ Zentralsekretariat	☐ Zentralsekretariat	☒ Erledigung
☐ Controlling	☐ Controlling	☐ Stellungnahme
☐ Einkauf/Logistik	☐ Einkauf/Logistik	
☐ Produktion	☐ Produktion	
☐ Verwaltung	☐ Verwaltung	
☐ Vertrieb	☐ Vertrieb	
☐ Frau/Herr	☒ Frau/~~Herr~~ Nemitz-Müller	

Sehr geehrte Frau Nemitz-Müller,

ich habe für kommenden Freitag eine Sitzung mit allen Abteilungsleitern angesetzt, um die Kostenentwicklung der letzten zwei Jahre zu besprechen. Bitte werten Sie für die Konferenz die Lagerhaltung für unsere drei Top-Seller Fahrrad City Glide, Fahrrad Trekking Free und Mountain Dispo aus.

Mit freundlichen Grüßen

Hans Peters
(Geschäftsführung)

Handlungsaufträge

1 Welche Problemstellung ergibt sich aus der Situation? Welche Arbeitsschritte sind notwendig? Erstellen Sie eine Übersicht entsprechend Arbeitsblatt 1.1.

2 Welche Möglichkeiten zur Auswertung der Lagerbestände kennen Sie? Erstellen Sie mithilfe des Arbeitsblattes 11.1 eine Übersicht.

3 Werten Sie die Lagerhaltung des vorletzten und letzten Geschäftsjahrs mit einem Tabellenkalkulationsprogramm (Excel) aus.

4 Vergleichen Sie die drei Top-Seller, indem Sie die Ergebnisse folgender Kennzahlen jeweils in einem Diagramm gegenüberstellen:
- a Durchschnittlicher Lagerbestand
- b Umschlagshäufigkeit
- c Durchschnittliche Lagerdauer
- d Lagerzinsen

5 Bilden Sie Gruppen zu jeweils 4 Schülerinnen/Schülern und bereiten Sie in jeder Gruppe eine Ergebnispräsentation für die Abteilungsleiterkonferenz vor.

6 Geben sie nach jeder Präsentation ein Feedback. Dazu können sie den Feedbackbogen aus Lernsituation 1 nutzen (vgl. Arbeitsblatt 1.5)

Informationsmaterial:

Fahrrad City Glide		
	vorletztes Geschäftsjahr	letztes Geschäftsjahr
Anschaffungskosten je Stück	185,00€	195,00€
Jahresverbrauch	375	546
Höchstbestand	150	150
Bestellmenge je Bestellung	20	25
Mindestbestand	80	80
Jahreszinssatz	5%	4%

Fahrrad Trekking Free		
	vorletztes Geschäftsjahr	letztes Geschäftsjahr
Anschaffungskosten je Stück	222,00€	250,00€
Jahresverbrauch	525	576
Höchstbestand	220	250
Bestellmenge je Bestellung	35	40
Mindestbestand	100	100
Jahreszinssatz	5%	4%

Fahrrad Mountain Dispo		
	vorletztes Geschäftsjahr	letztes Geschäftsjahr
Anschaffungskosten je Stück	270,00€	290,00€
Jahresverbrauch	675	636
Höchstbestand	80	100
Bestellmenge je Bestellung	35	40
Mindestbestand	50	50
Jahreszinssatz	5%	4%

Arbeitsblatt 11.1 | Lagerkennzahlen

Lagerkennzahl	Formel	Bedeutung der Lagerkennzahl

Folgesituation 1

Sie erhalten eine E-Mail von Frau Nemitz-Müller: Für die Konferenz der Abteilungsleiter benötigt sie zusätzlich noch eine Übersicht über die Artikel mit den größten und kleinsten Wertanteilen am Lagerbestand. In Ihre Auswertung sollen Sie die folgenden Artikel mit einbeziehen.

E-Mail Anhang: Artikelübersicht

Artikelbezeichnung	Durchschnittlicher Lagerbestand	Einkaufspreis
Trekking, Rahmen 52	250	265,00€
Trekking, Rahmen 56	230	280,00€
Trekking, Rahmen 60	215	310,00€
Mountain Dispo, Rahmen 40	190	420,00€
Mountain Dispo, Rahmen 48	180	435,00€
Mountain Dispo, Rahmen 56	180	445,00€
Renn, Rahmen 50	90	1.365,00€
Renn, Rahmen 54	80	1.365,00€
Renn, Rahmen 56	70	1.450,00€
City Bike, Rahmen 52	200	275,00€
City Bike, Rahmen 56	195	285,00€
City Bike, Rahmen 60	190	295,00€
Kids, Rahmen 35	150	145,00€
Kids, Rahmen 38	160	150,00€
Kids, Rahmen 45	170	155,00€

Handlungsaufträge

1 Notieren Sie die beiden Fachbegriffe für Artikel, die einen hohen bzw. einen niedrigen Wertanteil am Lagerbestand haben, und erläutern Sie, worauf man im Beschaffungsprozess bei diesen Güterarten achten muss.

2 Erläutern Sie, mit welchem Instrument man diese beiden Arten von Artikeln darstellen kann und welche zentralen Schritte man bei der Analyse durchführen muss.

3 Führen Sie die ABC-Analyse für die Fahrradrahmen durch.
   a Nutzen Sie hierzu ein Tabellenkalkulationsprogramms (Excel) und erstellen Sie eine Tabelle nach dem Muster auf S. 155.
   b Übernehmen Sie dazu zunächst die Spalteninhalte aus der Artikelübersicht und führen Sie anschließend die in Aufgabe 2 aufgelisteten Schritte durch. Arbeiten Sie dabei mit kopierbaren Formeln. Wenn sie Hilfe benötigen, schlagen Sie auch noch einmal in Lernsituation 6 nach. Speichern Sie die Datei unter *ABC-Analyse Rahmen.xls*.
   c Auch die Kategorie der Güter (Spalte 7) soll mithilfe einer geeigneten Funktion automatisch ausgegeben werden. Hierbei gibt die Geschäftsführung vor, dass alle Artikel, bis zu einem kumulierten Verbrauchswert von 80 % A-Güter sind. Bei den C-Gütern soll der kumulierte Wert der Verbrauchswerte lediglich 5 % betragen.
   d Stellen Sie die Ergebnisse der ABC-Analyse in einem Punktdiagramm dar (siehe hierzu Informationsblatt 11.1) und drucken Sie Ihre Ergebnisse auf einer DIN-A4-Seite aus.
   e Halten Sie die Zeilenbeschriftung sowie Ihre Formeln für die ersten drei Zeilen auch noch einmal handschriftlich in der Tabelle auf S. 155 fest.

	A	B	C	D	E	F	G	H	I
1									
2									
3	1 Artikelbezeich- nung	2 Durchschnittl. Lagerbestand	3 Einkaufspreis	4 Verbrauchs- wert in €	5 kumulierte Verbrauchs- werte	6 Prozentuale Anteile am Wert	7 Kategorie der Artikel	8 kumulierte Verbrauchs- menge	9 Anteil an der Verbrauchs- menge
4									
5									
6									
7									
8									
9									
10									
...									

Informationsblatt 11.1 (2 Seiten) | Punktdiagramme erstellen

In einem Punkt- oder auch XY-Diagramm werden Daten anhand von X- und Y-Koordinaten erfasst und in einer Fläche eingetragen. Punktdiagramme werden normalerweise zum Anzeigen und Vergleichen von numerischen Werten (z. B. von wissenschaftlichen, statistischen und technischen Daten) verwendet.

Ein Punktdiagramm mit Verbindungslinie und ein Liniendiagramm sehen sehr ähnlich aus. Allerdings haben Punktdiagramme zwei Werteachsen. Größere Abstände auf den Achsen bedeuten entsprechend größere Unterschiede der dargestellten Werte.

Liniendiagramme hingegen haben nur eine Werteachse, die andere ist die Rubrikenachse. Rubriken unterscheiden sich in der Regel nur qualitativ, z. B. unterschiedliche Anbieter, Artikel, Regionen, oder ordinal, geben also eine Reihenfolge an.

Vorgehensweise zur Erstellung eines Liniendiagramms:

Jahr	Anzahl der Reklamationen
1990	30
1996	28
2000	26
2004	25
2008	24
2012	24
2015	19
2016	18
2017	17
2018	15

Im folgenden Beispiel soll die Anzahl von Reklamationen in verschiedenen Jahren bei der Fly Bike Werke GmbH ausgewertet werden. Zunächst stellt sich die Frage, ob die Daten mit einem Linien- oder Punktdiagramm dargestellt werden sollen.

Treffen Sie eine begründete Entscheidung für einen Diagrammtyp.

Erstellen Sie die Tabelle mit den Datenpaaren in Excel und speichern Sie sie unter dem Namen *Reklamation.xlsx*. Führen Sie anschließend die folgenden Schritte zur Diagrammerstellung durch.

1. Klicken Sie mit der Maus in eine leere Zelle. Wählen Sie über die Registerkarte **Einfügen,** Gruppe **Diagramme,** einen passenden Diagrammtyp aus. Alternativ können Sie sich die Diagrammtypen auch über den Listenpfeil der Gruppe **Diagramme** anzeigen lassen. Im Dialogfenster **Diagramm einfügen** werden auch Empfehlungen zum Diagrammtyp gegeben.

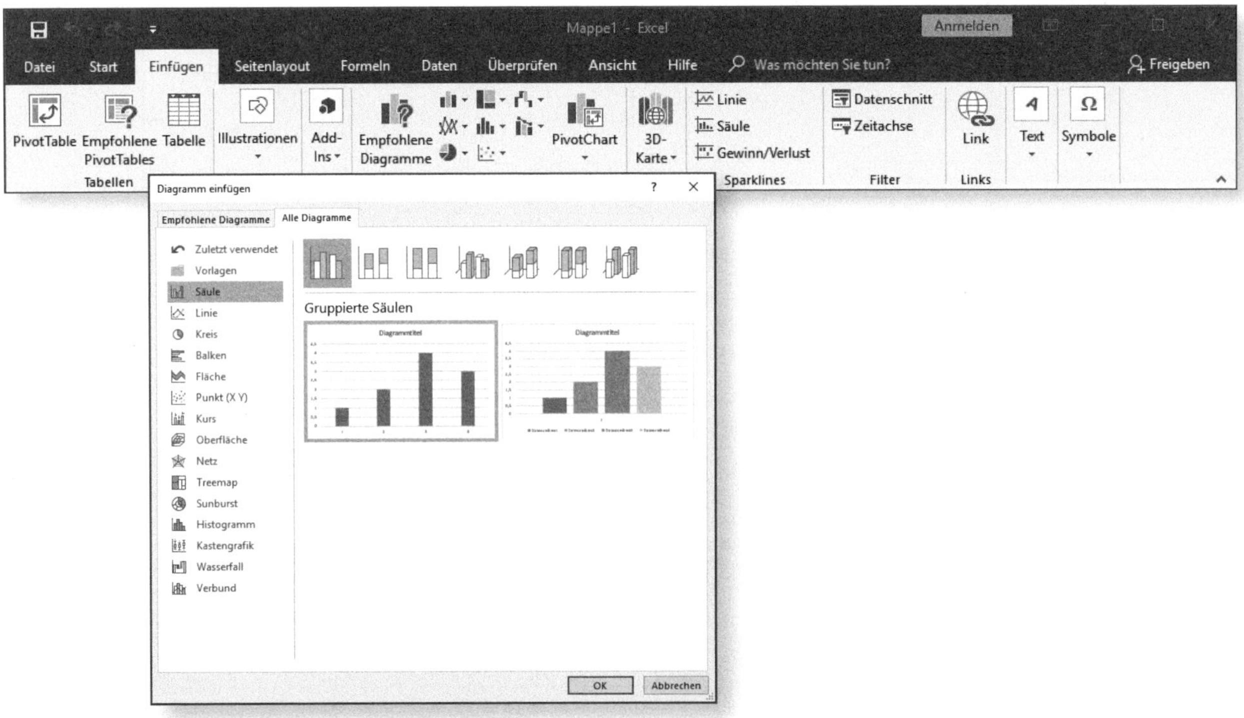

2. Rufen Sie im leeren Diagrammbereich mit der rechten Maustaste das Kontextmenü auf und wählen Sie den Menüpunkt **Daten auswählen** aus.

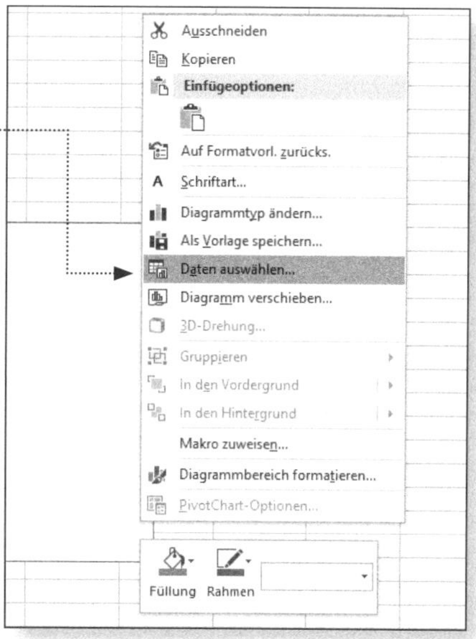

Ergänzen Sie über das Dialogfenster über den Button **Hinzufügen** die Daten.

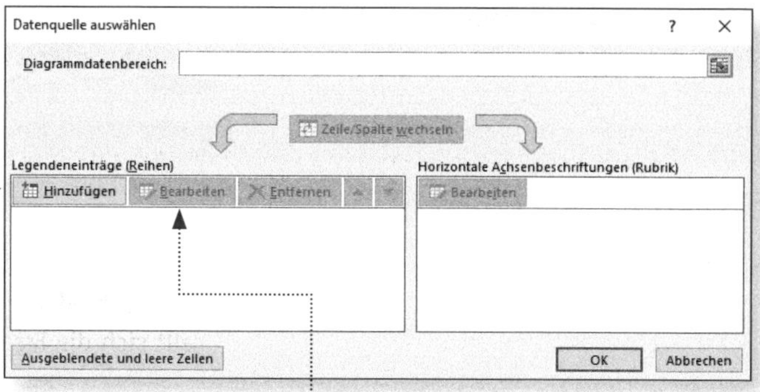

3. Wählen Sie über den Button **Bearbeiten** als Reihenname die Überschrift „Anzahl der Reklamationen“ aus. Welche Werte gehören zur Reihe X?

____

Welche Werte gehören zur Reihe Y?

____

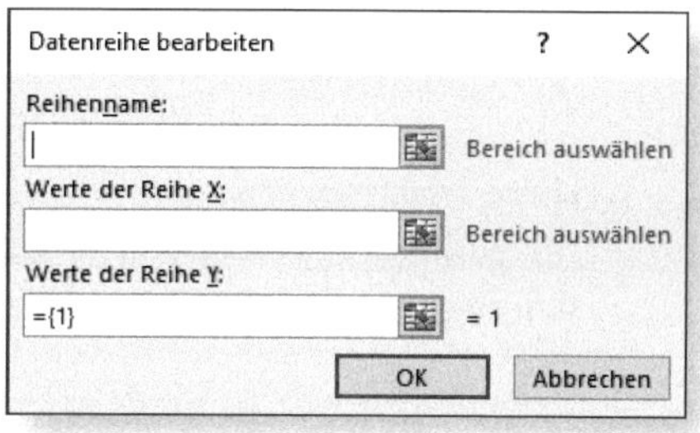

4. Bestätigen Sie die beiden geöffneten Dialogfenster jeweils mit *OK*.

5. Im fertigen Diagramm wird die Jahreszahl 1985 im Nullpunkt auf der X-Achse angezeigt. Damit die X-Achse bei 1990 beginnt, machen Sie einen Rechtsklick auf die Jahreszahlen und wählen Sie **Achse formatieren**.

6. Geben Sie bei **Minimum** die Jahreszahl 1990 ein. Schließen Sie das Dialogfenster.

7. Ergänzen Sie abschließend eine passende Überschrift und die X- und Y-Achsenbeschriftung.

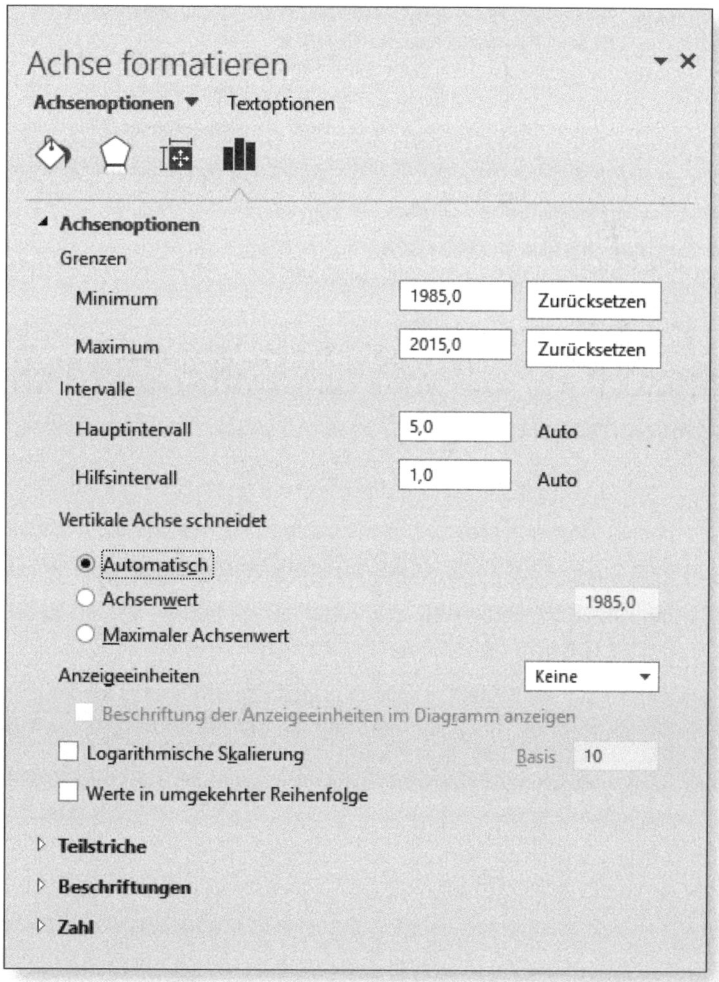

Folgesituation 2

Im Anschluss an die Abteilungsleiterkonferenz erhalten alle Praktikanten in der Einkaufsabteilung der Fly Bike Werke GmbH folgende Hausmitteilung.

Hausmitteilung

Fly Bike Werke GmbH

Absender	Empfänger	mit der Bitte um
☐ Geschäftsführung	☐ Geschäftsführung	☐ Kenntnisnahme
☐ Zentralsekretariat	☐ Zentralsekretariat	☒ Erledigung
☐ Controlling	☐ Controlling	☐ Stellungnahme
☒ Einkauf/Logistik	☐ Einkauf/Logistik	
☐ Produktion	☐ Produktion	
☐ Verwaltung	☐ Verwaltung	
☐ Vertrieb	☐ Vertrieb	
☒ Frau Nemitz-Müller	☒ ~~Frau/Herr~~ An alle Praktikanten	

Liebe Praktikanten,

die Analyse der Lagerkosten auf der letzten Abteilungsleiterkonferenz hat ergeben, dass im vergangenen Geschäftsjahr hohe Bestell- und Lagerkosten angefallen sind. Ich bitte Sie daher, folgende Lagerdaten für den Top-Seller Mountain Bike Dispo zu überprüfen und die optimale Bestellhäufigkeit zu berechnen.

- Artikelnummer: 3013
- Artikelbezeichnung: Mountain Dispo Rahmenhöhe 56
- Einkaufspreis je Stück: 320,00 €
- Jahresbedarf: 800 Stück
- Kosten je Bestellung: 250,00 €
- Kosten der Lagerhaltung: 10 % des durchschnittlichen Lagerbestands

Bitte stellen Sie mir Ihre fertigen Ergebnisse heute Nachmittag vor.

Mit freundlichen Grüßen

Ann-Kathrin Nemitz-Müller
(Leiterin der Einkaufsabteilung)

Handlungsaufträge

1 Notieren Sie die wichtigsten Arbeitsschritte zur Berechnung der optimalen Bestellmenge.

2 Planen Sie ein geeignetes Tabellenlayout zur Berechnung der Bestell-, Lager- und Gesamtkosten für das Mountain Bike Dispo. Verwenden Sie Ihr BWR-Buch und recherchieren Sie ggf. im Internet.

3 Berechnen Sie die Bestell- und Lagerkosten mithilfe von MS Excel und speichern Sie Ihre Datei unter dem Dateinamen *optimale Bestellmenge Mountainbike Dispo.xlsx.*

4 Werten Sie die Bestell-, Lager- und Gesamtkosten des Einkaufs mithilfe eines geeigneten Diagramms aus. Begründen Sie die Wahl des Diagrammtyps. Nutzen Sie zur Gestaltung des Diagramms auch Informationsblatt 11.2.

5 Lassen Sie die optimale Bestellanzahl in einer separaten Spalte mithilfe einer geeigneten Funktion automatisch ausgeben.

6 Drucken Sie Ihre Ergebnisstabelle auf einer DIN-A4-Seite aus, indem Sie ggf. die Seitenränder und Spaltenbreiten anpassen.

Wechseln Sie hierzu in die Druckansicht und verschieben Sie über das Symbol **Seitenränder anzeigen** unten rechts in der Ecke die Seitenränder und Spaltenbreiten. Sofern die Tabelle noch nicht auf ein DIN-A4-Blatt passt, wählen Sie das Symbol **Seite einrichten** aus und passen Sie unter dem Punkt **Verkleinern/Vergrößern** die Prozentzahl an.

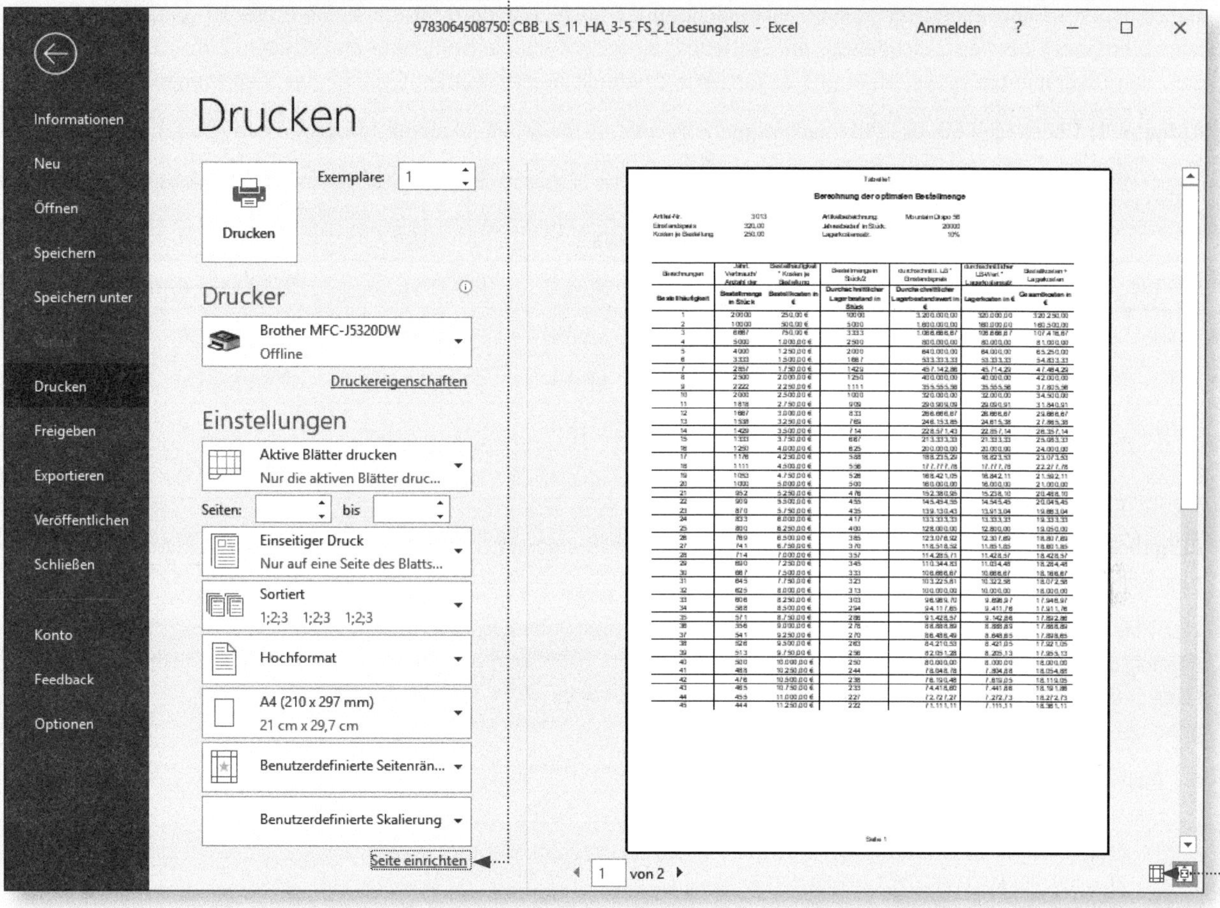

Informationsblatt 11.2 (6 Seiten) | Diagramme bearbeiten

In Lernsituation 7 haben Sie gelernt, wie Sie mithilfe von Excel Diagramme erstellen und gestalten können (vergleiche Arbeitsblatt 7.1). Die Möglichkeiten, die Ihnen Excel oder andere Tabellenkalkulationsprogramme hier bieten sind damit allerdings noch lange nicht erschöpft.

Manchmal ist es notwendig, Diagramme auch nachträglich noch zu ändern, also z. B. die Größe zu verändern, Datenreihen zu ergänzen bzw. auszuschließen, die Skalierung zu ändern, markante Punkte einzutragen, ein Gitternetz einzufügen, den Diagrammtyp zu wechseln und so fort. Wie das funktioniert, werden Sie im Folgenden kennenlernen.

Aufgabe 1: Übertragen Sie dazu die nachfolgende Tabelle in Ihr Tabellenkalkulationsprogramm (Excel):

Umsatz Holzarten						
	20X1	20X2	20X3	20X4	20X5	20X6
Fichte	71,00 Mrd. €	78,00 Mrd. €	82,00 Mrd. €	80,00 Mrd. €	70,00 Mrd. €	82,00 Mrd. €
Eiche	92,00 Mrd. €	90,00 Mrd. €	92,00 Mrd. €	93,00 Mrd. €	95,00 Mrd. €	98,00 Mrd. €
Kiefer	62,00 Mrd. €	64,00 Mrd. €	66,00 Mrd. €	65,00 Mrd. €	67,00 Mrd. €	67,00 Mrd. €
Birke	54,00 Mrd. €	53,00 Mrd. €	55,00 Mrd. €	54,00 Mrd. €	52,00 Mrd. €	50,00 Mrd. €
Teak	65,00 Mrd. €	66,00 Mrd. €	68,00 Mrd. €	70,00 Mrd. €	72,00 Mrd. €	70,00 Mrd. €

Aufgabe 2: Erstellen sie aus dieser Datentabelle ein Säulendiagramm. Und bearbeiten Sie anschließend die Formatierungsschritte a bis e.

Wenn sie den gesamten hier abgebildeten Bereich der Tabelle markieren, wird Ihnen Excel z. B. das hier rechts abgebildete Diagramm erstellen:

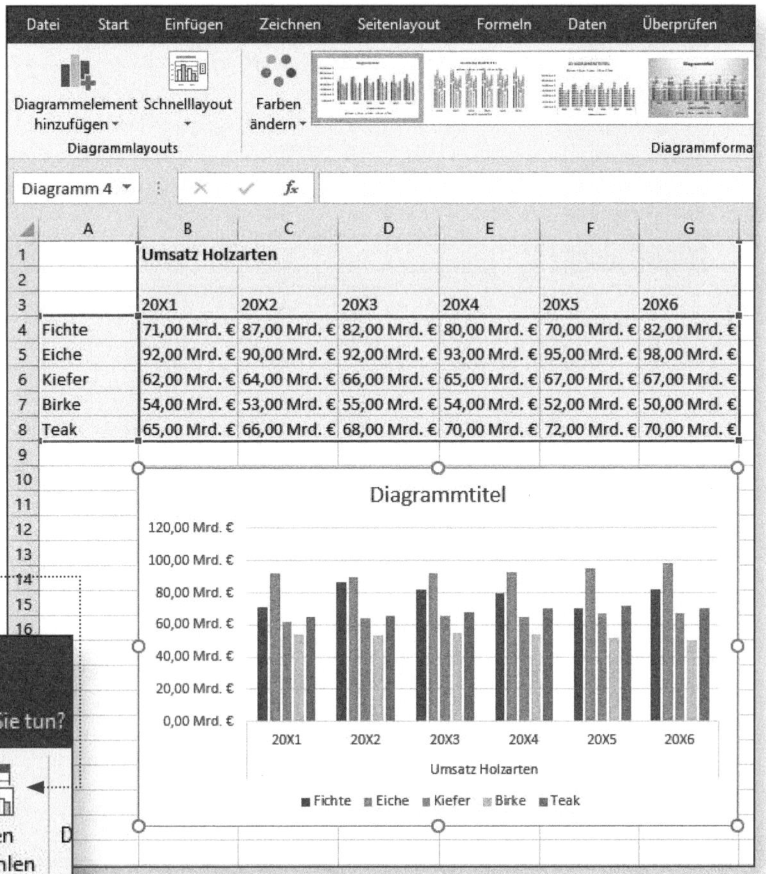

a **Auswahl der zu verwendenden Daten**
Sie möchten allerdings, dass
1. die Kategorien Fichte, Eiche, Kiefer etc. auf der horizontalen Achse dargestellt werden und die Balken die Umsatzwerte für die verschiedenen Jahre repräsentieren,
2. nur die Werte für die Jahre 20X1 und 20X6 verglichen werden.

Gehen Sie nun über das Dialogfeld **Diagrammtools** und die Registerkarte **Entwurf** zur Gruppe **Daten** und klicken Sie auf **Daten auswählen.**

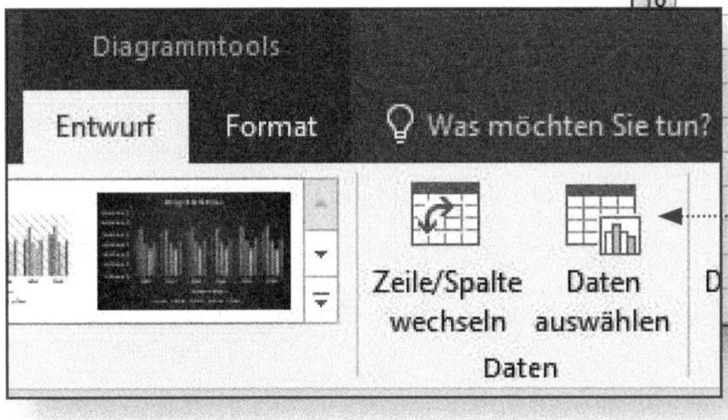

Es öffnet sich das folgende Fenster:

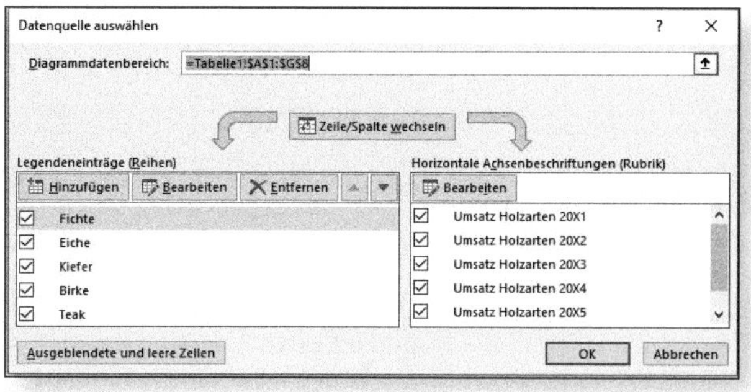

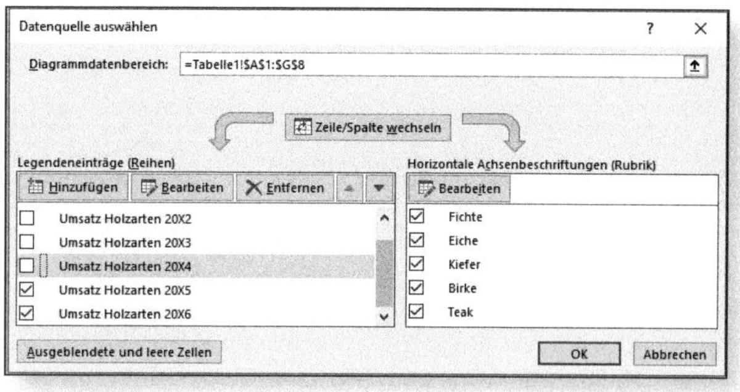

Sie können nun über den Schalter **Zeile/Spalte wechseln** die horizontale Achsenbeschriftung (Rubrik) und die Legendeneinträge (Reihen) vertauschen. Die Umsatzträger Fichte, Eiche, Kiefer etc. stehen danach im rechten Feld (Rubrik), die Jahreszahlen links (Reihen). Anschließend können Sie die Jahreszahlenreihen markieren, die sie nicht abbilden wollen, und entweder durch Entfernen der Häkchen deaktivieren oder über den Button **Entfernen** löschen.

Nach diesen Änderungen sieht Ihr Diagramm z. B. wie folgt aus:

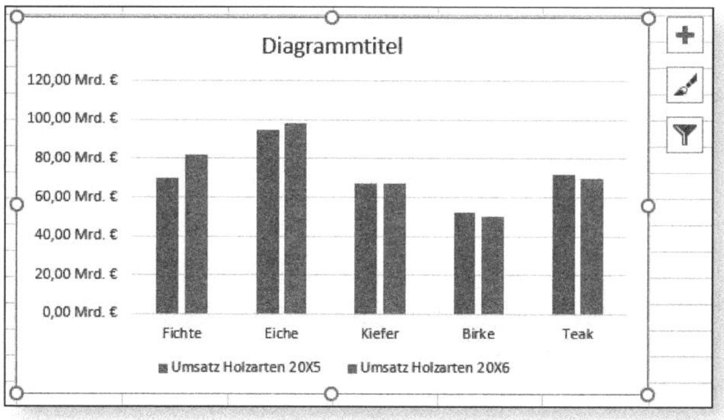

Hinweis
Sie kommen auch zum Fenster Datenquelle auswählen, wenn Sie mit der rechten Maustaste auf eine beliebige Stelle im Diagramm klicken und im sich öffnenden Kontextmenü den Punkt **Daten auswählen** anklicken.

b Vertikale Achse formatieren

Als nächstes wollen Sie die vertikale (Wert-) Achse bearbeiten. Dazu möchten Sie zunächst die Nachkommastellen entfernen und den Wertebereich auf 0 bis 125 Mrd. € definieren. Außerdem möchten Sie die Teilstriche gern im Abstand von 25 Mrd. € abbilden.

Aktivieren sie das Diagramm, indem Sie darin auf eine beliebige Stelle klicken (ein nicht aktives Diagramm hat, sofern Sie noch keine Veränderung vorgenommen haben, einen dünnen grauen Rand, beim aktivierten ist der Rand dunkler und breiter). Gehen Sie dann über das Pluszeichen rechts oben neben dem Diagramm auf **Achsen** und dann weiter rechts auf den Listenpfeil der Auswahl **Achsen**. Es öffnet sich ein Menü. Klicken Sie hier auf die Auswahl **Primär vertikal** und anschließend auf **Weitere Optionen**.

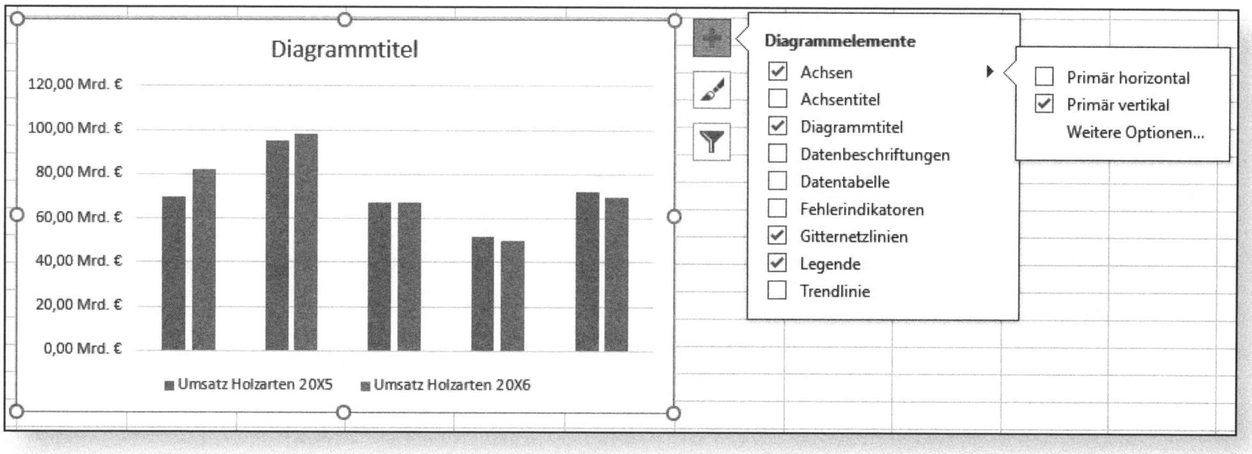

Es öffnet sich das Menü **Achse formatieren** am linken Bildschirmrand:

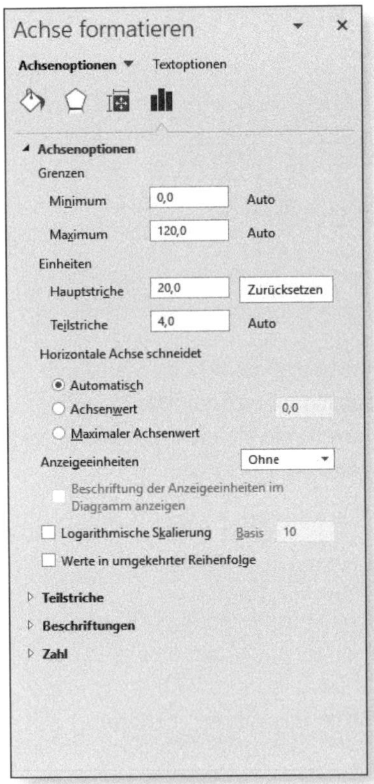

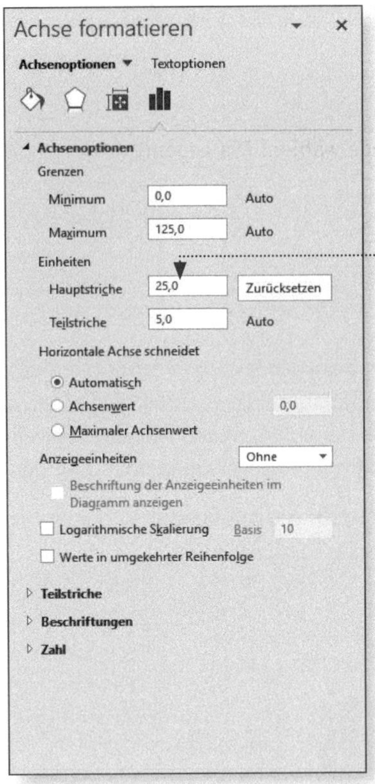

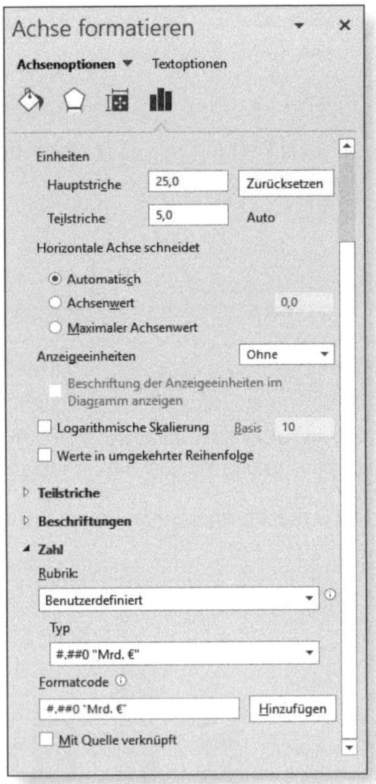

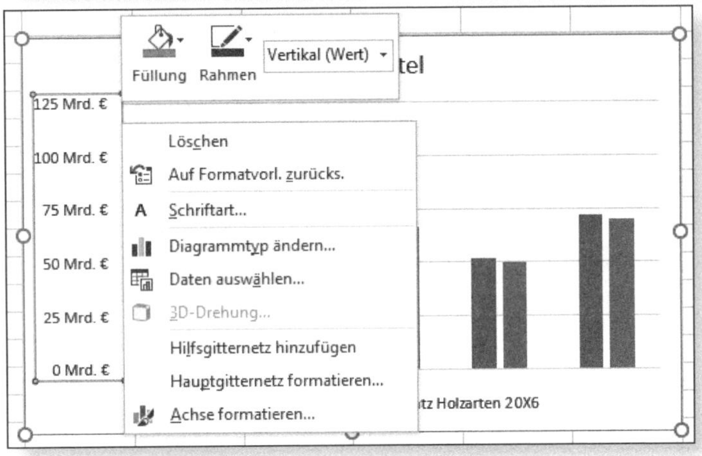

Unter **Achsenoptionen** können Sie nun festlegen, dass das Hauptintervall – also der Abstand zwischen den Teilstrichen – nicht 20, sondern 25 sein soll und unter **Zahl** geben Sie das benutzerdefinierte Währungsformat #.##0 „Mrd." € ein.

Hinweis
Sollte dieses Format in der Auswahlliste der benutzerdefinierten Zahlen nicht vorhanden sein, kann der Formatcode über das entsprechenden Feld hinzugefügt werden.

Hinweis
Zum Fenster **Achse formatieren** gelangen Sie auch, wenn Sie im Diagramm mit der rechten Maustaste auf den Bereich der vertikalen Achse klicken und im sich öffnenden Kontextmenü den Punkt **Achse formatieren** … anklicken.

c Horizontale Achse formatieren

Die horizontale Achse entspricht schon Ihren Vorstellungen. Auch hier können jedoch eine ganze Reihe von Einstellungen vorgenommen werden, die sich zum Teil allerdings etwas von den Formatierungsmöglichkeiten der vertikalen Achse unterscheiden. Das entsprechende Kontextmenü finden Sie wieder Pluszeichen rechts oben neben dem Diagramm auf **Achsen** und dann weiter rechts auf den Listenpfeil der Auswahl **Achsen**. Es öffnet sich ein Menü. Klicken Sie hier auf die Auswahl **Primär horizontal** und anschließend auf **Weitere Optionen**. Alternativ: Rechtsklick auf den Bereich der horizontalen Achse und im sich öffnenden Kontextmenü den Punkt **Achse formatieren** anklicken (siehe auch unter b).

d Legende formatieren

Aktivieren Sie wieder Ihr Diagramm und rufen Sie das Menü **Legende** auf. Das Menü finden Sie unter:

aa ____

bb ____

Hier können Sie die Position der Legende wählen: Die Legende soll weiterhin unter der Rubrikenachse angezeigt werden.

Welchen der beiden Wege zum Kontextmenü müssen Sie wählen, damit Sie die folgende Auswahlmöglichkeit 1 erhalten?

____

Welcher Weg führt zu Auswahlmöglichkeit 2?

____

Auswahlmöglichkeit 1

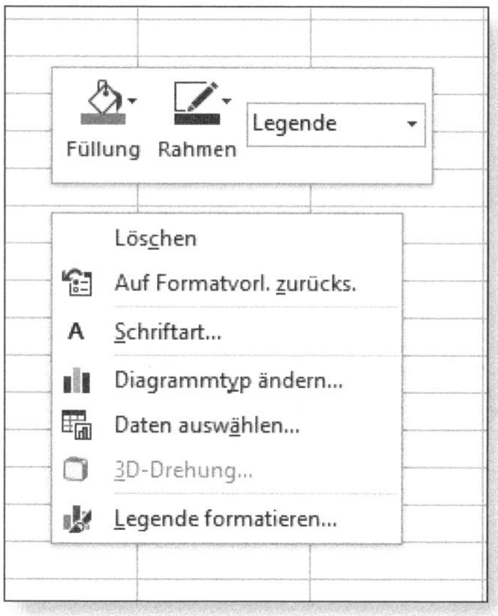

Auswahlmöglichkeit 2

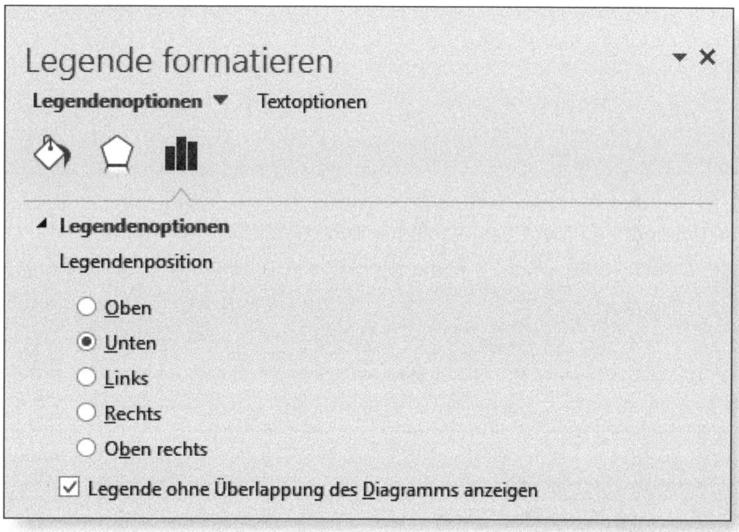

e Balken formatieren

Als nächstes möchten sie die Umsatzbalken formatieren. Sie sollen etwas breiter werden und andere Farben erhalten. Rechtsklicken Sie dazu auf einen der Balken. Es erscheint wieder das Kontextmenü:

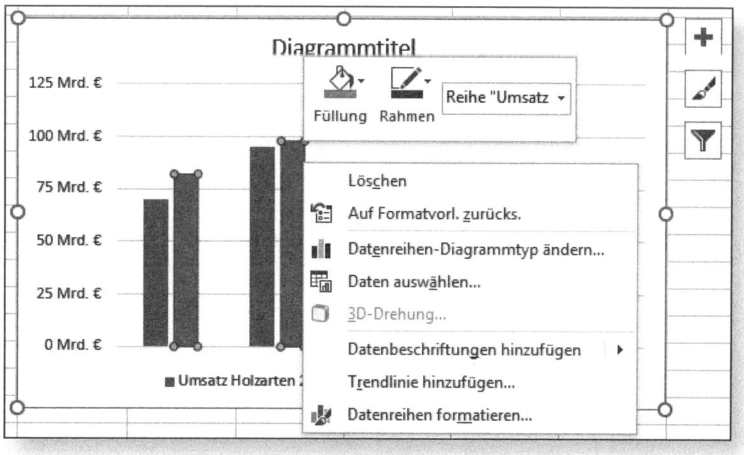

Wählen Sie den Befehl **Datenreihen formatieren**. Es öffnet sich das Menü **Datenreihen formatieren** auf der rechten Bildschirmseite. Verändern Sie darin unter **Reihenoptionen** die Abstandsbreite der Balken (z. B. auf 100 %) und unter **Füllung und Linie** (Symbol: **Farbeimer**) die Farbe der markierten Balken (z. B. auf hellblau). Wiederholen Sie den Vorgang, indem Sie auf die Balken klicken, die Sie noch nicht verändert haben, und ändern Sie auch deren Farbe (z. B. auf dunkelblau). Die Abstandsbreite müssen Sie dabei nicht mehr bearbeiten, sie gilt für die gesamte Darstellung.

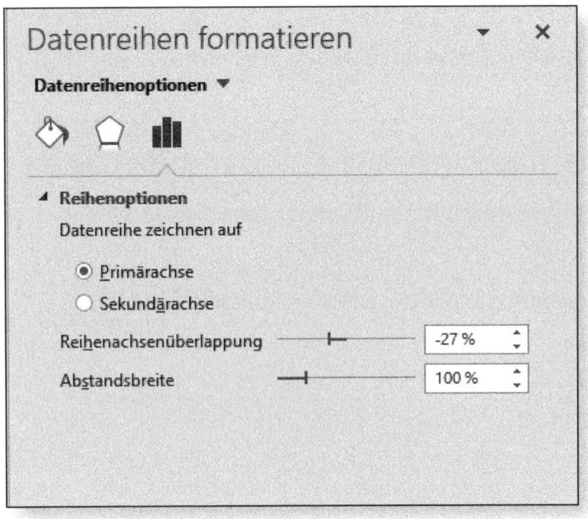

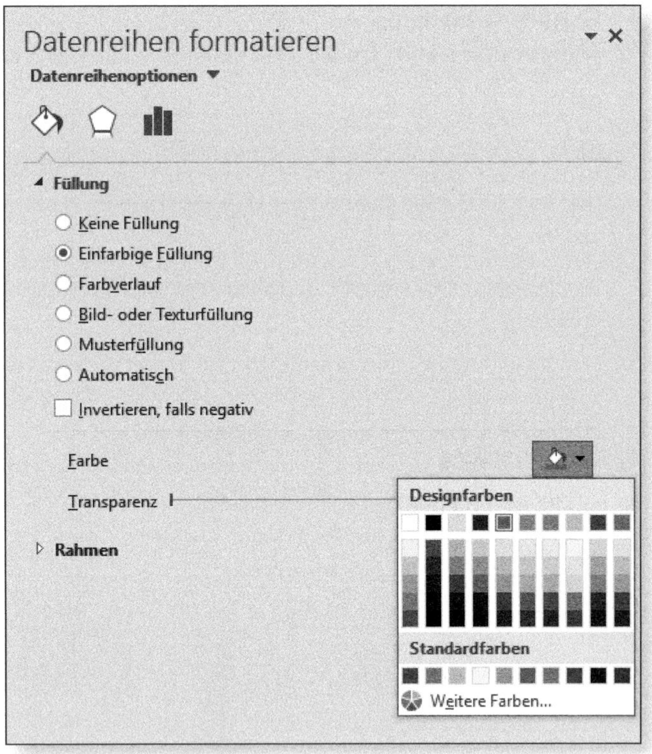

Aktivieren Sie erneut das Diagramm und lassen Sie sich nun noch die Umsatzwerte in den Balken anzeigen. Es sollen nur die Zahlen (ohne „Mrd."), keine Nachkommastellen und keine Währungsbezeichnung angezeigt werden.

Wie gehen Sie vor?

____

____

____

____

____

(**Hinweis:** Sie müssen das Menü für jedes Umsatzjahr zweimal anklicken. Wenn Sie das Menü nach dem ersten Bearbeitungsschritt erneut aufrufen, finden Sie eine kleine Veränderung, welche?)

Anschließend könnte Ihr Diagramm wie folgt aussehen:

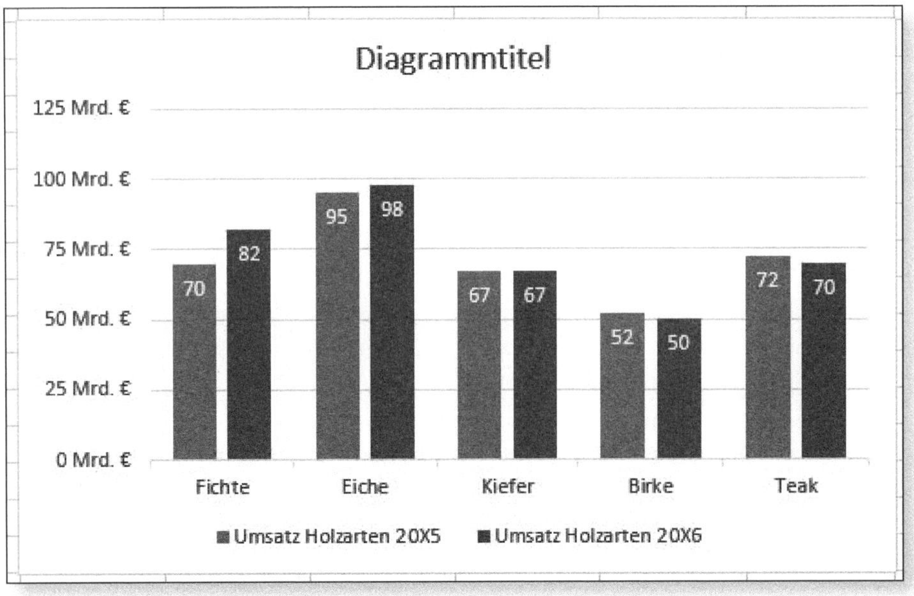

f Diagrammtitel hinzufügen, Hintergrund und Größe verändern

Im letzten Schritt fügen Sie Ihrem Diagramm nun noch einen Titel hinzu, verändern seine Größe auf das Format einer halben DIN-A4-Seite und geben ihm einen farbigen Hintergrund. Welche Schritte müssen Sie durchführen?

____

____

____

____

____

____

Zusammenfassung

Grundsätzlich ist ein Diagramm nicht aktiviert. Erst wenn sie mit der Maus in das Diagramm klicken, erscheint ein Rahmen mit den Anfassern. Die Anfasser dienen dazu, die Größe des Rahmens oder aber nur des Diagramms zu verändern. Sie müssen dazu nur mit dem Mauszeiger auf einen Anfasser gehen, diesen gedrückt halten und dann ziehen. Ist ein Diagramm aktiviert, erweitert sich die Menüleiste um **Diagrammtools** mit den Registerkarten **Entwurf, Layout** und **Format.** Die meisten Tools können allerdings auch über einen Rechtsklick in das Diagramm und den Bereich, der bearbeitet werden soll, aufgerufen werden. Die Elemente eines Diagramms:

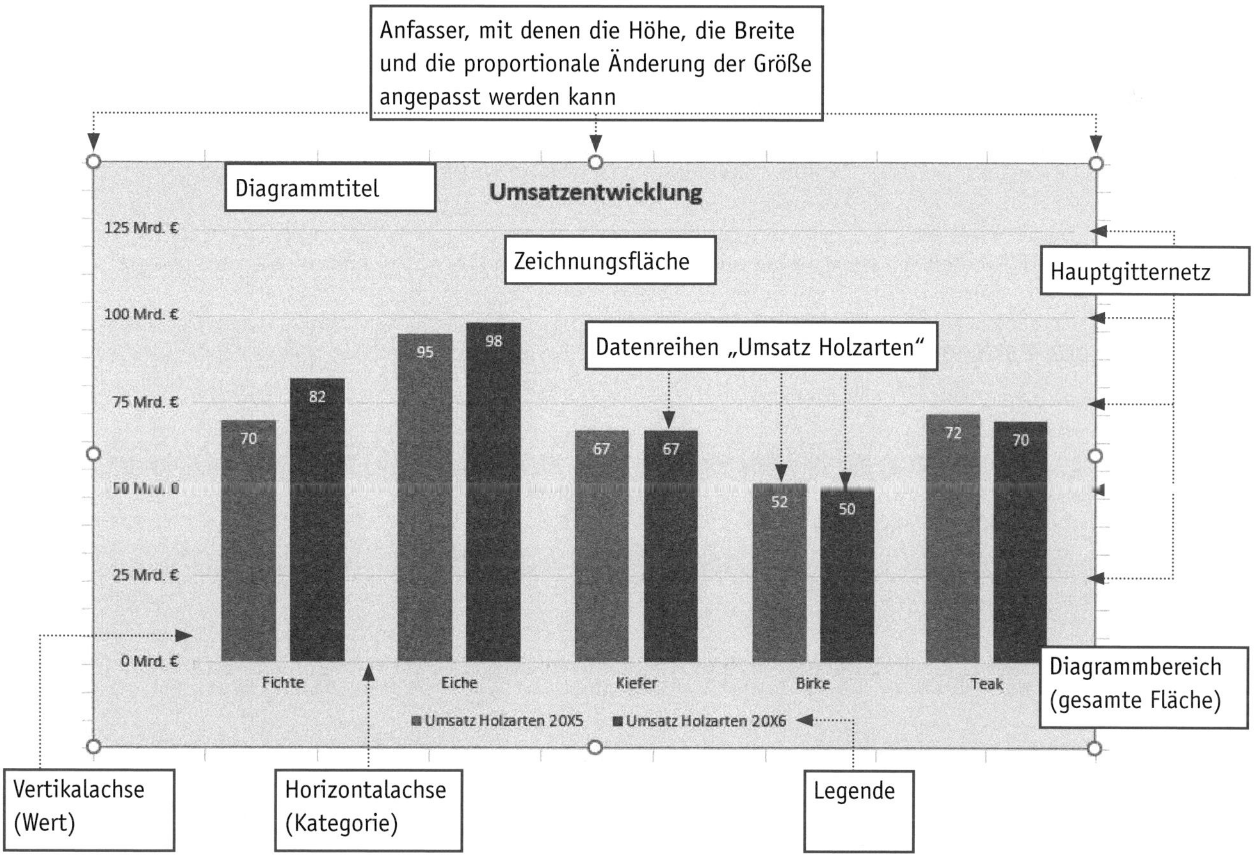

Hinweis

Wenn Sie einzelne Diagrammelemente formatieren wollen, dann gehen Sie mit dem Cursor auf das jeweilige Element und klicken auf die rechte Maustaste. Im sich öffnenden Kontextmenü werden Ihnen nun verschiedene Formatierungsmöglichkeiten angeboten.

Die meisten Kontextmenüs sind ähnlich aufgebaut und meist auch selbsterklärend. Alle Formatierungsmöglichkeiten wurden hier allerdings nicht erschöpfend dargestellt. Mit der dargestellten Auswahl sind Sie nun aber gut gerüstet, in Zukunft selbst ansprechende Diagramme zu gestalten.

Aufgaben

Aufgabe 1

Führen Sie für folgende Handelswaren der Fly Bike Werke GmbH eine ABC-Analyse mit MS Excel durch. Stellen Sie Ihre Ergebnisse in einem Diagramm dar. Hierbei gelten für die Einteilung in A-, B- und C-Güter folgende Angaben:

Kategorie	Anteil am Gesamtwert	Anteil an der Gesamtmenge
A	70%	geringer Anteil
B	20%	30% bis 50%
C	10%	40% bis 50%

	A	B	C	D	E	F	G	H	I	J
1	ABC-Analyse der Handelswaren									
2										
3	Artikelbezeichnung	Durchschnittlicher Lagerbestand	Einkaufspreis	Verbrauchswert in €	kumulierte Vebrauchswerte	Prozentuale Anteile am Wert	Kategorie der Artikel	kumullierte Verbrauchsmenge	Anteil an der Gesamtmenge	
4					- €	0%		0	0%	
5	Fahrradhelm standard	10	49,50 €							
6	Fahrradhelm ultra light	11	55,90 €							
7	Fahrradhelm Jugend	14	59,90 €							
8	Fahrradhelm Vexo Teamsport	7	64,90 €							
9	Fahrradhelm ROGI Toplevel	6	79,90 €							
10	Shirt Steff S	15	9,90 €							
11	Shirt Steff M	20	9,90 €							
12	Shirt Steff L	13	10,90 €							
13	Shirt Steff XL	12	11,90 €							
14	Shorts Steff S	15	13,90 €							
15	Shorts Steff M	14	13,90 €							
16	Shorts Steff L	11	14,90 €							
17	Shorts Steff XL	11	14,90 €							
18										
19										

Aufgabe 2

Berechnen Sie für den Fahrradhelm standard die optimale Bestellmenge mit MS Excel und stellen Sie diese grafisch dar.

Notizen aus der Lagerkartei:

- Artikelbezeichnung: Fahrradhelm standard
- Artikelnummer: 1701
- Bestellung kann wöchentlich, alle zwei Wochen, monatlich, alle 2 Monate, jedes Quartal, halbjährlich und jährlich erfolgen
- Jahresverbrauch: 10.000 Stück
- Bezugspreis 49,50 €
- Kosten je Bestellung: 20,00 €

Aufgabe 3

Kreuzen Sie die richtigen Aussagen zur Analyse der Lagerhaltung an. Formulieren Sie für die falschen Antworten jeweils eine korrekte Aussage.

☐ Lagerkennzahlen dienen zur Gewinnermittlung in der Abteilung Lager.

____

☐ Die Lagerreichweite gibt die Größe des Lagers wieder.

____

____

- [ ] Die Umschlagshäufigkeit gibt an, wie oft sich ein Lager innerhalb eines Geschäftsjahrs erneuert.

- [ ] Der durchschnittliche Lagerbestand berechnet sich durch folgende Formel: (Bestellmenge/2) + Höchstbestand

- [ ] Die Lagerzinsen geben die Kosten an, die in Form von entgangenen Zinsen für das im Lager gebundene Kapital entstehen.

- [ ] Bei der ABC-Analyse werden die Artikel im Lager identifiziert, die einen wertmäßig geringen Anteil einnehmen (A-Güter).

- [ ] Bei A-Gütern wird durch hohe Lagerbestände nur wenig Kapital im Lager gebunden sein, sodass sie im Beschaffungsprozess vernachlässigt werden können.

- [ ] C-Güter sind Artikel mit hohem Mengenanteil und kleinem Wertanteil am Lagerbestand.

- [ ] Bei der Berechnung der kumulierten Verbrauchswerte werden die Lagerbestände und Einkaufspreise multipliziert.

- [ ] Bei der Berechnung der optimalen Bestellhäufigkeit werden die Bestell-, Lager- und Gesamtkosten berechnet.

- [ ] Die Lagerkosten berechnen sich als Summe aus durchschnittlichem Lagerbestandswert und Lagerkostensatz

- [ ] Die Gesamtkosten berechnen sich aus der Summe von Bestell- und Lagerkosten.

- [ ] Die Bestellkosten werden mithilfe der Formel Bestellhäufigkeit/Kosten je Bestellung berechnet.

- [ ] Bei der optimalen Bestellhäufigkeit sind die Gesamtkosten maximal.

Aufgabe 4
Erweitern sie Ihre Lernkartei.

Aufgabe 5
Führen sie Ihr Lerntagebuch.

Kannliste zu HF 2 | Anforderungssituation 2.2 | Lernsituation 11

Lagerhaltung optimieren

Nr.	Themenbereich: Lagerkennzahlen berechnen			
	Ich kann ...	**Zu finden ...**	**AP**	**√**
1	... Lagerkennzahlen benennen und ihre Bedeutung erklären.	S. 151, 153	x	
2	... die Formel der Lagerkennzahlen wiedergeben.	S. 151, 153	x	
3	... Aussagen zu den Lagerkennzahlen beurteilen und ggf. korrigieren.	S. 166–167	xx	
4	... Ergebnisse präsentieren und Feedback geben bzw. annehmen.	S. 151–152	xx	
Nr.	**Themenbereich: ABC-Analyse durchführen**			
	Ich kann ...	**Zu finden ...**	**AP**	**√**
5	... den Unterschied zwischen A-, B- und C-Gütern erklären.	S. 154	x	
6	... den Zweck der ABC-Analyse erläutern.	S. 154	x	
7	... die Schritte zur Durchführung der ABC-Analyse benennen.	S. 154	x	
8	... die notwendigen Berechnungen zur Bestimmung der A-, B- und C-Güter durchführen.	S. 154-155	xx	
9	... die ABC-Analyse durchführen und die Ergebnisse interpretieren.	S. 155, 166	xxx	
10	... Aussagen zur ABC-Analyse beurteilen und ggf. korrigieren.	S. 166–167	xx	
Nr.	**Themenbereich: Optimale Bestellmenge ermitteln**			
	Ich kann ...	**Zu finden ...**	**AP**	**√**
11	... die Schritte zur Berechnung der optimalen Bestellmenge nennen.	S. 158	x	
12	... den Begriff der optimalen Bestellmenge erklären.	S. 158	x	
13	... Aussagen zur optimalen Bestellmenge beurteilen und ggf. korrigieren.	S. 166–167	xx	
Nr.	**Themenbereich: Komplexe Berechnungen in MS Excel vornehmen und Diagramme erstellen**			
	Ich kann ...	**Zu finden ...**	**AP**	**√**
14	... die Lagerkennzahlen in MS Excel mit Zellbezügen und Formeln berechnen.	S. 151–152	xx	
15	... die Lagerkennzahlen als Diagramm darstellen und interpretieren.	S. 151–152	xxx	
16	... die ABC-Analyse in MS Excel mit Formeln und Zellbezügen durchführen.	S. 154-155, 166	xx	
17	... die Ergebnisse der ABC-Analyse als Punktdiagramm darstellen und ausdrucken.	S. 156–157	xx	
18	... bei der Diagrammerstellung zwischen Werten der Reihe X und Y unterscheiden.	S. 157	xx	
19	... die Bestell-, Lager- und Gesamtkosten mit Formeln in MS Excel berechnen.	S. 158	xx	
20	... die Bestell-, Lager- und Gesamtkosten mit einem Diagramm darstellen.	S. 158	xx	
21	... das Diagramm bearbeiten und anpassen.	S. 160–165	xx	
22	... die Wahl der Diagrammtypen sinnvoll begründen.	S. 158	xx	
23	... die Ergebnistabelle auf einer DIN-A4-Seite ausdrucken.	S. 159	xx	
24	... die optimale Bestellmenge mit einer Funktion automatisch ausgeben lassen.	S. 158	xxx	

Anforderungsprofile (AP): x Reproduktion xx Anwendung xxx Problemlösung

SB BWR ▸ Handlungsfeld 2, Kap. 6.2.4, 6.2.5
Handlungsfeld 2, Kap. 8
LS BWR ▸ Lernsituation 27
Lernsituation 31

Erfassung und Kontrolle des Wareneingangs

Situation

Nach wie vor unterstützen Sie als Praktikantin/Praktikant Frau Nemitz-Müller in der Einkaufsabteilung. Nach Ihrem Angebotsvergleich aus Lernsituation 10 ging die folgende Bestellung über 200 Gangschaltungen an die DAX GmbH. Inzwischen liegt Ihnen auch der auf der folgenden Seite ebenfalls abgedruckte Lieferschein vor.

Fly Bike Werke GmbH

Fly Bike Werke GmbH · Rostocker Str. 334 · 26121 Oldenburg

DAX AG
Karsten Sachse
Rudolf-Diesel-Str. 70
40424 Düsseldorf

Ihr Zeichen: DX
Ihre Nachricht vom: 18.03.20XXx
Unser Zeichen: nem
Kunden-Nr.: 316/9998

Ihr Ansprechpartner: Ann-Kathrin Nemitz-Müller
Telefon: +49 441 885-5
Telefax: +49 441 885-9211
E-Mail: Nemitz-Mueller@flybike-werke.de

Datum: 26.03.20XX

Bestellung Renn Fahrradschaltungen

Sehr geehrter Herr Sachse,

vielen Dank für Ihr Angebot vom 18.03.20XX. Wir möchten bei Ihnen folgenden Artikel zu den nachstehenden Konditionen bestellen:

Artikelbezeichnung: Fahrradschaltung Renn
Menge: 200 Stück
Einzelpreis: 230,50 Euro

Ihre Zahlungs- und Lieferbedingingen sowie die Bestandteile Ihrer AGBs haben wir zur Kenntnis genommen. Wir bitten Sie, die im Angebot angegebebe Lieferzeit von 5 Tagen einzuhalten.

Mit freundlichen Grüßen

Fly Bike Werke GmbH

i. A. Ann-Kathrin Nemitz-Müller
Ann-Kathrin Nemitz-Müller

DAX GMBH
Düsseldorf

Dax GmbH • Rudolf-Diesel-Str. 25 • 40424 Düsseldorf

Fly Bike Werke GmbH
Rostocker Str. 334
26121 Oldenburg

Ihr Zeichen: nem
Ihre Nachricht vom: 26.03.20XX
Unser Zeichen: DX
Unsere Nachricht vom: 18.03.20XX

Name: Karsten Sachse
Telefon: 02 11 89 17-326
Telefax: 02 11 89 17-999
E-Mail: sachse@dax.de

Datum: 29.03.20XX

Lieferschein Nr. 1522

Bearbeiter: Karsten Sachse	Kundennummer: 316/9998	Ihre Bestellung Nr. 31	vom 26.03.20XX	Versanddatum: 29.03.20XX
Versandart: Lkw		Verpackungsart: Kartonage		
Positionsnummer:	Artikelnummer:	Artikelbezeihnung:	Menge:	Mengeneinheit:
1	77451	Fahrradschaltung Renn	100	Stück
Ware erhalten Ort, Datum, Unterschrift				

Handlungsaufträge

1. Führen Sie die Wareneingangskontrolle durch. Sichten Sie dazu die Informationen aus dem Qualitätsmanagement-Handbuch und halten Sie die notwendigen Arbeitsschritte auf dem Arbeitsblatt 12.1 fest. Zu welchem Ergebnis führt Ihre Wareneingangskontrolle?

2. Überlegen Sie, von welchen Gewährleistungsrechten die Fly Bike Werke GmbH in diesem Fall Gebrauch machen kann und halten Sie diese auf dem Arbeitsblatt 12.1 fest. Verfassen Sie ein passendes Schreiben an den Lieferanten. Beachten Sie die normgerechte Geschäftsbriefgestaltung (vgl. Informationsblatt 4.1).

Ablaufbeschreibung der Wareneingangkontrolle aus dem QM-Handbuch der Fly Bike Werke GmbH

Im ERP-System erfolgt zunächst die Eingabe der Bestellnummer. Anschließend wird ein Wareneingangsprotokoll erstellt, in das die Daten aus der Bestelldatei übernommen werden. Die Daten auf dem Lieferschein sind daraufhin mit der Bestellung abzugleichen. Insbesondere ist zu prüfen, ob der richtige Artikel, in der richtigen Menge, in gewünschter Qualität und Beschaffenheit am korrekten Lieferort eingegangen ist. Sofern Abweichungen festgestellt werden, sind die Daten des Lieferscheins ebenfalls zu erfassen.
Im ERP-System erhöht sich der Lagerbestand automatisch entsprechend der Eingaben. Der Wareneingangsschein kann ausgedruckt werden. In der Finanzbuchhaltung wird die Warenlieferung auf Wareneingangsverrechnungskonto gebucht. Abschließend erfolgt die Aktualisierung der Liste offener Bestellungen im ERP-System.

Arbeitsblatt 12.1 | Wareneingangskontrolle

Ablauf der Wareneingangskontrolle

1. Eingabe

2. Erstellung

3. Vergleich

4. Manuelle Eingabe

5. Erhöhung

6. Ausdruck

7. Buchung

8. Aktualisierung

Notizen zu den Gewährleistungsrechten

Folgesituation

Nachdem die Lieferung der 100 fehlenden Rennschaltungen eingegangen ist, erhält Frau Nemitz-Müller die Rechnung der Firma Dax GmbH. Nachdem sie sie auf sachliche und rechnerische Richtigkeit geprüft hat, leitet sie die Rechnung an Herrn Steffes aus der Finanzbuchhaltung weiter. Einen Tag später erhält sie ein weiteres Schreiben des Lieferers. Zur gleichen Zeit endet Ihre Mitarbeit in der Beschaffungsabteilung und Sie wechseln in die Verwaltung zu Herrn Steffes (siehe Hausmitteilung auf S. 173). Dort können Sie die weitere Bearbeitung des Vorgangs verfolgen.

DAX GMBH
Düsseldorf

Dax GmbH • Rudolf-Diesel-Str. 25 • 40424 Düsseldorf

Fly Bike Werke GmbH
Rostocker Str. 334
26121 Oldenburg

Ihr Zeichen: nem
Ihre Nachricht vom: 31.03.20XX
Unser Zeichen: DX
Unsere Nachricht vom: 18.03.20XX

Name: Karsten Sachse
Telefon: 02 11 89 17-326
Telefax: 02 11 89 17-999
E-Mail: sachse@dax.de

Datum: 10.04.20XX

Rechnung Nr. 31-1522 Nr. 1522

Bearbeiter: Karsten Sachse	Kundennummer: 316/9998	Ihre Bestellung Nr. 31	vom 26.03.20XX	Versanddatum: 29.03.20XX
Versandart: Lkw		Verpackungsart: Kartonage		Geliefert am: 31.03.20XX und 08.04.20XX

Pos.-Nr.	Artikelnummer	Artikelbezeichnung	Menge	Einzelpreis in €	Rabatt in %	Gesamtpreis
1	77451	Fahrradschaltung Renn	200	230,50	7	42.873,00
2	20	Transportkosten (3 %)	–	–		1.286,19
					Nettorechnungsbetrag in €	44.159,19
					+ 19 % Umsatzsteuer in €	8.390,25
					Bruttorechnungsbetrag in €	52.549,44

	Datum:	Skonto:	Skonto in €	Betrag in €
Innerhalb der Skontofrist bis:	10.05.20XX	3	1.576,48	50.972,96
Innerhalb der Zahlungsfrist bis:	25.05.20XX	–	–	52.549,44

DAX GMBH
Düsseldorf

Dax GmbH • Rudolf-Diesel-Str. 25 • 40424 Düsseldorf

Fly Bike Werke GmbH
Rostocker Str. 334
26121 Oldenburg

Ihr Zeichen: nem
Ihre Nachricht vom: 31.03.20XX
Unser Zeichen: DX
Unsere Nachricht vom: 18.03.20XX

Name: Karsten Sachse
Telefon: 02 11 89 17-326
Telefax: 02 11 89 17-999
E-Mail: sachse@dax.de

Datum: 11.04.20XX

Nachträglicher Nachlass zu Rechnung Nr. 31-1522

Sehr geehrte Frau Nemitz-Müller,

da wir Ihre Bestellung über 200 Schaltungen Renn in zwei anstatt, wie von Ihnen gewünscht, in einer Lieferung versenden mussten, gewähren wir Ihnen einen nachträglichen Nachlass von 5 %. Den Betrag haben wir Ihrem Konto bereits gutgeschrieben.

Wir bitten Sie die Unannehmlichkeiten zu entschuldigen und hoffen auf weiterhin gute Geschäftsbeziehungen.

Mit freundlichen Grüßen

i. A. Karsten Sachse
(Dax GmbH)

Hausmitteilung

Fly Bike Werke GmbH

Absender	Empfänger	mit der Bitte um
☒ Geschäftsführung	☐ Geschäftsführung	☐ Kenntnisnahme
☐ Zentralsekretariat	☐ Zentralsekretariat	☒ Erledigung
☐ Controlling	☐ Controlling	☐ Stellungnahme
☐ Einkauf/Logistik	☐ Einkauf/Logistik	
☐ Produktion	☐ Produktion	
☐ Verwaltung	☐ Verwaltung	
☐ Vertrieb	☐ Vertrieb	
☐ Frau/Herr	☒ ~~Frau/Herr~~ An alle Praktikanten	

Liebe Praktikanten der Abteilung Einkauf,

in den vergangenen Wochen haben Sie die Beschaffungsabwicklung in der Abteilung Einkauf kennengelernt. Bitte melden Sie sich morgen früh in der Abteilung Verwaltung bei Herrn Steffes. Er wird Ihnen bei der Erfassung und Kontrolle der Eingangsrechnungen behilflich sein. Zur Vorbereitung erhalten Sie im Anhang einen Auszug aus unserem Qualitätsmanagementhandbuch zur Eingangsrechnungskontrolle.

Mit freundlichen Grüßen

Hans Peters
(Geschäftsführung)

Handlungsaufträge

1 Notieren Sie die wichtigsten Arbeitsschritte zur Kontrolle und Erfassung der Eingangsrechnung. Vervollständigen Sie hierfür die Abbildung auf Arbeitsblatt 12.2.

2 Führen Sie die Buchungen zur Begleichung der Eingangsrechnung der Dax GmbH durch. Herr Steffes stellt Ihnen als Hilfe die Vorlage auf Arbeitsblatt 12.3 zur Verfügung.

3 Erstellen Sie mit MS Excel eine Vorlage zur Buchung der Buchungssätze im Grund- und Hauptbuch. Speichern Sie die Datei unter *Buchung Rechnung DAX GmbH.xlsx* ab. Verwenden Sie für die Berechnungen geeignete Formeln und verknüpfen Sie das Grund- und Hauptbuch mir direkten Zellbezügen.

Ablaufbeschreibung der Eingangsrechnungskontrolle aus dem QM-Handbuch der Fly Bike Werke GmbH

In der Einkaufsabteilung erfolgt die Überprüfung der Eingangsrechnung auf sachliche und rechnerische Richtigkeit. Bei Unstimmigkeiten ist der Lieferant zu kontaktieren, gibt es keine Beanstandungen, ist die Rechnung an die Finanzbuchhaltung weiterzuleiten. Sie erfasst die Verbindlichkeit buchhalterisch. Ein Mitarbeiter druckt eine Zahlungsvorschlagsliste mit den fälligen Verbindlichkeiten aus und legt sie dem Rechnungsleiter zur Freigabe vor. Sobald er die Freigabe erteilt hat, wird die Verbindlichkeit per Überweisung beglichen und die Zahlung buchhalterisch erfasst.

Arbeitsblatt 12.2 | Erfassung und Kontrolle von Eingangsrechnungen

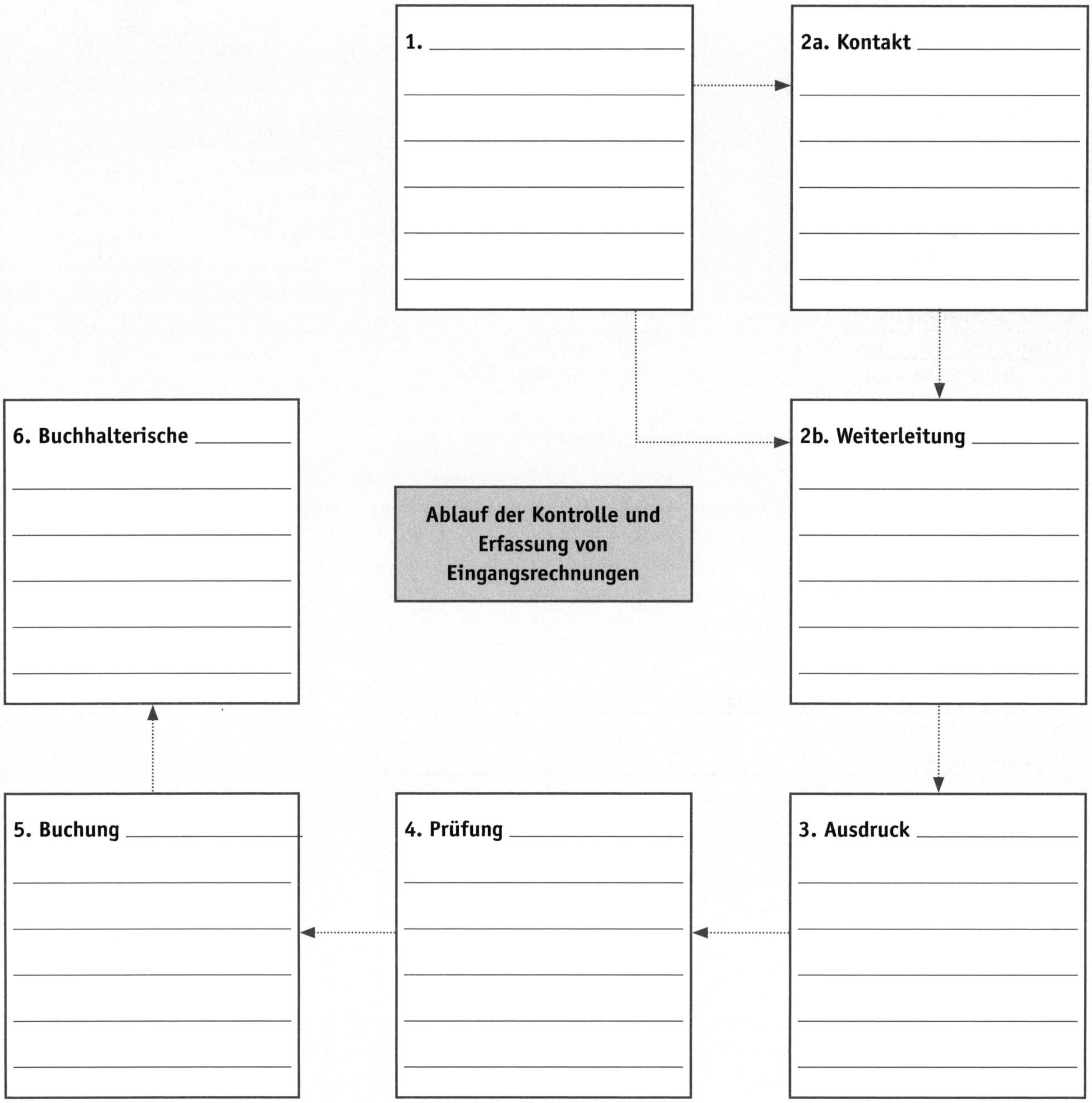

Typische Fehler bei der Erfassung der Eingangsrechnung:

Arbeitsblatt 12.3 | Verbuchung der Eingangsrechnung

Buchungen von Eingangsrechnungen

Buchungen:

1. Einkauf von Rohstoffen auf Ziel: Bruttorechnungsbetrag:	52.549,44 €
darin enthalten Bezugskosten in Höhe von:	3%
2. Preisnachlass des Lieferanten auf den Bruttorechnungsbetrag in Höhe von:	5%
3. Rechnungsausgleich nach Abzug des Preisnachlasses und unter Abzug von Skonto:	3%

Nebenrechnungen zu den Grundbucheinträgen:

Nr	Bezeichnung	Beträge in €
1	Bruttorechnungsbetrag	
	Nettorechnungsbetrag mit Bezugskosten	
	Nettorechnungsbetrag ohne Bezugkosten	
	Bezugskosten	
	Vorsteuer	
2	Nachlass Brutto	
	Nachlass Netto	
	Vorsteuer	
3	Bruttorechnungsbetrag nach Nachlass	
	Skonto Brutto	
	Skonto Netto	
	Vorsteuer von Skonto	
	Bruttorechnungsbetrag nach Skonto	

Grundbuch:

Nr.	Konten	Soll	Haben
1			
2			
3			

Hauptbuch:

Soll	Aufw. für Rohstoffe	Haben	Soll	Verbindlichkeiten aLL	Haben

Soll	Bezugskosten für Rohstoffe	Haben	Soll	Nachlässe	Haben

Soll	Vorsteuer	Haben	Soll	Bank	Haben

Aufgaben

Aufgabe 1
Ihnen liegt folgende Notiz von Frau Nemitz-Müller mit der Bitte um Bearbeitung vor:

Lieber Praktikant,

die Firma Gory Tech hat uns Trikot Shirts (Artikelnummer 7012) in der falschen Farbe geliefert. Bestellt (Bestellnummer: 52) wurden 20 Shirts in der Farbe Rot, geliefert wurden allerdings 20 Shirts der Farbe Gelb. (Lieferschein Nummer 1232)
Bitte bearbeiten Sie den Geschäftsfall in meinem Namen und legen Sie mir das entsprechende Schreiben zur Unterschrift vor.
Hier finden Sie die vollständige Adresse des Lieferanten

Gory Tech GmbH
Franzgasse 22
28197 Bremen

Vielen Dank!

Aufgabe 2
Ihnen liegt folgender Auszug aus der Bestellrückstandsliste vor. Bearbeiten Sie den Geschäftsfall und legen Sie das passende Schreiben Frau Nemitz-Müller zur Unterschrift vor.

Auszug aus der Bestellrückstandsliste

Bestellnummer	Name und Anschrift des Lieferanten	Bestelldatum	voraussichtliches Lieferdatum	Status	Bemerkung
52	Gory Tech GmbH Franzgasse 22 28197 Bremen	04.04.20XX	10.04.20XX	falsche Ware	Mängelrüge am 12.04.20XX verschickt
53	Trikot KG Unter den Linden 54 10178 Berlin	04.04.20XX	09.04.20XX	Lieferantenverzug	Lieferant konnte telefonisch und per E-Mail bisher nicht kontaktiert werden, in der Bestellung war der Liefertermin nicht kalendermäßig vereinbart
54	Tamino Deutschland Immermannstr. 24 40210 Düsseldorf	05.04.20XX	10.04.20XX	Ware eingegangen	Wareneingangskontrolle ohne Mängel

Aufgabe 3

Herr Steffes aus der Finanzbuchhaltung bittet Sie, folgende Geschäftsfälle mit Hilfe der Grund- und Hauptbuchvorlage in MS Excel zu buchen. Berechnen Sie zuvor die fehlenden Umsatzsteuer- und Bruttorechnungsbeträge.

Buchungen von Eingangsrechnungen

Nr.	Geschäftsfall	Nettowert in €	19% USt	Bruttowert in €
1	Rohstoffeinkauf auf Ziel	12.000,00 €		
2	Banküberweisung von Frachtkosten für Rohstoffe	350,00 €		
3	Gutschrift für Rücksendung an Rohstofflieferanten (Fall 1)	3.000,00 €		
4	Bonusgutschrift des Rohstofflieferanten	50,00 €		
5	Überweisung an Rohstofflieferanten, Rechnungsbetrag unter Nutzung von 3%	-	-	7.500,00 €

Grundbuch:

Nr.	Konten	Soll	Haben
1			
2			
3			
4			
5			

LSG Grundbuch | LSG Hauptbuch | Vorlage Grundbuch

Hauptbuch:

Soll	Aufw. für Rohstoffe	Haben	Soll	Verbindlichkeiten aLL	Haben

Soll	Bezugskosten für Rohstoffe	Haben	Soll	Nachlässe	Haben

Soll	Vorsteuer	Haben	Soll	Bank	Haben

Aufgabe 4

Erweitern Sie Ihre Lernkartei

Aufgabe 5

Führen Sie Ihr Lerntagebuch

Kannliste zu HF 2 | Anforderungssituation 2.2 | Lernsituation 12

Erfassung und Kontrolle des Wareneingangs

Nr.	Themenbereich: Wareneingangskontrolle durchführen			
	Ich kann ...	**Zu finden ...**	**AP**	**√**
1	... die Schritte der Wareneingangskontrolle benennen und erklären.	S. 170–171	x	
2	... die Allgemeinen Gewährleistungsrechte nennen und erläutern.	S. 170	x	
3	... die Gewährleistungsrechte für den konkreten Fall der Ausgangssituation benennen und erklären.	S. 170–171	xx	
4	... die Buchung von Eingangsrechnungen im Grund- und Hauptbuch vornehmen.	S. 173	xx	
5	... die Schritte zur Erfassung und Kontrolle der Eingangsrechnung benennen und erläutern.	S. 174	x	
6	... ein normgerechtes Reklamationsschreiben verfassen.	S. 176	xxx	
Nr.	**Themenbereich: Buchungen in MS Excel vornehmen**			
	Ich kann ...	**Zu finden ...**	**AP**	**√**
7	... Buchungen zur Begleichung der Eingangsrechnung in MS Excel mit Formeln durchführen.	S. 175	xxx	
8	... in MS Excel eine Vorlage für die Buchungen im Grund- und Hauptbuch mit Zellbezügen erstellen.	S. 173, 175	xx	
9	... für das Grund- und Hauptbuch verschiedene Tabellenblätter anlegen und benennen.	S. 175	xx	

Anforderungsprofile (AP): x Reproduktion xx Anwendung xxx Problemlösung

Lernsituation 13

SB BWR ▸ Handlungsfeld 2, Kap. 2.3.2

LS BWR ▸ Lernsituation 22

Beschaffung neuer Hard- und Software

Situation

Bettina Lotto ist jetzt schon seit neun Monaten als Auszubildende bei der Fly Bike Werke GmbH beschäftigt.

Bereits während ihrer schulischen Ausbildung hat sie einiges über Computer und deren Komponenten gelernt und konnte bei der Fly Bike Werke GmbH vieles über den betrieblichen Einsatz erfahren.

Da die Computerausstattung der Abteilung Verwaltung veraltet ist, sollen für jeden Mitarbeiter neue Endgeräte angeschafft werden. Alle Geräte sollen in das Unternehmensnetzwerk eingebunden werden und einen Internetzugang ermöglichen. Die Mitarbeiter sollen Zugriff auf einen gemeinsamen Drucker erhalten und sämtliche betrieblich notwendige Software nutzen können.

Bettina Lotto hat Anfang des Monats im Rahmen ihrer Ausbildung von der Buchführung in den Einkauf gewechselt. Am frühen Morgen kommt ihr Chef auf sie zu:

Herr Thüne: „Guten Morgen Frau Lotto, konnten Sie sich inzwischen schon gut in unsere Abteilung einarbeiten?"

Bettina: „Ja, mir macht die Arbeit hier wirklich sehr viel Spaß ... es ist sehr interessant zu sehen, wie hier die Entscheidungen z. B. bei der Auswahl der Lieferanten oder bei den Preisverhandlungen vorgenommen werden."

Herr Thüne: „Das freut mich sehr zu hören. Da Sie sich ja bisher in Ihrer Ausbildung immer sehr stark durch Ihre Eigenständigkeit und schnelle Auffassungsgabe ausgezeichnet haben, schlage ich Ihnen vor, folgende Aufgabe zu übernehmen.

Gestern ist Herr Steffes auf mich zugekommen und hat endlich die Entscheidung verkündet, dass die gesamte Verwaltung mit neuen Rechnern ausgestattet werden soll. Und jetzt bitte ich Sie, den Beschaffungsvorgang zu planen. Ich stelle mir vor, dass Sie zunächst eine Präsentation vorbereiten, in der die grundlegende Funktionsweise eines Personal Computers mit Einbindung in unser Netzwerk geklärt wird. Das könnte auch für die anderen Auszubildenden interessant sein, da hierzu immer wieder Fragen in den Abschlussprüfungen gestellt werden.

Erkundigen Sie sich auch bitte bei den Kolleginnen und Kollegen der Abteilung Verwaltung, welche Anforderungen sie an einen Computer haben, um ihn problemlos im beruflichen Alltag nutzen zu können.

Und dann veranlassen Sie bitte alle weiteren Schritte, die für die Beschaffung der Geräte notwendig sind.

Bettina: „Es ist schön, dass Sie so großes Vertrauen in mich haben. Natürlich übernehme ich das gerne"

Bettina Lotto hat sich direkt an die Arbeit gemacht und die Kolleginnen und Kollegen in den verschiedenen Bereichen der Abteilung Verwaltung befragt, welche Anforderungen sie an einen Computer haben, der sie problemlos im beruflichen Alltag unterstützt. Dabei hat sie sich folgende Stichpunkte gemacht (siehe nächste Seite):

Mindestanforderungen der Verwaltungsmitarbeiter

- Zugang zum ERP-System
- Bürosoftware nutzen können
- Internet Browser
- Möglichkeit zur Bildbearbeitung und Flyergestaltung
- Firewall, Schutz gegen Trojaner und Viren
- viel Speicherplatz für Dateien
- LAN, WLAN, Bluetooth
- CDs und DVDs brennen
- USB 3.0, HDMI
- mobil
- min. 12 GB DDR4-RAM
- 120 GB SSD und min. 500 GB HDD, 5400 U/Min.
- 1280 × 1024, 21 Zoll HD
- gängiges Betriebssystem
- hohe Prozessorgeschwindigkeit

Handlungsaufträge

1 Welche Problemstellung ergibt sich aus der Situation? Erstellen Sie eine Übersicht wie in Arbeitsblatt 1.1.

2 Unterstützen Sie Bettina Lotto bei der Vorbereitung ihrer Präsentation.

a Klären Sie mithilfe einer Internetrecherche wichtige Begriffe zu den Komponenten und Funktionsweisen eines PCs und des Internets. Nutzen Sie hierzu auch die Begriffe in der nachfolgenden Tabelle.

b Verdeutlichen Sie sich anschließend mithilfe Ihrer Rechercheergebnisse zum Internet, wie der Datenaustausch im Einzelnen im Internet stattfindet.

3 Sortieren Sie die Begriffe aus der nachfolgenden Tabelle den Kategorien Hardware, Software, Internet und Sonstiges zu. Nutzen Sie hierzu das Arbeitsblatt 13.1.

Ad Blocker	ERP-System	Internetprovider	Router
App	EVA-Prinzip	IP-Adresse	Scanner
Arbeitsspeicher RAM	.exe	Java	Scrollen
ASCII	FAQs	.jpg	Server
Backup	Festplatte	LAN/WLAN	Social Media
Betriebssystem	Firewall	Laptop	Software
Bit, Byte, Kilobyte, Megabyte, Gigabyte, Terrabyte	Filter	Link/Hyperlink	Soundkarte
Blog	Follower	Mouse/Maus	SSD und HDD
Bluetooth	Grafikkarte	Megapixel	Spam
Browser	GIF	Messenger	SQL
Bürosoftware	Hardware	Monitor	Streaming-Anbieter
Client	HDMI	Online-Shop	Tablet
Cloud	Homepage	Podcast	Trojaner
Datenschutz	HTML	Posten	Touchscreen
Datensicherheit	HUB	Prozessor	Webcam
DSGVO	Icon	Prozessorgeschwindigkeit	URL
Domain	Influencer	QWERTZ	
Emoji	Internet	ROM	

4 Erstellen Sie anhand zentraler Begriffe aus Arbeitsblatt 13.1 eine Mindmap.

5 Suchen Sie sich einen Lernpartner, mit dem Sie die folgende Aufgabe gemeinsam bearbeiten:
Lesen Sie beide in Einzelarbeit den gesamten Text auf dem Informationsblatt 13.1, Bestandteile und Funktionsweise eines PCs. Teilen Sie den Text in zwei Hälften ein und einigen Sie sich, welcher Lernpartner für welche Hälfte des Textes verantwortlich ist. Jetzt erklären Sie Ihrem Lernpartner den Inhalt Ihrer Texthälfte und bauen jedoch zwei kleine Fehler ein, die Ihr Lernpartner herausfinden muss. Geben Sie sich gegenseitig Feedback und berichten Sie im Plenum über die Erfahrungen und Schwierigkeiten bei der Bearbeitung dieser Aufgabe.

6 Zur vertiefenden Wiederholung spielen Sie das Spiel Jeopardy zu den IT-Begriffen.

Arbeitsblatt 13.1 | Begriffe rund um den Computer und das Internet

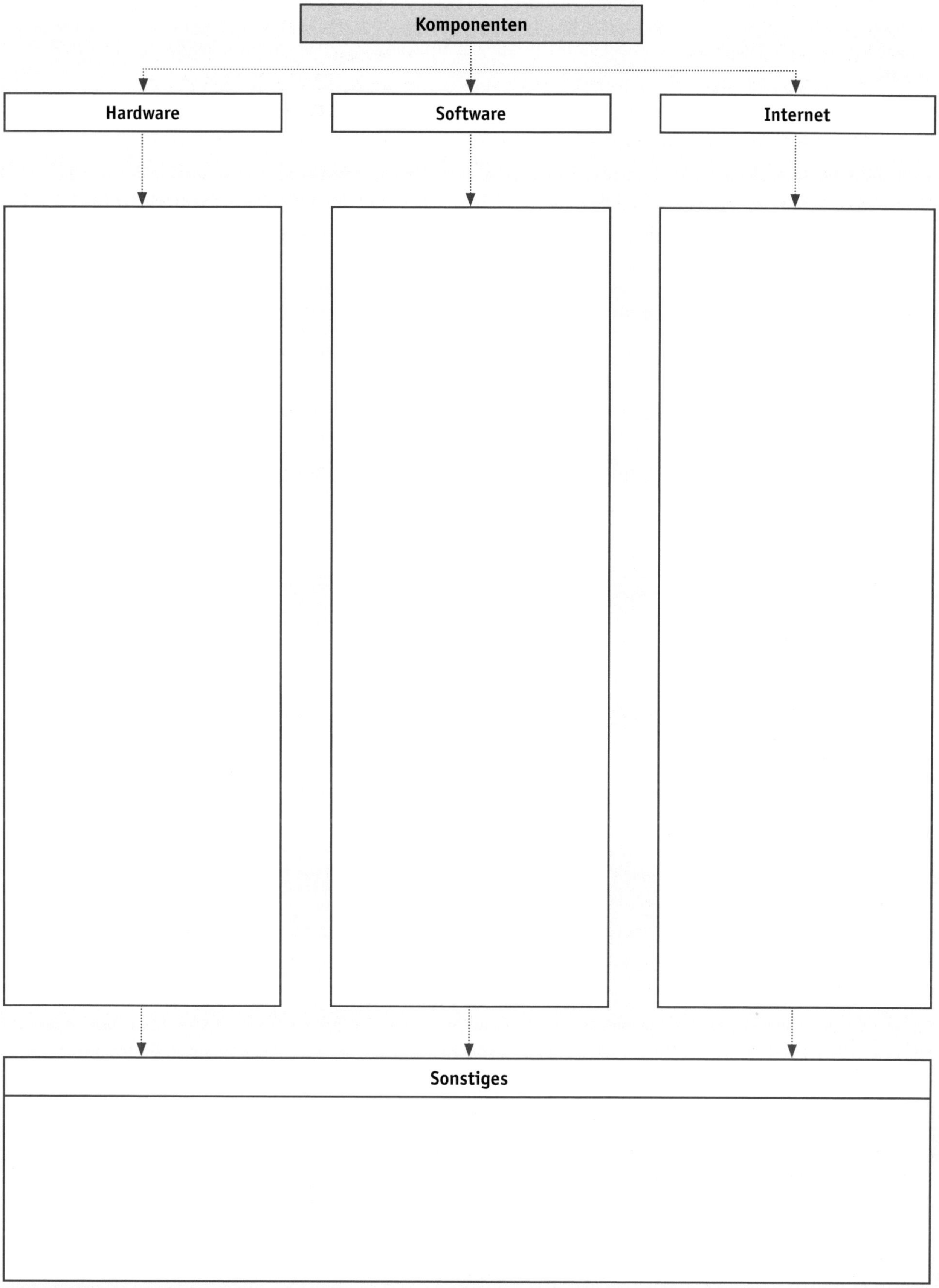

Ergänzen Sie die Übersicht ggf. auch um die Begriffe, auf die Sie bei Ihrer Recherche gestoßen sind.

Informationsblatt 13.1 | Bestandteile und Funktionsweise eines PCs

Ein **Personalcomputer (PC)** besteht aus Hard- und Software. Unter **Hardware** versteht man alle Teile an einem Rechner, die man anfassen kann, also Gehäuse, Kabel, Maus, DVD-Laufwerk, Tastatur, Monitor etc. Die Hardware eines Computers kann man einteilen in Eingabegeräte, Verarbeitungsgeräte und Ausgabegeräte. Diese Betrachtungsweise wird EVA-Prinzip genannt.

Ohne **Software**, auch Programme genannt, funktioniert ein PC allerdings nicht. Der Begriff Software umfasst alles, was einen Computer zum Leben erweckt und ihn steuert.

Innerhalb der Software kann unterschieden werden in Systemprogramme, wie Betriebssysteme und Treiber, sowie Anwenderprogramme, wie Bürosoftware, Browser, aber auch individuell für ein Unternehmen erstellte Software.

Die Software ist für den Anwender unsichtbar und besteht aus einer langen Kette von **binären Zeichen,** nämlich Einsen (1) und Nullen (0), die für die Zustände „Strom an" (1) und „Strom aus" (0) stehen. Die kleinste Einheit ist ein Bit und bedeutet nichts anderes als einen Schalter, um den Strom ein- bzw. auszuschalten. In der Software werden immer 8 Schalter, also 8 Bit, gleichzeitig verwendet. Sie ergeben zusammen 1 Byte.

○○○○○○○○: Hier sind 8 Schalter nebeneinander dargestellt, deren Strom ausgeschaltet ist. Der binäre Code für diesen Zustand lautet 00000000.

◉◉◉◉◉◉◉◉: Hier sind 8 Schalter dargestellt, bei denen Strom fließt. Im binären Code würden wir hier 11111111 schreiben.

Mit diesen 8 Schaltern kann man 256 verschiedene Zustände von Strom an und Strom aus darstellen, je nachdem in welchen unterschiedlichen Kombinationen Strom fließt bzw. nicht fließt. Somit kann man Zahlen und Buchstaben codiert darstellen. Die ersten vier Schalter stellen z. B. dar, ob es sich um eine Zahl, einen Buchstaben oder ein Satzzeichen handelt, die letzten vier Stellen bezeichnen genau, um welche Ziffer oder um welches Zeichen es sich handelt.

Zum Beispiel gilt für folgende Kombinationen:

○○◉◉	Zahl	○○○◉	1	binär: 00110001
○◉○○	Buchstabe groß	○○○◉	A	binär: 01000001
○◉◉○	Buchstabe klein	○○◉○	b	binär: 01100010

Wenn ein PC eingeschaltet wird, fließt Strom. Auf dem Motherboard (Hardware innen in einem PC) befinden sich viele Schalter, die von der Software die Information erhalten, welche Schalter Strom durchlassen dürfen und welche nicht. Auf dem Motherboard befindet sich auch der Prozessor (Hardware), die zentrale Recheneinheit des PCs.

Durch das Einschalten des PCs wird zunächst das BIOS (Basic Input Output System, Software) aktiviert. Das BIOS sitzt in einem Bestandteil des PCs, den man ROM (Read Only Memory) nennt. Hier können Informationen nur ausgelesen, jedoch nicht verändert werden. Zum BIOS gehört auch die Startroutine, die bei jedem Einschalten des PCs die gleichen Arbeitsschritte in der gleichen Reihenfolge durchläuft, nämlich zunächst überprüft, ob die Hardware, wie z. B. Grafikkarte, Tastatur, Festplatte etc., angeschlossen und betriebsbereit ist.

Um mit dem PC zu kommunizieren, benötigt man ein Betriebssystem, das als nächstes geladen wird. Das Betriebssystem, z. B Windows von Microsoft oder Linux, beinhaltet alle Werkzeuge, die man braucht, um mit dem PC zu arbeiten. Es ist also die Schnittstelle zwischen Hardware und Anwendungsprogrammen.

Drückt jetzt der Benutzer eine Buchstabentaste auf der Tastatur, wird eine Folge von Strom an bzw. Strom aus an den Prozessor weitergegeben, der nun eine Verbindung zur Grafikkarte herstellt, die den entsprechenden Buchstaben auf dem Monitor darstellt. Solange der PC eingeschaltet ist, wird dieser Buchstabe, der auf dem Monitor sichtbar ist, nur im Arbeitsspeicher gespeichert. Möchte man die Datei mit dem Buchstaben dauerhaft speichern, werden die Informationen wieder über Strom an und Strom aus in den entsprechenden Schaltern elektromagnetisch auf der Festplatte gespeichert.

Folgesituation 1

Herr Thüne ist von der Präsentation völlig begeistert und bittet Bettina Lotto, folgende drei Lieferanten anzuschreiben bzw. anzumailen, die eingehenden Angebote auszuwerten und den Bestellvorgang abzuschließen.
Kontakte Lieferanten

Kontakte Lieferanten			
Lieferantenname	IT Konkret	Elektro Spitz	Jupiter
Lieferantennummer	274055	274080	275001
Ansprechpartner	Dirk Meyer	Henriette Spitz	Özlem Bulut
Straße	Hauptstr. 27	Am schönen Ufer 177	Media Allee 25 a
PLZ	26180	22527	12207
Ort	Oldenburg	Hamburg	Berlin

Da bereits langfristige Geschäftsbeziehungen zur Firma PC-Schnell-Und-Gut bestehen, die sämtliche Hardware und Software für die Fly Bike Werke installiert, braucht sich Bettina Lotto nicht um Angebote für die Installation zu kümmern.

Handlungsaufträge

1 Unterstützen Sie Bettina Lotto bei der Abwicklung des Beschaffungsvorgangs. Planen Sie Ihr Vorgehen und greifen Sie dabei auch ggf. auf Ihre Unterlagen aus den Lernsituationen 9 und 10 zurück.

2 Nutzen Sie die Zeit bis zum Eingang der PC-Angebote, um Ihre Excel-Kenntnisse zu vertiefen, und bearbeiten Sie die Arbeitsblätter 13.2 (SVERWEIS), 13.3 (WVERWEIS) und 13.4 (Arbeiten mit mehreren Tabellenblättern).

3 Nach 3 Tagen liegen Ihnen die auf den folgenden Seiten abgedruckten Angebote der angeschriebenen Firmen vor. Vergleichen Sie zunächst die Bezugspreise. Sie können dabei auf die Datei *quantitativer_Angebotsvergleich.xlsx* zurückgreifen, die Sie in Lernsituation 10 angelegt haben.
Nutzen Sie zusätzlich Ihre neu erworbenen Excelkenntnisse.

a Übertragen Sie die Kontaktdatei, die Sie von Herrn Thüne erhalten haben, auf ein gesondertes Tabellenblatt „Kontaktdaten" und ergänzen Sie Ihre Angebotsvergleichstabelle mithilfe der neuen Excelbefehle um die Lieferantennummer.

b Erstellen Sie auf einem weiteren Tabellenblatt „Konditionen" eine Übersicht über die Angebotskonditionen nach folgendem Muster:

Konditionen Lieferanten				
Lieferantennummer	**Listenpreis**	**Skonto**	________	________
________	________ €	________ %	________ %	________ €
________	________ €	________ %	________ %	________ €
________	________ €	________ %	________ %	________ €

Nutzen Sie anschließend wieder die neu erlernten Formeln, um die Konditionen der drei Lieferanten in Ihre Angebotsvergleichstabelle zu übernehmen.

4 Führen Sie anschließend eine Nutzwertanalyse durch. Arbeitsblatt 10.3 aus Lernsituation 10 kann Ihnen hierbei zur Orientierung dienen. Ziehen Sie als Beurteilungskriterien die Merkmale Arbeitsspeicher, Festplattengröße, Grafikkarte, Lieferzeit, Marke/Qualitätseinschätzung, Preis, Prozessorleistung, WLAN/LAN, Zuverlässigkeit des Lieferanten heran. Sichten Sie dazu auch die Notizzettel zu den Angeboten, die sich Bettina Lotto zu den drei potenziellen Lieferanten gemacht hat.

5 Für welchen Lieferanten haben Sie sich entschieden? Begründen Sie!

Angebot 1:

IT Lösung Konkret
Hauptstr. 27
26180 Oldenburg

IT Lösung Konkret · Hauptstraße 27 · 26180 Oldenburg

Fly Bike Werke GmbH
Rostocker Str. 334
26121 Oldenburg

Ihr Zeichen, Ihre Nachricht vom	Unser Zeichen, unsere Nachricht vom	Telefon, Name	Datum
prakt002, 23.05.20XX	ITK-ME	0441 42 75-471, Dirk Meyer	25.05.20XX

Ihre Anfrage nach Arbeitsplatzcomputern

Sehr geehrte Frau Lotto,

vielen Dank für Ihre Anfrage nach unseren Produkten.
Folgenden Artikel können wir Ihnen anbieten:

Sino VINCI, 17,3 Zoll, 1600 x 900 Pixel
16 GB DDR4 GB RAM, 4 x 3,4 GHz Telli Yuartium, Kapazität 120 GB SSD + 1 TB S-ATA3 HDD, WLAN- und Gigabit-LAN, Bluetooth, DVD-Brenner 24 x Dual-Layer, Grafikkarte Telli 2048 MB und Soundprozessor onboard, Gewicht 3,2 kg, Betriebssystem und Officepaket nach Wunsch.

630,00 Euro pro Stück

Die PCs sind vorrätig und können sofort nach Bestellungseingang geliefert werden.
Bei Abnahme von mindestens 5 Stück erhalten Sie 5 % Rabatt auf den oben genannten Preis.
Bei Rechnungsausgleich innerhalb von 14 Tagen gewähren wir 2 % Skonto. Für die Lieferung berechnet unsere Spedition 25,00 Euro.

Herzliche Grüße

IT Lösung Konkret

i. A. Dirk Meyer

Dirk Meyer

Bisher wenig Erfahrung mit IT Lösung Konkret, bei der letzten Bestellung gab es Reklamationen, die aber nach einigen Telefonaten und einer Nachbesserung geklärt werden konnten.
Firma vertreibt lokale Eigenmarke, taucht in Testberichten bisher nicht auf.

Angebot 2:

Elektro Spitz
Am schönen Ufer 177
22527 Hamburg

Elektro Spitz · Am schönen Ufer 177 · 22527 Hamburg

Fly Bike Werke GmbH
Frau Lotto
Rostocker Str. 334
26121 Oldenburg

Ihr Zeichen: prakt002
Ihre Nachricht vom: 23.05.20XX
Unser Zeichen:
Unsere Nachricht vom:

Name: Henriette Spitz
Telefon: 040 385 66 12
Telefax: 040 385 66 10
E-Mail: he.spitz@elektro-spitz.de

Datum: 25.05.20XX

Ihre Anfrage nach Arbeitsplatzcomputern

Sehr geehrte Frau Lotto,

auf Ihre Anfrage bieten wir Ihnen an:

TELL Business,

17,3 Zoll, 1600 x 900 Pixel	2 x 2,5 GHz SSD	16 GB DDR4	256 GB SSD
DVD-Brenner, Blu-ray-Laufwerk	10 Mbit/s 100 Mbit/s 1000 Mbit/s LAN	eingebautes Wireless-LAN	Bluetooth, Card Reader
aktuelles Betriebssystem	Office-Paket	2,97 kg	

Listenpreis: 700,00 Euro/Stück

Bei Abnahme von 5 baugleichen Geräten gewähren wir Ihnen 7 % Rabatt. Für die Lieferung berechnen wir eine Bezugskostenpauschale von 35,00 Euro. Bei Begleichung unserer Rechnung innerhalb von 14 Tagen gewähren wir 1,5 % Skonto. Die Lieferzeit beträgt 3 Tage.

Wir freuen uns Ihre Bestellung zu erhalten.

Mit freundlichen Grüßen

Elektro Spitz

Henriette Spitz

i. A. Henriette Spitz

Zuverlässiger Geschäftspartner der Fly Bike Werke; langjährige Zusammenarbeit, selten Probleme
Marke steht für gute Qualität zu meist etwas überdurchschnittlichen Preisen

Angebot 3:

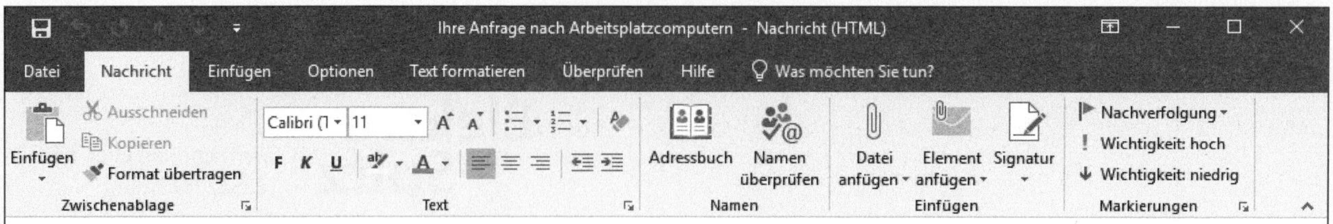

Ihre Anfrage nach Arbeitsplatzcomputern - Nachricht (HTML)

An... prakt002@flybike-werke.de

Cc...

Betreff Ihre Anfrage nach Arbeitsplatzcomputern

Sehr geehrte Frau Lotto,

danke für Ihr Interesse an unsererern Produkten.
Wir empfehlen Ihnen unser Modell VINCI mit folgender Ausstattung:

Compunovo, 17,3 Zoll HD, 1280 x 1024 Pixel, 3 x 4 GB DDR4-RAM,
180 GB SSD und 500 GB HDD, 5400 U/Min, Grafikkarte NOVODIA 3200 gt 2048 MB, 3,2 kg
Inklusive Betriebssystem und Office-Programme nach Wunsch,
LAN, WLAN, DVD-Brenner, Bluetooth

690,00 Euro pro Stück

Bei Abnahme von mehr als 2 Computern gewähren wir einen Nachlass von 3 %, bei Abnahme von mehr als 5 Rechnern von 7 %. Bei Rechnungsausgleich innerhalb von 14 Tagen gewähren wir 2 % Skonto. Die PCs sind innerhalb von 14 Tagen nach Bestelleingang lieferbar. Für die Lieferung (nicht rabattierbar) stellen wir 49,00 Euro in Rechnung.

Wir freuen uns auf Ihre Bestellung

Özlem Bulut
Jupiter Computer
Kundenbetreuung Nord
Media Allee 25 a
12207 Berlin
Tel.: 030 4657 89-117

Noch nicht sehr lange am Markt, aber in Testberichten positiv erwähnt. Gutes Preis-Leistungs-Verhältnis.
Bisher nur zwei kleinere Bestellungen der Fly Bike Werke, aber sehr gute Erfahrungen mit diesem Unternehmen im privaten Bekanntenkreis.

Arbeitsblatt 13.2 | SVERWEIS (Excel)

In Lernfeld 6 haben Sie bereits verschiedene Funktionen in Excel kennengelernt.
Mithilfe der hier vorgestellten Funktion SVERWEIS lassen sich zu einem Zelleninhalt passende Werte aus einem anderen Zellbereich z. B. einer Tabelle suchen und in einer weiteren Zelle anzeigen.

Die Formel für SVERWEIS ist folgendermaßen aufgebaut:

=SVERWEIS(SUCHKRITERIUM;MATRIX;SPALTENINDEX)

SUCHKRITERIUM: Das Suchkriterium ist der Ausgangswert, der vorgegeben ist und zu dem nun passende Werte gefunden werden sollen.

MATRIX: Die Matrix ist die Tabelle, in der nach den passenden Werten gesucht wird.

Hinweis
SVERWEIS setzt voraus, dass die Tabelle (die Matrix), in der gesucht werden soll, senkrecht aufgebaut ist und das Suchkriterium in dieser Matrix aufsteigend sortiert ist.

SPALTENINDEX: Der Spaltenindex gibt an, in der wievielten Spalte der Tabelle sich der gesuchte Wert befindet.

Beispiel:

	A	B	C	D	E	F	G	H	I	J	K
1											
2	Rechnung				Kunden-nummer	Name der Firma	Straße	PLZ	Ort		
3	Kundennummer	10001			10001	Radbauer GmbH	Augsburger Str. 21	80335	München		
4	Name				10002	Schöller & Co. OHG Fahrradhandel	Parlamentsplatz 2	60385	Frankfurt a. M.		
5	Straße				10003	Fahrradhandel Uwe Klein e. K.	Am Wasserturm 4	66113	Saarbrücken		
6	PLZ				10004	Zweirad Gmbh	Herzogstr. 70	40251	Düsseldorf		
7	Ort				10005	Fahrrad & Motorrad GmbH	Alter Hellweg 46	44379	Dortmund		
8					10006	Bike GmbH	Leipziger Chaussee 12	39118	Magdeburg		
9					10007	Zweiradhandelsgesellschaft GmbH	Unter den Linden 42	10178	Berlin		
10					10008	Nordrad GmbH	Alter Markt 28	18055	Rostock		
11											

Geben Sie diese Daten in Excel ein und speichern Sie sie unter dem Namen *RechnungSV.xlsx* ab

Die Zellen B4, B5, B6 und B7 in der kleinen Tabelle Rechnung sollen nun mithilfe der SVERWEIS-Funktion ausgefüllt werden. Dazu müssen aus der nebenstehenden Matrix die Werte herausgesucht werden, die zu der Kundennummer in Zelle B3 passen.

Für Zelle B4 lautet die Aufgabe also: Suche zum vorgegebenen Wert in Zelle **B3** den passenden Wert aus der Tabelle **E3 bis I10**, der dort in der **2. Spalte** steht.

Oder als Formel ausgedrückt: =SVERWEIS(B3;E3:I10;2)

Formalansicht

	A	B
1		
2	Rechnung	
3	Kundennummer	10001
4	Name	=SVERWEIS(B3;E3:I10;2)

Ergebnis

	A	B
1		
2	Rechnung	
3	Kundennummer	10001
4	Name	Radbauer GmbH

Ergänzen Sie die Formeln für die Zellen, sodass folgendes Ergebnis zu sehen ist:

B5: ______________________________

B6: ______________________________

B7: ______________________________

	A	B
1		
2	Rechnung	
3	Kundennummer	10001
4	Name	Radbauer GmbH
5	Straße	Augsburger Str. 21
6	PLZ	80335
7	Ort	München
8		

Ändern Sie dann die Kundennummer in Zelle B3 in 10002 ab.
Was geschieht nun in den Zellen?

B4: ______________________________

B5: ______________________________

B6: ______________________________

B7: ______________________________

Arbeitsblatt 13.3 | WVERWEIS (Excel)

Der Aufbau der Formel für WVERWEIS ist identisch mit dem Aufbau der Formel für SVERWEIS.

=WVERWEIS(SUCHKRITERIUM;MATRIX;SPALTENINDEX)

Geben Sie die nebenstehenden Daten in Excel ein und speichern Sie sie unter dem Namen *RabattklasseWV.xlsx* ab

Die Spalte E (Rabatt) in der großen Tabelle soll nun mithilfe der WVERWEIS-Funktion gefüllt werden. Die Werte der Zellen E2 bis E22 müssen zu den Rabattklassen der Spalte D passen und können aus der nebenstehenden kleinen Matrix herausgesucht werden.

	A	B	C	D	E	F
1	ART_NR	Art_Bezeichnung	Verkaufspreis	Rabattklasse	Rabatt	Verkaufspreis nach Rabatt
2	1001	City SX Räder Damen	19,95 €	3		
3	1002	City SX Räder Herren	19,95 €	3		
4	1011	Fahrrad City Glide Rahmenhöhe 48	355,00 €	3		
5	1012	Fahrrad City Glide Rahmenhöhe 52	355,00 €	3		
6	1704	Fahrradhelm Vexo Teamsport	100,00 €	2		
7	1705	Fahrradhelm ROGI Toplevel	109,95 €	2		
8	7003	MTB ST Lenkung	33,67 €	2		
9	7004	MTB XT Lenkung	28,83 €	2		
10	7005	Renn Lenker	38,74 €	2		
11	7006	Kids TW Lenker	11,18 €	2		
12	7011	Shirt Steff Superfast Größe S	29,95 €	4		
13	7012	Shirt Steff Superfast Größe M	29,95 €	4		
14	7023	Shorts Steff Superfast Größe L	29,95 €	4		
15	7024	Shorts Steff Superfast Größe XL	29,95 €	4		
16	7025	Shorts Steff Superfast Größe XXL	29,95 €	4		
17	7033	Jacket Steff Superfast Größe L	49,95 €	4		
18	7034	Jacket Steff Superfast Größe XL	49,95 €	4		
19	7035	Jacket Steff Superfast Größe XXL	49,95 €	4		
20	9101	City SX Verpackung 1	3,58 €	1		
21	9102	MTB XT Verpackung 1	3,98 €	1		
22	9105	Renn Verpackung 1	7,00 €	1		

	G	H	I	J	K	L
1		Rabattklasse	1	2	3	4
2		Rabatt	0%	10%	20%	25%

Hinweis

WVERWEIS setzt voraus, dass die Tabelle (die Matrix), in der gesucht werden soll, **waagrecht** aufgebaut ist, das Suchkriterium also in einer Zeile gesucht wird und dort **aufsteigend** sortiert ist.

Für Zelle E2 lautet die Aufgabe zum Beispiel: Suche zum vorgegebenen Wert in Zelle **D2** den passenden Wert aus der Tabelle **I1 bis L2**, der dort in der **2. Zeile** steht.

Oder als Formel ausgedrückt: =WVERWEIS(D2;$I$1:$L$2;2)

	A	B	C	D	E	F
1	ART_NR	Art_Bezeichnung	Verkaufspreis	Rabattklasse	Rabatt	Verkaufspreis nach Rabatt
2	1001	City SX Räder Damen	19,95	3	=WVERWEIS(D2;$I$1:$L$2;2)	=C2-C2*E2

Um die Formel direkt in die darunter stehenden Zellen kopieren zu können, ist es sinnvoll für die Matrix einen absoluten Zellbezug einzugeben.

Ergänzen Sie die Formeln für die Zellen E3 bis E22 und für die Spalte F, sodass das hier abgebildete Ergebnis zu sehen ist.

	A	B	C	D	E	F
1	ART_NR	Art_Bezeichnung	Verkaufspreis	Rabattklasse	Rabatt	Verkaufspreis nach Rabatt
2	1001	City SX Räder Damen	19,95 €	3	20%	15,96 €
3	1002	City SX Räder Herren	19,95 €	3	20%	15,96 €
4	1011	Fahrrad City Glide Rahmenhöhe 48	355,00 €	3	20%	284,00 €
5	1012	Fahrrad City Glide Rahmenhöhe 52	355,00 €	3	20%	284,00 €
6	1704	Fahrradhelm Vexo Teamsport	100,00 €	2	10%	90,00 €
7	1705	Fahrradhelm ROGI Toplevel	109,95 €	2	10%	98,96 €
8	7003	MTB ST Lenkung	33,67 €	2	10%	30,30 €
9	7004	MTB XT Lenkung	28,83 €	2	10%	25,95 €
10	7005	Renn Lenker	38,74 €	2	10%	34,87 €
11	7006	Kids TW Lenker	11,18 €	2	10%	10,06 €
12	7011	Shirt Steff Superfast Größe S	29,95 €	4	25%	22,46 €
13	7012	Shirt Steff Superfast Größe M	29,95 €	4	25%	22,46 €
14	7023	Shorts Steff Superfast Größe L	29,95 €	4	25%	22,46 €
15	7024	Shorts Steff Superfast Größe XL	29,95 €	4	25%	22,46 €
16	7025	Shorts Steff Superfast Größe XXL	29,95 €	4	25%	22,46 €
17	7033	Jacket Steff Superfast Größe L	49,95 €	4	25%	37,46 €
18	7034	Jacket Steff Superfast Größe XL	49,95 €	4	25%	37,46 €
19	7035	Jacket Steff Superfast Größe XXL	49,95 €	4	25%	37,46 €
20	9101	City SX Verpackung 1	3,58 €	1	0%	3,58 €
21	9102	MTB XT Verpackung 1	3,98 €	1	0%	3,98 €
22	9105	Renn Verpackung 1	7,00 €	1	0%	7,00 €

	G	H	I	J	K	L
1		Rabattklasse	1	2	3	4
2		Rabatt	0%	10%	20%	25%

Die Formel für F2 lautet:

____

Ändern Sie dann den Rabattsatz in der Zelle K2 in 15 % ab.
Was geschieht nun in den Zellen:

E2: ____

F5: ____

E6: ____

Begründen Sie Ihre Antwort.

Arbeitsblatt 13.4 | Arbeiten mit mehreren Tabellenblättern

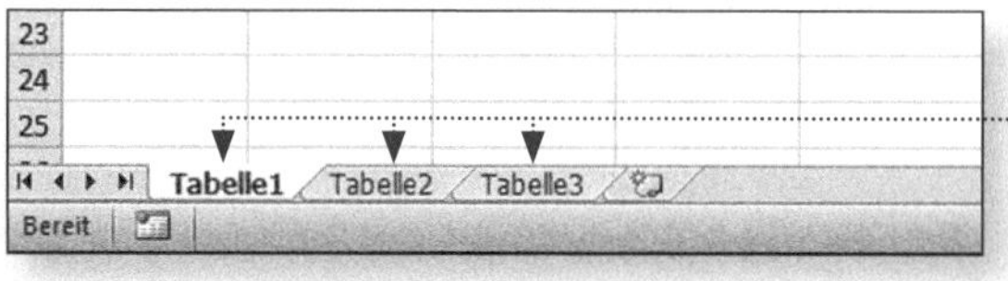

Am unteren Rand der Bildschirmansicht in Excel sehen Sie mehrere Karteireiter.

Standardmäßig bietet Excel bei jeder neu geöffneten Datei drei Tabellenblätter an: Tabelle1, Tabelle2 und Tabelle 3.

Mit einem rechten Mausklick auf diese Karteireiter erscheint folgendes Kontextmenü und die Tabellenblätter können individuell angepasst werden.

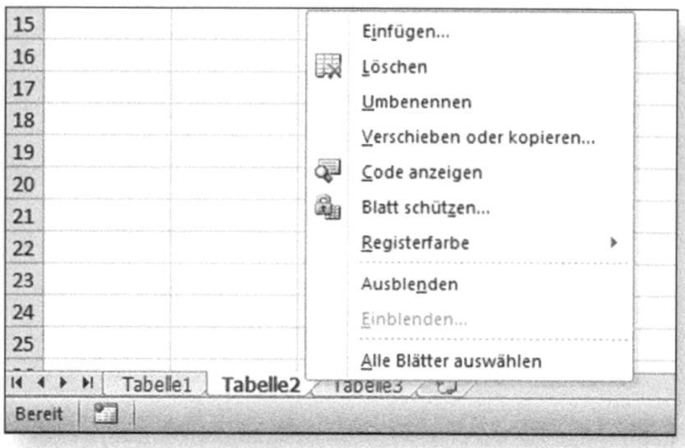

Als wichtigste Funktionen bietet Excel hier die Möglichkeit neue Tabellenblätter einzufügen, Tabellenblätter zu löschen, sie umzubenennen, in andere Dateien zu verschieben oder zu kopieren und mit unterschiedlichen Farben zu versehen.

Verändern Sie in einer neuen Datei mit dem Namen *Rechnung2.xlsx* die Tabellenblätter folgendermaßen:

Tabelle1: Umbenennen in RECHNUNG2
Farbe rot
Tabelle2: Umbenennen in KUNDEN
Farbe blau
Tabelle3: Umbenennen in ARTIKEL
Farbe grün

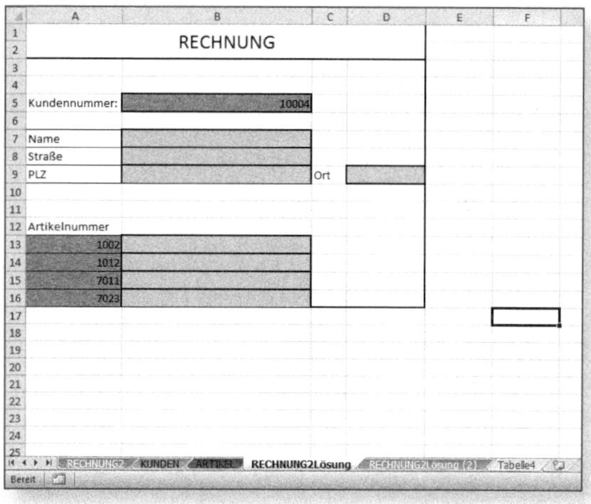

Geben Sie nebenstehendes Muster für eine Rechnung in das Tabellenblatt RECHNUNG2 ein.
In die Zellen B7, B8, B9 und D9 sollen mithilfe der WVERWEIS-Funktion Daten eingetragen werden, die aus dem Tabellenblatt KUNDEN entnommen werden sollen.
Hierzu muss die Formel, die wir in Arbeitsblatt 13.3 kennengelernt haben, ein wenig abgeändert werden. Vor der Angabe des Zellbereichs (der Matrix), in dem nach den passenden Daten gesucht werden soll, muss nun der Name des Tabellenblatts eingegeben werden, auf dem sich die Matrix befindet. Der Name der Tabelle wird mit einem Ausrufezeichen von der Matrix getrennt:

=WVERWEIS(SUCHKRITERIUM;KUNDEN!MATRIX;SPALTENINDEX)

In die Zellen B13, B14, B15, B16 sollen mithilfe der SVERWEIS-Funktion Daten aus dem Tabellenblatt ARTIKEL übernommen werden.
Auch hier muss die Formel abgeändert werden:

=SVERWEIS(SUCHKRITERIUM;ARTIKEL!MATRIX;SPALTENINDEX)

Geben Sie folgende Daten in die Tabelle KUNDEN ein:

	A	B	C	D	E	F	G	H	I
1	Kundennummer	10001	10002	10003	10004	10005	10006	10007	10008
2	Name	Radbauer GmbH	Schöller & Co. OHG Fahrradhandel	Fahrradhandel Uwe Klein e. K.	Zweirad Gmbh	Fahrrad & Motorrad GmbH	Bike GmbH	Zweiradhandelsgesellschaft GmbH	Nordrad GmbH
3	Straße	Augsburger Str. 21	Parlamentsplatz 2	Am Wasserturm 4	Herzogstr. 70	Alter Hellweg 46	Leipziger Chaussee 12	Unter den Linden 42	Alter Markt 28
4	PLZ	80335	60385	66113	40251	44379	39118	10178	18055
5	Ort	München	Frankfurt a. M.	Saarbrücken	Düsseldorf	Dortmund	Magdeburg	Berlin	Rostock

Geben Sie folgende Daten in die Tabelle ARTIKEL ein und ergänzen Sie nun alle fehlenden Formeln in der Tabelle Rechnung.

	A	B
1	Artikelnummer	Artikelbezeichnung
2	1001	City SX Räder Damen
3	1002	City SX Räder Herren
4	1012	Fahrrad City Glide Rahmenhöhe 52
5	1704	Fahrradhelm Vexo Teamsport
6	7011	Shirt Steff Superfast Größe S
7	7023	Shorts Steff Superfast Größe L

Folgesituation 2

Bettina Lotto konnte Herrn Thüne von ihrer Auswahl überzeugen und durfte ihren ersten Bestellprozess eigenständig von der Anfrage bis zur Bestellung durchführen.

Deshalb freut sie sich umso mehr, als sie von Herrn Thüne folgende Aktennotiz auf dem Schreibtisch findet:

Die Geschäftsführung hat die Idee, dass die fünf Mitarbeiterinnen und Mitarbeiter aus dem Vertrieb mit Business-Tablets ausgestattet werden sollen, um vor Ort beim Kunden schnell und aktuell alle Produkt- und Preisinformationen aus dem ERP-System bzw. aus der Cloud abrufen und präsentieren zu können. Dabei sollen sowohl die E-Mails als auch der Kalender mit den PCs im Büro synchronisiert werden wie auch entsprechende B2B-Apps installierbar sein.

Außerdem soll ein geeignetes System zur Speicherung und Bereitstellung aller Dateien für den Einsatz bei der Fly Bike Werke GmbH sowohl auf den lokalen Computern als auch auf den Tablets gefunden werden, da diese zwar meist mit einer schnellen, aber nicht so großen SSD-Festplatte ausgestattet sind und somit vermehrt Speicherplatzprobleme auftreten. In dem Zuge legt die Geschäftsführung großen Wert auf die Speicherung und Sicherung sämtlicher Daten.

Da ich mir nicht sicher bin, ob die Business-Tablets die richtige Lösung sind, möchte ich Sie bitten, mir die Vor- und Nachteile von Business-Tablets im Vergleich zu Laptops zusammenzustellen und in dem Zuge auch zu prüfen, ob es sinnvoller ist, Daten über eine Cloud oder über einen Inhouse-Server bereitzustellen.

Handlungsaufträge

1 Wägen Sie ab, ob Laptops eine Alternative zu Business-Tablets sind? Wo sind die grundlegenden Unterschiede sowie Vorteile und Nachteile. Recherchieren Sie hierzu im Internet.

2 Jedes Jahr entstehen in Betrieben Millionenschäden durch den Verlust von Daten. Informieren Sie sich hierüber mithilfe des Informationsblattes 13.2 auf der nachfolgenden Seite.
   a Warum ist Datensicherung für Unternehmen (und auch für Privatpersonen) so wichtig?
   b Erläutern Sie zudem, warum es für ein Unternehmen nicht ausreicht, dass jeder Mitarbeiter oder jede Mitarbeiterin seine Daten auf dem eigenen Computer speichert?
   c Durch welche Maßnahmen könnten die Fly Bike Werke GmbH ihre betriebliche Datensicherheit erhöhen? Bilden Sie dazu Lerngruppen von vier Personen. Vergegenwärtigen Sie sich dazu die Ursachen, Folgen von sowie die Maßnahmen gegen Datenverlust, die im Informationsblatt 13.2 genannt werden, und präsentieren Sie Ihre Ergebnisse zunächst einem Lernpartner aus Ihrer Gruppe. Erstellen Sie dann gemeinsam eine Mindmap und präsentieren Sie sie im Plenum.

3 Bereiten Sie anschließend eine Tabelle vor, welche die Definition, Funktionsweise sowie Vor- und Nachteile von Clouds und Inhouse-Servern gegenüberstellt, und treffen Sie eine begründete Entscheidung für den Einsatz eines der beiden Systeme bei der Fly Bike Werke GmbH. Berücksichtigen Sie dabei auch Ihre Ergebnisse zum Thema „Datensicherheit".

Informationsblatt 13.2 | Datensicherung warum?

Einen wichtigen Wert eines Unternehmens stellen seine Geschäftsdaten dar: Kunden, Lieferanten, Geschäftsbriefe, Präsentationen. Verliert ein Unternehmen diese Daten, können umfangreiche wirtschaftliche und eventuell auch strafrechtliche Konsequenzen damit verbunden sein. Daher ist es enorm wichtig, Datensicherung ernsthaft zu betreiben, um die Folgen eines Datenverlustes zu minimieren.

Ursachen für Datenverlust können sein:
- defekte Hard- oder Software,
- Viren, Trojaner, Würmer,
- menschliches Versagen,
- Naturgewalten, Stromausfall oder Diebstahl.

Manche Ursachen können vermieden, andere Ursachen zumindest vorgebeugt werden.

Die **Folgen des Datenverlustes** sind z. B.:
- Kundenverlust,
- Imageschaden,
- Wiederbeschaffungskosten,
- Insolvenz.

Die **Kosten eines Datenverlustes** setzen sich zusammen aus:
- entgangenen Geschäften bzw. Gewinnen,
- Kosten für neue Soft- und Hardware,
- Kosten für die Neuerfassung und Wiederbeschaffung,
- Kosten für Schäden Dritter.

Datensicherung im Unternehmen
Folgende Fragen sollten vorab geklärt werden, um eine Datensicherung zu gewährleisten:
1. Welche Daten sollen zu welchen Terminen gesichert werden? Wichtige Daten täglich sichern, unwichtigere Daten mindestens wöchentlich sichern?
2. Wer soll Daten sichern? Jeder Mitarbeiter, EDV-Abteilung, automatische Sicherung?
3. Wo sollen Daten gesichert werden? Intern im eigenen Unternehmen oder extern, z. B. in einer Cloud? Wenn eine Cloud-Lösung gewählt wird: Wo liegen diese Daten und ist der Cloud-Anbieter kompetent und vertrauenswürdig? Bei interner Datensicherung: Wo werden die gesicherten Daten gelagert? Wer hat Zugang zu den gesicherten Daten?
4. Sollen Daten vor Zugriff von außen geschützt, also verschlüsselt werden?
5. Wie schnell kann ich verloren gegangene Daten wiederherstellen?

In den meisten Unternehmen wird die **Datensicherung** hauptsächlich noch auf Bändern und in Rechenzentren **innerhalb des Unternehmens** betrieben.

Nachteile sind:
- hohe IT-Kosten durch Anschaffung und Wartung
- hoher Aufwand und hohe Kosten durch Aufbewahrung und Transport der Daten
- mögliches menschliches Versagen durch Vergessen, fehlerhafte Handhabung, Zeitmangel
- u. U. schwierige Wiederherstellung verloren gegangener Daten

Cloud-Computing ist eine Methode, bei der man jederzeit und überall über ein Netz (z. B. Internet) auf Daten, Anwendungen und Dienste zurückgreifen kann.

Man unterscheidet:
- Private Cloud: Daten, Anwendungen und Dienste werden nur für die eigene Organisation bereitgestellt (z. B. Rechenzentrum).
- Public Cloud: Bereitgestellte Dienste können von der Allgemeinheit genutzt werden.
- Community Cloud: Bereitgestellte Dienste werden von verschiedenen Gruppen genutzt, die gleiche Interessen haben.

Vorteile des Cloud-Computing:
- geringere Kosten, da Hard- und Softwarekosten auf viele Nutzer verteilt werden können,
- Nutzer kann selbst festlegen, wie er die Cloud nutzen möchte, und diese z. B. über das Internet verwalten,
- Server können an verschiedenen Orten in verschiedenen Ländern stehen, d. h. mehr Sicherheit bei politischen Unruhen,
- Datensicherung läuft vollautomatisch, wenn sie einmalig eingerichtet wurde,
- auch Heimarbeitsplätze können abgesichert werden,
- schnelle Wiederherstellung von Daten übers Internet möglich,
- Datenübertragung erfolgt verschlüsselt.

Platz für Notizen

Aufgaben

Aufgabe 1
Beantworten sie die folgenden grundlegenden Fragen rund um Ihren Computer:

a Was versteht man bei einem Computer unter Hardware und Software?

b Was ist ein Bit, ein Byte, ein Kilobyte, ein Megabyte, ein Gigabyte, ein Terrabyte?

c Wodurch unterscheidet sich das Betriebssystem von Anwenderprogrammen?

d Was versteht man unter Software?
- ☐ Betriebssysteme
- ☐ Anwendungen
- ☐ Spiele
- ☐ Office-Programme

e Was ist ein Prozessor?
- ☐ ein Bestandteil eines Monitors
- ☐ ein Eingabegerät
- ☐ die zentrale Rechen- und Steuereinheit eines PCs
- ☐ ein Ausgabegerät
- ☐ ein Bestandteil eines Druckers

f Welches der folgenden Geräte ist sowohl ein Eingabe- als auch ein Ausgabegerät
- ☐ Touchscreen
- ☐ Bildschirm
- ☐ Kopfhörer
- ☐ Drucker
- ☐ Maus

Aufgabe 2

a Welche Teile eines Computers sind unentbehrlich für sein Funktionieren?

____

b In welcher Einheit wird die Geschwindigkeit eines Computers gemessen?

____

c Welche Aussagen sind richtig
- ☐ Kabel und andere flexible Teile eines Computers werden als Software bezeichnet.
- ☐ Software ist ein anderes Wort für Programm.
- ☐ DVDs und USB-Sticks gehören zur Software, Bildschirm und Tastatur zu Hardware.

d Welche Aussagen treffen zu?
- ☐ Ein Byte entspricht genau 8 Bit.
- ☐ Ein Megabyte ist das Doppelte von einem normalen Byte.
- ☐ 1000 MB entsprechen einem GB.
- ☐ Ein Gigabyte entspricht ungefähr 1.000.000.000 Byte.

e Was ist eine Festplatte?
- ☐ die zentrale Rechen- und Steuereinheit eines PCs
- ☐ ein besonders schneller Drucker
- ☐ ein Gerät, welches Betriebssystem, Programme und Daten speichert
- ☐ ein Bestandteil des Monitor

Aufgabe 3
Verdeutlichen Sie den Zusammenhang zwischen einem Filter und einem Ad Blocker. Beide haben den gleichen Sinn, um im Internet unerwünschte Inhalte zu filtern bzw. zu blockieren. Richtig oder Falsch?

Aufgabe 4
Erklären Sie, inwiefern Blogger, Follower und Influencer in einem engen Verhältnis zueinander stehen?

Aufgabe 5
Erläutern Sie an einem Beispiel, wie die Begriffe Website, Homepage und Blog in einem Zusammenhang stehen können. Ist dies zwingend so?

Aufgabe 6
Kreuzen Sie die richtige(n) Antwort(en) an

a Was passiert, wenn man keine Datensicherung angelegt hat und die Daten durch Schadprogramme zerstört wurden?
- ☐ Die Daten sind womöglich dauerhaft verloren.
- ☐ Die Daten können eventuell durch Spezialisten wieder hergestellt werden.
- ☐ Die Daten lassen sich wiederherstellen, indem ich den PC zunächst aus und dann wieder an mache.

b Wie kann man einen PC physisch schützen?
- ☐ PC mit Sicherheitskabel am Schreibtisch festschrauben.
- ☐ Bildschirm immer ausschalten, wenn man den Raum verlässt.
- ☐ Zugangskontrolle
- ☐ Schweren PC kaufen.

c Was sollte man mit Passwörtern machen?
- ☐ 12345 als Passwort nehmen.
- ☐ Das Passwort in regelmäßigen Abständen ändern.
- ☐ Das Passwort auf einen Zettel schreiben und in die oberste Schublade des Schreibtisches legen.

d Warum sollten Firmen sorgfältig mit ihren Daten umgehen?
- ▢ Lieferantendaten können gelöscht werden.
- ▢ Kundendaten können gestohlen und weiterverkauft werden.
- ▢ Geschäftsgeheimnisse können ausgespäht werden.
- ▢ Mitarbeiterdaten können ausspioniert und abgeworben werden.

e Wie sollte man bei der Datensicherung vorgehen?
- ▢ Sie sollte regelmäßig erfolgen.
- ▢ Sie sollte nicht an einem Freitag dem 13. gemacht werden.
- ▢ Sie sollte nie länger als 20 Minuten in Anspruch nehmen.
- ▢ Sie sollte nur gemacht werden, wenn ein Mitarbeiter gerade Zeit dazu hat.
- ▢ Sie sollte immer nur gemacht werden, wenn auch die Inventur gemacht wurde.

Aufgabe 7

Die Fly Bike Werke GmbH zahlt Ihren Kundenbetreuern eine umsatzabhängige Provision.
Erstellen Sie die Datei *Provisionsabrechnung.xlsx* nach unten abgebildetem Muster und ermitteln Sie mithilfe einer geeigneten, kopierfähigen Formel den Provisionssatz und berechnen Sie die Provision für den jeweiligen Mitarbeiter.

	A	B	C	D	E	F	G	H	I
1	Provisionsberechnung 2018					Umsatz ab	Provisionssatz		
2						- €	0,0%		
3		Umsatz	Provisionssatz	Provision		10.000,00 €	0,5%		
4	Baumann	37.000,00 €				20.000,00 €	1,0%		
5	Ganser	45.000,00 €				30.000,00 €	2,0%		
6	Poslter	41.000,00 €				40.000,00 €	3,0%		
7	Sales	55.000,00 €				50.000,00 €	5,0%		
8									

Aufgabe 8

Die Kundenbetreuer der Fly Bike Werke GmbH nutzen Dienstfahrzeuge um Kunden persönlich zu besuchen.
Hierüber führt das Rechnungswesen eine Liste, um die Ausgaben für Kraftstoff zu ermitteln.

Erstellen Sie eine Datei *Krafstoffkosten.xlsx* mit folgenden Tabellenblättern:

Verbrauch

	A	B	C	D	E	F	G	H
1	KFZ-Kennzeichen: OL-FB 5433							
2	Fahrer:							
3	Fahrzeugtyp:							
4	Kraftstoffsorte:							
5								
6	Verbrauch und Kraftstoffkosten							
7	Datum	Zeitspanne	Tachostand	getankte Menge	Betrag	gefahrene Strecke	Verbrauch auf 100 km	Literpreis
8	04.09.2018		15	0				
9	15.09.2018		636	38,87	58,19 €			
10	27.09.2018		1299	41,95	62,98 €			
11	09.10.2018		1975	37,91	56,57 €			
12	17.10.2018		2598	37,44	56,42 €			
13	02.11.2018		3221	36,91	55,88 €			
14	20.11.2018		3755	40,98	61,23 €			
15	01.12.2018		4599	47,47	68,26 €			
16	21.12.2018		5288	44,36	65,05 €			
17								

Fahrzeuge

	A	B	C	D
1	KFZ Nutzung			
2				
3	Kennzeichen	Fahrer	Farzeugtyp	Kraftstoff
4	OL-FB 1630	Baumann	Lepo Sectra	Diesel
5	OL-FB 1654	Ganser	Wech Target	Super
6	OL-FB 5114	Polster	Hora A4	Superplus
7	OL-FB 5433	Sales	Lepo Dastra	Super
8				

- Ermitteln Sie durch Eingabe des Kennzeichens in Zelle B1, mit Hilfe einer geeigneten kopierfähigen Formel, die weiteren Daten in den Zellen B3, B4, B5.
- Formatieren Sie alle Zellen sinnvoll.
- Ermitteln Sie in Spalte B die Zeitspanne zwischen den Tankstopps in Tagen, in Spalte F die gefahrene Strecke, in Spalte G den Verbrauch in Litern auf 100 km und in Spalte H den Literpreis bei jedem Tankstopp.

Aufgabe 9

Die Mitarbeiter der Fly Bike Werke GmbH nehmen regelmäßig an Fortbildungen teil.
Nach Abschluss der Fortbildungen sollen die entstandenen Kosten berechnet werden.

Erstellen Sie eine Datei *Seminarkosten.xlsx* mit folgenden Tabellenblättern:

Kosten

	A	B	C	D	E	F	G	H
1	Kosten Seminarteilnahmen							
2								
3	Personal-nummer	Vergütungs-gruppe	Teilnahme Excel	Teilnahme PowerPoint	Schulungs-tage	Seminar-kosten	Kosten Abwesenheit	Gesamte Kosten
4	22100	5	x	x				
5	22300	3		x				
6	24000	2	x					
7	33000	4						
8	40000	1	x					
9	42100	5		x				
10	43100	3	x	x				
11								
12								
13	Kosten je Seminartag			150,00 €				
14	Anzahl Arbeitstage je Monat			20				
15	Dauer Excel Seminar in Tagen			5				
16	Dauer PowerPoint Seminar in Tagen			2				
17								

Vergütung

	A	B	C	D	E	F	G
1	Vergütungsgruppe	1	2	3	4	5	
2	Monatsgehalt	1.400,00 €	1.600,00 €	1.800,00 €	2.000,00 €	2.200,00 €	
3							

Ermitteln Sie mit Hilfe geeigneter, kopierfähiger Funktionen die Anzahl der Schulungstage, die Seminarkosten, die Abwesenheitskosten vom Arbeitsplatz sowie die gesamten Schulungskosten je Mitarbeiter.

Aufgabe 10

Die Fly Werke GmbH möchte alle Rechnungen in Zukunft in Excel erstellen. Entwerfen Sie zunächst folgendes Rechnungsformular bzw. nutzen Sie die Vorlage *Rechnung_Flybike.xlsx*.

a Ergänzen Sie die Tabellenblätter Rechnung, Kunden, Artikel, Ansprechpartner, Versandart.

b Beschriften Sie die Tabellenblätter, wie unten ersichtlich

c Stellen Sie die Registerfarben der Tabellenblätter wie unten ersichtlich ein.

d Alle blauen (in der Abb. rechts dunkelgrau eingefärbten) Felder sind mit Werten auszufüllen.

e Alle orangen (in der Abb. rechts hellgrau eingefärbten) Felder sind mit geeigneten, kopierfähigen Formeln zu hinterlegen.

	A	B	C	D	E	F	G	H	I
1	**Fly Bike Werke GmbH** **Rostocker Str. 334** **26121 Oldenburg**								**Fly Bike Werke GmbH**
2									
3	Fly Bike Werke GmbH, Rostocker Str. 334, 26121 Oldenburg								
4						Ansprechpartner:			
5						Telefon:			
6						Telefax:			
7						E-Mail:			
8									
9									
10									
11									
12									
13									
14	**Rechnung**								
15	Kunden-Nr.			Rechnungs-Nr.		**Rechnungsdatum**		20.09.2018	
16	Ihre Bestell-Nr.:			Bestelldatum:		**Versandart:**	3		
17									
18	Pos.	Artikel-nummer	Artikelbezeichnung	Menge	Einzel-preis EUR	Gesamtpreis EUR	Rabattklass e	Rabatt in Prozent	Summe EUR
19	1								
20	2								
21	3								
22	4								
23	5								
24	6								
25								Gesamt	
26	Versandkosten EUR		Summe netto		UST %		UST. EUR		Summe brutto
27									
28									
29	Die Lieferung erfolgt auf der Grundlage unserer Allgemeinen Geschäftsbedingungen. Zahlbar innerhalb von 14 Tagen abzüglich 3 % Skonto oder innerhalb von 30 Tagen netto Kasse.								
30	**Geschäftsführer** Hans Peters www.flybike-werke.de mail@flybike-werke.de		**Geschäftsangaben** HR Oldenburg B 2134 Steuer-Nr. 112/8870/0057 Ust.IdNr. DE236667691	**Bankkonten** Landessparkasse Oldenburg BLZ 280 501 00 Konto.-Nr. 112326444 IBAN 86 2805 0100 0112 3264 44 BIC BRLADE21LZO					
31									

RECHNUNG | KUNDEN | ARTIKEL | ANSPRECHPARTNER | VERSANDART

Kunden

Kundennummer	Firma	PLZ	Wohnort	Straße	Land
10001	Radbauer GmbH	80335	München	Augsburger Str. 21	DEUTSCHLAND
10007	Zweiradhandelsgesellschaft GmbH	10178	Berlin	Unter den Linden 42	DEUTSCHLAND
10008	Nordrad GmbH	18055	Rostock	Alter Markt 28	DEUTSCHLAND
20012	Südrad e. G.	85221	Dachau	Schleißheimer Str. 20	DEUTSCHLAND
20014	Interrad e. G.	12107	Berlin	Großbeerenstr. 30	DEUTSCHLAND
30033	Austria Fahrradhandelsgesellschaft AG	52066	Aachen	Rautenweg 182	DEUTSCHLAND
40021	Hofkauf AG	50735	Köln	Emdener Str. 4	DEUTSCHLAND
40022	Matro AG	45127	Essen	Altenessener Str. 611	DEUTSCHLAND

Artikel

ART_NR	Art_Bezeichnung	Verkaufspreis	Rabattklasse
1001	City SX Räder Damen	19,95 €	3
1012	Fahrrad City Glide Rahmenhöhe 52	355,00 €	3
1704	Fahrradhelm Vexo Teamsport	100,00 €	2
7003	MTB ST Lenkung	33,67 €	2
7005	Renn Lenker	38,74 €	2
7006	Kids TW Lenker	11,18 €	2
7011	Shirt Steff Superfast Größe S	29,95 €	4
7024	Shorts Steff Superfast Größe XL	29,95 €	4
7034	Jacket Steff Superfast Größe XL	49,95 €	4
9102	MTB XT Verpackung 1	3,98 €	1
9105	Renn Verpackung 1	7,00 €	1

Rabattklasse	1	2	3	4
Rabatt	0%	10%	20%	25%

Ansprechpartner

Kundennummer	Sachbearbeiter	Telefonnummer	Fax Nummer	E-Mail-Adresse
10001	Herr Baumann	+49 441 885 1346	+49 441 885 9211	Baumann@flybike.de
10007	Herr Baumann	+49 441 885 1346	+49 441 885 9211	Baumann@flybike.de
10008	Herr Baumann	+49 441 885 1346	+49 441 885 9211	Baumann@flybike.de
20012	Frau Ganser	+49 441 885 1347	+49 441 885 9211	Ganser@flybike.de
20014	Herr Baumann	+49 441 885 1346	+49 441 885 9211	Baumann@flybike.de
30033	Herr Polster	+49 441 885 1344	+49 441 885 9211	Polster@flybike.de
40021	Herr Sales	+49 441 885 1349	+49 441 885 9211	Sales@flybike.de
40022	Herr Sales	+49 441 885 1349	+49 441 885 9211	Sales@flybike.de

Versandart

Versandart		
1	2	3
Spedition	Schiffracht	Bahnfracht

Aufgabe 11
Ergänzen Sie Ihre Lernkartei.

Aufgabe 12
Führen Sie Ihr Lerntagebuch.

Kannliste zu HF 2 | Anforderungssituation 2.3 | Lernsituation 13

Beschaffung neuer Hard- und Software

Nr.	Themenbereich: Komponenten und Funktionsweise des PCs und des Internets im Zusammenhang mit Datensicherheit erläutern und beurteilen			
	Ich kann ...	**Zu finden ...**	**AP**	**√**
1	... wichtige Begriffe zu den Komponenten und Funktionsweisen eines PCs und des Internets benennen und erläutern.	S. 180–182, 192	x	
2	... die Bestandteile und Funktionsweise eines PCs erklären.	S. 182	x	
3	... Software und Hardware unterscheiden und Beispiele im alltäglichen Umgang zuordnen.	S. 181	xx	
4	... eine Cloud von einer servergestützten Speichermöglichkeit unterscheiden.	S. 190–191	x	
5	... Vor- und Nachteile einer Cloud und einer servergestützten Speichermöglichkeit nennen.	S. 190–191	x	
6	... anhand von Eckdaten eine Empfehlung abgeben, ob eine Cloud oder eine servergestützte Speichermöglichkeit für ein Unternehmen die bessere Lösung ist.	S. 190–191	xxx	
7	... den Unterschied zwischen einem Tablet und einem Laptop benennen.	S. 190	x	
8	... Vor- und Nachteile von Laptops und Tablets erläutern.	S. 190	x	
9	... die Relevanz der Datensicherung für Unternehmen und Privatpersonen erläutern.	S. 190–193	x	
10	... Ursachen, Folgen sowie Maßnahmen gegen den Datenverlust benennen und beschreiben.	S. 191	x	
Nr.	**Themenbereich: Angebotsvergleich mithilfe von MS Excel durchführen**			
	Ich kann ...	**Zu finden ...**	**AP**	**√**
11	... eine Tabelle für einen Angebotsvergleich erstellen und anhand eines Beispiels anwenden.	S. 183–186	xxx	
12	... den Aufbau eines SVerweises in MS Excel erläutern und anhand eines Beispiels anwenden.	S. 187	xxx	
13	... den SVerweis in einem MS-Excel-Tabellenblatt sinnvoll anwenden.	S. 187, 193–194	xxx	
14	... den WVerweis in einem MS-Excel-Tabellenblatt sinnvoll anwenden.	S. 188	xxx	
15	... den Unterschied zwischen einem SVerweis und einem WVerweis erläutern.	S. 188, 193–194	xx	
16	... mehrere Tabellenblätter in MS Excel einrichten und miteinander verknüpfen.	S. 189, 193–195	x	
17	... relevante Daten aus Angeboten herausfiltern, in MS Excel übernehmen und im Angebotsvergleich verwenden.	S. 183–186	xx	
18	... die Begriffe Suchkriterium, Matrix und Spaltenindex erläutern und bei Erstellung eines SVerweises bzw. WVerweises in MS Excel anwenden.	S. 189	xx	

Anforderungsprofile (AP): x Reproduktion xx Anwendung xxx Problemlösung

Lernsituation 14

SB BWR ▶ Handlungsfeld 2, Kap. 2.2.2

Datenschutz

Situation

Nach der erfolgreichen Beschaffung der neuen PCs und der Anschaffung der Business-Tablets für die Vertriebsmitarbeiterinnen und -mitarbeiter der Fly Bike Werke GmbH beauftragt Herr Thüne Bettina Lotto damit, den Installationsprozess der PCs durch den Techniker der Firma PC-Schnell-Und-Gut zu begleiten.
Die Installation der neuen Computer wird durch Herrn Müller durchgeführt. Als Bettina Lotto den Techniker am ersten Tag in die Abteilung Verwaltung begleitet, müssen die Mitarbeiter der Abteilung Ihre Arbeit unterbrechen und ihren Arbeitsplatz räumen. Als Hans Müller alle Vorarbeiten erledigt hat und einen neuen Rechner installiert, startet plötzlich der Drucker und es werden mehrere Gehaltsabrechnungen für Mitarbeiter aller Unternehmensebenen – von der Geschäftsführung bis zur Produktion – gedruckt.
Sowohl Herr Müller als auch Bettina Lotto stutzen, als sie Einblick in die Unterlagen bekommen ...
Als der Leiter der Abteilung Verwaltung, Christoph Steffes, hereinkommt und das sieht, nimmt er die Unterlagen schnell an sich und bittet Bettina Lotto sofort um ein Gespräch.

Herr Steffes: Frau Lotto, wissen Sie, wie diese Gehaltsabrechnungen aus dem Drucker kommen konnten und hat etwa der Techniker, Herr Müller, diese Ausdrucke gesehen?

Bettina: Ich weiß auch nicht genau, wie das passieren konnte, plötzlich hat der Drucker einfach angefangen zu drucken. Ich glaube, Herr Müller hat die Unterlagen zwar gesehen, aber nicht genau gelesen.

Herr Steffes: Das sind nämlich ganz sensible Daten, die darf kein Unbefugter sehen. Ich glaube, Ihnen wäre es auch nicht recht, wenn jeder weiß, was Sie verdienen.

Bettina: Das stimmt, aber was sind denn genau sensible Daten?

Herr Steffes: Ich gebe Ihnen mal die EU-DSGVO, da steht alles drin. Es wäre schön, wenn Sie für alle Mitarbeiter eine Übersicht machen könnten, was in der EU-DSGVO steht und welche Rechte und Pflichten alle hier haben, denn darüber sollte jeder Bescheid wissen. Bitte berücksichtigen Sie dabei auch, dass unsere Daten mittlerweile nicht mehr nur auf eigenen Servern liegen, sondern die Mitarbeiter der Abteilungen Einkauf und Vertrieb eine Cloud benutzen, damit sie unterwegs mit ihren Business-Tablets einfach auf wichtige Informationen zugreifen können.

Bettina: Das mache ich sofort.

Handlungsaufträge

1 Helfen Sie Bettina Lotto bei der Erstellung der Übersicht. Lesen Sie dazu den Auszug aus der Datenschutz-Grundverordnung (EU-DSGVO) auf Informationsblatt 14.1 und recherchieren Sie im Internet. Die folgenden Fragen helfen Ihnen, die Übersicht zu strukturieren:
   a Was sind personenbezogene Daten?
   b Was muss geschützt werden?
   c Wann dürfen Daten erhoben und genutzt werden?
   d Wo findet bei den Fly Bike Werken die Speicherung von personenbezogenen Daten statt?

2 Was sollte die Fly Bike Werke GmbH bei der Übergabe von Tablets an ihre Mitarbeiterinnen und Mitarbeiter in Bezug auf die private Nutzung regeln? Welche Nutzungsvereinbarung kennen Sie in Ihrem Umfeld und welche Bedingungen sind darin geregelt?

3 Die Fly Bike Werke GmbH zieht in Erwägung, einen Online-Shop zu implementieren. Was muss sie in Bezug auf die EU-DSVGO berücksichtigen

Informationsblatt 14.1 | DSGVO 2016/679 (Auszug)

Art. 1 DSGVO Gegenstand und Ziele

(1) Diese Verordnung enthält Vorschriften zum Schutz natürlicher Personen bei der Verarbeitung personenbezogener Daten und zum freien Verkehr solcher Daten.

(2) Diese Verordnung schützt die Grundrechte und Grundfreiheiten natürlicher Personen und insbesondere deren Recht auf Schutz personenbezogener Daten.

(3) Der freie Verkehr personenbezogener Daten in der Union darf aus Gründen des Schutzes natürlicher Personen bei der Verarbeitung personenbezogener Daten weder eingeschränkt noch verboten werden.

Art. 4 DSGVO Begriffsbestimmungen

Im Sinne dieser Verordnung bezeichnet der Ausdruck:

(1) „personenbezogene Daten" alle Informationen, die sich auf eine identifizierte oder identifizierbare natürliche Person (im Folgenden „betroffene Person") beziehen; als identifizierbar wird eine natürliche Person angesehen, die direkt oder indirekt, insbesondere mittels Zuordnung zu einer Kennung wie einem Namen, zu einer Kennnummer, zu Standortdaten, zu einer Online-Kennung oder zu einem oder mehreren besonderen Merkmalen identifiziert werden kann, die Ausdruck der physischen, physiologischen, genetischen, psychischen, wirtschaftlichen, kulturellen oder sozialen Identität dieser natürlichen Person sind;

(2) „Verarbeitung" jeden mit oder ohne Hilfe automatisierter Verfahren ausgeführten Vorgang oder jede solche Vorgangsreihe im Zusammenhang mit personenbezogenen Daten wie das Erheben, das Erfassen, die Organisation, das Ordnen, die Speicherung, die Anpassung oder Veränderung, das Auslesen, das Abfragen, die Verwendung, die Offenlegung durch Übermittlung, Verbreitung oder eine andere Form der Bereitstellung, den Abgleich oder die Verknüpfung, die Einschränkung, das Löschen oder die Vernichtung; [...]

(5) „Einwilligung" der betroffenen Person jede freiwillig für den bestimmten Fall, in informierter Weise und unmissverständlich abgegebene Willensbekundung in Form einer Erklärung oder einer sonstigen eindeutigen bestätigenden Handlung, mit der die betroffene Person zu verstehen gibt, dass sie mit der Verarbeitung der sie betreffenden personenbezogenen Daten einverstanden ist; [...]

(7) „Gesundheitsdaten" personenbezogene Daten, die sich auf die körperliche oder geistige Gesundheit einer natürlichen Person, einschließlich der Erbringung von Gesundheitsdienstleistungen, beziehen und aus denen Informationen über deren Gesundheitszustand hervorgehen;

Art. 12 DSGVO Transparente Information, Kommunikation und Modalitäten für die Ausübung der Rechte der betroffenen Person

(1) Der Verantwortliche trifft geeignete Maßnahmen, um der betroffenen Person alle Informationen gemäß den Artikeln 13 und 14 und alle Mitteilungen gemäß den Artikeln 15 bis 22 und Artikel 34, die sich auf die Verarbeitung beziehen, in präziser, transparenter, verständlicher und leicht zugänglicher Form in einer klaren und einfachen Sprache zu übermitteln; dies gilt insbesondere für Informationen, die sich speziell an Kinder richten.[2] Die Übermittlung der Informationen erfolgt schriftlich oder in anderer Form, gegebenenfalls auch elektronisch.[3] Falls von der betroffenen Person verlangt, kann die Information mündlich erteilt werden, sofern die Identität der betroffenen Person in anderer Form nachgewiesen wurde.

Art. 13 DSGVO Informationspflicht bei Erhebung von personenbezogenen Daten bei der betroffenen Person

(1) Werden personenbezogene Daten bei der betroffenen Person erhoben, so teilt der Verantwortliche der betroffenen Person zum Zeitpunkt der Erhebung dieser Daten Folgendes mit:

a) den Namen und die Kontaktdaten des Verantwortlichen sowie gegebenenfalls seines Vertreters; [...]

c) die Zwecke, für die die personenbezogenen Daten verarbeitet werden sollen, sowie die Rechtsgrundlage für die Verarbeitung;

(2) Zusätzlich zu den Informationen gemäß Absatz 1 stellt der Verantwortliche der betroffenen Person zum Zeitpunkt der Erhebung dieser Daten folgende weitere Informationen zur Verfügung, die notwendig sind, um eine faire und transparente Verarbeitung zu gewährleisten:

a) die Dauer, für die die personenbezogenen Daten gespeichert werden oder, falls dies nicht möglich ist, die Kriterien für die Festlegung dieser Dauer;

b) das Bestehen eines Rechts auf Auskunft seitens des Verantwortlichen über die betreffenden personenbezogenen Daten sowie auf Berichtigung oder Löschung oder auf Einschränkung der Verarbeitung oder eines Widerspruchsrechts gegen die Verarbeitung sowie des Rechts auf Datenübertragbarkeit;

c) wenn die Verarbeitung auf Artikel 6 Absatz 1 Buchstabe a oder Artikel 9 Absatz 2 Buchstabe a beruht, das Bestehen eines Rechts, die Einwilligung jederzeit zu widerrufen, ohne dass die Rechtmäßigkeit der aufgrund der Einwilligung bis zum Widerruf erfolgten Verarbeitung berührt wird;

d) das Bestehen eines Beschwerderechts bei einer Aufsichtsbehörde;

Art. 17 DSGVO Recht auf Löschung („Recht auf Vergessenwerden")

(1) Die betroffene Person hat das Recht, von dem Verantwortlichen zu verlangen, dass sie betreffende personenbezogene Daten unverzüglich gelöscht werden, und der Verantwortliche ist verpflichtet, personenbezogene Daten unverzüglich zu löschen, sofern einer der folgenden Gründe zutrifft:

a) Die personenbezogenen Daten sind für die Zwecke, für die sie erhoben oder auf sonstige Weise verarbeitet wurden, nicht mehr notwendig.

b) Die betroffene Person widerruft ihre Einwilligung, auf die sich die Verarbeitung gemäß Artikel 6 Absatz 1 Buchstabe a oder Artikel 9 Absatz 2 Buchstabe a stützte, und es fehlt an einer anderweitigen Rechtsgrundlage für die Verarbeitung.

c) Die betroffene Person legt gemäß Artikel 21 Absatz 1 Widerspruch gegen die Verarbeitung ein und es liegen keine vorrangigen berechtigten Gründe für die Verarbeitung vor, oder die betroffene Person legt gemäß Artikel 21 Absatz 2 Widerspruch gegen die Verarbeitung ein.

d) Die personenbezogenen Daten wurden unrechtmäßig verarbeitet. [...]

(2) Hat der Verantwortliche die personenbezogenen Daten öffentlich gemacht und ist er gemäß Absatz 1 zu deren Löschung verpflichtet, so trifft er unter Berücksichtigung der verfügbaren Technologie und der Implementierungskosten angemessene Maßnahmen, auch technischer Art, um für die Datenverarbeitung Verantwortliche, die die personenbezogenen Daten verarbeiten, darüber zu informieren, dass eine betroffene Person von ihnen die Löschung aller Links zu diesen personenbezogenen Daten oder von Kopien oder Replikationen dieser personenbezogenen Daten verlangt hat.

Art. 25 DSGVO Datenschutz durch Technikgestaltung und durch datenschutzfreundliche Voreinstellungen

(1) Unter Berücksichtigung des Stands der Technik, der Implementierungskosten und der Art, des Umfangs, der Umstände und der Zwecke der Verarbeitung sowie der unterschiedlichen Eintrittswahrscheinlichkeit und Schwere der mit der Verarbeitung verbundenen Risiken für die Rechte und Freiheiten natürlicher Personen trifft der Verantwortliche sowohl zum Zeitpunkt der Festlegung der Mittel für die Verarbeitung als auch zum Zeitpunkt der eigentlichen Verarbeitung geeignete technische und organisatorische Maßnahmen – wie z. B. Pseudonymisierung –, die dafür ausgelegt sind, die Datenschutzgrundsätze wie etwa Datenminimierung wirksam umzusetzen und die notwendigen Garantien in die Verarbeitung aufzunehmen, um den Anforderungen dieser Verordnung zu genügen und die Rechte der betroffenen Personen zu schützen.

(2) Der Verantwortliche trifft geeignete technische und organisatorische Maßnahmen, die sicherstellen, dass durch Voreinstellung nur personenbezogene Daten, deren Verarbeitung für den jeweiligen bestimmten Verarbeitungszweck erforderlich ist, verarbeitet werden.[2] Diese Verpflichtung gilt für die Menge der erhobenen personenbezogenen Daten, den Umfang ihrer Verarbeitung, ihre Speicherfrist und ihre Zugänglichkeit.[3] Solche Maßnahmen müssen insbesondere sicherstellen, dass personenbezogene Daten durch Voreinstellungen nicht ohne Eingreifen der Person einer unbestimmten Zahl von natürlichen Personen zugänglich gemacht werden.

Art. 37 DSGVO Benennung eines Datenschutzbeauftragten

(1) Der Verantwortliche und der Auftragsverarbeiter benennen auf jeden Fall einen Datenschutzbeauftragten, wenn

1. die Kerntätigkeit des Verantwortlichen oder des Auftragsverarbeiters in der Durchführung von Verarbeitungsvorgängen besteht, welche aufgrund ihrer Art, ihres Umfangs und/oder ihrer Zwecke eine umfangreiche regelmäßige und systematische Überwachung von betroffenen Personen erforderlich machen, oder

2. die Kerntätigkeit des Verantwortlichen oder des Auftragsverarbeiters in der umfangreichen Verarbeitung besonderer Kategorien von Daten gemäß Artikel 9 oder von personenbezogenen Daten über strafrechtliche Verurteilungen und Straftaten gemäß Artikel 10 besteht.

(2) Eine Unternehmensgruppe darf einen gemeinsamen Datenschutzbeauftragten ernennen, sofern von jeder Niederlassung aus der Datenschutzbeauftragte leicht erreicht werden kann.

(3) Der Datenschutzbeauftragte wird auf der Grundlage seiner beruflichen Qualifikation und insbesondere des Fachwissens benannt, das er auf dem Gebiet des Datenschutzrechts und der Datenschutzpraxis besitzt, sowie auf der Grundlage seiner Fähigkeit zur Erfüllung der in Artikel 39 genannten Aufgaben.

(4) Der Datenschutzbeauftragte kann Beschäftigter des Verantwortlichen oder des Auftragsverarbeiters sein oder seine Aufgaben auf der Grundlage eines Dienstleistungsvertrags erfüllen.

(5) Der Verantwortliche oder der Auftragsverarbeiter veröffentlicht die Kontaktdaten des Datenschutzbeauftragten und teilt diese Daten der Aufsichtsbehörde mit.

§ 38 BDSG Datenschutzbeauftragte nichtöffentlicher Stellen

(1) Ergänzend zu Artikel 37 Absatz 1 Buchstabe b und c der Verordnung (EU) 2016/679 benennen der Verantwortliche und der Auftragsverarbeiter eine Datenschutzbeauftragte oder einen Datenschutzbeauftragten, soweit sie in der Regel mindestens zehn Personen ständig mit der automatisierten Verarbeitung personenbezogener Daten beschäftigen.

(2) Nehmen der Verantwortliche oder der Auftragsverarbeiter Verarbeitungen vor, die einer Datenschutz-Folgenabschätzung nach Artikel 35 der Verordnung (EU) 2016/679 unterliegen, oder verarbeiten sie personenbezogene Daten geschäftsmäßig zum Zweck der Übermittlung, der anonymisierten Übermittlung oder für Zwecke der Markt- oder Meinungsforschung, haben sie unabhängig von der Anzahl der mit der Verarbeitung beschäftigten Personen eine Datenschutzbeauftragte oder einen Datenschutzbeauftragten zu benennen.

Art. 39 DSGVO Aufgaben des Datenschutzbeauftragten

(1) Dem Datenschutzbeauftragten obliegen zumindest folgende Aufgaben:

1. Unterrichtung und Beratung des Verantwortlichen oder des Auftragsverarbeiters und der Beschäftigten, die Verarbeitungen durchführen, hinsichtlich ihrer Pflichten nach dieser Verordnung sowie nach sonstigen Datenschutzvorschriften der Union bzw. der Mitgliedstaaten;

2. Überwachung der Einhaltung dieser Verordnung, anderer Datenschutzvorschriften der Union bzw. der Mitgliedstaaten sowie der Strategien des Verantwortlichen oder des Auftragsverarbeiters für den Schutz personenbezogener Daten einschließlich der Zuweisung von Zuständigkeiten, der Sensibilisierung und Schulung der an den Verarbeitungsvorgängen beteiligten Mitarbeiter und der diesbezüglichen Überprüfungen;

3. Zusammenarbeit mit der Aufsichtsbehörde

Folgesituation

Seit der Vertrieb mit den neuen Tablets arbeitet und für die Datenspeicherung ein Cloud-System nutzt, freuen sich die Mitarbeiter über die Arbeitserleichterung, die damit einhergeht. Nach einiger Zeit im Einsatz hat der Mitarbeiter Jan Sales allerdings ein Problem mit seinem E-Mail-Programm und muss zu Frau Lai in die EDV. Frau Lai prüft das Tablet und ist ziemlich schockiert.

Edith Lai: Was haben Sie mit dem Tablet gemacht?

Jan Sales: Was denn? Wo liegt das Problem?

Edith Lai: Wie konnten Sie Facebook und WhatsApp installieren?

Jan Sales: Uns wurde nicht explizit untersagt, dass wir das Tablet auch privat nutzen.

Edith Lai: Privat dürfen Sie es ja auch eingeschränkt nutzen, aber nicht einfach Apps installieren und schon gar nicht Facebook und WhatsApp!

Jan Sales: Und warum nicht Facebook und WhatsApp?

Edith Lai: Haben Sie etwa die Nachrichten zum Skandal rund um Cambridge Analytica und zur neuen EU-DSGVO nicht mitbekommen? Ich habe einige Informationen auf meinem PC gespeichert. Warten Sie einen Augenblick, ich druck Ihnen diese schnell aus, damit Sie sich informieren können.

Handlungsaufträge

1. Erarbeiten Sie den Zusammenhang zwischen Datenschutz-Grundverordnung (EU-DSGVO) und der Installation von WhatsApp auf den Business-Tablets. Nutzen Sie hierfür auch den ersten Zeitungsartikel auf den nachfolgenden Seiten.
2. Lesen Sie dann den zweiten Zeitungsartikel zum Skandal rund um die Firma Cambridge Analytica und analysieren Sie, was das mit WhatsApp bzw. Facebook zu tun hat? Wo liegt in diesem Kontext das spezifische Problem von Business-Tablets? Betrifft das auch die private Nutzung und wenn ja, inwiefern?
3. Finden Sie sich mit einem Lernpartner zusammen und überlegen Sie, ob es weitere Anwendungen, Apps, Soziale Netzwerke oder Ähnliches gibt, bei denen der Datenschutz ein Problem darstellen könnte? Wählen Sie zwei Beispiele aus und recherchieren Sie, wie das Unternehmen mit den persönlichen Daten umgeht und beurteilen Sie dieses kritisch. Berücksichtigen Sie dabei auch den Artikel 25 der EU-DSGVO.
4. Geben Sie Ihren eigenen Namen oder den Namen einer bekannten Persönlichkeit in Google oder Facebook ein und interpretieren Sie die Ergebnisse vor dem Hintergrund des Datenschutzes.

Zeitungsartikel 1

Wann Unternehmen gegen den Datenschutz verstoßen

WhatsApp Business und DSGVO: Das gilt rechtlich beim Datenschutz

Von Max Frehner

Wer WhatsApp oder WhatsApp Business auf dem Diensthandy nutzt, verstößt gegen den Datenschutz. Oder etwa nicht? Immer mehr Unternehmen möchten den Messenger zum Mitarbeiter- oder Kundenkontakt nutzen und sind verunsichert, was denn nun rechtlich gilt – auch im Hinblick auf die DSGVO. Antworten auf die wichtigsten Fragen.

Fast 70 Prozent der Deutschen nutzen WhatsApp – das ist das Ergebnis einer YouGov-Studie aus dem Jahr 2017. Im selben Jahr nahm der Messenger auch den Spitzenplatz mit den meisten Downloads im Apple App Store ein. Kein Wunder also, dass immer mehr Unternehmen auf den Messenger aufmerksam werden und darüber nachdenken, WhatsApp oder WhatsApp Business für betriebliche Zwecke zu nutzen.

Verbraucher stehen der WhatsApp-Kommunikation mit Unternehmen größtenteils offen gegenüber, vor allem in den Bereichen **Kundenservice und Beratung.** Jeder fünfte Deutsche findet sogar, dass WhatsApp und Chats mit Unternehmen längst überfällig sind. Das sind ebenfalls Ergebnisse der YouGov-Studie.

Für Unternehmen klingt das eigentlich nach einem aussichtsreichen Kommunikationskanal. Wäre da nicht **die Sache mit dem Datenschutz.** Als Teil des Facebook-Unternehmens ist WhatsApp nicht für einen sicheren Umgang mit Daten bekannt. Da der Unternehmenssitz in den USA liegt, weiß niemand in Deutschland genau, welche Daten erhoben und für welche Zwecke sie verwendet werden. [...]

WhatsApp im Unternehmen nutzen: Was sagt WhatsApp dazu?

„WhatsApp erlaubt in seinen AGB die Nutzung im Business-Kontext", erklärt Hansen. Allerdings muss das US-Unternehmen der nicht-privaten Nutzung vorher zustimmen. Wer diese Einwilligung nicht eingeholt hat, blieb bislang von Konsequenzen verschont. WhatsApp verfolgt die unerlaubte kommerzielle Nutzung strafrechtlich nicht. Im schlimmsten Fall droht Unternehmen eine Sperrung des WhatsApp-Accounts. [...]

Wichtigste Erkenntnis im Zusammenhang mit dem Datenschutz: Für die neue WhatsApp-Business-Version gelten dieselben **Datenschutzvoraussetzungen** wie für die Verbraucher-App. Seitens der Facebook-Tochter wurden **keine Änderungen** vorgenommen. Somit gelten die nachfolgend aufgelisteten Informationen sowohl für WhatsApp als auch für die Business-Version.

Welche Daten werden von WhatsApp erhoben?

„Nur die wenigsten Unternehmen sind sich bewusst, welche umfassenden Rechte sich WhatsApp einräumen lässt", warnt Hansen und verweist auf die Nutzungs- und Datenschutzbedingungen des Messenger-Dienstes.

Dort heißt es unter anderem: *„Du stellst uns regelmäßig die Telefonnummern von WhatsApp-Nutzern und deinen sonstigen Kontakten in deinem Mobiltelefon-Adressbuch zur Verfügung. Du bestätigst, dass du autorisiert bist, uns solche Telefonnummern zur Verfügung zu stellen, damit wir unsere Dienste anbieten können."*

Fraglich ist, ob diese Bedingungen überhaupt **rechtmäßig** sind. „Das ist nach Ansicht einiger Datenschützer durchaus zweifelhaft", gibt Hansen zu bedenken. Dennoch sind Unternehmen alarmiert. Denn in der Regel wurde von den Kontakten im Adressbuch keine Erlaubnis zur Weitergabe der Telefonnummer an WhatsApp erteilt.

Datenschutz: Wo liegt das Problem für Unternehmen, die WhatsApp betrieblich nutzen?

„Das Problem liegt vor allem in der Synchronisation der Kontaktdaten", erklärt Hansen. Wer den Messenger auf seinem Smartphone nutzt, gewährt WhatsApp Zugriff auf sein Adressbuch. Somit erhält der US-Konzern auch Telefonnummern von Kontakten, die den Messenger überhaupt nicht nutzen. Was die Facebook-Tochter mit diesen Daten anstellt, ist nicht bekannt. Fakt ist jedoch, dass die Telefonnummern so ohne Berechtigung an das US-Unternehmen weitergegeben werden. **„Der Nutzer begeht wahrscheinlich Datenschutzverstöße"**, warnt Hansen.

Anders könne der Fall liegen, wenn alle Kontakte im Telefonbuch ebenfalls WhatsApp nutzen. Wer die App auf seinem Smartphone installiert und nutzt, hat den Geschäftsbedingungen zugestimmt. „Das Hauptproblem in diesem Zusammenhang ist die Wirksamkeit der Einwilligung", erklärt der IT-Rechtsexperte. Diese müsste seiner Meinung nach bei beidseitigem Einverständnis mit den WhatsApp-AGBs jedoch gegeben sein.
Betriebe wären **in diesem Fall also aus dem Schneider.** „Wenn der Kunde der Ansicht ist, dass seine Rechte durch die Art der Datenverarbeitung von WhatsApp verletzt würden, müsste er gegen WhatsApp klagen", erklärt Hansen.
Nicht jedoch, was die Synchronisation von Kontakten angeht, die den Messenger nicht nutzen. „Für jede Da-

tenverarbeitung benötigen Unternehmen eine Rechtfertigung", weiß Hansen. In den meisten Fällen liegt ein solcher Rechtfertigungsgrund aber nicht für alle Kontakte vor. Der europäische Datenschutz sei diesbezüglich laut Hansen besonders deutsch geregelt: „Jede Datenverarbeitung von personenbezogenen Daten ist erst einmal verboten, es sei denn, es wird ausdrücklich erlaubt."

In diesen Fällen dürfen personenbezogene Daten verarbeitet werden:

Fall A: *Das Gesetz schreibt vor, Daten müssen von A nach B geschickt werden.*
Fall B: *Es liegt eine Einwilligung vor.*
Fall C: *Daten müssen zur Vertragserfüllung verarbeitet werden.*

Erhält ein Unternehmer beispielsweise die Visitenkarte eines Kunden, dann darf er die Nummer auf seinem Smartphone speichern. Das Problem: Ist WhatsApp auf dem Gerät gespeichert, gleicht die App automatisch Kontaktdaten ab – die Nummer wird also auch an den Messenger-Dienst übermittelt. „Hierzu hat der Kunde in aller Regel keine Erlaubnis erteilt", warnt Hansen.

Viele Handwerker tappen im Arbeitsalltag aber noch in eine weitere **datenschutzrechtliche Falle.** Es ist zur gängigen Praxis geworden, **Bilder von der Baustelle per WhatsApp an Kollegen oder den Chef zu verschicken** – sei es um auf ein Problem vor Ort hinzuweisen oder um den aktuellen Arbeitsstand mitzuteilen. So praktisch diese Möglichkeit ist, so kritisch ist sie aus Sicht des Datenschutzes zu bewerten – zumindest, wenn Personen auf dem Foto erkennbar sind. Da WhatsApp Zugriff auf dieses Bild erhält, handelt es sich um eine Datenübertragung an die Facebook-Tochter. Um der DSGVO gerecht zu werden, müssten Handwerker auf die Nutzung von WhatsApp hinweisen und vorab Einwilligungen von den abgebildeten Personen einholen.

Wurde der Datenschutz bei WhatsApp Business verbessert?

Auch in der neuen WhatsApp-Business-Version halte der US-Konzern weiterhin an seinen rechtlich bedenklichen Datenschutzvoraussetzungen fest, sagt Hansen. Das Problem mit der unrechtmäßigen **Synchronisation der Kontaktdaten sei auch in der Business-App der Knackpunkt.** „Bis auf ein paar neue Funktionen hat sich in Bezug auf den Datenschutz kaum etwas geändert", sagt Hansen. Einzig die Möglichkeit, das Unternehmensprofil zu hinterlegen, sei aus rechtlicher Sicht positiv zu bewerten, da mit diesem der Impressumspflicht einfacher als bisher nachgekommen werden könne.

Was können Unternehmen tun, um diesem Problem zu entkommen?

Als Lösungsansatz nennt der IT-Rechtsexperte sogenannte **Exchange-Container.** Eine solche Lösung verhindert die Synchronisation von Apps innerhalb des Containers mit Apps außerhalb davon. Wird WhatsApp also in den geschützten Bereich gepackt, könnte kein Abgleich mit den Kontaktdaten aus dem Adressbuch außerhalb des Containers stattfinden. Dies würde zwar Einbußen hinsichtlich des Komforts nach sich ziehen, da nun etwa alle WhatsApp-Kontakte manuell eingepflegt werden müssen, dafür würde aber keine unerlaubte Datenverarbeitung mehr stattfinden.

„Die Container-Lösung ist sicherlich die sicherste, allerdings auch ein wenig aufwändig", weiß Hansen. „Tendenziell machen das eher große Unternehmen, da es Zeit und Kosten verursacht." Beides dürfte kleinen Handwerksunternehmen für dieses Thema fehlen.

Ein Alternative könnte sein, WhatsApp den **Zugriff auf die Kontaktdaten zu verwehren.** iPhone-Nutzer können die Synchronisation über die Einstellungen kappen. Im Menüpunkt Datenschutz sehen sie, welchen Apps der Zugriff auf Kontaktdaten gestattet wurde. Über den Schieberegler kann die Synchronisation individuell für ausgewählte Apps deaktiviert werden. Auf älteren Android-Geräten besteht diese Einstellungsfunktion nicht. Der Zugriff von WhatsApp auf die Kontaktliste kann daher nur mit Hilfe von Apps gestoppt werden, die diese Funktion anbieten. Anders sieht es bei neueren Android-Versionen aus: Diese bieten im Einstellungsmenü inzwischen die Möglichkeit, die Synchronisierung zu kappen (Einstellungen, Konten, WhatsApp, Sync Einstellungen, über Schieberegler deaktivieren). Eine **Schwäche dieser Variante** zeigt sich jedoch darin, dass WhatsApp bestehende Kontakte bereits synchronisiert hat ehe der Zugriff deaktiviert wird.

WhatsApp: Was ändert sich durch die DSGVO?

„Im Großen und Ganzen bleiben **dieselben Punkte kritisch,** die es auch schon vor der DSGVO waren", sagt Hansen. Hauptproblem ist weiterhin die unerlaubte Synchronisation der Kontaktdaten. Was mit der DSGVO hinzukommt, ist die **Dokumentationspflicht im Verarbeitungsverzeichnis.** Dort müssen alle Vorgänge dokumentiert sein, in denen personenbezogene Daten verarbeitet werden. Der Einsatz von WhatsApp stellt in diesem jedoch nur einen von vielen Punkten dar. „Wird WhatsApp etwa zur Kundenansprache genutzt, dann könnte dies im Bereich ‚Vertrieb' als ‚Kundenkommunikation per WhatsApp' vermerkt werden", nennt Hansen ein Beispiel.

Ebenfalls neu sind die umfassenden **Informationspflichten nach Art. 13 DSGVO.** Laut Hansen sei jedoch noch unklar, wie strikt diese umzusetzen sind. Für praxisfern hält der Rechtsanwalt, dass kontaktierte Personen bei jeder Datenverarbeitung über eben diese informiert werden müssen. Streng ausgelegt, ist es jedoch vorgeschrieben. „Hierzu werden die Datenschutzbehörden vermutlich noch genauer Stellung beziehen", meint Hansen. Eine Maßnahme, die seiner Meinung nach jeder Betrieb umsetzen sollte, sei ein Hinweis auf der Homepage. Zudem sollte ein Betrieb generell all seine Mitarbeiter, Vertragskunden und Bewerber über die Datenverarbeitung informieren.

Um den eigenen Informationspflichten nach DSGVO nachzukommen, wurde das US-Unternehmen bereits aktiv. In der aktuellen Betaversion der Verbraucher-App ist es den Nutzern möglich, alle Daten abzufragen, die WhatsApp erhebt und verwendet. Ähnliches wird auch für WhatsApp Business erwartet. WhatsApp-Nutzer können in den Konto-Einstellungen ihre Daten anfordern. Darunter findet sich ein Hinweis, dass es bis zu 20 Tage dauern kann, bis der Report fertig gestellt wird. Lädt der Nutzer diesen runter, wird er automatisch gelöscht. Die Anfrage löscht WhatsApp automatisch nach 30 Tagen.

Auch am **Mindestalter** wurde geschraubt. Die Nutzung von WhatsApp ist seit Ende April nur noch Personen gestattet, die 16 Jahre oder älter sind. Vorher war ein Mindestalter von 13 Jahren vorgeschrieben. Der Messengerdienst kündigte jedoch an, die Altersgrenze nicht kontrollieren zu wollen.

Als weitere Reaktion auf die DSGVO richtete das Unternehmen eine **Tochterfirma in Irland** ein, die sich um die Datenverarbeitung europäischer Nutzer kümmern soll. Das bedeutet jedoch nicht, dass WhatsApp die Daten ausschließlich innerhalb der EU lagert. [...]

Quelle: Max Frehner: WhatsApp und DSGVO: Das gilt rechtlich beim Datenschutz. Deutsche Handwerkszeitung online vom 27. 04. 2018 (Stand: 10. 09. 18)

Zeitungsartikel 2

Skandal um Datensammlung

Was treibt eigentlich Cambridge Analytica?

50 Millionen Facebook-Profile soll die Datenanalysefirma Cambridge Analytica ausgewertet haben – ohne Wissen der Nutzer. Wie mächtig ist die Firma, die auch für Trump im Wahlkampf arbeitete?

Von Patrick Beuth und Judith Horchert

Die Firma Cambridge Analytica soll Informationen aus Millionen Facebook-Profilen, die sie nicht hätte bekommen dürfen, illegal ausgewertet und für ihre Zwecke genutzt haben. Der Fall wächst sich zum Skandal für Facebook aus. Während das Netzwerk weltbekannt ist, ist wenig über Cambridge Analytica bekannt. Lesen Sie hier die Antworten auf die wichtigsten Fragen.

1. Was macht Cambridge Analytica?
Die 2013 als Tochter der SCL Group gegründete Datenanalyse-Firma Cambridge Analytica (CA) betreibt Verbraucherforschung: Mithilfe von Datensätzen erstellt sie Persönlichkeitsprofile, die es möglich machen sollen, Werbung sehr genau auf die Menschen zuzuschneiden und eine personalisierte, passende Ansprache zu finden.

Das Angebot richtet sich sowohl an Firmenkunden, als auch an Politiker im Wahlkampf. „Wir finden Ihre Wähler und mobilisieren sie", heißt es etwa auf der Firmen-Webseite. Man kombiniere Datenanalyse mit Verhaltensforschung, um „jede Einzelperson in Ihrer Zielgruppe zu verstehen" und sie persönlich erreichen zu können. Für ihre Tätigkeit erstellt die Firma Psychogramme nach dem sogenannten Fünf-Faktoren-Modell (englisch OCEAN-Modell) aus der Psychologie – und ist dadurch angeblich in der Lage, den jeweils richtigen Ton zu treffen.

Bekannt wurde die Firma durch ihre Rolle im US-Wahlkampf. Ihre Tätigkeit soll dazu beigetragen haben, Donald Trump ins Amt zu hieven. Zuvor war sie für den texanischen Senator Ted Cruz tätig und bei dessen Kandidatur behilflich.

Firmenchef Alexander Nix hatte vor zwei Jahren behauptet, seine Firma habe auch die letztlich erfolgreiche Brexit-Kampagne leave.eu befeuert („supercharged"). In einer Anhörung vor dem britischen Parlament behauptete er nun allerdings das Gegenteil: „Wir haben nicht mit ihnen gearbeitet."

2. Womit schmückt sich die Firma?
CA hat sich in der Vergangenheit mit ihrem Wissen und ihren ausgefeilten Methoden gebrüstet. Dabei sind Psychogramme nur ein Teil des Geschäftsmodells – wenn auch der am offensivsten vermarktete.

Firmenchef Nix sprach einmal von einer „secret sauce", also einer Art Geheimrezept, mit dem die Firma erfolgreich arbeite. Ohne allzu konkret zu werden, deutete er einst an, diese geheime Soße auch in der Kampagne von Donald Trump verwendet zu haben.

Kritiker allerdings halten die Darstellung der eigenen Erfolge für übertrieben. Wie gut das sogenannte Mikrotargeting und die Auswertung von Psychogrammen funktionieren und wie viel Einfluss die Datenanalysefirma wirklich hatte und hat, ist unklar. Wissenschaftlichen Erkenntnissen zufolge haben diese Methoden zwar nachweisbare, letztlich aber eher unbedeutende Effekte auf das Zielpublikum, also zum Beispiel Wähler. Ihre angeblich außergewöhnlichen Fähigkeiten und Erfolge stützen sich vor allem auf die Aussagen ihrer Manager.

4. Welche Rolle spielen Daten von Facebook für die Analysen von CA?
Zu diesem Thema widersprechen sich die Verantwortlichen selbst. Firmenchef Nix hat 2016 im Gespräch mit Journalisten gesagt, Cambridge Analytica verwende zur Erstellung seiner Psychogramme unter anderem auch Facebook-Likes. Bei einem seiner Vorträge war im Hintergrund auch das Facebook-Logo zu sehen – neben dem von Datenhändlern wie Acxiom. Sein Firmensprecher behauptete auf Anfrage von „Wired" kurz darauf allerdings das Gegenteil.

Ähnlich lief es im aktuellen Fall: Der Darstellung des „Guardian" zufolge beruht Cambridge Analyticas Profilbildung auf der Korrelation von Persönlichkeitstests mit Facebook-Likes. Dass die Firma Daten von Facebook besaß und nutzte, geht aus – allerdings älteren – Rechnungen, Quittungen, E-Mails und Anwaltspost hervor, die der ehemalige Cambridge-Analytica-Mitarbeiter Christopher Wylie den Journalisten vorlegte.

Doch noch im Februar hatte Nix in einer Anhörung vor dem britischen Parlament gesagt: „Wir arbeiten nicht mit Facebook-Daten und wir haben keine Facebook-Daten". Ob Nix absichtlich nur das Präsens gewählt hatte, ist unklar.

5. Warum ist die Firma so umstritten?
Die Einflussnahme auf demokratische Wahlen und womöglich auch auf Entscheidungen wie den Brexit sind hochbrisant. Zumal die Firma politisch dem rechten Spektrum zugeordnet wird: Finanziert wird sie vom rechtskonservativen Milliardär und Trump-Unterstützer Robert Mercer, im Aufsichtsrat der Firma saß zeitweilig Trumps ehemaliger Chefstratege Steve Bannon.

Bei ihrer Arbeit schrecken die Verantwortlichen augenscheinlich auch vor heiklen Methoden nicht zurück: Ein Undercover-Reporter des Senders Channel 4 hat sich mehrfach mit Nix getroffen und sich als potenzieller Kunde aus Sri Lanka ausgegeben. Auf die Frage, ob Nix belastendes Material eines konkurrierenden Politikers beschaffen könnte, antwortete der mit dem Vorschlag „ein paar Mädchen zum Haus des Kandidaten" zu schicken. Außerdem könne man versuchen, den Konkurrenten mit einem heimlich gefilmten Bestechungsversuch auszuschalten. Versuchte Bestechung ist allerdings illegal, jedenfalls in den USA und Großbritannien, wo Cambridge Analytica agiert und registriert ist.

In den Gesprächen sagte Nix auch, dass Cambridge Analytica mit Tarnfirmen, gefälschten Online-Identitäten und gefälschten Websites arbeite, damit die Klienten nicht mit der Datenanalysefirma in Verbindung gebracht würden.

Als Reaktion auf die Channel-4-Enthüllungen teilte die Firma mit, sie führe routinemäßig Gespräche mit potenziellen Kunden, um bei ihnen mögliche unethische oder illegale Absichten aufzudecken.

Außerdem bestreitet Cambridge Analytica vehement, gewusst zu haben, dass es die Facebook-Daten der 50 Millionen Nutzer nicht hätte verwenden dürfen. Als es das bemerkt habe, seien – anders als von den Medien dargestellt – alle Daten gelöscht worden. „Diese Facebook-Daten" seien auch nicht für die Trump-Kampagne verwendet worden.

Quelle: Patrick Beuth und Judith Horchert: Was treibt eigentlich Cambridge Analytica? In: SpiegelOnline vom 20. 03. 2018 (Stand 10. 09. 2018)

Aufgaben

Aufgabe 1

Beantworten Sie die Fragen zum Datenschutz in folgenden Fällen, die bei den Fly Bike Werken GmbH schon einmal aufgetreten sind und begründen Sie ihre Antworten

Fall 1:

Frau Linden, Mitarbeiterin der Personalabteilung, hat vor Kurzem im Aktenschrank der Personalabteilung aufgeräumt und mehrere Ordner mit Unterlagen in den Papiercontainer hinter dem Bürogebäude geworfen.

a Verstößt Frau Linden gegen die EU-DSGVO?

b Wie hätte Frau Linden sich besser verhalten, um nicht mit der EU-DSGVO in Konflikt zu kommen?

Fall 2:

Karl Kaufmann, ein ehemaliger Auszubildender der Fly Bike Werke GmbH, der nicht übernommen wurde, wird von seinem Freund, einem Finanzmakler gebeten, eine Liste mit Namen und Adressen ehemaliger Kollegen zu erstellen, damit er sie zu Werbezwecken anschreiben kann. Karl Kaufmann soll hierfür 200,00 Euro erhalten.

a Unterliegt die Liste dem Datenschutz?

b Verstößt Karl Kaufmann gegen das Datengeheimnis, wenn er der Bitte nachkommt?

c Unter welchen Voraussetzungen könnte Karl Kaufmann die Liste weitergeben?

Fall 3:

Christoph Steffes, derzeitiger Datenschutzbeauftragter bei der Fly Bike Werke GmbH, soll zusätzliche Aufgaben im Controlling übernehmen. Die Geschäftsleitung ist der Meinung, dass er die Aufgabe des Datenschutzbeauftragten nicht mehr auszuführen braucht, da der Aufwand ohnehin zu groß und mit zu hohen Kosten verbunden sei. Alle Mitarbeiter sollten in Zukunft selbstständig auf die Einhaltung des Datenschutzes achten.

a Muss aufgrund der Mitarbeiterzahl eine besondere Datenschutzmaßnahme getroffen werden und wenn ja, welche?

b Wann muss ein Datenschutzbeauftragter eingesetzt werden?

c Welche Bestimmungen sind bzgl. eines Datenschutzbeauftragten zu beachten?

d Welche Aufgaben hat ein Datenschutzbeauftragter? Nennen Sie Beispiele.

Fall 4:

Frau Linden, die Mitarbeiterin der Personalabteilung, wurde von einem Mitarbeiter der Produktion gebeten, einen Eintrag in der Personalakte zu korrigieren und einen anderen Eintrag ganz zu löschen. Sie ist sich unsicher, ob sie Änderungen oder Löschungen auf Veranlassung des Mitarbeiters überhaupt vornehmen darf und ob das nicht gegen das Datenschutzgesetz verstößt.

Erklären Sie ausführlich die Rechte des betroffenen Mitarbeiters. Ziehen Sie dazu die Artikel 12–17 der EU-DSGVO hinzu.

Fall 5:

Ein langjähriger Kunde der Fly Bike Werke GmbH hat bisher immer einen Newsletter per E-Mail und die neuen Kataloge sowie weitere Angebote per Post erhalten. Nun erhält die Fly Bike Werke GmbH ein Schreiben vom Kunden, in dem er mitteilt, dass er keinen Newsletter mehr wünscht und auch alle seine persönlichen Daten gelöscht werden sollen. Wie muss sie sich in so einem Fall laut EU-DSGVO verhalten?

Aufgabe 2

Welche Rechte hat eine Person, deren Daten gespeichert wurden? Kreuzen Sie die richtige(n) Antwort(en) an.

- ☐ Recht auf Auskunft und Einsichtnahme
- ☐ Recht auf Benachrichtigung
- ☐ Recht auf Löschung
- ☐ Recht auf Schadenersatz
- ☐ Recht auf Berichtigung falscher Daten

Aufgabe 3

Ergänzen Sie Ihre Lernkartei.

Aufgabe 4

Führen Sie Ihr Lerntagebuch.

Kannliste zu HF 2 | Anforderungssituation 2.3 | Lernsituation 14

Datenschutz

Nr.	Themenbereich: Datenschutz in Bezug auf den betrieblichen und privaten Alltag analysieren			
	Ich kann ...	**Zu finden ...**	**AP**	√
1	... erläutern, was personenbezogene Daten sind.	S. 197–199	x	
2	... Beispiele für personenbezogene Daten nennen und erläutern, welche geschützt werden müssen.	S. 197–199	xx	
3	... erläutern, wann Daten erhoben und genutzt werden dürfen.	S. 198	x	
4	... Beispiele nennen, wann ein Unternehmen Daten speichert, die dem Datenschutz unterliegen.	S. 197	xx	
5	... den Sinn und mögliche Inhalte von Nutzungsvereinbarungen bei Laptops, Mobiltelefonen oder Tablets im unternehmerischen Kontext erläutern.	S. 197	xx	
6	... wichtige Eckpunkte der EU-DSGVO benennen und erläutern.	S. 198–199	x	
7	... den Sinn eines Datenschutzbeauftragten erläutern und seine Aufgaben beschreiben.	S. 199	xx	
8	... erläutern, wann die Ernennung eines Datenschutzbeauftragten notwendig ist und dies in einem Fallbeispiel anwenden.	S. 199	xx	
9	... den Zusammenhang zwischen der Nutzung von Social Media und der EU-DSGVO erläutern.	S. 198–204	xx	
10	... Soziale Netzwerke wie WhatsApp oder Facebook in Bezug auf den Datenschutz kritisch beurteilen und Schwachstellen benennen.	S. 198–204	x	
11	... bei der privaten Nutzung von beruflich bereitgestellten Tablets, Handys und Laptops Gefahrenquellen in Bezug auf den Datenschutz identifizieren und mögliche Lösungsmöglichkeiten benennen.	S. 198–204	xx	

Anforderungsprofile (AP): x Reproduktion xx Anwendung xxx Problemlösung

Stichwortverzeichnis